EL LIBRO
DE LOS
MÁRTIRES

EL LIBRO DE LOS MÁRTIRES

UNA HISTORIA DE LAS VIDAS,
SUFRIMIENTOS Y MUERTES TRIUNFANTES
DE LOS CRISTIANOS PRIMITIVOS
Y DE LOS MÁRTIRES PROTESTANTES

editorial clie

JOHN FOXE

EDITORIAL CLIE
C/ Ferrocarril, 8
08232 VILADECAVALLS (Barcelona) ESPAÑA
E-mail: libros@clie.es
Internet: http:// www.clie.es

EL LIBRO DE LOS MÁRTIRES
John Foxe

Publicado originalmente en inglés con el título
Foxe' es Book of Martyrs

Traducción del inglés: SANTIAGO ESCUAIN

ISBN: 978-84-8267-350-9

Clasifíquese: 302 HISTORIA:
Historia de los mártires
CTC: 01-03-0302-01
Referencia: 22.45.50

Printed in Usa

PREFACIO DEL TRADUCTOR

«DE LOS CUALES EL MUNDO NO ERA DIGNO» (Hebreos 11): Éste es el veredicto que da el Espíritu Santo acerca de los santos de Dios que han perecido bajo las persecuciones, desde que Caín dio muerte a Abel. Desde aquel entonces, el diablo, aquel que es homicida desde el principio, ha perseguido, a través de los suyos, a los hijos de Dios.

Este libro es un testimonio histórico de las persecuciones contra los cristianos apostólicos lanzadas por el poder de Roma; la Roma Imperial, la Roma Papal; en definitiva, Babilonia, la una y misma Roma pagana. El paganismo, en todas sus formas, es enemigo irreconciliable del cristianismo apostólico, bíblico, y su tarea ha sido buscar la des-trucción del testimonio de Cristo.

Al hablar de Roma, nos referimos a la llamada Iglesia Jerárquica, no al gran número de sus seguidores, reales o nominacionales, muchos de ellos personas de excelentes sentimientos, ajenos totalmente en espíritu e intenciones a la línea que históricamente ha seguido y sigue la política de poder del Vaticano, muchos de ellos también lectores de los Evangelios, y tocados profundamente por la palabra y el ejemplo del Señor Jesús, a quien aman y anhelan seguir en la medida de la luz que han recibido de las Escrituras. Personas, en definitiva, a las que turbaría profundamente el conocimiento de los hechos que aquí se relatan.

Este libro es crudo, directo. Ha sido denostado por ciertos historia-dores que presumen de objetividad. El autor es ciertamente partidista, en realidad testigo y parte interesada. Pero la «objetividad» fría no existe jamás. Lo que sí existe, debe existir, es la fidelidad a los hechos, aunque vaya junto a la valoración moral de estos hechos. Este libro es, en este sentido, rigurosamente histórico. Por otra parte, no ser partidista en cuestión tan seria y profunda es imposible. Este libro trata de la guerra de los siglos entre Satanás y Dios. La neutralidad no es posible. Pero un participante en esta guerra puede dar cuenta fidedigna de lo sucedido. Ser fiel a la verdad. Y contar una historia por ello mismo fiable.

Quizás algunos presenten objeciones a la oportunidad de un libro con crónicas de este carácter. A esto se debe replicar que la historia no precisa de justificación, y que es un buen conocimiento. Dice el refrán que «quien no conoce la historia, está condenado a repetirla». Por otra parte, es justo recordar a aquellos que, a pesar de todas las persecuciones y tormentos padecidos, persistieron fielmente en transmitirnos la Palabra de Dios, el testimonio de Jesucristo. Por último, es necesario que quede constancia histórica como botón de muestra ante la humanidad de que estas cosas que sucedieron quedan registradas ante Dios. Hay libros, más allá del alcance del hombre, escritos por manos mucho más equitativas y por Uno que es infinitamente conocedor de todos los secretos y motivos de los hombres. Y estos libros serán abiertos, y su contenido hecho público, en el gran día del Juicio (Ap. 20:12).

Este libro es asimismo oportuno para nuestros días. El creyente, el cristiano apostólico, no tiene guerra contra carne y sangre, sino contra poderes espirituales (Efesios 6), aunque desde luego estos poderes emplean sus instrumentos humanos. Enseñará al creyente a no dejarse engañar. Sus tácticas pueden cambiar, pero Roma sigue siendo la misma. La misma Roma que se muestra zalameramente ecuménica en la Europa del norte y en Madrid y Barcelona es calumniadora y perseguidora en Ávila y la Castilla profunda. Esta misma Iglesia de Roma, lejos de los cortejos ecuménicos a los protestantes de la Europa septentrional, tilda a los fervorosos creyentes apostólicos evangélicos, a los protestantes de Iberoamérica, de «sectas», empleando la calumnia y la intimidación, las amenazas y otras vías para socavar el avance del protestantismo, el avance de la proclamación de la Sola Escritura, la Sola Gracia, la Sola Fe, y la Sola Gloria a Dios que hace el protestantismo. Con este libro, el creyente aprenderá que la Iglesia de Roma no mantiene la palabra dada a los herejes. Que usa la mentira y la casuística sin rubor alguno. Que si hoy los halaga, mañana los persigue. Que los «hermanos separados» de hoy podemos ser las «sectas» de mañana. Los ecumenistas protestantes quizá podrán aprender, en palabras del castizo refrán castellano, que «para comer con el diablo hace falta tener un tenedor muy largo». Debemos aprender, por tanto, a ser «sencillos como palomas, pero *prudentes como serpientes*».

Este libro, aunque rezumando amargura en ciertos pasajes por las experiencias personales del autor principal, Fox, durante el reinado de la Reina María la Sanguinaria, no es un llamamiento a la venganza. La venganza pertenece a Dios. Él, cuando termine el tiempo de Su Paciencia, dará a beber a Babilonia el cáliz de Su justa retribución. Pero nosotros, los cristianos, debemos ahora manifestar la actitud de Dios para con todos los hombres: Su gracia y paciencia.

Roma no ha cambiado. Sin embargo, los romanistas pueden, por la gracia de Dios, convertirse en cristianos. Recordemos a Saulo de Tarso. Él pensaba que servía a Dios dando muerte a los cristianos. Muchos romanistas, al matar a los cristianos apostólicos, a los Reformados, pensaban que servían a Dios. El Dios que se encontró con Saulo de Tarso puede convertir, ha convertido, y mientras dure Su gracia, convertirá a muchos que, pensando servirle, están siguiendo la senda de Caín. Que sea nuestro camino el de Cristo. Que seamos estimulados a predicar con tanto más ahínco el verdadero Evangelio de la Gracia de Dios, siguiendo el ejemplo de nuestro Salvador, que en la cruz clamó: «¡Padre, perdónalos, porque no saben lo que hacen!»

Aprendamos, pues a devolver bien por mal. Pero también hagamos caso de la amonestación del Señor: «Guardaos de los hombres». Mantengámonos, pues, sobrios y velando en oración, sirviendo al Dios vivo y verdadero, y esperando a su Hijo de los cielos, a Jesucristo, que nos libra de la ira venidera.

SANTIAGO ESCUAIN
Caldes de Malavella (Gerona)

España, enero, año de Gracia de 1991

EL LIBRO DE FOX DE LOS MÁRTIRES

«Cuando se recuerda que hasta la aparición de El Progreso del Peregrino, el común del pueblo no tenía otras lecturas que la Biblia y el Libro de Fox de los Mártires, podemos comprender el profundo impacto que tuvo este libro, y cómo sirvió para moldear el carácter nacional. Los que podían leer por sí mismos aprendieron con todo detalle todas las atrocidades cometidas contra los reformadores protestantes; los analfabetos podían ver las rudas ilustraciones de los varios instrumentos de tortura, el potro, las parrillas, el aceite hirviendo, y a los santos expirando en medio de las llamas. Tomemos a un pueblo que está justo despertando a una nueva vida intelectual y religiosa; dejemos que varias generaciones de ellos escudriñen atentamente este libro, desde la infancia hasta la ancianidad, y sus historias llegan a ser tradiciones tan individuales y casi tan poderosas como las naciones y las costumbres en la vida de una nación.» DOUGLAS CAMPBELL, *Los puritanos en Holanda, Inglaterra y América*.

«Si despojamos a este libro de su carácter accidental de lucha entre iglesias, sigue manteniéndose, en los primeros años del reinado de Elisabet I, como monumento que marca el creciente poder de un deseo de libertad espiritual, de desafío a aquellas formas que apagan la conciencia y que encadenan el pensamiento.» HENRY MORLEY, *Los escritores ingleses*.

«Después de la misma Biblia, ningún libro influenció de manera tan profunda el antiguo sentimiento protestante como el Libro de los Mártires. Incluso en nuestros tiempos sigue siendo una fuerza viva. Es más que un registro de persecuciones. Es un arsenal de controversia, un romancero, además de una fuente de edificación.» JAMES MILLER DODDS, *Prosa Inglesa*.

CONTENIDO

BOSQUEJO DEL AUTOR

John Fox (o Foxe) nació en Boston, en el condado de Lincolnshire (Inglaterra) en 1517, donde se dice que sus padres vivían en circunstancias respetables. Quedó huérfano de padre a una edad temprana, y a pesar de que su madre pronto volvió a casarse, permaneció bajo el techo paterno. Por su temprana exhibición de talento y disposición al estudio, sus amigos se sintieron impelidos a enviarlo a Oxford, para cultivarlo y llevarlo a la madurez.

Durante su residencia en Oxford, se distinguió por la excelencia y agudeza de su intelecto, que mejoró con la emulación de sus compañeros de estudios, junto con un celo y actividad incansables. Estas cualidades pronto le ganaron la admiración de todos, y como recompensa por sus esfuerzos y conducta gentil fue escogido «Fellow» del Magdalen College, lo que era considerado como un gran honor en la univesidad, y que pocas veces era concedido: sólo en casos de gran distinción. La primera exhibición de su genio fue en poesía, y compuso algunas comedias latinas, que aún existen. Pero pronto dirigió su atención a una cuestión más seria, al estudio de las Sagradas Escrituras: y la verdad es que se aplicó a la teología con más fervor que prudencia, y descubrió su parcialidad hacia la Reforma, que para entonces había comenzado, antes que conociera a los que la apoyaban, o a los que le habían protegido. Y esta circunstancia vino a estar en el origen de sus primeros problemas.

Se dice que afirmó en muchas ocasiones que lo primero que lo llevó a su examen de la doctrina papista fue que vio diversas cosas de lo más contradictorias entre sí impuestas sobre los hombres a la vez; por esta razón su resolución y afán de obediencia a la Iglesia sufrieron una cierta sacudida, y gradualmente se estableció un desagrado hacia el resto.

Su primer cuidado fue investigar la historia antigua y la moderna de la Iglesia; determinar su origen y progreso; considerar las causas de todas aquellas controversias que habían surgido en el intervalo, y sopesar diligentemente sus efectos, solidez, debilidades, etc.

Antes de llegar a los treinta años había estudiado los padres griegos y latinos, y otros eruditos autores, las transacciones de los Concilios y los decretos de los consistorios, y había adquirido un conocimiento muy competente de la lengua hebrea. A estas actividades dedicaba frecuentemente una parte considerable de la noche, o incluso la noche entera; y a fin de relajar su mente después de un estudio tan incesante, acudía a una arboleda cercana al colegio, lugar muy frecuentado por los estudiantes al atardecer, debido a su recóndita lobreguez. En estos paseos solitarios se le oía con frecuencia emitir profundos sollozos y suspiros, y con lágrimas derramar sus oraciones a Dios. Estos retiros nocturnos, posteriormente, dieron origen a las primeras sospechas de su alejamiento de la Iglesia de Roma. Apremiado a que diera una explicación de su conducta, rechazó inventar excusa alguna; expuso sus opiniones; así, por sentencia del colegio, fue *declarado convicto, condenado como hereje, y expulsado.*

Sus amigos, al conocer este hecho, se sintieron sumamente ofendidos, y le ofrecieron, cuando había sido así rechazado por los suyos, un refugio en casa de Sir Thomas Lucy, de Warwickshire, adonde fue llamado como preceptor de sus hijos. La casa está cerca de Stratford-on-Avon, y fue este lugar el que, pocos años después, fue la escena de las tradicionales expediciones de pesca clandestina del niño Shakespeare. Fox murió cuando Shakespeare tenía tres años.

Posteriormente, Fox contrajo matrimonio en la casa de Sir Lucy. Pero el temor de los inquisidores papistas le hizo huir pronto de allí, por cuanto no se contentaban con castigar delitos públicos, sino que comenzaban también a inmiscuirse en los secretos de familias privadas. Comenzó ahora a considerar qué debía hacer para librarse de mayores inconvenientes, y resolvió dirigirse a la casa de su suegro.

El padre de su mujer era ciudadano de Coventry, y sus simpatías no estaban contra él, y era más que probable que se le pudiera persuadir, por causa de su hija. Resolvió primero ir a casa de él, y antes, mediante cartas, ver si su suegro le recibiría o no. Así lo hizo, y como respuesta recibió el siguiente mensaje: «Que le parecía cosa dura aceptar en su casa a alguien que sabía que era culpable y que estaba condenado por un delito capital; y que tampoco ignoraba el riesgo en que incurriría al aceptarlo; sin embargo, actuaría como pariente, y pasaría por alto su propio peligro. Si cambiaba de idea, podía acudir, bajo la condición de que estaría tanto tiempo como deseaba; pero si no podía persuadirse, que tenía que contentarse con una estancia más breve, y no poner en peligro ni a él ni a su madre.»

No se debía rechazar ninguna condición; además, fue secretamente aconsejado por su suegra que acudiera, y que no temiera la severidad de su suegrto, «porque quizá era necesario escribir como lo hacía, pero si se daba la ocasión, compensaría sus palabras con sus acciones.» De hecho, fue mejor recibido por ambos que lo que había esperado.

De esta manera se mantuvo oculto durante un cierto tiempo, y después emprendió viaje a Londres, durante la última parte del reinado de Enrique VIII. Siendo desconocido en la capital, se encontró con muchas estrecheces, e incluso quedó reducido al peligro de morir de hambre, si la Providencia no se hubiera interpuesto en su favor de la siguiente manera:

Un día, estando Fox sentado en la Iglesia de San Pablo, agotado tras largo ayuno, un extraño se sentó a su lado, y le saludó cortesmente, poniendo una suma de dinero en su mano, y exhortándole a que cobrara buen ánimo. Al mismo tiempo le informó que al cabo de pocos días se le abrirían nuevas perspectivas para su futuro mantenimiento. Nunca pudo saber quién era este extraño, pero al cabo de tres días recibió una invitación de la Duquesa de Richmond para que se encargara de la educación de los hijos del Conde de Surrey, que estaba encarcelado en la Torre, junto con su padre, el Duque de Norfolk, por los celos y la ingratitud del rey. Los hijos así confiados a sus cuidados fueron Thomas, que sucedió en el ducado; Henry, después Conde de Northampton; y Jane, que llegó a ser Condesa de Westmoreland. Y en el cumplimiento de estos deberes dio plena satisfacción a la duquesa, la tía de los niños.

Estos días apacibles prosiguieron durante la última parte del reinado de Enrique VIII y los cinco años del reinado de Eduardo VI, hasta que María heredó la corona, la cual, poco después de su accesión, dio todo el poder en manos de los papistas.

Para este tiempo Fox, que estaba todavía bajo la protección de su noble pupilo, el duque, comenzó a suscitar la envidia y el odio de muchos, particularmente del doctor Gardiner, que era entonces Obispo de Winchester, y que posteriormente llegó a ser su más acerbo enemigo.

Fox se dio cuenta de esto, y viendo que comenzaba una terrible persecución, comenzó a pensar en abandonar el reino. Tan pronto como el duque conoció sus intenciones, trató de persuadirle para que permaneciera allí, y sus argumentos fueron tan poderosos y dichos con tanta sinceridad, que abandonó el pensamiento de abandonar su asilo por ahora.

En aquel tiempo el Obispo de Winchester tenía una gran amistad con el duque (habiendo sido por el patronazgo de su familia que había llegado a la dignidad de que entonces gozaba,) y frecuentemente lo visitaba para presentarle su servicio cuando pidió varias veces poder ver a su antiguo tutor. Al principio el duque se negó a su petición, alegando en una ocasión su ausencia, y otra vez indisposición. Al final sucedió que Fox, no sabiendo que el obispo estaba en la casa, entró en la estancia en la que el duque y el obispo estaban conversando; pero, al ver al obispo, se retiró. Gardiner preguntó de quien se trataba, contestándole el duque que era «su médico, que era algo rudo, siendo recién llegado de la universidad». «Me gustan mucho su cara y aspecto», contestó el obispo, «y cuando tenga ocasión lo haré llamar». El duque entendió estas

17

palabras como presagio de un peligro inminente, y consideró que era ya hora de que Fox abandonara la ciudad, e incluso el país. Así, hizo preparar todo lo necesario para su huida en secreto, enviando a uno de sus siervos a Ipswich para que alquilara una nave e hiciera todos los preparativos para la partida. También arregló la casa de uno de sus siervos, un granjero, para alojamiento hasta que el viento fuera favorable. Todo dispuesto, Fox se despidió de su noble protector, y con su mujer, que estaba entonces embarazada, partió en secreto hacia la nave.

Apenas si se habían dado a la vela cuando sobrevino una tempestad violenta, que duró todo el día y toda la noche, y que que al día siguiente los empujó de vuelta al mismo puerto del que habían partido. Durante el tiempo en que la nave había estado en la mar, un oficial, enviado por el obispo de Winchester, había irrumpido en la casa del granjero con una orden de arresto contra Fox allí donde se encontrara, para devolverlo a la ciudad. Al saber las noticias, alquiló un caballo, bajo la apariencia de partir de inmediato de la ciudad; pero volvió secretamente aquella misma noche, y acordó con el capitán de la nave que zarpara rumbo a donde fuera tan pronto como el viento cambiara, sólo deseando que saliera, sin duda alguna de que Dios prosperaría su empresa. El marino aceptó, y al cabo de dos días sus pasajeros bajaban a tierra, sanos y salvos, en Nieuport.

Después de pasar unos pocos días en aquel lugar, Fox emprendió viaje a Basilea, donde encontró un grupo de refugiados ingleses, que habían abandonado su país para evitar la crueldad de los perseguidores, y se asoció con ellos, y comenzó a escribir su «Historia de los Actos y Monumentos de la Iglesia», que fue publicada primero en latín en Basilea en 1554, y en inglés en 1563.

Durante aquel intervalo, la religión reformada volvió a florecer en Inglaterra, y a decaer mucho la facción papista tras la muerte de la Reina María. Esto indujo a la mayoría de los exiliados protestantes a volver a su país natal.

Entre otros, al acceder Elisabet al trono, también volvió Fox. Al llegar, encontró en su anterior pupilo, el Duque de Norfolk, a un fiel y activo amigo, hasta que la muerte le privó de su benefactor. Después de este acontecimiento, Fox heredó una pensión que el duque le había testado, y que fue ratificada por su hijo, el Conde de Suffolk.

Y no se detuvo aquí el buen suceso del buen Fox. Al ser recomendado a la reina por su secretario de estado, el gran Cecil, su majestad lo nombró canónigo de Shipton, en la catedral de Salisbury, lo cual fue en cierta manera obligado a aceptar, porque fue muy difícil convencerlo para que lo aceptara.

Al volverse a instalar en Inglaterra, se dedicó a revisar y a ampliar su admirable Martirologio. Con un cuidado prodigioso y un estudio constante dio fin a su célebre obra en once años. Tratando de alcanzar una mayor corrección, escribió cada línea de este extenso libro por sí mismo, y transcribió por sí mismo todos los registros y documentos. Pero, en consecuencia a un trabajo tan afanoso, al no dejar parte de su tiempo libre de estudio, y al no permitirse ni el reposo ni el recreo que la naturaleza demanda, su salud quedó tan reducida, y quedó tan demacrado y alterado, que aquellos amigos y parientes suyos que sólo le veían de tanto en tanto apenas si podían reconocerle. Pero, aunque cada día se agotaba más, prosiguió con sus estudios con tanta diligencia como solía, sin que se le pudiera persuadir para que redujera el ritmo de sus trabajos. Los papistas, previendo lo perjudicial que sería para la causa de ellos aquella historia de sus errores y crueldades, recurrieron a todos los ardides para rebajar la reputación de su obra; pero su malicia dio un señalado servicio, tanto para el mismo Fox como para la Iglesia de Dios en general, por cuanto hizo que su libro fuera más intrínsecamente valioso, al inducirle a sopesar, con la más escrupulosa atención, la certidumbre de los hechos que registraba, y la validez de las autoridades de las que conseguía su información.

Pero en tanto que estaba así infatigablemente dedicado a impulsar la causa de la verdad, no descuidó por ello los otros deberes de su posición; era caritativo, compasivo y solícito ante las necesidades, tanto espirituales como temporales, de sus prójimos. Con vistas a ser útil de manera más extensa, aunque no tenía deseos de cultivar la amistad de los ricos y de los grandes en su propio favor, no declinó la amistad de los que se la ofrecían desde las más altas posiciones, y nunca dejó de emplear su influencia entre ellos en favor de los pobres y necesitados. Como consecuencia de su probidad y caridad bien conocidas, le fueron frecuentemente entregadas sumas de dinero por parte de personas ricas, dinero que aceptaba y distribuía entre los que padecían necesidades. También acudía ocasionalmente a la mesa de sus amigos, no tanto en busca de placer como por cortesía, y para convencerles de que su ausencia no estaba ocasionada por temor a exponerse a las tentaciones del apetito. En resumen: su carácter como hombre y como cristiano era irreprochable.

Aunque los recientes recuerdos de las persecuciones bajo María la Sangrienta añadieron amargura a su pluma, es de destacar que él era personalmente el más conciliador de los hombres, y que aunque rechazaba de corazón a la Iglesia de Roma en la que había nacido, fue uno de los primeros en intentar la concordia de los hermanos protestantes. De hecho, fue un verdadero apóstol de la tolerancia.

Cuando la peste azotó Inglaterra en 1563, y muchos abandonaron sus deberes, Fox permaneció en su puesto, ayudando a los desvalidos y actuando como limosnero de los ricos. Se dijo de él que jamás pudo rechazar ayudar a nadie que se lo pidiera en nombre de Cristo. Tolerante y con un gran corazón, ejerció su influencia cerca de la Reina Elisabet para confirmarla en su intención de no mantener la cruel práctica de dar muerte a los que mantuvieran convicciones religiosas opuestas. La reina le tenía gran respeto, y se refería a él como «Nuestro Padre Foxe».

Fox tuvo gozo en los frutos de su obra mientras vivía aún. Su libro vio cuatro grandes ediciones antes de su muerte, y los obispos dieron orden de que fuera puesto en cada iglesia catedral en Inglaterra, donde a menudo se encontraba encadenado, como la misma Biblia en aquellos tiempos, a un atril, al que tenía acceso el pueblo.

Al final, habiendo dado largo servicio tanto a la Iglesia como al mundo mediante su ministerio, por medio de su pluma, y por el brillo impecable de una vida benevolente, útil y santa, entregó humildemente su alma a Cristo, el dieciocho de abril de 1587, a los setenta años de edad. Fue sepultado en el presbiterio de St. Giles, en Cripplegate, parroquia en la que había sido vicario por cierto tiempo, al comienzo del reinado de Elisabet.

LIBRO DE LOS MÁRTIRES

CAPÍTULO I

Historia de los mártires cristianos hasta la primera persecución general bajo Nerón

CRISTO nuestro Salvador, en el Evangelio de San Mateo, oyendo la confesión de Simón Pedro, el cual, antes que todos los demás, reconoció abiertamente que Él era el Hijo de Dios, y percibiendo la mano providencial de Su Padre en ello, lo llamó (aludiendo a su nombre) una roca, roca sobre la cual Él edificaría Su Iglesia con tal fuerza que las puertas del infierno no prevalecerían contra ella. Y con estas palabras se deben observar tres cosas: Primero, que Cristo tendría una Iglesia en este mundo. Segundo, que la misma Iglesia sufriría una intensa oposición, no sólo por parte del mundo, sino también con todas las fuerzas y poder del infierno entero. Y en tercer lugar que esta misma Iglesia, a pesar de todo el poder y maldad del diablo, se mantendría.

Esta profecía de Cristo la vemos verificada de manera maravillosa, por cuanto todo el curso de la Iglesia hasta el día de hoy no parece más que un cumplimiento de esta profecía. Primero, el hecho de que Cristo ha establecido una Iglesia no necesita demostración. Segundo, ¡con qué fuerza se han opuesto contra la Iglesia príncipes, reyes, monarcas, gobernadores y autoridades de este mundo! Y, en tercer lugar, ¡cómo la Iglesia, a pesar de todo, ha soportado y retenido lo suyo! Es maravilloso observar qué tormentas y tempestades ha vencido. Y para una más evidente exposición de esto he preparado esta historia, con el fin, primero, de que las maravillosas obras de Dios en Su Iglesia redunden para Su gloria; y también para que al exponerse la continuación e historia de la Iglesia, pueda redundar ello en mayor conocimiento y experiencia para provecho del lector y para la edificación de la fe cristiana.

Como no es nuestro propósito entrar en la historia de nuestro Salvador, ni antes ni después de Su crucifixión, sólo será necesario recordar a nuestros lectores el desbarate de los judíos por Su posterior resurrección. Aunque un apóstol le había traicionado; aunque otro le había negado, bajo la solemne sanción de un juramento, y aunque el resto le había abandonado, excepto si exceptuamos aquel «discípulo que era conocido del sumo sacerdote», la historia de Su resurrección dio una nueva dirección a todos sus corazones, y, después de la misión del Espíritu Santo, impartió una nueva confianza a sus mentes. Los poderes de los que fueron investidos les dieron confianza para proclamar Su nombre, para confusión de los gobernantes judíos, y para asombro de los prosélitos gentiles.

San Esteban

San Esteban fue el siguiente en padecer. Su muerte fue ocasionada por la fidelidad con la que predicó el Evangelio a los entregadores y matadores de Cristo. Fueron excitados ellos a tal grado de furia, que lo echaron fuera de la ciudad, apedreándolo hasta matarlo. La época en que sufrió se supone generalmente como la pascua posterior a la de la crucifixión de nuestro Señor, y en la época de Su ascensión, en la siguiente primavera.

A continuación se suscitó una gran persecución contra todos los que profesaban la creencia en Cristo como Mesías, o como profeta. San Lucas nos dice de inmediato que «en aquel día se hizo una grande persecución en la iglesia que estaba en Jerusalén», y que «todos fueron esparcidos por las tierras de Judea y de Samaria, salvo los apóstoles».

Alrededor de dos mil cristianos, incluyendo Nicanor, uno de los siete diáconos, padecieron el martirio durante «la tribulación que sobrevino en tiempo de Esteban».

II. Jacobo el Mayor

El siguiente mártir que encontramos en el relato según San Lucas, en la Historia de los Hechos de los Apóstoles, es Jacobo hijo de Zebedeo, hermano mayor de Juan y pariente de nuestro Señor; porque su madre Salomé era prima hermana de la Virgen María. No fue hasta diez años después de la muerte de Esteban que tuvo lugar este segundo martirio. Ocurrió que tan pronto como Herodes Agripa fue designado gobernador de Judea que, con el propósito de congraciarse con los judíos, suscitó una intensa persecución contra los cristianos, decidiendo dar un golpe eficaz, y lanzándose contra sus dirigentes. No se debería pasar por alto el relato que da un eminente escritor primitivo, Clemente de Alejandría. Nos dice que cuando Jacobo estaba siendo conducido al lugar de su martirio, su acusador fue llevado al arrepentimiento, cayendo a sus pies para pedirle perdón, profesándose cristiano, y decidiendo que Jacobo no iba a recibir en solitario la corona del martirio. Por ello, ambos fueron decapitados juntos. Así recibió resuelto y bien dispuesto el primer mártir apostólico aquella copa, que él le había dicho a nuestro Salvador que estaba dispuesto a beber.

Timón y Parmenas sufrieron el martirio alrededor del mismo tiempo; el primero en Filipos, y el segundo en Macedonia. Estos acontecimientos tuvieron lugar el 44 d.C.

III. Felipe

Nació en Betsaida de Galilea, y fue llamado primero por el nombre de «discípulo». Trabajó diligentemente en Asia Superior, y sufrió el martirio en Heliópolis, en Frigia. Fue azotado, echado en la cárcel, y después crucificado, en el 54 d.C.

IV. Mateo

Su profesión era recaudador de impuestos, y había nacido en Nazaret. Escribió su evangelio en hebreo, que fue después traducido al griego por Jacobo el Menor. Los escenarios de sus labores fueron Partia y Etiopía, país en el que sufrió el martirio, siendo muerto con una alabarda en la ciudad de Nadaba en el año 60 d.C.

V. Jacobo el Menor

Algunos suponen que se trataba del hermano de nuestro Señor por una anterior mujer de José. Esto es muy dudoso, y concuerda demasiado con la superstición católica de que María jamás nunca tuvo otros hijos más que nuestro Salvador. Fue escogido para supervisar las iglesias de Jerusalén, y fue autor de la Epístola adscrita a Jacobo, o Santiago, en el canon sagrado. A la edad de noventa y nueve años fue golpeado y apedreado por los judíos, y finalmente le abrieron el cráneo con un garrote de batanero.

VI. Matías

De él se sabe menos que de la mayoría de los discípulos; fue escogido para llenar la vacante dejada por Judas. Fue apedreado en Jerusalén y luego decapitado.

VII. Andrés

Hermano de Pedro, predicó el evangelio a muchas naciones de Asia; pero al llegar a Edesa fue prendido y crucificado en una cruz cuyos extremos fueron fijados transversalmente en el suelo. De ahí el origen del término de Cruz de San Andrés.

VIII. San Marcos

Nació de padres judíos de la tribu de Leví. Se supone que fue convertido al cristianismo por Pedro, a quien sirvió como amanuense, y bajo cuyo cuidado escribió su Evangelio en griego. Marcos fue arrastrado y despedazado por el populacho de Alejandría, en la gran solemnidad de su ídolo Serapis, acabando su vida en sus implacables manos.

IX. Pedro

Entre muchos otros santos, el bienaventurado apóstol Pedro fue condenado a muerte y crucificado, como algunos escriben, en Roma; aunque otros, y no sin buenas razones, tienen sus dudas acerca de ello. Hegesipo dice que Nerón buscó razones contra Pedro para darle muerte; y que cuando el pueblo se dio cuenta, le rogaron insistentemente a Pedro que huyera de la ciudad. Pedro, ante la insistencia de ellos, quedó finalmente persuadido y se dispuso a huir. Pero, llegando a la puerta, vio al Señor Cristo acudiendo a él, a quien, adorándole, le dijo: «Señor, ¿a dónde vas?» A lo que él respondió: «A ser de nuevo crucificado». Con esto, Pedro, dándose cuenta de que se refería a su propio sufrimiento, volvió a la ciudad. Jerónimo dice que fue crucificado cabeza abajo, con los pies arriba, por petición propia, porque era, dijo, indigno de ser crucificado de la misma forma y manera que el Señor.

X. Pablo.

También el apóstol Pablo, que antes se llamaba Saulo, tras su enorme trabajo y obra indescriptible para promover el Evangelio de Cristo, sufrió también bajo esta primera persecución bajo Nerón. Dice Abdías que cuando se dispuso su ejecución, que Nerón envió a dos de sus caballeros, Ferega y Partemio, para que le dieran la noticia de que iba a ser muerto. Al llegar a Pablo, que estaba instruyendo al pueblo, le pidieron que orara por ellos, para que ellos creyeran. Él les dijo que poco después ellos creerían y serían bautizados delante de su sepulcro. Hecho esto, los soldados llegaron y lo sacaron de la ciudad al lugar de las ejecuciones, donde, después de haber orado, dio su cuello a la espada.

Judas

Hermano de Jacobo, era comunmente llamado Tadeo. Fue crucificado en Edesa el 72 d.C.

XII. Bartolomé

Predicó en varios países, y habiendo traducido el Evangelio de Mateo al lenguaje de la India, lo propagó en aquel país. Finalmente fue cruelmente azotado y luego crucificado por los agitados idólatras.

XIII. Tomás

Llamado Dídimo, predicó el Evangelio en Partia y la India, donde, al provocar a los sacerdotes paganos a ira, fue martirizado, atravesado con una lanza.

XIV. Lucas

El evangelista, fue autor del Evangelio que lleva su nombre. Viajó con Pablo por varios países, y se supone que fue colgado de un olivo por los idolátricos sacerdotes de Grecia.

XV. Simón

De sobrenombre Zelota, predicó el Evangelio en Mauritania, Africa, e incluso en Gran Bretaña, país en el que fue crucificado en el 74 d.C.

XVI. Juan

El «discípulo amado» era hermano de Jacobo el Mayor. Las iglesias de Esmirna, Pérgamo, Sardis, Filadelfia, Laodicea y Tiatira fueron fundadas por él. Fue enviado de Éfeso a Roma, donde se afirma que fue echado en un caldero de aceite hirviendo. Escapó milagrosamente, sin daño alguno. Domiciano lo desterró posteriormente a la isla de Patmos, donde escribió el Libro de Apocalipsis. Nerva, el sucesor de Domiciano, lo liberó. Fue el único apóstol que escapó una muerte violenta.

XVII. Bernabé

Era de Chipre, pero de ascendencia judía. Se supone que su muerte tuvo lugar alrededor del 73 d.C.

Y a pesar de todas estas continuas persecuciones y terribles castigos, la Iglesia crecía diariamente, profundamente arraigada en la doctrina de los apóstoles y de los varones apostólicos, y regada abundantemente con la sangre de los santos.

CAPÍTULO II

Las diez primeras persecuciones

LA primera persecución de la Iglesia tuvo lugar en el año 67, bajo Nerón, el sexto emperador de Roma. Este monarca reinó por el espacio de cinco años de una manera tolerable, pero luego dio rienda suelta al mayor desenfreno y a las más atroces barbaridades. Entre otros caprichos diabólicos, ordenó que la ciudad de Roma fuera incendiada, orden que fue cumplida por sus oficiales, guardas y siervos. Mientras la ciudad imperial estaba en llamas, subió a la torre de Mecenas, tocando la lira y cantando el cántico del incendio de Troya, declarando abiertamente que «deseaba la ruina de todas las cosas antes de su muerte». Además del gran edificio del Circo, muchos otros palacios y casas quedaron destruidos; varios miles de personas perecieron en las llamas, o se ahogaron en el humo, o quedaron sepultados bajo las ruinas.

Este terrible incendio duró nueve años. Cuando Nerón descubrió que su conducta era intensamente censurada, y que era objeto de un profundo odio, decidió inculpar a los cristianos, a la vez para excusarse y para aprovechar la oportunidad para llenar su mirada con nuevas crueldades. Ésta fue la causa de la primera persecución; y las brutalidades cometidas contra los cristianos fueron tales que incluso movieron a los mismos romanos a compasión. Nerón incluso refinó sus crueldades e inventó todo tipo de castigos contra los cristianos que pudiera inventar la más infernal imaginación. En particular, hizo que algunos fueran cosidos en pieles de animales silvestres, arrojándolos a los perros hasta que expiraran; a otros los vistió de camisas atiesadas con cera, atándolos a postes, y los encendió en sus jardines, para iluminarlos. Esta persecución fue general por todo el Imperio Romano; pero más bien aumentó que disminuyó el espíritu del cristianismo. Fue durante esta persecución que fueron martirizados San Pablo y San Pedro.

A sus nombres se pueden añadir Erasto, tesorero de Corinto; Aristarco, el macedonio, y Trófimo, de Éfeso, convertido por San Pablo y su colaborador, así como Josés, comunmente llamado Barsabás, y Ananías, obispo de Damasco; cada uno de los Setenta.

La segunda persecución, bajo Domiciano, el 81 d.C.

El emperador Domiciano, de natural inclinado a la crueldad, dio muerte primero a su hermano, y luego suscitó la segunda persecución contra los cristianos. En su furor dio muerte a algunos senadores romanos, a algunos por malicia, y a otros para confiscar sus fincas. Luego mandó que todos los pertenecientes al linaje de David fueran ejecutados.

Entre los numerosos mártires que sufrieron durante esta persecución estaban Simeón, obispo de Jerusalén, que fue crucificado, y San Juan, que fue hervido en aceite, y luego desterrado a Patmos. Flavia, hija de un senador romano, fue asimismo desterrada al Ponto; y se dictó una ley diciendo: «Que ningún cristiano, una vez traído ante un tribunal, quede exento de castigo sin que renuncie a su religión».

Durante este reinado se redactaron varias historias inventadas, con el fin de dañar a los cristianos. Tal era el apasionamiento de los paganos que si cualquier hambre, epidemia o terremotos asolaban cualquiera de las provincias romanas, se achacaba a los cristianos. Estas persecuciones contra los cristianos aumentaron el número de informadores, y muchos, movidos por la codicia, testificaron en falso contra las vidas de los inocentes.

Otra dificultad fue que cuando cualquier cristiano era llevado ante los tribunales, se les sometía a un juramento de prueba, y si rehusaban tomarlo, se les sentenciaba a muerte, mientras que si se confesaban cristianos, la sentencia era la misma.

Los siguientes fueron los más destacables entre los numerosos mártires que sufrieron durante esta persecución.

Dionisio, el areopaguita, era ateniense de nacimiento, y fue instruido en toda la literatura útil y estética de Grecia. Viajó luego a Egipto para estudiar astronomía, e hizo observaciones muy precisas del gran eclipse sobrenatural que tuvo lugar en el tiempo de la crucifixión de nuestro Salvador.

La santidad de su forma de vivir y la pureza de sus maneras le recomendaron de tal manera ante los cristianos en general que fue designado obispo de Atenas.

Nicodemo, un benevolente cristiano de alguna distinción, sufrió en Roma durante el furor de la persecución de Domiciano.

Protasio y Gervasio fueron martirizados en Milán.

Timoteo, el célebre discípulo de San Pablo, fue obispo de Éfeso, donde gobernó celosamente la Iglesia hasta el 97 d.C. En este tiempo, cuando los paganos estaban para celebrar una fiesta llamada Catagogión, Timoteo, enfrentándose a la procesión, los reprendió severamente por su ridícula idolatría, lo que exasperó de tal manera al pueblo que cayeron sobre el con palos, y lo apalizaron de manera tan terrible que expiró dos días después por efecto de los golpes.

La tercera persecución, bajo Trajano, 108 d.C.

En la tercera persecución, Plinio el Joven, hombre erudito y famoso, viendo la lamentable matanza de cristianos, y movido por ella a compasión, escribió a Trajano, comunicándole que había muchos miles de ellos que eran muertos a diario, que no habían hecho nada contrario a las leyes de Roma, por lo que no merecían persecución. «Todo lo que ellos contaban acerca de su crimen o error (como se tenga que llamar) sólo consistía en esto: que solían reunirse en determinado día antes del amanecer, y repetir juntos una oración compuesta en honor de Cristo como Dios, y a comprometerse por obligación no ciertamente a cometer maldad alguna, sino al contrario, a nunca cometer hurtos, robos o adulterio, a nunca falsear su palabra, a nunca defraudar a nadie; después de lo cual era costumbre separarse, y volverse a reunir después para participar en común de una comida inocente.»

En esta persecución sufrieron el bienaventurado mártir Ignacio, que es tenido en gran reverencia entre muchos. Este Ignacio había sido designado al obispado de Antioquía, siguiendo a Pedro en sucesión. Algunos dicen que al ser enviado de Siria a Roma, porque profesaba a Cristo, fue entregado a las fieras para ser devorado. También se dice de él que cuando pasó por Asia [la actual Turquía], estando bajo el más estricto cuidado de sus guardianes, fortaleció y confirmó a las iglesias por todas las ciudades por donde pasaba, tanto con sus exhortaciones como predicando la Palabra de Dios. Así, habiendo llegado a Esmirna, escribió a la Iglesia de Roma, exhortándoles para que no emplearan medio alguno para liberarle de su martirio, no fuera que le privaran de aquello que más anhelaba y esperaba. «Ahora comienzo a ser un discípulo. Nada me importa de las cosas visibles o invisibles, para poder sólo ganar a Cristo. ¡Que el fuego y la cruz, que manadas de bestias salvajes, que la rotura de los huesos y el desgarramiento de todo el cuerpo, y que toda la malicia del diablo vengan sobre mí; ¡sea así, si sólo puedo ganar a Cristo Jesús!» E incluso cuando fue sentenciado a ser echado a las fieras, tal era el ardiente deseo que tenía de padecer, que decía, cada vez que oía rugir a los leones: «Soy el trigo de Cristo; voy a ser molido con los dientes de fieras salvajes para que pueda ser hallado pan puro».

Adriano, el sucesor de Trajano, prosiguió esta tercera persecución con tanta severidad como su sucesor. Alrededor de este tiempo fueron martirizados Alejandro, obispo de Roma, y sus dos diáconos; también Quirino y Hernes, con sus familias; Zeno, un noble romano, y alrededor de diez mil otros cristianos.

Muchos fueron crucificados en el Monte Ararat, coronados de espinas, siendo traspasados con lanzas, en imitación de la pasión de Cristo. Eustaquio, un valiente comandante romano, con muchos éxitos militares, recibió la orden de parte del emperador de unirse a un sacrificio idolátrico para celebrar algunas de sus propias victorias. Pero su fe (pues era cristiano de corazón) era tanto más grande que su vanidad, que rehusó noblemente. Enfurecido por esta negativa, el desagradecido emperador olvidó los servicios de este diestro comandante, y ordenó su martirio y el de toda su familia.

En el martirio de Faustines y Jovitas, que eran hermanos y ciudadanos de Brescia, tantos fueron sus padecimientos y tan grande su paciencia, que el Calocerio, un pagano, contemplándolos, quedó absorto de admiración, y exclamó, en un arrebato: «¡Grande es el Dios de los cristianos!», por lo cual fue prendido y se le hizo sufrir pareja suerte.

Muchas otras crueldades y rigores tuvieron que sufrir los cristianos, hasta que Quadratus, obispo de Atenas, hizo una erudita apología en su favor delante del emperador, que estaba entonces presente, y Arístides, un filósofo de la misma ciudad, escribió una elegante epístola, lo que llevó a Adriano a disminuir su severidad y a ceder en favor de ellos.

Adriano, al morir en el 138 d.C., fue sucedido por Antonino Pío, uno de los más gentiles monarcas que jamás reinara, y que detuvo las persecuciones contra los cristianos.

La cuarta persecución, bajo Marco Aurelio Antonino, 162 d.C.

Marco Aurelio sucedió en el trono en el año 161 de nuestro Señor; era un hombre de naturaleza más rígida y severa, y aunque elogiable en el estudio de la filosofía y en su actividad de gobierno, fue duro y fiero contra los cristianos, y desencadenó la cuarta persecución.

Las crueldades ejecutadas en esta persecución fueron de tal calibre que muchos de los espectadores se estremecían de horror al verlas, y quedaban atónitos ante el valor de los sufrientes. Algunos de los mártires eran obligados a pasar, con sus pies ya heridos, sobre espinas, clavos, aguzadas conchas, etc., puestos de punta; otros eran azotados hasta que quedaban a la vista sus tendones y venas, y, después de haber sufrido los más atroces tormentos que pudieran inventarse, eran destruidos por las muertes más terribles.

Germánico, un hombre joven, pero verdadero cristiano, siendo entregado a las fieras a causa de su fe, se condujo con un valor tan asombroso que varios paganos se convirtieron a aquella fe que inspiraba tal arrojo.

Policarpo, el venerable obispo de Esmirna, se ocultó al oír que le estaban buscando, pero fue descubierto por un niño. Tras dar una comida a los guardas que le habían prendido, les pidió una hora de oración, lo que le permitieron, y oró con tal fervor que los guardas que le habían arrestado sintieron haberlo hecho. Sin embargo, lo llevaron ante el procónsul, y fue condenado y quemado en la plaza del mercado.

El procónsul le apremió, diciéndo: «Jura, y te daré la libertad: Blasfema contra Cristo.»

Policarpo le respondió: «Durante ochenta y seis años le he servido, y nunca me ha hecho mal alguno: ¿Cómo voy yo a blasfemar contra mi Rey, que me ha salvado?» En la estaca fue sólo atado, y no clavado como era costumbre, porque les aseguró que se iba a quedar inmóvil; al encenderse la hoguera, las llamas rodearon su cuerpo, como un arco, sin tocarlo; entonces dieron orden al verdugo que lo traspasara con una espada, con lo que manó tal cantidad de sangre que apagó el fuego. Sin embargo se dio orden, por instigación de los enemigos del Evangelio, especialmente judíos, de que su cuerpo fuera consumido en la hoguera, y la petición de sus amigos, que querían darle cristiana sepultura, fue rechazada. Sin embargo, recogieron sus huesos y tanto de sus restos como pudieron, y los hicieron enterrar decentemente.

Metrodoro, un ministro que predicaba denodadamente, y Pionio, que hizo varias excelentes apologías de la fe cristiana, fueron también quemados. Carpo y Papilo, dos dignos cristianos, y Agatónica, una piadosa mujer, sufrió el martirio en Pergamópolis, en Asia.

Felicitate, una ilustre dama romana, de una familia de buena posición, y muy virtuosa, era una devota cristiana. Tenía siete hijos, a los que había educado con la más ejemplar piedad.

Enero, el mayor, fue flagelado y prensado hasta morir con pesos; Félix y Felipe, que le seguían en edad, fueron descerebrados con garrotes; Silvano, el cuarto, fue asesinado siendo echado a un precipicio; y los tres hijos menores, Alejandro, Vital y Marcial, fueron decapitados. La madre fue después decapitada con la misma espada que los otros tres.

Justino, el célebre filósofo, murió mártir en esta persecución. Era natural de Neápolis, en Samaria, y había nacido el 103 d.C. Fue un gran amante de la verdad y erudito universal; investigó las filosofías estoica y peripatética, y probó la pitagórica, pero, disgustándole la conducta de uno de sus profesores, investigó la platónica, en la que encontró gran deleite. Alrededor del año 133, a los treinta años, se convirtió al cristianismo, y entonces, por vez primera, percibió la verdadera naturaleza de la verdad.

Escribió una elegante epístola a los gentiles, y empleó sus talentos para convencer a los judíos de la verdad de los ritos cristianos. Dedicó gran tiempo a viajar, hasta que estableció su residencia en Roma, en el monte Viminal.

Abrió una escuela pública, enseñó a muchos que posteriormente fueron personajes prominentes, y escribió un tratado para confutar las herejías de todo tipo. Cuando los paganos comenzaron a tratar a los cristianos con gran severidad, Justino escribió su primera apología en favor de ellos. Este escrito exhibe una gran erudición y genio, e hizo que el emperador publicara un edicto en favor de los cristianos.

Poco después entró en frecuentes discusiones con Crescente, persona de vida viciosa, pero que era un célebre filósofo cínico; los argumentos de Justino fueron tan poderosos, pero odiosos para el cínico, que decidió, y consiguió, su destrucción.

La segunda apología de Justino, debido a ciertas cosas que contenía, dio al cínico Crescente una oportunidad para predisponer al emperador en contra de su autor; y por esto Justino fue arrestado, junto con seis compañeros suyos. Al ordenársele que sacrificara a los ídolos paganos, rehusaron, y fueron condenados a ser azotados, y a continuación decapitados; esta sentencia se cumplió con toda la severidad imaginable.

Varios fueron decapitados por rehusar sacrificar a la imagen de Júpiter; en particular Concordo, diácono de la ciudad de Spolito.

Al levantarse en armas contra Roma algunas de las agitadas naciones del norte, el emperador se puso en marcha para enfrentarse a ellas. Sin embargo, se vio atrapado en una emboscada, y temió perder todo su ejército. Encerrado entre montañas, rodeado de enemigos y muriéndose de sed, en vano invocaron a las deidades paganas, y entonces ordenó a los hombres que pertenecían a la militine, o legión del trueno, que oraran a su Dios pidiendo socorro. De inmediato tuvo lugar una milagrosa liberación; cayó una cantidad prodigiosa de lluvia, que fue recogida por los hombres, haciendo presas, y dio un alivio repentino y asombroso. Parece que la tormenta, que se abatió intensamente sobre los rostros de los enemigos, los intimidó de tal manera, que una parte desertó hacia el ejército romano; el resto fueron derrotados, y las provincias rebeldes fueron totalmente recuperadas.

Este asunto hizo que la persecución amainara por algún tiempo, al menos en aquellas zonas inmediatamente bajo la inspección del emperador; pero nos encontramos que pronto se desencadenó en Francia, particularmente en Lyon, donde las torturas que fueron impuestas a muchos de los cristianos casi rebasan la capacidad de descripción.

Los principales de estos mártires fueron un joven llamado Vetio Agato; Blandina, una dama cristiana de débil constitución; Sancto, que era diácono en Vienna; a éste le aplicaron platos de bronce al rojo vivo sobre las partes más sensibles de su cuerpo; Biblias, una débil mujer que había sido apóstata anteriormente. Attalo, de Pérgamo, y Potino, el venerable obispo de Lyon, que tenía noventa años. El día en que Blandina y otros tres campeones de la fe fueron llevados al anfiteatro, a ella la colgaron de un madero fijado sobre el suelo, y la expusieron a las fieras como alimento; mientras tanto ella, con sus fervorosas oraciones, alentaba a los otros. Pero ninguna de las fieras la tocó, por lo que fue vuelta a llevar a la mazmorra. Cuando fue sacada por tercera y última vez, salió acompañada por Pontico, un joven de quince años, y la constancia de la fe de ellos enfureció de tal manera a la multitud que no fueron respetados ni el sexo de ella ni la juventud de él, y los hicieron objeto de todo tipo de castigos y torturas. Fortalecido por Blandina, el muchacho perseveró hasta la muerte; y ella, después de soportar los tormentos mencionados, fue finalmente muerta con espada.

En estas ocasiones, cuando los cristianos recibían el martirio, iban ornados y coronados con guirnaldas de flores; por ellas, en el cielo, recibían eternas coronas de gloria.

Se ha dicho que las vidas de los cristianos primitivos consistía de «persecución por encima del suelo y oración por debajo del suelo.» Sus vidas están expresadas por el Coliseo y las catacumbas. Debajo de Roma están los subterráneos que llamamos las catacumbas, que eran a la vez templos y tumbas. La primitiva Iglesia en Roma podría ser llamada con razón la Iglesia de las Catacumbas. Hay unas sesenta catacumbas cerca de Roma, en las que se han seguido unas seiscientas millas de galerías, y esto no es la totalidad. Estas galerías tienen una altura de alrededor de ocho pies (2,4 metros) y una anchura de entre tres a cinco pies (de casi 1 metro hasta 1,5), y contienen a cada lado varias hileras de recesos largos, bajos, horizontales, uno encima de otros como a modo de literas en un barco. En estos nichos eran puestos los cadáveres, y eran cerrados bien con una simple lápida de mármol, o con varias grandes losas de tierra cocida ligadas con mortero. En estas lápidas o losas hay grabados o pintados epitafios y símbolos. Tanto los paganos como los cristianos sepultaban a sus muertos en estas catacumbas. Cuando se abrieron los sepulcros cristianos, los esqueletos contaron su terrible historia. Se encuentran cabezas separadas del cuerpo; costillas y clavículas rotas, huesos frecuentemente calcinados por el fuego. Pero a pesar de la terrible historia de persecución que podemos leer ahí, las inscripciones respiran paz, gozo y triunfo. Aquí tenemos unas cuantas:

«Aquí yace Marcia, puesta a reposar en un sueño de paz.»

«Lorenzo a su más dulce hijo, llevado por los ángeles.»

«Victorioso en paz y en Cristo.»

«Al ser llamado, se fue en paz.»

Recordemos, al leer estas inscripciones la historia que los esqueletos cuentan de persecución, tortura y fuego.

Pero la plena fuerza de estos epitafios se aprecia cuando los contrastamos con los epitafios paganos, como:

«Vive para esta hora presente, porque de nada más estamos seguros.»
«Levanto mi mano contra los dioses que me arrebataron a los veinte años, aunque nada malo había hecho.»
«Una vez no era. Ahora no soy. Nada sé de ello, y no es mi preocupación.»
«Peregrino, no me maldigas cuando pases por aquí, porque estoy en tinieblas y no puedo responder.»

Los más frecuentes símbolos cristianos en las paredes de las catacumbas son el buen pastor con el cordero en sus hombros, una nave con todo el velamen, arpas, anclas, coronas, vides, y por encima de todo, el pez.

La quinta persecución, comenzando con Severo, el 192 d.C.

Severo, recuperado de una grave enfermedad por los cuidados de un cristiano, llegó a ser un gran favorecedor de los cristianos en general; pero al prevalecer los prejuicios y la furia de la multitud ignorante, se pusieron en acción unas leyes obsoletas contra los cristianos. El avance del cristianismo alarmaba a los paganos, y reavivaron la enmohecida calumnia de achacar a los cristianos les desgracias accidentales que sobrevenían. Esta persecución se desencadenó en el 192 d.C.

Pero aunque rugía la malicia persecutoria, sin embargo el Evangelio resplandecía fulgurosamente; y firme como inexpugnable roca resistía con éxito a los ataques de sus chillones enemigos. Tertuliano, que vivió en esta época, nos informa de que si los cristianos se hubieran ido en masa de los territorios romanos, el imperio habría quedado despoblado en gran manera.

Víctor, obispo de Roma, sufrió el martirio en el primer año del siglo tercero, el 201 d.C. Leónidas, padre del célebre Orígenes, fue decapitado por cristiano. Muchos de los oyentes de Orígenes también sufrieron el martirio; en particular dos hermanos, llamados Plutarco y Sereno; otro Sereno, Herón y Heráclides, fueron decapitados. A Rhais le derramaron brea hirviendo sobre la capeza, y luego lo quemaron, como también su madre Marcela. Potainiena, hermana de Rhais, fue ejecutada de la misma forma que Rhais; pero Basílides, oficial del ejército, a quien se le ordenó que asistiera a la ejecución, se convirtió.

Al pedírsele a Basílides, que era oficial, que hiciera un cierto juramento, rehusó, diciendo que no podría jurar por los ídolos romanos, por cuanto era cristiano. Llenos de estupor, los del populacho no podían al principio creer lo que oían; pero tan pronto él confirmó lo que había dicho, fue arrastrado ante el juez, echado en la cárcel, y poco después decapitado.

Ireneo, obispo de Lyon, había nacido en Grecia, y recibió una educación esmerada y cristiana. Se supone generalmente que el relato de las persecuciones en Lyon fue escrito por él mismo. Sucedió al mártir Potino como obispo de

Lyon, y gobernó su diócesis con gran discreción; era un celoso oponente de las herejías en general, y alrededor del 187 d.C. escribió un célebre tratado contra las herejías. Víctor, obispo de Roma, queriendo imponer allí la observancia de la PAscua en preferencia a otros lugares, ocasionó algunos desórdenes entre los cristianos. De manera particular, Ireneo le escribió una epístola sinódica, en nombre de las iglesias galicanas. Este celo en favor del cristianismo lo señaló como objeto de resentimiento ante el emperador, y fue decapitado el 202 d.C.

Extendiéndose las persecuciones a Africa, muchos fueron martirizados en aquel lugar del globo; mencionaremos a los más destacados entre ellos.

Perpetua, de unos veintidos años, casada. Los que sufrieron con ella fueron Felicitas, una mujer casada y ya en muy avanzado estado de gestación cuando fue arrestada, y Revocato, catecúmeno de Cartago, y un esclavo. Los nombres de los otros presos destinados a sufrir en esta ocasión eran Saturnino, Secundulo y Satur. En el día señalado para su ejecución fueron llevados al anfiteatro. A Satur, Secúndulo y Revocato les mandaron que corrieran entre los cuidadores de las fieras. Estos, dispuestos en dos hileras, los flagelaron severamente mientras corrían entre ellos. Felicitas y Perpetua fueron desnudadas para echarlas a un toro bravo, que se lanzó primero contra Perpetua, dejándola inconsciente; luego se abalanzó contra Felicitas, y la empitonó terriblemente; pero no habían quedado muertas, por lo que el verdugo las despachó con una espada. Revocato y Satur fueron devorados por las fieras; Saturnino fue decapitado, y Secúndulo murió en la cárcel. Estas ejecuciones tuvieron lugar en el ocho de marzo del año 205.

Esperato y otros doce fueron decapitados, lo mismo que Androcles en Francia. Asclepiades, obispo de Antioquía, sufrió muchas torturas, pero no fue muerto.

Cecilia, una joven dama de una buena familia en Roma, fue casada con un caballero llamado Valeriano, y convirtió a su marido y hermano, que fueron decapitados; el máximo, u oficial, que los llevó a la ejecución, fue convertido por ellos, y sufrió su misma suerte. La dama fue echada desnuda en un baño hirviente, y permaneciendo allí un tiempo considerable, la decapitaron con una espada. Esto sucedió el 222 d.C.

Calixto, obispo de Roma, sufrió martirio el 224 d.C., pero no se registra la forma de su muerte; Urbano, obispo de Roma, sufrió la misma suerte el 232 d.C.

La sexta persecución, bajo Maximino, el 235 d.C.

El 235 d.C. comenzó, bajo Maximino, una nueva persecución. El gobernador de Capadocia, Seremiano, hizo todo lo posible para exterminar a los cristianos de aquella provincia.

Las personas principales que murieron bajo este reinado fueron Pontiano, obispo de Roma; Anteros, un griego, su sucesor, que ofendió al gobierno al recoger las actas de los mártires. Pamaquio y Quirito, senadores romanos, junto con sus familias enteras, y muchos otros cristianos; Simplicio, también senador; Calepodio, un ministro cristiano, que fue echado al Tíber; Martina, una noble y hermosa doncella; e Hipólito, un prelado cristiano, que fue atado a un caballo indómito, y arrastrado hasta morir.

Durante esta persecución, suscitada por Maximino, muchísimos cristianos fueron ejecutados sin juicio, y enterrados indiscriminadamente a montones, a veces cincuenta o sesenta echados juntos en una fosa común, sin la más mínima decencia.

Al morir el tirano Maximino en el 238 d.C., le sucedió Gordiano, y durante su reinado, así como el de su sucesor, Felipe, la Iglesia estuvo libre de persecuciones durante más de diez años; pero en el 249 d.C. se desató una violenta persecución en Alejandría, por instigación de un sacerdote pagano, sin conocimiento del emperador.

La séptima persecución, bajo Decio, el 249 d.C.

Ésta estuvo ocasionada en parte por el aborrecimiento que tenía contra su predecesor Felipe, que era considerado cristiano, y tuvo lugar en parte por sus celos ante el asombroso avance del cristianismo; porque los templos paganos comenzaban a ser abandonados, y las iglesias cristianas estaban llenas.

Estas razones estimularon a Decio a intentar la extirpación del nombre mismo de cristiano; y fue cosa desafortunada para el Evangelio que varios errores se habían deslizado para este tiempo dentro de la Iglesia; los cristianos estaban divididos entre sí; los intereses propios dividían a aquellos a los que el amor social debía haber mantenido unidos; y la virulencia del orgullo dio lugar a una variedad de facciones.

Los paganos, en general, tenían la ambición de poner en acción los decretos imperiales en esta ocasión, y consideraban el asesinato de los cristianos como un mérito para sí mismos. En esta ocasión los mártires fueron innumerables; pero haremos relación de los principales.

Fabiano, obispo de Roma, fue la primera persona en posición eminente que sintió la severidad de esta persecución. El difunto emperador había puesto su tesoro al cuidado de este buen hombre, debido a su integridad. Pero Decio, al no hallar tanto como su avaricia le había hecho esperar, decidió vengarse del buen prelado. Fue entonces arrestado, y decapitado el 20 de enero del 250 d.C.

Julián, nativo de Cilicia, como nos informa San Crisóstomo, fue arrestado por ser cristiano. Fue metido en una bolsa de cuero, junto con varias serpientes y escorpiones, y echado así al mar.

Pedro, un joven muy atractivo tanto de físico como por sus cualidades intelectuales, fue decapitado por rehusar sacrificar a Venus. En el juicio declaró: «Estoy atónito de que sacrifiquéis a una mujer tan infame, cuyas abominaciones son registradas por vuestros mismos historiadores, y cuya vida consistió de unas acciones que vuestras mismas leyes castigarían. No, al verdadero Dios ofreceré yo el sacrificio aceptable de alabanzas y oraciones.» Al oír esto Optimo, procónsul de Asia, ordenó al preso que fuera estirado en la rueda de tormento, rompiéndole todos los huesos, y luego fue enviado a ser decapitado.

A Nicomaco, hecho comparecer ante el procónsul como cristiano, le mandaron que sacrificara a los ídolos paganos. Nicomaco replicó: «No puedo dar a demonios la reverencia debida sólo al Todopoderoso.» Esta manera de hablar enfureció de tal manera al procónsul que Nicomaco fue puesto en el potro. Después de soportar los tormentos durante un tiempo, se retractó; pero apenas si había dado tal prueba de debilidad que cayó en las mayores agonías, cayó al suelo, y expiró inmediatamente.

Denisa, una joven de sólo dieciséis años, que contempló este terrible juicio, exclamó de repente: «Oh infeliz, ¡para qué comprar un momento de alivio a costa de una eternidad de miseria!» Optimo, al oír esto, la llamó, y al reconocerse Denisa como cristiana, fue poco después decapitada, por orden suya.

Andrés y Pablo, dos compañeros de Nicomaco el mártir, sufrieron el martirio el 251 d.C. por lapidación, y murieron clamando a su bendito Redentor.

Alejandro y Epimaco, de Alejandría, fueron arrestados por ser cristianos; al confesar que efectivamente lo eran, fueron golpeados con estacas, desgarrados con garfios, y al final quemados con fuego; también se nos informa, en un fragmento preservado por Eusebio, que cuatro mujeres mártires sufrieron aquel mismo día, y en el mismo lugar, pero no de la misma manera, por cuanto fueron decapitadas.

Luciano y Marciano, dos malvados paganos, aunque hábiles magos, se convirtieron al cristianismo, y para expiar sus antiguos errores vivieron como eremitas, sustentándose sólo con pan y agua. Después de un tiempo en esta condición, devinieron celosos predicadores, e hicieron muchos convertidos. Sin embargo, rugiendo en este entonces la persecución, fueron arrestados y llevados ante Sabinio, el gobernador de Bitinia. Al preguntárseles en base de qué autoridad se dedicaban a predicar, Luciano contestó: «Que las leyes de la caridad y de la humanidad obligaban a todo hombre a buscar la conversión de sus semejantes, y a hacer todo lo que estuviera en su poder para liberarlos de las redes del diablo.»

Habiendo respondido Luciano de esta manera, Marciano añadió que la conversión de ellos «había tenido lugar por la misma gracia que le había sido dada a San Pablo, que, de celoso perseguidor de la Iglesia, se convirtió en predicador del Evangelio».

Viendo el procónsul que no podía prevalecer sobre ellos para que renunciaran a su fe, los condenó a ser quemados vivos, sentencia que fue pronto ejcutada.

Trifón y Respicio, dos hombres eminentes, fueron aprehendidos como cristianos, y encarcelados en Niza. Sus pies fueron traspasados con clavos: fueron arrastrados por las calles, azotados, desgarrados con garfios de hierro, quemados con antorchas, y finalmente decapitados, el 1 de febrero del 251 d.C.

Agata, una dama siciliana, no era tan notable por sus dotes personales y adquiridas como por su piedad; tal era su hermosura que Quintiano, gobernador de Sicilia, se enamoró de ella, e hizo muchos intentos por vencer su castidad, pero sin éxito. A fin de gratificar sus pasiones con la mayor facilidad, puso a la virtuosa dama en manos de Afrodica, una mujer infame y licenciosa. Esta miserable trató, con sus artificios, de ganarla a la deseada prostitución, pero vio fallidos todos sus esfuerzos, porque la castidad de Agata era inexpugnable, y ella sabía muy bien que sólo la virtud podría procurar una verdadera dicha, Afrodica hizo saber a Quintiano la inutilidad de sus esfuerzos, y éste, enfurecido al ver sus designios torcidos, cambió su concupiscencia en resentimiento. Al confesar ella que era cristiana, decidió satisfacerse con la venganza, al no poderlo hacer con su pasión. Siguiendo órdenes suyas, fue flagelada, quemada con hierros candentes, y desgarrada con aguzados garfios. Habiendo soportado estas torturas con una admirable fortaleza, fue luego puesta desnuda sobre ascuas mezcladas con vidrio, y luego devuelta a la cárcel, donde expiró el 5 de febrero del 251.

Cirilo, obispo de Gortyna, fue arrestado por órdenes de Lucio, gobernador de aquel lugar, que sin embargo le exhortó a obedecer la orden imperial, a hacer los sacrificios, y salvar su venerable persona de la destrucción; porque ahora tenía ochenta y cuatro años. El buen prelado le contestó que como había enseñado a otros durante mucho tiempo que salvaran sus almas, ahora sólo podía pensar en su propia salvación. El digno prelado escuchó su sentencia, dada con furor, sin la menor emoción, anduvo animosamente hasta el lugar de la ejecución, y sufrió su martirio con gran entereza.

En ningún lugar se manifestó esta persecución con tanta saña como en la isla de Creta, porque el gobernador, sumamente activo en la ejecución de los edictos imperiales, hizo correr a ríos la sangre de los piadosos.

Babylas, un cristiano con educación académica, llegó a ser obispo de Antioquía el 237 d.C., después de Zebino. Actuó con un celo sin parangón, y gobernó la Iglesia con una prudencia admirable durante los tiempos más tormentosos.

La primera desgracia que tuvo lugar en Antioquía durante su misión fue su asedio por Sapor, rey de Persia, que, habiendo invadido toda la Siria, tomó y saqueó esta ciudad entre otras, y trató a los moradores cristianos de la ciudad con mayor dureza que a los otros; pero pronto fue derrotado totalmente por Gordiano.

Después de la muerte de Gordiano, en el reinado de Decio, este emperador vino a Antioquía, y allí, expresando su deseo de visitar una asamblea de cristianos; pero Babylas se le opuso, y se negó absolutamente a que entrara. El emperador disimuló su ira en aquel tiempo, pero pronto envió a buscar al obispo, reprendiéndole duramente por su insolencia, y luego le ordenó que sacrificara a las deidades paganas como expiación por su ofensa. Al rehusar, fue echado en la cárcel, cargado de cadenas, tratado con la mayor severidad, y luego decapitado, junto con tres jóvenes que habían sido sus alumnos. Esto sucedió el 251 d.C.

Alejandro, obispo de Jerusalén, fue encarcelado por su religión por este mismo tiempo, y allí murió debido a la dureza de su encierro.

Juliano, un anciano y cojo debido a la gota, y Cronión, otro cristiano, fueron atados a las jorobas de unos camellos, flagelados cruelmente, y luego echados a un fuego y consumidos. También cuarenta doncellas fueron quemadas en Antioquía, después de haber sido encarceladas y flageladas.

En el año 251 de nuestro Señor, el emperador Decio, después de haber erigido un templo pagano en Éfeso, ordenó que todos los habitantes de la ciudad sacrificaran a los ídolos. Esta orden fue noblemente rechazada por siete de sus propios soldados, esto es, Maximiano, Marciano, Joanes, Malco, Dionisio, Seraión y Constantino. El emperador, queriendo ganar a estos soldados a que renunciaran a su fe mediante sus exhortaciones y lenidad, les dio un tiempo considerable de respiro hasta volver de una expedición. Durante la ausencia del emperador, estos huyeron y se ocultaron en una cueva; al saber esto el emperador a su vuelta, la boca de la cueva fue cegada, y todos murieron de hambre.

Teodora, una hermosa y joven dama de Antioquía rehusó sacrificar a los ídolos de Roma, y fue condenada al burdel, para que su virtud fuera sacrificada a la brutalidad de la concupiscencia. Dídimo, un cristiano, se disfrazó con un uniforme de soldado romano, fue al burdel, informó a Teodora de quién era, y la aconsejó a que huyera disfrazada con sus ropas. Hecho esto, y al encontrarse un hombre en el burdel en lugar de una hermosa dama, Dídimo fue llevado ante el gobernador, a quien le confesó la verdad; al reconocerse cristiano, de inmediato fue pronunciada contra él la sentencia de muerte. Teodora, al oír que su liberador iba a sufrir, acudió ante el juez, y rogó que la sentencia recayera sobre ella como la persona culpable; pero sordo a los clamores de los inocentes, e insensible a las demandas de la justicia, el implacable juez condenó a ambos; y fueron ejecutados, primero decapitados, y luego sus cuerpos quemados.

Secundiano, acusado de ser cristiano, estaba siendo llevado a la cárcel por varios soldados. Por el camino, Veriano y Marcelino les dijeron: «¿A dónde lleváis a un inocente?» Esta pregunta llevó al arresto de ellos, y los tres, tras haber sido torturados, fueron colgados y decapitados.

Orígenes, el célebre presbítero y catequista de Alejandría, fue arrestado cuando tenía sesenta y cuatro años, y fue arrojado en una inmunda mazmorra, cargado de cadenas, con los pies en el cepo, y sus piernas extendidas al máximo durante varios días seguidos. Fue amenazado con fuego, y torturado con todos los medios prolijos que pudieran inventar las mentes más infernales. Durante este cruel y prolongado tormento murió el emperador Decio, y Gallo, que le sucedió, se enzarzó en una guerra contra los godos, con lo que los cristianos tuvieron un respiro. Durante este intervalo, Orígenes obtuvo la libertad, y, retirándose a Tiro, se quedó allá hasta su muerte, que le sobrevino a los sesenta y nueve años de edad.

Habiendo Gallo concluido sus guerras, se desató una plaga en el imperio; el emperador ordenó entonces sacrificios a las deidades paganas, y se desencadenaron persecuciones desde el corazón del imperio, extendiéndose hasta las provincias más apartadas, y muchos cayeron mártires de la impetuosidad del populacho, así como del prejuicio de los magistrados. Entre estos mártires estuvieron Cornelio, obispo cristiano de Roma, y su sucesor Lucio, en el 253.

La mayoría de los errores que se introdujeron en la Iglesia en esta época surgieron por poner la razón humana en competición con la revelación; pero al demostrar los teólogos más capaces la falacia de tales argumentos, las opiniones que se habían suscitado se desvanecieron como las estrellas delante del sol.

La octava persecución, bajo Valeriano, 257 d.C.

Ésta comenzó bajo Valeriano, en el mes de abril del 257 d.C., y continuó durante tres años y seis meses. Los mártires que cayeron en esta persecución fueron innumerables, y sus torturas y muertes igual de variadas y penosas. Los más eminentes entre los mártires fueron los siguientes, aunque no se respetaron ni rango, ni sexo ni edad.

Rufina y Secunda eran dos hermosas y cumplidas damas, hijas de Asterio, un caballero eminente en Roma. Rufina, la mayor, estaba prometida en matrimonio a Armentario, un joven noble; Secunda, la menor, a Verino, persona de alcurnia y opulencia. Los pretendientes, al comenzar la persecución, eran ambos cristianos; pero cuando surgió el peligro, renunciaron a su fe para salvar sus fortunas. Se esforzaron entonces mucho en persuadir a las damas a que hicieran lo mismo, pero, frustrados en sus propósitos, fueron tan abyectos como para informar en contra de ellas, que, arrestadas como cristianas, fueron hechas comparecer ante Junio Donato, gobernador de Roma, donde, en el 257 d.C., sellaron su martirio con su sangre.

Esteban, obispo de Roma, fue decapitado aquel mismo año, y por aquel tiempo Saturnino, el piadoso obispo ortodoxo de Toulouse, que rehusó sacrificar a los ídolos, fue tratado con todas las más bárbaras indignidades imaginables, y atado por los pies a la cola de un toro. Al darse una señal, el enfurecido animal fue conducido escaleras abajo por las escalinatas del templo, con lo que el fue destrozado el cráneo del digno mártir hasta salírsele los sesos.

Sixto sucedió a Esteban como obispo de Roma. Se supone que era griego de nacimiento u origen, y había servido durante un tiempo como diácono bajo Esteban. Su gran fidelidad, singular sabiduría y valor no común lo distinguieron en muchas ocasiones; y la feliz conclusión de una controversia con algunos herejes es generalmente adscrita a su piedad y prudencia. En el año 258, Marciano, que dirigía los asuntos del gobierno en Roma, consiguió una orden del emperador Valeriano para dar muerte a todo el clero cristiano de Roma, y por ello el obispo, con seis de sus diáconos, sufrió el martirio en el 258.

Acerquémonos al fuego del martirizado Lorenzo, para que nuestros fríos corazones sean por él hechos arder. El implacable tirano, sabiendo que no sólo era ministro de los sacramentos, sino también distribuidor de las riquezas de la Iglesia, se prometía una doble presa con el arresto de una sola persona. Primero, con el rastrillo de la avaricia, conseguir para sí mismo el tesoro de cristianos pobres; luego, con el feroz bieldo de la tiranía, para agitarlos y perturbarlos, agotarlos en su profesión. Con un rostro feroz y cruel semblante, el codicioso lobo exigió saber dónde Lorenzo había repartido las riquezas de la Iglesia; éste, pidiendo tres días de tiempo, prometió declarar dónde podría conseguir el tesoro. Mientras tanto, hizo congregar una gran cantidad de cristianos pobres. Así, cuando llegó el día en que debía dar su respuesta, el perseguidor le ordenó que se mantuviera fiel a su promesa. Entonces, el valiente Lorenzo, extendiendo sus brazos hacia los pobres, dijo: «Estos son el precioso tesoro de la Iglesia; estos son verdaderamente el tesoro, aquellos en los que reina la fe de Cristo, en los que Jesucristo tiene su morada. ¿Qué joyas más preciosas puede tener Cristo, que aquellos en quienes ha prometido morar? Porque así está escrito: «Tuve hambre, y me disteis de comer; tuve sed, y me disteis de beber; fui forastero, y me recogisteis.» Y también: «Por cuanto lo hicisteis a uno de estos más pequeños de mis hermanos, a mí me lo hicisteis.» ¿Qué mayores riquezas puede poseer Cristo nuestro Maestro que el pueblo pobre en quien quiere ser visto?»

¡Ah!, ¿qué lengua puede expresar el furor y la rabia del corazón del tirano! Ahora pateaba, echaba furiosas miradas, gesticulaba amenazante, se comportaba como enajenado: sus ojos echaban fuego, la boca espumajeaba como la de un jabalí, y mostraba los dientes como un infernal mastín. No se le podía llamar ahora un hombre racional, sino más bien un león rugiente y rampante.

«Encended el fuego (chilló él)—y no ahorréis leña. ¿Ha engañado este villano al emperador? Fuera con él, fuera con él: azotadle con látigos, sacudidlo con varas, golpeadle con los puños, descerebradlo con garrotes. ¿Se burla este traidor del emperador? Pellizcadlo con tenazas ardientes, ceñidlo con placas candentes, sacad las cadenas más fuertes, y los tridentes, y la parrilla de hierro; al fuego con él; atad al rebelde de manos y pies; y cuando la parrilla esté al rojo vivo, echadlo en ella; asadlo, asadlo, movedlo, agitadlo: bajo pena de nuestro mayor desagrado, que cada uno de vosotros, verdugos, cumpla su misión.»

Tan pronto fueron dichas estas palabras que se cumplieron. Después de crueles tormentos, este manso cordero fue puesto, no diré que sobre su cama candente de hierro, sino sobre su suave colchón de plumas. De tal manera Dios obró con este mártir Lorenzo, de manera tan milagrosa Dios templó Su elemento fuego, que devino no una cama de dolor consumidor, sino un lecho de reposo reparador.

En África, la persecución rugió con una violencia peculiar; muchos miles recibieron la corona del martirio, entre los cuales se pueden mencionar las personalidades más distinguidas:

Cipriano, obispo de Cartago, un eminente prelado y adorno de la Iglesia. El resplandor de su genio iba templado por la solidez de su juicio; y con todas las virtudes del caballero combinaba las virtudes de un cristiano. Sus doctrinas eran ortodoxas y puras; su lenguaje, fácil y elegante; y sus maneras gentiles y atrayentes; en resumen, era a la vez un predicador piadoso y cortés. En su juventud había sido educado en los principios de los gentiles, y poseyendo una fortuna considerable, había vivido en toda la extravagancia del esplendor y en toda la dignidad del boato.

Alrededor del año 246, Cecilio, ministro cristiano de Cartago, devino el feliz instrumento de su conversión, por lo cual, y por el gran afecto que siempre sintió para con el autor de su conversión, fue llamado Cecilio Cipriano. Antes de su bautismo estudió cuidadosamente las Escrituras, e impactado por las bellezas de las verdades que contenían, decidió practicar las virtudes que en ellas se recomendaban. Después de su bautismo, vendió sus posesiones, distribuyó su dinero entre los pobres, se vistió de manera llana, y comenzó una vida de austeridad. Pronto fue nombrado presbítero, y, sumamente admirado por sus virtudes y obras, fue, a la muerte de Donato en el 248 d.C., elegido casi unánimemente obispo de Cartago.

Los cuidados de Cipriano no se extendían sólo a Cartago, sino a Numidia y Mauritania. En todas sus transacciones tuvo siempre gran atención a pedir el consejo de su clero, sabiendo que sólo la unanimidad podría ser de servicio a la iglesia, siendo ésta su máxima: «Que el obispo estaba en la iglesia, y la iglesia en el obispo, de manera que la unidad sólo puede ser preservada mediante un estrecho vínculo entre el pastor y su grey.»

En el 250 d.C. Cipriano fue públicamente proscrito por el emperador Decio, bajo el nombre de Cecilio Cipriano, obispo de los cristianos; y el clamor universal de los paganos fue: «Cipriano a los leones; Cipriano a las fieras.» Sin embargo, el obispo se apartó del furor del populacho, y sus posesiones fueron de inmediato confiscadas. Durante su retiro, escribió treinta piadosas y elegantes epístolas a su grey; pero varios cismas que tuvieron entonces lugar en la Iglesia le provocaron gran ansiedad. Al disminuir el rigor de la persecución, volvió a Cartago, e hizo todo lo que estaba en su mano para deshacer las opiniones erróneas. Al desatarse sobre Cartago una terrible peste, fue, como era costumbre, achacada a los cristianos; y los magistrados comenzaron entonces una persecución, lo que ocasionó una epístola de ellos a Cipriano, en respuesta a la cual él vindicó la causa del cristianismo. En el 257 d.C. Cipriano fue hecho comparecer ante el procónsul Aspasio Paturno, que lo desterró a una pequeña ciudad en el mar de Libia. Al morir este procónsul, volvió a Cartago, pero fue pronto arrestado, y llevado ante el nuevo gobernador, que lo condenó a ser decapitado; esta sentencia fue ejecutada el catorce de septiembre del 258 d.C.

Los discípulos de Cipriano, martirizado en esta persecución, fueron Lucio, Flaviano, Victórico, Remo, Montano, Julián, Primelo y Donaciano.

En Utica tuvo lugar una tragedia terrible: trescientos cristianos fueron traídos, por orden del gobernador, y puestos alrededor de un horno de cocción de cerámica. Habiendo preparado unas ascuas e incienso, se les ordenó que o bien sacrificaran a Júpiter, o serían arrojados al horno. Rehusando todos unánimes, saltaron valientemente al hoyo, y fueron de inmediato asfixiados.

Fructuoso, obispo de Tarragona, en España, y sus dos diáconos, Augurio y Eulogio, fueron quemados por cristianos.

Alejandro, Malco y Prisco, tres cristianos de Palestina, y una mujer del mismo lugar, se acusaron voluntariamente de ser cristianos, por lo que fueron sentenciados a ser devorados por tigres, sentencia que fue ejecutada.

Máxima, Donatila y Secunda, tres doncellas de Tuburga, recibieron como bebida hiel y vinagre, fueron duramente flageladas, atormentadas sobre un patíbulo, frotadas con cal, asadas sobre unas parrillas, maltratadas por fieras, y finalmente decapitadas.

Es aquí oportuno observar la singular pero mísera suerte del emperador Valeriano, que durante tanto tiempo y tan duramente persiguió a los cristianos. Este tirano fue hecho prisionero, mediante una estratagema, por Sapor, emperador de Persia, que lo llevó a su propio país, tratándolo allí con la más inusitada indignidad, haciéndole arrodillarse como el más humilde esclavo, y poniendo sobre él los pies a modo de banqueta cuando montaba en su caballo. Después de haberlo tenido durante siete años en este abyecto estado de esclavitud, hizo que le sacaran los ojos, aunque tenía entonces ochenta y tres años. No saciando con ello sus deseos de venganza, pronto ordenó que lo despellejaran vivo y que le frotaran sal en la carne viva, muriendo bajo tales torturas. Así cayó uno de los más tiránicos emperadores de Roma, y uno de los más grandes perseguidores de los cristianos.

En el 260 d.C. sucedió Gallieno, hijo de Valeriano, y durante su reinado (aparte de unos pocos mártires) la Iglesia gozó de paz durante algunos años.

La novena persecución bajo Aureliano, 274 d.C.

Los principales que padecieron en esta fueron: Félix, obispo de Roma. Este prelado accedió a la sede de Roma en el 274. Fue el primer mártir de la petulancia de Aureliano, siendo decapitado en el veintidós de diciembre aquel mismo año.

Agapito, un joven caballero, que había vendido sus posesiones y dado el dinero a los pobres, fue arrestado como cristiano, torturado, y luego decapitado en Præneste, una ciudad a un día de viaje de Roma.

Estos son los únicos mártires que fueron registrados durante este reinado, que pronto vio su fin, al ser el emperador asesinado en Bizancio por sus propios criados.

Aureliano fue sucedido por Tácito, que fue seguido por Probo, y éste por Caro; al ser muerto este emperador por un rayo, sus hijos Carnio y Numeriano le sucedieron, y durante todos estos reinados la iglesia tuvo paz.

Diocleciano accedió al trono imperial en el 284 d.C. Al principio mostró gran favor a los cristianos. En el año 286 asoció consigo en el imperio a Maximiano. Algunos cristianos fueron muertos antes que se desatara ninguna persecución general. Entre estos se encontraban Feliciano y Primo, que eran hermanos.

Marco y Marceliano eran mellizos, naturales de Roma, y de noble linaje. Sus padres eran paganos, pero los tutores, a los que había sido encomendada la educación de los hijos, los criaron como cristianos. Su constancia aplacó finalmente a los que deseaban que se convirtieran en paganos, y sus padres y toda la familia se convirtieron a una fe que antes reprobaban. Fueron martirizados siendo atados a estacas, con los pies traspasados por clavos. Después de permanecer en esta situación un día y una noche, sus sufrimientos fueron terminados con unas lanzas que traspasaron sus cuerpos. Zoe, la mujer del carcelero, que había tenido el cuidado de los mártires acabados de mencionar, fue también convertida por ellos, y fue colgada de un árbol, con un fuego de paja encendido debajo de ella. Cuando su cuerpo fue bajado, fue echado a un río, con una gran piedra atada al mismo, a fin de que se hundiera.

En el año 286 de Cristo tuvo lugar un hecho de lo más notable. Una legión de soldados, que consistía de seis mil seiscientos sesenta y seis hombres, estaba totalmente constituida por cristianos. Esta legión era llamada la Legión Tebana, porque los hombres habían sido reclutados en Tebas; estuvieron acuartelados en oriente hasta que el emperador Maximiano ordenó que se dirigieran a las Galias, para que le ayudaran contra los rebeldes de Borgoña. Pasaron los Alpes, entrando en las Galias, a las órdenes de Mauricio, Cándido y Exupernio, sus dignos comandantes, y al final se reunieron con el emperador. Maximiano, para este tiempo, ordenó un sacrificio general, al que debía asistir todo el ejército; también ordenó que se debía tomar juramento de lealtad y al mismo tiempo que se debía jurar ayudar a la extirpación del cristianismo en las Galias. Alarmados ante estas órdenes, cada uno de los componentes de la Legión Tebana rehusó de manera absoluta sacrificar o tomar los juramentos prescritos. Esto enfureció de tal manera a Maximiano que ordenó que toda la legión fuera diezmada, esto es, que se seleccionara a uno de cada diez hombres, y matarlo a espada. Habiéndose ejecutado esta sanguinaria orden, el resto permanecieron inflexible, teniendo lugar una segunda decimación, y uno de cada diez hombres de los que quedaban vivos fue muerto a espada. Este segundo castigo no tuvo más efectos que el primero; los soldados se mantuvieron firmes en su decisión y en sus principios, pero por consejo de sus oficiales hicieron una protesta de fidelidad a su emperador. Se podría pensar que esto iba a ablandar al emperador, pero tuvo el efecto contrario, porque, encolerizado ante la perseverancia y unanimidad que demostraban, ordenó que toda la legión fuera muerta, lo que fue efectivamente ejecutado por las otras tropas, que los despedazaron con sus espadas, el 22 de septiembre del 286.

Alban, de quien recibió su nombre St. Alban's, en Hertfordshire, fue el primer mártir británico. Gran Bretaña había recibido el Evangelio de Cristo mediante Lucio, el primer rey cristiano, pero no sufrió de la ira de la persecución hasta muchos años después. Alban era originalmente pagano, pero convertido por un clérigo cristiano, llamado Anfíbalo, a quien dio hospitalidad a causa de su religión. Los enemigos de Anfíbalo, enterándose del lugar donde estaba escondido, llegaron a casa de Alban; a fin de facilitar su huida, se presentó como la persona a la que buscaban. Al descubrirse el engaño, el gobernador ordenó que le azotaran, y luego fue sentenciado a ser decapitado, el 22 de junio del 287 d.C.

Nos asegura el venerable Beda que, en esta ocasión, el verdugo se convirtió súbitamente al cristianismo, y pidió permiso para morir por Alban, o con él. Obteniendo su segunda petición, fueron ambos decapitados por un soldado, que asumió voluntariamente el papel de verdugo. Esto sucedió en el veintidós de junio del 287 en Verulam, ahora St. Alban's, en Hertfordshire, donde se levantó una magnífica iglesia en su memoria para el tiempo de Constantino el Grande. El edificio, destruido en las guerras sajonas, fue reconstruido por Offa, rey de Mercia, y junto a él se levantó un monasterio, siendo aún visibles algunas de sus ruinas; la iglesia es un noble edificio gótico.

Fe, una mujer cristiana de Aquitania, Francia, fue asada sobre una parrilla, y luego decapitada, en el 287 d.C.

Quintín era un cristiano natural de Roma, pero decidió emprender la propagación del Evangelio en las Galias, con un tal Luciano, y predicaron juntos en Amiens; después de ello Luciano fue a Beaumaris, donde fue martirizado. Quintín permaneció en la Picardía, y mostró gran celo en su ministerio. Arrestado como cristiano, fue estirado con poleas hasta que se dislocaron sus miembros; su cuerpo fue desgarrado con azotes de alambres, y derramaron aceite y brea hirviendo sobre su carne desnuda; se le aplicaron antorchas encendidas a sus lados y sobacos; después de haber sido torturado de esta manera, fue enviado de vuelta a la mazmorra, muriendo allí el 31 de octubre del 287 por las atrocidades que le habían infligido. Su cuerpo fue lanzado al Somme.

La décima persecución, bajo Diocleciano, 303 d.C.

Bajo los emperadores romanos, y comunmente llamada la Era de los Mártires, fue ocasionada en parte por el número en aumento de los cristianos y por sus crecientes riquezas, y por el odio de Galerio, el hijo adoptivo de Diocleciano, que, estimulado por su madre, una fanática pagana, nunca dejó de empujar al emperador para que iniciara esta persecución hasta que logró su propósito.

El día fatal fijado para el comenzamiento de la sangrienta obra era el veintitrés de febrero del 303 d.C., el día en que se celebraba la Terminalia, y en el que, como se jactaban los crueles paganos, esperaban terminar con el cristianismo. En el día señalado comenzó la persecución en Nicomedia, en la mañana del cual el prefecto de la ciudad acudió, con un gran número de oficiales y alguaciles, a la iglesia de los cristianos, donde, forzando las puertas, tomaron todos los libros sagrados y los lanzaron a las llamas. Toda esta acción tuvo lugar en presencia de Diocleciano y Galerio, los cuales, no satisfechos con quemar los libros, hicieron derruir la iglesia sin dejar ni rastro. Esto fue seguido por un severo edicto, ordenando la destrucción de todas las otras iglesias y libros de los cristianos; pronto siguió una orden, para proscribir a los cristianos de todas las denominaciones.

La publicación de este edicto ocasionó un martirio inmediato, porque un atrevido cristiano no sólo lo arrancó del lugar en el que estaba puesto, sino que execró el nombre del emperador por esta injusticia. Una provocación así fue suficiente para atraer sobre sí la venganza pagana; fue entonces arrestado, severamente torturado, y finalmente quemado vivo.

Todos los cristianos fueron prendidos y encarcelados; Galerio ordenó en privado que el palacio imperial fuera incendiado, para que los cristianos fueran acusados de incendiarios, dándose una plausible razón para llevar a cabo la persecución con la mayor de las severidades. Comenzó un sacrificio general, lo que ocasionó varios martirios. No se hacía distinción de edad ni de sexo; el nombre de cristiano era tan odioso para los paganos que todos inmediatamente cayeron víctimas de sus opiniones. Muchas casas fueron incendiadas, y familias cristianas enteras perecieron en las llamas; a otros les ataron piedras en el cuello, y atados juntos fueron llevados al mar. La persecución se hizo general en todas las provincias romanas, pero principalmente en el este. Por cuanto duró diez años, es imposible determinar el número de mártires, ni enumerar las varias formas de martirio.

Potros, azotes, espadas, dagas, cruces, veneno y hambre se emplearon en los diversos lugares para dar muerte a los cristianos; y se agotó la imaginación en el esfuerzo de inventar torturas contra gentes que no habían cometido crimen alguno, sino que pensaban de manera distinta de los seguidores de la superstición.

Una ciudad de Frigia, totalmente poblada por cristianos, fue quemada, y todos los moradores perecieron en las llamas.

Cansados de la degollina, finalmente, varios gobernadores de provincias presentaron ante la corte imperial lo inapropiado de tal conducta. Por ello a muchos se les eximió de ser ejecutados, pero, aunque no eran muertos, se hacía todo por hacerles la vida miserable; a muchos se les cortaban las orejas, las narices, se les sacaba el ojo derecho, se inutilizaban sus miembros mediante terribles dislocaciones, y se les quemaba la carne en lugares visibles con hierros candentes.

Es necesario ahora señalar de manera particular a las personas más destacadas que dieron su vida en martirio en esta sangrienta persecución.

Sebastián, un célebre mártir, había nacido en Narbona, en las Galias, y después llego a ser oficial de la guardia del emperador en Roma. Permaneció un verdadero cristiano en medio de la idolatría. Sin dejarse seducir por los esplendores de la corte, sin mancharse por los malos ejemplos, e incontaminado por esperanzas de ascenso. Rehusando caer en el paganismo, el emperador lo hizo llevar a un campo cercano a la ciudad, llamado Campo de Marte, y que allí le dieran muerte con flechas; ejecutada la sentencia, algunos piadosos cristianos acudieron al lugar de la ejecución, para dar sepultura a su cuerpo, y se dieron entonces cuenta de que había señales de vida en su cuerpo; lo llevaron de inmediato a lugar seguro, y en poco tiempo se recuperó, preparándose para un segundo martirio; porque tan pronto como pudo salir se puso intencionadamente en el camino del emperador cuando éste subía hacia el templo, y lo reprendió por sus muchas crueldades e irrazonables prejuicios contra el cristianismo. Diocleciano, cuando pudo recobrarse de su asombro, ordenó que Sebastián fuera arrestado y llevado a un lugar cercano a palacio, y allí golpeado hasta morir; y para que los cristianos no lograran ni recuperar ni sepultar su cuerpo, ordenó que fuera echado a la alcantarilla. Sin embargo, una dama cristiana llamada Lucina encontró la manera de sacarlo de allí, y de sepultarlo en las catacumbas, o nichos de los muertos.

Para este tiempo, los cristianos, después de una seria consideración, pensaron que era ilegítimo portar armas a las órdenes de un emperador pagano. Maximiliano, el hijo de Fabio Víctor, fue el primero decapitado bajo esta norma.

Vito, siciliano de una familia de alto rango, fue educado como cristiano; al aumentar sus virtudes con el paso de los años, su constancia le apoyó a través de todas las aflicciones, y su fe fue superior a los más grandes peligros. Su padre Hylas, que era pagano, al descubrir que su hijo había sido instruido en los principios del cristianismo por la nodriza que lo había criado, empleó todos sus esfuerzos por volverlo al paganismo, y al final sacrificó su hijo a los ídolos, el 14 de junio del 303 d.C.

Víctor era un cristiano de buena familia en Marsella, en Francia; pasaba gran parte de la noche visitando a los afligidos y confirmando a los débiles; esta piadosa obra no la podía llevar a cabo durante el día de manera consonante con su propia seguridad; gastó su fortuna en aliviar las angustias de los cristianos pobres. Finalmente, empero, fue arrestado por edicto del emperador Maximiano, que le ordenó ser atado y arrastrado por las calles. Durante el cumplimiento de esta orden fue tratado con todo tipo de crueldades e indignidades por el enfurecido populacho. Siguiendo inflexible, su valor fue considerado como obstinación. Se ordenó que fuera puesto al potro, y él volvió sus ojos al cielo, orando a Dios que le diera paciencia, tras lo cual sufrió las torturas con la más admirable entereza. Cansados los verdugos de atormentarle, fue llevado a una mazmorra. En este encierro convirtió a sus carceleros, llamados Alejandro, Feliciano y Longino. Enterándose el emperador de esto, ordenó que fueran ejecutados de inmediato, y los carceleros fueron por ello decapitados. Víctor fue de nuevo puesto al potro, golpeado con varas sin misericordia, y de nuevo echado en la cárcel. Al ser interrogado por tercera vez acerca de su religión, perseveró en sus principios; trajeron entonces un pequeño altar, y le ordenaron que de inmediato ofreciera incienso sobre él. Enardecido de indignación ante tal petición, se adelantó valientemente, y con una patada derribó el altar y el ídolo. Esto enfureció de tal manera a Maximiano, que estaba presente, que ordenó que el pie que había golpeado el altar fuera de inmediato amputado; luego Víctor fue echado a un molino, y destrozado por las muelas, en el 303 d.C.

Estando en Tarso Máximo, gobernador de Cilicia, hicieron comparecer ante él a tres cristianos; sus nombres eran Taraco, un anciano, Probo y Andrónico. Después de repetidas torturas y exhortaciones para que se retractaran, fueron finalmente llevados a su ejecución.

Llevados al anfiteatro, les soltaron varias fieras; pero ninguno de los animales, aunque hambriento, los quería tocar. Entonces el guardador sacó un gran oso, que aquel mismo día había destruido a tres hombres; pero tanto este voraz animal como una feroz leona rehusaron tocar a los presos. Al ver imposible su designio de destruirlos por medio de las fieras, Máximo ordenó su muerte por la espada, el 11 de octubre del 303 d.C.

Romano, natural de Palestina, era diácono de la iglesia de Cesarea en la época del comienzo de la persecución de Diocleciano. Condenado por su fe en Antioquía, fue flagelado, puesto en el potro, su cuerpo fue desgarrado con garfios, su carne cortada con cuchillos, su rostro marcado, le hicieron saltar los dientes a golpes, y le arrancaron el cabello desde las raíces. Poco después ordenaron que fuera estrangulado. Era el 17 de noviembre del 303 d.C.

Susana, sobrina de Cayo, obispo de Roma, fue apremiada por el emperador Diocleciano para que se casara con un noble pagano, que era un pariente próximo del emperador. Rehusando el honor que se le proponía, fue decapitada por orden del emperador.

Doroteo, el gran chambelán de la casa de Diocleciano, era cristiano, y se esforzó mucho en ganar convertidos. En sus labores religiosas fue ayudado por Gorgonio, otro cristiano, que pertenecía al palacio. Fueron primero torturados y luego estrangulados.

Pedro, un eunuco que pertenecía al emperador, era un cristiano de una singular modestia y humildad. Fue puesto sobre una parrilla y asado a fuego lento hasta que expiró.

Cipriano, conocido como el mago, para distinguirlo de Cipriano obispo de

Cartago, era natural de Antioquía. Recibió una educación académica en su juventud, y se aplicó de manera particular a la astrología; después de ello, viajó para ampliar conocimientos, yendo por Grecia, Egipto, la India, etc. Con el paso del tiempo conoció a Justina, una joven dama de Antioquía, cuyo nacimiento, belleza y cualidades suscitaban la admiración de todos los que la conocían. Un caballero pagano pidió a Cipriano que le ayudara a conseguir el amor de la bella Justina; emprendiendo él esta tarea, pronto fue sin embargo convertido, quemó sus libros de astrología y magia, recibió el bautismo, y se sintió animado por el poderoso espíritu de gracia. La conversión de Cipriano ejerció un gran efecto sobre el caballero pagano que le pagaba sus gestiones con Justina, y pronto él mismo abrazó el cristianismo. Durante las persecuciones de Diocleciano, Cipriano y Justina fueron apresados como cristianos; el primero fue desgarrado con tenazas, y la segunda azotada; después de sufrir otros tormentos, fueron ambos decapitados.

Eulalia, una dama española de familia cristiana, era notable en su juventud por su gentil temperamento, y por su solidez de entendimiento, pocas veces hallado en los caprichos de los años juveniles. Apresada como cristiana, el magistrado intentó de las maneras más suaves ganarla al paganismo, pero ella ridiculizó las deidades paganas con tal aspereza que el juez, enfurecido por su conducta, ordenó que fuera torturada. Así, sus costados fueron desgarrados con garfios, y sus pechos quemados de la manera más espantosa, hasta que expiró debido a la violencia de las llamas; esto ocurrió en diciembre del 303 d.C.

En el año 304, cuando la persecución alcanzó a España, Daciano, gobernador de Tarragona, ordenó que Valerio, el obispo, y Vicente, el diácono, fueran apresados, cargados de cadenas y encarcelados. Al mantenerse firmes los presos en su resolución, Valerio fue desterrado, y Vicente fue puesto al potro, dislocándose sus miembros, desgarrándole la carne con garfios, y siendo puesto sobre la parrilla, no sólo poniendo un fuego debajo de él, sino pinchos encima, que atravesaban su carne. Al no destruirle estos tormentos, ni hacerle cambiar de actitud, fue devuelto a la cárcel, confinado en una pequeña e inmunda mazmorra oscura, sembrada de piedras de sílex aguzadas y de vidrios rotos, donde murió el 22 de enero del 304. Su cuerpo fue echado al río.

La persecución de Diocleciano comenzó a endurecerse de manera particular en el 304 d.C., cuando muchos cristianos fueron torturados de manera cruel y muertos con las muertes más penosas e ignominiosas. De ellos enumeraremos a los más eminentes y destacados.

Saturnino, un sacerdote de Albitina, una ciudad de África, fue, después de su tortura, enviado de nuevo a la cárcel, donde se le dejó morir de hambre. Sus cuatro hijos, tras ser atormentados de varias maneras, compartieron la misma suerte con su padre.

Dativas, un noble senador romano; Telico, un piadoso cristiano; Victoria, una joven dama de una familia de alcurnia y fortuna, con algunos otros de clases sociales más humildes, todos ellos discípulos de Satumino, fueron torturados de manera similar, y perecieron de la misma manera.

Agrape, Quionia e Irene, tres hermanas, fueron encarceladas en Tesalónica, cuando la persecución de Diocleciano llegó a Grecia. Fueron quemadas, y recibieron en las llamas la corona del martirio el 25 de marzo del 304. El gobernador, al ver que no podía causar impresión alguna sobre Irene, ordenó que fuera expuesta desnuda por las calles, y cuando esta vergonzosa orden fue ejecutada, se encendió un fuego cerca de la muralla de la ciudad, entre cuyas llamas subió su espíritu más allá de la crueldad humana.

Agato, hombre de piadosa mente, y Cassice, Felipa y Eutiquia, fueron martirizados por el mismo tiempo; pero los detalles no nos han sido transmitidos.

Marcelino, obispo de Roma, que sucedió a Cayo en aquella sede, habiéndose opuesto intensamente a que se dieran honras divinas a Diocleciano, sufrió el martirio, mediante una variedad de torturas, en el año 304, consolando su alma, hasta expirar, con la perspectiva de aquellos gloriosos galardones que recibiría por las torturas experimentadas en el cuerpo.

Victorio, Carpoforo, Severo y Severiano eran hermanos, y los cuatro estaban empleados en cargos de gran confianza y honor en la ciudad de Roma. Habiéndose manifestado contra el culto a los ídolos, fueron arrestados y azotados con la plumbetæ, o azotes que en sus extremos llevaban bolas de plomo. Este castigo fue aplicado con tal exceso de crueldad que los piadosos hermanos cayeron mártires bajo su dureza.

Timoteo, diácono de Mauritania, y su mujer Maura, no habían estado unidos por más de tres semanas por el vínculo del matrimonio cuando se vieron separados uno del otro por la persecución. Timoteo, apresado por cristiano, fue llevado ante Arriano, gobernador de Tebas, que sabiendo que guardaba las Sagradas Escrituras, le mandó que se las entregara para quemarlas. A esto respondió: «Si tuviera hijos, antes te los daría para que fueran sacrificados, que separarme de la Palabra de Dios.» El gobernador, airado en gran manera ante esta contestación, ordenó que le fueran sacados los ojos con hierros candentes, diciendo: «Al menos los libros no te serán de utilidad, porque no verás para leerlos.» Su paciencia ante esta acción fue tan grande que el gobernador se exasperó más y más; por ello, a fin de quebrantar su fortaleza, ordenó que lo colgaran de los pies, con un peso colgado del cuello, y una mordaza en la boca. En este estado, Maura le apremió tiernamente a que se retractara, por causa de ella; pero él, cuando le quitaron la mordaza de la boca, en lugar de acceder a los ruegos de su mujer, la censuró intensamente por su desviado amor, y declaró su resolución de morir por su fe. La consecuencia de esto fue que Maura decidió imitar su valor y fidelidad, y o bien acompañarle, o bien seguirle a la gloria. El gobernador, tras intentar en vano que cambiara de actitud, ordenó que fuera torturada, lo que tuvo lugar con gran severidad. Tras ello, Timoteo y Maura fueron crucificados cerca el uno del otro el 304 d.C.

A Sabino, obispo de Assisi, le fue cortada la mano por orden del gobernador de Toscana, por rehusar sacrificar a Júpiter y por empujar el ídolo de delante de él. Estando en la cárcel, convirtió al gobernador y a su familia, los cuales sufrieron martirio por la fe. Poco después de la ejecución de ellos, el mismo Sabino fue flagelado hasta morir, en diciembre del 304 d.C.

Cansado de la farsa del estado y de los negocios públicos, el emperador Diocleciano abdicó la diadema imperial, y fue sucedido por Constancio y Galerio; el primero era un príncipe de una disposición sumamente gentil y humana, y el segundo igualmente destacable por su crueldad y tiranía. Estos se dividieron el imperio en dos gobiernos iguales, reinando Galerio en oriente y Constancio en occidente; y los pueblos bajo ambos gobiernos sintieron los efectos de las disposiciones de los dos emperadores, porque los de occidente eran gobernados de la manera más gentil, mientras que los que residían en oriente sentían todas las miserias de la opresión y de torturas dilatadas.

Entre los muchos martirizados por orden de Galerio, enumeraremos los más eminentes.

Anfiano era un caballero eminente en Lucia, y estudiante de Eusebio; Julita, una mujer licaonia de linaje regio, pero más célebre por sus virtudes que por su sangre noble. Mientras estaba en el potro, dieron muerte a su hijo delante de ella. Julita, de Capadocia, era una dama de distinguida capacidad, gran virtud e insólito valor. Para completar su ejecución, le derramaron brea hirviendo sobre los pies, desgarraron sus costados con garfios, y recibió la culminación de su martirio siendo decapitada el 16 de abril del 305 d.C.

Hermolaos, un cristiano piadoso y venerable, muy anciano, y gran amigo de Pantaleón, sufrió el martirio por la fe en el mismo día y de la misma manera que Pantaleón.

Eustratio, secretario del gobernador de Armina, fue echado en un horno de fuego por exhortar a algunos cristianos que habían sido apresados a que perseveraran en su fe.

Nicander y Marciano, dos destacados oficiales militares romanos, fueron encarcelados por su fe. Como eran ambos hombres de gran valía en su profesión, se emplearon todos los medios imaginables para persuadirles a renunciar al cristianismo; pero, al encontrarse estos medios ineficaces, fueron decapitados.

En el reino de Nápoles tuvieron lugar varios martirios, en particular Januaries, obispo de Beneventum; Sosio, diácono de Misene; Próculo, que también era diácono; Eutico y Acutio, hombres del pueblo; Festo, diácono, y Desiderio, lector; todos ellos fueron, por ser cristianos, condenados por el gobernador de Campania a ser devorados por las fieras. Pero las salvajes fieras no querían tocarlos, por lo que fueron decapitados.

Quirinio, obispo de Siscia, llevado ante el gobernador Matenio, recibió la orden de sacrificar a las deidades paganas, en conformidad a las órdenes de varios emperadores romanos. El gobernador, al ver su decisión contraria, lo envió a la cárcel, cargado de cadenas, diciéndose que las durezas de una mazmorra, algunos tormentos ocasionales y el peso de las cadenas podrían quebrantar su resolución. Pero decidido en sus principios, fue enviado a Amancio, el principal gobernador de Panonia, hoy día Hungría, que lo cargó de cadenas, y lo arrastró por las principales ciudades del Danubio, exponiéndolo a la mofa popular doquiera que iba. Llegando finalmente a Sabaria, y viendo que Quirino no iba a renunciar a su fe, ordenó arrojarlo al río, con una piedra atada al cuello. Al ejecutarse esta sentencia, Quirino flotó durante cierto tiempo, exhortando al pueblo en los términos más piadosos, y concluyendo sus amonestaciones con esta oración: «No es nada nuevo para ti, oh todopoderoso Jesús, detener los cursos de los ríos, ni hacer que alguien camine sobre el agua, como hiciste con tu siervo Pedro; el pueblo ya ha visto la prueba de tu poder en mí; concédeme ahora que dé mi vida por tu causa, oh mi Dios». Al pronunciar estas últimas palabras se hundió de inmediato, y murió, el 4 de junio del 308 d.C. Su cuerpo fue después rescatado y sepultado por algunos piadosos cristianos.

Pánfilo, natural de Fenicia, de una familia de alcurnia, fue un hombre de tan grande erudición que fue llamado un segundo Orígenes. Fue recibido en el cuerpo del clero en Cesarea, donde estableció una biblioteca pública y dedicó su tiempo a la práctica de toda virtud cristiana. Copió la mayor parte de las obras de Orígenes de su propio puño y letra, y, ayudado por Eusebio, dio una copia correcta del Antiguo Testamento, que había sufrido mucho por la ignorancia o negligencia de los anteriores transcriptores. En el año 307 fue prendido y sufrió tortura y martirio.

Marcelo, obispo de Roma, al ser desterrado por su fe, cayó mártir de las desgracias que sufrió en el exilio, el 16 de enero del 310 d.C.

Pedro, el decimosexto obispo de Alejandría, fue martirizado el 25 de noviembre del 311 d.C. por orden de Máximo César, que reinaba en el este.

Inés, una doncella de sólo trece años, fue decapitada por ser cristiana; también lo fue Serena, la esposa emperatriz de Diocleciano. Valentín, su sacerdote, sufrió la misma suerte en Roma; y Erasmo, obispo, fue martirizado en Campania.

Poco después de esto, la persecución aminoró en las zonas centrales del impereio, así como en occidente; y la Providencia comenzó finalmente a manifestar la venganza contra los perseguidores. Maximiano intentó corromper a su hija Fausta para que diera muerte a su marido Constantino; ella lo reveló a su marido, y Constantino le obligó a escoger su propia muerte, con lo que se decidió por la ignominiosa de ser colgado después de haber sido emperador casi veinte años.

Constantino era el buen y virtuoso hijo de un padre bueno y virtuoso, y nació en Gran Bretaña. Su madre se llamaba Elena, hija del Rey Coilo. Era un príncipe de lo más generoso y gentil, teniendo el deseo de cuidar la educación y las bellas artes, y a menudo él mismo leía, escribía y estudiaba. Tuvo un maravilloso éxito y prosperidad en todo lo que emprendió, lo que se supuso que provenía de esto (lo que así fue ciertamente): que era un tan gran favorecedor de la fe cristiana. Fe que cuando abrazó, lo hizo con la más devota y religiosa reverencia.

Así Constantino, suficientemente dotado de fuerzas humanas, pero especialmente dotado por Dios, emprendió camino a Italia durante el último año de la persecución, el 313 d.C. Majencio, al saber la llegada de Constantino, y confiando más en su diabólico arte mágico que en la buena voluntad de sus súbditos, que bien poco merecía, no osó mostrarse fuera de la ciudad ni enfrentarse con él en campo abierto, sino que con guarniciones ocultas se emboscó a la espera por diversos lugares angostos por los que debería pasar, con las que Constantino se batió en diversas escaramuzas, venciéndolas y poniéndolas en fuga por el poder del Señor.

Sin embargo, Constantino no estaba todavía en opaz, sino con grandes ansiedades y temor en su mente (acercándose ahora a Roma) debido a los encantamientos y hechicerías de Majencio, con las que había vencido contra Severo, a quien Galerio había enviado contra él. Por ello, estando en grandes dudas y perplejidad en sí mismo, y dándole vueltas a muchas cosas en su mente, acerca de qué ayuda podría tener contra las operaciones de su magia, Constantino, acercándose en su viaje hacia la ciudad, y levantando muchas veces los ojos al cielo, vio en el sur, cuando el sol se estaba poniendo, un gran resplandor en el cielo, que aparecía en la similitud de una cruz, dando esta inscripción: *In hoc vince*, esto es: «Vence por medio de esto.»

Eusebio Pánfilo da testminio de que él oyó al mismo Constantino repetir varias veces, y también jurar que era cosa verdadera y cierta, lo que había visto con sus propios ojos en el cielo, y también sus soldados a su alrededor. Al ver aquello quedó grandemente atónito, y, consultando con sus hombres acerca del significado de aquello, entonces se le apareció Cristo durante su sueño, aquella noche, con la señal de la misma cruz que había visto antes, invitándole a que la tomara como signo, y a que la llevara en sus guerras delante de él, y que así tendría la victoria.

Constantino estableció de tal manera la paz de la Iglesia que por el espacio de mil años no leemos de ninguna persecución contra los cristianos, hasta el tiempo de Juan Wickliffe.

¡Tan feliz, tan gloriosa, fue la victoria de Constantino, de sobrenombre el Grande! Por el gozo y la alegría de la cual, los ciudadanos que habían antes enviado a buscarlo lo llevaron en gran triunfo en la ciudad de Roma, donde fue recibido con grandes honores, y celebrado por siete días seguidos; además, hizo levantar en el mercado su imagen, sosteniendo en su diestra la señal de la cruz, con esta inscripción: «Con esta señal de salud, el verdadero signo de fortaleza, he rescatado y liberado vuestra ciudad del yugo del tirano.»

Terminaremos nuestro relato de la décima y última persecución general con la muerte de San Jorge, el santo titular y patrón de Inglaterra. San Jorge nació en Capadocia, de padres cristianos, y, dando prueba de su valor, fue ascendido en el ejército del emperador Diocleciano. Durante la persecución, San Jorge abandonó su comisión, fue valientemente al senado, y manifestó abiertamente su condición de cristiano, aprovechando la ocasión para protestar contra el paganismo, y para señalar el absurdo de dar culto a ídolos. Esta libertad provocó de tal manera al senado que dieron la orden de torturar a Jorge, y fue, por orden del emperador, arrastrado por las calles y decapitado al día siguiente.

La leyenda del dragón, asociada con este martirio, es usualmente ilustrada representando a San Jorge sentado sobre un caballo lanzado a la carga y traspasando al monstruo con su lanza. Este dragón ardiente simboliza al diablo, que fue vencido por la firme fe de San Jorge en Cristo, que permaneció inmutable a pesar del tormento y de la muerte.

CAPÍTULO III

Persecuciones contra los cristianos en Persia

HABIÉNSE esparcido el Evangelio por Persia, los sacerdotes paganos, que adoraban al sol, se alarmaron en gran manera, y temieron la pérdida de aquella influencia que hasta entonces habían mantenido sobre las mentes y posesiones de las gentes. Por ello, consideraron conveniente quejarse ante el emperador de que los cristianos eran enemigos del estado, y que mantenían una correspondencia traicionera con los romanos, los grandes enemigos de Persia.

El emperador Sapores, de natural adverso al cristianismo, creyó con facilidad lo que se le decía contra los cristianos, y dio orden de que fueran perseguidos por todas las partes de su imperio. Debido a este edicto, muchas personas de eminencia en la iglesia y en el estado cayeron mártires ante la ignorancia y ferocidad de los paganos.

Constantino el Grande, informado de las persecuciones en Persia, escribió una larga carta al monarca persa, en la que le narraba la venganza que había caído sobre los perseguidores, y el gran éxito que habían gozado los que se habían detenido de perseguir a los cristianos.

Refiriéndose a sus victorias sobre emperadores rivales de su propia época, le dijo: «Sometí a estos sólo gracias a mi fe en Cristo; por ello Dios fue mi ayudador, dándome la victoria en la batalla, y haciéndome triunfar sobre mis enemigos. Del mismo modo me ha ensanchado los límites del Imperio Romano, de modo que se extiende desde el Océano Occidental hasta casi los confines del Oriente; y por estos dominios ni he ofrecido sacrificios a las antiguas deidades, ni he empleado encantamientos ni adivinaciones; sólo he ofrecido oraciones al Dios Omnipotente, y he seguido la cruz de Cristo. Y me regocijaría si el trono de Persia hallara también gloria abrazando a los cristianos; de modo que tú conmigo, y ellos contigo, podamos gozar de toda dicha.»

Como consecuencia de esta apelación, la persecución acabó por entonces; pero se renovó en años posteriores cuando otro rey accedió al trono de Persia.

Persecuciones bajo los herejes arrianos.

El autor de la herejía arriana fue Arrio, natural de Libia y sacerdote de Alejandría, que en el 318 d.c. comenzó a hacer públicos sus errores. Fue condenado por un concilio de obispos libios y egipcios, y aquella sentencia fue confirmada por el Concilio de Nicea en el 325 d.c. Después de la muerte de Constantino el Grande, los arrianos hallaron medios para hacerse con el favor del emperador Constantino, su hijo y sucesor en oriente; y así se suscitó una persecución contra los obispos y el clero ortodoxos. El célebre Atanasio y otros obispos fueron desterrados, y sus sedes llenadas con arrianos.

En Egipto y Libia treinta obispos fueron martirizados, y muchos otros cristianos fueron cruelmente atormentados, y, en el 386 d.C., Jorge, obispo arriano de Alejandría, con la autoridad del emperador, comenzó una persecución en aquella ciudad y sus alrededores, empleándose con una dureza de lo más infernal. Fue ayudado en su diabólica malicia por Catofonio, gobernador de Egipto; Sebastián, general de las fuerzas egipcias; Faustino, el tesorero, y Heraclio, un oficial romano.

Las persecuciones se endurecieron de tal forma que el clero fue empujado fuera de Alejandría, sus iglesias fueron cerradas, y las crueldades practicadas por los herejes arrianos fueron tan grandes como las que habían sido practicadas por los idólatras paganos. Si alguien acusado de ser cristiano se daba a la fuga, toda su familia era muerta, y sus bienes confiscados.

Persecución bajo Julián el Apóstata

Este emperador era hijo de Julio Constancio, y sobrino de Constantino el Grande. Estudió las bases de la gramática bajo la inspección de Mardonio, un eunuco pagano de Constantinopla. Su padre le envió algún tiempo después a Nicomedia, para que fuera instruido en la religión cristiana por el obispo Eusebio, su pariente, pero sus principios estaban corrompidos por las perniciosas enseñanzas de Ecebolio el retórico, y del mago Máximo.

Al morir Constantino en el año 361, Julián le sucedió, y tan pronto llegó a la dignidad imperial renunció al cristianismo y abrazó el paganismo, que durante algunos años había caído en general desfavor. Aunque restauró el culto idólatra, no emitió ningún edicto público contra el cristianismo. Llamó de nuevo a.todos los paganos desterrados, permitió el libre ejercicio de la religión a todas las sectas, pero privó a todos los cristianos de cargos en la corte, en la magistratura o en el ejército. Era casto, templado, vigilante, laborioso y piadoso; pero prohibió a todos los cristianos mantener escuelas o seminarios públicos de enseñanza, privando a todo el clero cristiano de los privilegios que les había concedido Constantino el Grande.

El obispo Basilio se hizo famoso al principio por su oposición al arrianismo, lo que atrajo sobre él la venganza del obispo arriano de Constantinopla. De la misma manera se opuso al paganismo. En vano los agentes del emperador trataron de influir sobre Basilio mediante promesas, amenazas y potros; se mantuvo firme en la fe, y fue dejado en la cárcel para que padeciera otros sufrimientos cuando el emperador llegó accidentalmente a Ancyra. Julián decidió interrogarle él mismo, y cuando aquel santo varón fue hecho comparecer ante él, hizo todo lo posible para disuadirle de que perseverara en la fe. Basilio, sin embargo, no sólo se mantuvo tan firme como siempre, sino que con espíritu profético predijo la muerte del emperador, y que sería atormentado en la otra vida. Encolerizado por lo que había oído, Julián ordenó que el cuerpo de Basilio fuera desgarrado cada día en siete diferentes partes, hasta que su piel y carne quedaran totalmente destrozados. Esta inhumana sentencia fue ejecutada con rigor, y el mártir expiró bajo su dureza el 28 de junio del 362 d.C.

Donato, obispo de Arezzo, e Hilarino, un eremita, sufrieron alrededor del mismo tiempo; asimismo Gordiano, un magistrado romano. Artemio, comandante en jefe de las fuerzas romanas en Egipto, fue privado de su mando por ser cristiano, luego le fueron confiscados los bienes, y finalmente fue decapitado.

Esta persecución persistió de manera terrible durante el final del año 363; sin embargo, debido a que muchos detalles no nos han sido transmitidos, será necesario señalar en general que en Palestina muchos fueron quemados vivos, otros fueron arrastrados por los pies por las calles, desnudos, hasta expirar; algunos fueron hervidos hasta morir; muchos apedreados, y grandes números de ellos apaleados en la cabeza con garrotes hasta derramarles los sesos. En Alejandría fueron innumerables los mártires que sufrieron por la espada, el fuego, la crucifixión y la lapidación. En Arethusa, varios fueron destripados, y, poniendo maíz en sus vientres, fueron entregados a los cerdos, los cuales, al devorar el grano, también devoraban las entrañas de los mártires; en Tracia, Emiliano fue quemado en la hoguera, y Domicio asesinado en una cueva, a la que había huido para ocultarse.

El emperador, Julián el apóstata, murió de una herida recibida en su expedición contra Persia, en el 363 d.C., y mientras expiraba lanzó las más horrendas blasfemias. Fue sucedido por Joviano, que restauró la paz de la Iglesia.

Después de la muerte de Joviano, Valentiniano sucedió en el imperio, asociándose a Valente, que tenía el mando de oriente, y que era arriano, y con una disposición implacable y perseguidora.

La persecución de los cristianos por los godos y los vándalos.

Habiendo muchos godos escitas abrazado el cristianismo para la época de Constantino el Grande, la luz del Evangelio se extendió de manera considerable en Escitia, aunque los dos reyes que gobernaban aquel país, así como la mayoría del pueblo, seguían siendo paganos. Fritegern, rey de los visigodos, era aliado de los romanos, pero Atanarico, rey de los ostrogodos, estaba en guerra contra ellos. Los cristianos vivían sin molestias en el reino del primero, pero el segundo, que había sido vencido por los romanos, lanzó su venganza contra sus súbditos cristianos, comenzando sus demandas paganas en el año 370.

Los godos eran de religión arriana, y se llamaban cristianos; por ello, destruyeron todas las estatuas y templos de los dioses paganos, pero no hicieron daño a las iglesias cristianas ortodoxas. Alarico tenía todas las cualidades de un gran general. A la desenfrenada temeridad de los bárbaros godos añadía el valor y la destreza del soldado romano. Condujo sus fuerzas a Italia atravesando los Alpes, y aunque fue rechazado durante un tiempo, volvió después con una fuerza irresistible.

El último «Triunfo» romano

Después de esta afortunada victoria sobre los godos, se celebró un «triunfo», como se llamaba, en Roma. Durante cientos de años se había concedido este gran honor a los generales victoriosos al volver de una campaña victoriosa. En tales ocasiones la ciudad era dada durante días a la marcha de tropas cargadas de botín, y que arrastraban tras sí a prisioneros de guerra, entre los que a menudo había reyes cautivos y generales vencidos. Este iba a ser el último triunfo romano, porque celebraba la última victoria romana. Aunque había sido ganada por Stilicho, el general, fue el emperador niño Honorio quien se arrogó el triunfo, entrando en Roma en el carro de la victoria, y conduciendo hasta el Capitolio entre el clamor del populacho. Después, como se solía en tales ocasiones, hubo combates sangrientos en el Coliseo, donde gladiadores, armados con espadas y lanzas, luchaban tan furiosamente como si estuvieran en el campo de batalla.

La primera parte del sangriento espectáculo había terminado; los cuerpos de los muertos habían sido arrastrados fuera con garfios, y la arena enrojecida había sido cubierta con una capa nueva, limpia. Después de esto, se abrieron los portones en la pared de la arena, y salieron un número de hombres altos, apuestos, en la flor de su juventud y fuerza. Algunos llevaban espadas, otros tridentes y redes. Dieron una vuelta alrededor de la pared, y, deteniéndose delante del emperador, levantaron sus armas extendiendo el brazo, y con una sola voz lanzaron su saludo: *Ave, Cæsar, morituri te salutant!* «¡Ave, César, los que van a morir te saludan!»

Se reemprendieron los combates; los gladiadores con redes trataban de atrapar a los que tenían espadas, y cuando ello sucedía daban muerte, implacables, a sus antagonistas con el tridente. Cuando un gladiador había herido a su adversario, y lo tenía yaciente impotente a sus pies, miraba a los anhelantes rostros de los espectadores y gritaba: *Hoc habet!* «¡Lo tiene!», y esperaba el capricho de los espectadores para matar o dejar con vida.

Si los espectadores le extendían la mano con el pulgar para arriba, el vencido era sacado de allí, para que se recuperara, si era posible, de sus heridas. Pero si se daba la fatal señal de «pulgar abajo», el vencido debía ser muerto; y si éste mostraba mala disposición a presentar su cuello para el golpe de gracia, se gritaba con escarnio desde las galerías: *Recipe ferrum!* «¡Recibe el hierro!» Personas privilegiadas de entre la audiencia incluso descendían a la arena, para poder contemplar mejor los estertores de alguna víctima inusualmente valiente, antes de que su cuerpo fuera arrastrado hacia la puerta de los muertos.

El espectáculo proseguía. Muchos habían sido muertos, y el populacho, excitado hasta lo sumo por el valor desesperado de los que seguían luchando, gritaban sus vítores. Pero de repente hubo una interrupción. Una figura vestida rudamente apareció por un momento entre la audiencia, y luego saltó atrevidamente a la arena. Se vio que era un hombre de aspecto rudo pero impresionante, con la cabeza descubierta y con el rostro tostado por el sol. Sin dudarlo un momento, se dirigió a dos gladiadores enzarzados en una lucha de vida o muerte, y poniendo las manos encima de uno de ellos lo reprendió duramente por derramar sangre inocente, y luego, volviéndose hacia los miles de rostros airados que le miraban, se dirigió a ellos con una voz solemne y grave que resonó a través del profundo recinto. Éstas fueron sus palabras: «¡No correspondáis la misericordia de Dios al alejar de vosotros las espadas de vuestros enemigos asesinándoos unos a otros!»

Unos enfurecidos clamores y gritos pronto ahogaron su voz: «¡Éste no es un sitio para predicar!—¡Las antiguas costumbres de Roma deben ser observadas!—¡Adelante, gladiadores!» Echando al extraño a un lado, los gladiadores se habrían atacado otra vez, pero el hombre se mantuvo en medio, apartándolos, y tratando en vano de hacerse oír. Entonces el clamor se transformó en «¡Sedición! ¡Sedición! ¡Abajo con él!»; y los gladiadores, enfurecidos ante la interferencia de un extraño, lo traspasaron matándolo en el acto. También le cayeron encima de parte del furioso público piedras o todos los objetos arrojadizos que hubiera a mano, y así murió en medio de la arena.

Su hábito mostraba que era uno de los eremitas que se entregaban a una vida santa de oración y abnegación, y que eran reverenciados incluso por los irreflexivos romanos tan amantes de los combates. Los pocos que le conocían dijeron cómo había venido de los desiertos de Asia en peregrinación, para visitar las iglesias y guardar la Navidad en Roma; sabían que era un hombre santo, y que su nombre era Telémaco—nada más. Su espíritu se había movido ante el espectáculo de los miles que se congregaban para ver cómo unos hombres se mataban entre sí, y en su celo sencillo había tratado de convencerlos de la crueldad y maldad de su conducta. Murió, pero no en vano. Su obra quedó cumplida en el momento en que fue abatido, porque el choque de tal muerte delante de sus ojos movió los corazones de la gente: vieron el aspecto repugnante del vicio favorito al que se habían entregado; y desde el día en que Telémaco cayó muerto en el Coliseo jamás volvió a celebrarse allí ningún combate de gladiadores.

Persecuciones desde alrededor de mediados del siglo quinto hasta el final del siglo séptimo

Proterio fue constituido sacerdote por Cirilo, obispo de Alejandría, que estaba bien familiarizado con sus virtudes antes de designarlo para predicar. A la muerte de Cirilo, la sede de Alejandría estaba ocupada por Díscoro, un inveterado enemigo de la memoria y familia de su predecesor. Condenado por el concilio de Calcedonia por haber abrazado los errores de Eutico, fue depuesto, y Proterio fue escogido para llenar la sede vacante, con la aprobación del emperador. Esto ocasionó una peligrosa insurrección, porque la ciudad de Alejandría estaba dividida en dos facciones; una que defendía la causa del anterior prelado, la otra, la del nuevo. En uno de los motines, los eutiquianos decidieron lanzar su venganza contra Proterio, que huyó a la iglesia buscando refugio; pero en el Viernes Santo del 457 d.C., una gran multitud de ellos se precipitaron dentro de la iglesia, y asesinaron bárbaramente al prelado, arrastrando luego el cuerpo por las calles, arrojándole insultos, quemándolo, y esparciendo las cenizas por el aire.

Hermenegildo, un príncipe godo, fue el hijo mayor de Leovigildo, rey de los godos, en España. Este príncipe, que era originalmente arriano, fue convertido a la fe ortodoxa por medio de su esposa Ingonda. Cuando el rey supo que su hijo había cambiado su posición religiosa, le privó de su puesto en Sevilla, donde era gobernador, y amenazó con matarlo si no renunciaba a la fe que había abrazado. El príncipe, para impedir que su padre cumpliera sus amenazas, comenzó a adoptar una posición defensiva; y muchos de los de persuasión ortodoxa en España se declararon en su favor. El rey, exasperado ante este acto de rebeldía, comenzó a castigar a todos los cristianos ortodoxos que sus tropas podían apresar, y así se desencadenó una persecución muy severa. Él mismo emprendió la marcha contra su hijo, a la cabeza de un ejército muy poderoso. El príncipe se refugió en Sevilla, de la que huyó luego, y fue finalmente asediado y apresado en Asieta. Cargado de cadenas, fue enviado a Sevilla, y al rehusar en la fiesta de la Pascua recibir la Eucaristía de manos de un obispo arriano, el encolerizado rey ordenó a sus guardas que despedazaran al príncipe, lo que cumplieron a rajatabla, el 13 de abril del 586 d.C.

Martín, obispo de Roma, nació en Todi, Italia. Tenía una natural inclinación hacia la virtud, y sus padres le procuraron una educación admirable. Se opuso a los herejes llamados monotelitas, que eran protegidos por el emperador Heraclio. Martín fue condenado en Constantinopla, donde se vio expuesto en los lugares más públicos a la mofa del pueblo, siéndole arrancadas todas las marcas de distinción episcopal, y tratado con el mayor escarnio y severidad. Después de yacer algunos meses en la cárcel, Martín fue enviado a una isla a cierta distancia, y allí despedazado, el 655 d.C.

Juan, obispo de Bérgamo, en Lombardía, era un hombre erudito, y un buen cristiano. Ejerció todos los esfuerzos posibles par limpiar la Iglesia de los errores del arrianismo, y uniéndose en esta santa obra con Juan, obispo de Milán, tuvo gran éxito contra los herejes, por causa de lo cual fue asesinado el 11 de julio del 683 d.C.

Killien nació en Irlanda, y recibió de sus padres una educación piadosa y cristiana. Obtuvo la licencia del romano pontífice para predicar a los paganos en Franconia, en Alemania. En Wurtburg convirtió al gobernador, Gozberto, cuyo ejemplo siguieron la mayor parte del pueblo durante los dos años siguientes. Persuadiendo a Gozberto que su matrimonio con la viuda de su hermano era pecaminoso, esta hizo que le decapitaran, en el año 689 d.C.

Persecuciones desde la primera parte del siglo octavo hasta cerca del final del siglo décimo

Bonifacio, arzobispo de Mentz y padre de la iglesia de Alemania, era inglés, y en la historia eclesiástica es considerado como uno de los más hermosos ornamentos de esta nación. Originalmente su nombre era Winfred, o Winfrith, y nació en Kirton, en Devonshire, que entonces formaba parte del reino Sajón Occidental. Cuando tenía sólo seis años comenzo a exhibir una propensión a la reflexión, y parecía solícito por conseguir información acerca de cuestiones religiosas. El abad Wolfrad, descubriendo que poseía una aguda inteligencia, así como una intensa inclinación al estudio, lo hizo ir a Nutscelle, un seminario de estudios en la diócesis de Winchester, donde tendría mucha mayor oportunidad de avanzar que en Exeter.

Después de una debida observación, el abad lo vio calificado para el sacerdocio, y le obligó a recibir este sagrado orden cuando tenía alrededor de treinta años. Desde aquel tiempo comenzó a predicar y a laborar por la salvación de sus semejantes; fue liberado para asistir a un sínodo de obispos en el reino Sajón Occidental. Posteriormente, en el año 719, fue a Roma, donde Gregorio II, que entonces ocupaba la cátedra de Pedro, lo recibió con grandes muestras de amistad, y encontrándolo lleno de todas las virtudes que componen el carácter de un misionero apostólico, lo despidió sin ninguna comisión concreta, con libertad de predicar el Evangelio a los paganos allí donde los hallara. Pasando a través de Lombardía y Baviera, llegó a Turingia, país que había ya recibido la luz del Evangelio, y luego visitó Utrecht, dirigiéndose luego a Sajonia, donde convirtió a varios miles al cristianismo.

Durante el ministerio de este manso prelado, Pipino fue proclamado rey de Francia. Era ambición de este príncipe ser coronado por el más santo prelado que pudiera hallarse, y Bonifacio fue llamado para llevar a cabo esta ceremonia, lo que hizo en Soissons en el año 752. Al año siguiente, su avanzada edad y sus muchas enfermedades gravitaron sobre él con tanta pesadez que, con el consentimiento del nuevo rey y de los obispos de su diócesis, consagró a Lullus, su compatriota y fiel discípulo, y lo puso en la sede de Mentz. Cuando se hubo liberado de esta manera de su carga, recomendó el cuidado de la iglesia de Mentz al cuidado del nuevo obispo en términos muy enérgicos, expresando el deseo de que la iglesia en Fuld fuera terminada, y que se cuidaran de que lo sepultaran allí, porque su fin se avecinaba. Habiendo dejado estas órdenes, emprendió viaje en barca por el Rhin, y se dirigió a Frisia, donde convirtió y bautizó varios miles de nativos bárbaros, demolió los templos, y levantó iglesias sobre las ruinas de aquellas supersticiosas estructuras. Habiéndose designado un día para la confirmación de un gran número de convertidos, ordenó que se reunieran en un llano recién abierto, cerca del río Bourde. Allí se dirigió él el día antes, y levantando una tienda, decidió quedarse en aquel lugar toda la noche, para estar listo temprano a la mañana siguiente. Algunos paganos, inveterados enemigos suyos, al enterarse de ello, se lanzaron contra él y sus compañeros de misión por la noche, dándole muerte a él y a cincuenta y dos de sus compañeros y ayudantes el 5 de junio del 755. Así cayó el gran padre de la Iglesia Alemana, la honra de Inglaterra, y la gloria de la edad en que vivió.

En el año 845, cuarenta y dos personas de Armoria en la Alta Frigia fueron martirizadas por los sarracenos, y las circunstancias de este suceso fueron como sigue:

En el reinado de Teófilo, los sarracenos devastaron muchas zonas del imperio oriental, logrando considerables victorias sobre los cristianos, tomaron la ciudad de Armoria, y un número de personas sufrieron martirio.

Flora y María, dos distinguidas damas, sufrieron martirio al mismo tiempo.

Perfecto era natural de Córdoba, en España, y fue criado en la fe cristiana. Teniendo un genio vivo, se hizo maestro de toda la literatura útil y amena de aquella época; y al mismo tiempo no era tan célebre por sus capacidades como admirado por su piedad. Al final tomó órdenes sacerdotales, y ejecutó los deberes de su oficio con gran asiduidad y exactitud. Al declarar en público que Mahoma era un impostor, fue sentenciado a ser decapitado, y fue ejecutado el 850 d.C.; después de ello su cuerpo fue honrosamente enterrado por los cristianos.

Adalberto, obispo de Praga, natural de Bohemia, después de haberse visto envuelto en muchas penalidades, comenzó a dirigir sus pensamientos a la conversión de los infieles, para cuyo fin se dirigió a Dantzig, donde convirtió y bautizó a muchos; esto enfureció tanto a los sacerdotes paganos, que se lanzaron contra él y le dieron muerte con dardos; esto sucedió el 23 de abril del 997 d.C.

Persecuciones en el Siglo Undécimo

Alfago, arzobispo de Canterbury, descendía de una familia de alcurnia en Gloucestershire, y recibió una educación correspondiente a su ilustre nacimiento. Sus padres eran dignos cristianos, y Alfago pareció heredar sus virtudes.

Al quedar vacante la sede de Winchester por la muerte de Ethelwold, Dunstan, el arzobispo de Canterbury, y primado de toda Inglaterra, consagró a Alfago para el obispado vacante, para general satisfacción de todos los pertenecientes a la diócesis.

Dunstan tenía una veneración extraordinaria por Alfago, y, cuando estaba para morir, hizo una ferviente oración a Dios para que él pudiera sucederle en la sede de Canterbury; y esto así sucedió, aunque no hasta dieciocho años después de la muerte de Dunstan en 1006.

Después que Alfago hubiera regido la sede de Canterbury durante unos cuatro años, con gran crédito para sí y beneficio para el pueblo, los daneses lanzaron una incursión en Inglaterra, y pusieron sitio a Canterbury. Al saberse los propósitos de ataque contra esta ciudad, muchas de las personas principales huyeron de ella, e intentaron persuadir a Alfago para que hiciera lo mismo. Pero él, como buen pastor, no quiso dar oídos a tal propuesta. Mientras se dedicaba a ayudar y a alentar al pueblo, Canterbury fue tomada al asalto; el enemigo se precipitó dentro de la ciudad, destruyendo a todos los que encontraban, por el fuego y por la espada. Entonces tuvo la valentía de dirigirse al enemigo, y ofrecerse a ellos como más digno de su ira que el pueblo: les rogaba que perdonaran al pueblo, y que descargaran toda su furia sobre él. Entonces lo tomaron, ataron sus manos, lo insultaron y escarnecieron brutal y bárbaramente, y lo obligaron a quedarse presente hasta que quemaron su iglesia y dieron muerte a los monjes. Luego diezmaron a todos los habitantes, tanto clérigos como laicos, dejando sólo una décima parte de las personas con vida; dieron muerte así a 7236 personas, dejando sólo a cuatro monjes y 800 laicos vivos, tras lo cual encerraron al arzobispo en una mazmorra, donde le tuvieron bajo estrecha guardia durante varios meses.

Durante este encierro le propusieron ganar su libertad mediante un rescate de 3000 libras, y que persuadiera al rey que comprara la salida de ellos del reino por una suma adicional de 10.000 libras. Como las circunstancias de Alfago no le permitían satisfacer una exigencia tan desorbitada, lo ataron y le aplicaron atroces tormentos, para obligarle a revelar el tesoro de la iglesia; le aseguraron que si lo hacía le darían su vida y libertad. Pero el prelado persitió piadosamente en rehusar dar a los paganos ninguna información acerca de ello. Lo volvieron a mandar a la mazmorra, lo confinaron otros seis días, y luego, llevándolo preso con ellos a Greenwich, lo sometieron allí a juicio. Siguió él inflexible con respecto al tesoro de la iglesia, exhortándoles en cambio a que abandonaran su idolatría y a que abrazaran el cristianismo. Esto enfureció de tal modo a los daneses que los soldados lo sacaron del campamento, golpeándolo implacablemente. Uno de los soldados, que había sido convertido por él, sabiendo que sus dolores se prolongarían mucho tiempo, por cuanto su muerte estaba decidida, actuó con una especie de bárbara compasión, cortándole la cabeza, y poniendo así punto final a su martirio, el 19 de abril del 1012 d.C. Esto aconteció en el mismo lugar en que se levanta ahora la iglesia de Greenwich, dedicada a él. Después de su muerte, su cuerpo fue echado al Támesis, pero, hallado al día siguiente, fue enterrado en la catedral de San Pablo por los obispos de Londres y Lincoln; desde allí Ethelmoth lo llevó, en el año 1023, a Canterbury, que era obispo de esta provincia.

Gerardo, veneciano, se dedicó al servicio de Dios desde su más tierna infancia; entró en una casa religiosa por un cierto tiempo, y luego decidió peregrinar a Tierra Santa. Pasando a Hungría, conoció a Esteban, el rey de aquel país, que le hizo obispo de Chonad.

Al ser depuestos Ouvo y Pedro, sucesores de Esteban, Andrés, hijo de Ladislao, primo hermano de Esteban, recibió la promesa de que le sería dada la corona, bajo la condición de que emplearía su autoridad para extirpar de Hungría la religión cristiana. El ambicioso príncipe aceptó la propuesta, pero al ser Gerardo informado de este impío cambalache, consideró su deber protestar contra la enormidad del crimen de Andrés, y persuadirle a retirar la promesa. Con este fin, emprendió visitar al rey, acompañado por tres prelados, llenos de celo por la religión. El nuevo rey estaba en Alba Regalis, pero cuando los cuatro obispos iban a cruzar el Danubio, fueron detenidos por una partida de soldados destacados allí. Soportaron pacientes un ataque con piedras, y luego los soldados los apalearon sin misericordia, y al final les dieron muerte a lanzadas. Sus martirios acontecieron en el año 1045.

Estanislao, obispo de Cracovia, descendía de una ilustre familia polaca. La piedad de sus padres era igual a su opulencia, y ésta la sometían a todos los propósitos de la caridad y benevolencia. Estanislao estuvo un cierto tiempo indeciso acerca de si debía abrazar la vida monástica, o si debía dedicarse a la clerecía secular. Finalmente quedó persuadido de esto último por Lambert Zula, obispo de Cracovia, que le dio órdenes sagradas, y lo hizo canónigo de su catedral. Lamberto murió el 25 de noviembre del 1071, cuando todos los interesados en la elección de un sucesor se declararon por Estanislao, y éste sucedió a la prelatura.

Bolislao, el segundo rey de Polonia, tenía de natural muchas buenas cualidades, pero dando rienda suelta a sus pasiones, cometió muchas atrocidades, y al final mereció el apelativo de el Cruel. Sólo Estanislao tuvo la oportunidad de confrontarlo con sus faltas cuando, aprovechando una oportunidad en privado, le expresó abiertamente la enormidad de sus crímenes. El rey, sumamente exasperado ante sus repetidas libertades, decidió al final terminar con un prelado tan fiel. Enterándose un día que el obispo estaba a solas, en la capilla de San Miguel, a poca distancia de la ciudad, envió a algunos soldados para asesinarlo. Los soldados emprendieron de buena gana la sanguinaria tarea; pero, al llegar a la presencia de Estanislao, el venerable aspecto del prelado los amedrentó de tal manera que no pudieron llevar a cabo lo prometido. Al volver ellos y saber el rey que no habían obedecido sus órdenes, se lanzó violentamente sobre ellos, arrebató una daga de uno de ellos, y se dirigió furioso a la capilla, donde, hallando a Estanislao ante el altar, le hundió el arma en el corazón. El prelado murió instantáneamente; esto sucedió el 8 de mayo del 1079 d.C.

CAPÍTULO IV

Persecuciones papales

HASTA ahora nuestra historia de las persecuciones se ha limitado principalmente al mundo pagano. Llegamos ahora a un período en el que la persecución, bajo el ropaje del cristianismo, cometió más enormidades que las que jamás infamaron los anales del paganismo. Echando a un lado las máximas y el espíritu del Evangelio, la Iglesia papal, armada con el poder de la espada, vejó a la Iglesia de Dios y la devastó durante varios siglos, el período muy apropiadamente conocido como «las edades oscuras». Los reyes de la tierra dieron su poder a la «Bestia», y se sometieron a ser pisoteados por las miserables alimañas que a menudo ocuparon la silla papal, como en el caso de Enrique, emperador de Alemania. La tempestad de la persecución papal se abatió primero contra los Valdenses en Francia.

La persecución contra los Valdenses en Francia

Habiendo el Papado introducido varias innovaciones en la Iglesia, y habiendo cubierto al mundo cristiano con tinieblas y superstición, unos pocos, dándose cuenta clara de la tendencia perniciosa de tales errores, decidieron exhibir la luz del Evangelio en su verdadera pureza, y dispersar aquellas nubes que unos astutos sacerdotes habían extendido sobre él, a fin de cegar al pueblo y oscurecer su verdadero resplandor.

El principal entre estos fue Berengario, que, alrededor del año 1000, predicó denodadamente las verdades del Evangelio, según su primitiva pureza. Muchos, convencidos, asintieron a su doctrina, y fueron, por ello, llamados berengarios. Berengario fue sucedido por Pedro Bruis, que predicó en Toulouse, bajo la protección de un conde llamado Ildefonso; todos los puntos de los reformadores, con sus razones para separarse de la Iglesia de Roma, fueron publicados en un libro escrito por Bruis, bajo el título de ANTICRISTO.

Para el año 1140 de Cristo, el número de reformados era muy grande, y la probabilidad de su crecimiento alarmó al papa, que escribió a varios príncipes para que los desterraran de sus dominios, y que emplearan a muchos eruditos para que escribieran contra sus doctrinas.

En el 1147 d.C. eran llamados Henericianos, debido a Enrique de Toulouse, considerado como su más eminente predicador; y debido a que no admitían ninguna prueba de religión más que las que se pudieran deducir de las mismas Escrituras, el partido papista les dio el nombre de apostólicos. Al final, Pedro Waldo, o Valdo, natural de Lyon, eminente por su piedad y erudición, devino un enérgico oponente del papado; y desde aquel entonces, los reformados recibieron la apelación de Valdenses.

El Papa Alejandro III, informado de estos sucesos por el obispo de Lyon, excomulgó a Waldo y a sus seguidores, y ordenó al obispo que los exterminara, si era posible, de sobre la faz de la tierra; así comenzaron las persecuciones papales contra los Valdenses.

Las actividades de Valdo y de los reformados suscitaron la primera aparición de los inquisidores, porque el Papa Inocente III autorizó a ciertos monjes como inquisidores, para que hicieran inquisición de y entregaran a los reformados al brazo secular. El proceso era breve, por cuanto una acusación era considerada como prueba de culpa, y nunca se concedió un juicio justo a los acusados.

El Papa, dándose cuenta de que estos crueles medios no surtían el efecto deseado, envió a varios eruditos monjes a predicar entre los Valdenses, y a tratar de convencerlos de lo erróneo de sus opiniones. Entre estos monjes había uno llamado Domingo, que se mostró muy celoso por la causa del papado. Este Domingo instituyó una orden, que fue llamada por su nombre, la orden de los frailes dominicos; y los miembros de esta orden han sido desde entonces los principales inquisidores en las varias inquisiciones del mundo. El poder de los inquisidores era ilimitado. Procedían en contra de quien querían, sin consideración de edad, sexo o rango. Por infames que fueran los acusadores, la acusación era considerada válida; incluso cuando recibían informaciones anónimas, enviadas por carta, las consideraban como evidencia suficiente. Ser rico era un crimen igual a la herejía; por ello, muchos que tenían dinero eran acusados de herejes, o de ser protectores de herejes, para poder obligarlos a pagar por sus opiniones. Los más queridos amigos, los parientes más próximos, no podían servir sin peligro a nadie que estuviera encarcelado debido a cuestiones religiosas. Llevarles algo de paja a los encerrados, o darles un vaso de agua, caía bajo la consideración de favorecer a los herejes, y eran por ello mismo perseguidos. Ningún abogado osaba defender a su propio hermano, y la malicia de los perseguidores incluso llegaba más allá de la tumba; se exhumaban los huesos de los ya muertos, y eran quemados, como ejemplo para los vivos. Si alguien era acusado en su lecho de muerte de ser seguidor de Waldo, sus posesiones quedaban confiscadas, y el heredero quedaba privado de su herencia; y algunos fueron enviados a Tierra Santa, mientras que los dominicanos se apoderaban de sus casas y propiedades, y, cuando los dueños volvían, a menudo pretendían no conocerlos. Estas persecuciones persistieron durante varios siglos bajo diferentes Papas y otros grandes dignatarios de la Iglesia Católica.

Persecuciones contra los Albigenses

Los albigenses eran gentes de religión reformada que vivían en el país de Albi. Fueron condenados por su religión en el Concilio de Laterano, por orden del Papa Alejandro III. Sin embargo, aumentaron tan prodigiosamente que muchas ciudades estaban habitadas por personas sólo de su persuasión, y varios eminentes nobles abrazaron sus doctrinas. Entre estos se encontraba Ramón, conde de Toulouse; Ramón, conde de Foix; el conde de Beziers, etc.

El asesinato de un fraile llamado Pedro, en los dominios del conde de Toulouse, sirvió de pretexto al Papa para perseguir al noble y a sus vasallos. Para emprender esta acción, envió mensajeros por toda Europa, para levantar fuerzas para actuar militarmente contra los albigenses, prometiendo el paraíso a todos los que acudieran a esta guerra, que designó como Guerra Santa, y que portaran armas durante cuarenta días. También se ofrecieron las mismas indulgencias que se ofrecían a todos los que acudían a las cruzadas de Tierra Santa. El valiente conde defendió Toulouse y otros lugares con el valor más arrojado y con variada fortuna contra los legados del Papa y contra Simón, conde de Montfort, un fanático noble católico. Incapaz de someter abiertamente al conde de Toulouse, el rey de Francia, la reina madre y tres arzobispos levantaron otro formidable ejército, y consiguieron arteramente que el conde de Toulouse acudiera a una conferencia, en la que fue traicioneramente hecho prisionero, siendo obligado a aparecer descalzo y descubierto delante de sus enemigos, y obligado a firmar una abyecta retractación. Esto fue seguido de una dura persecución contra los albigenses, y de una orden expresa de que no se les podía permitir a los laicos la lectura de las Sagradas Escrituras. También en el año 1620 fue muy severa la persecución contra los albigenses. En 1648 se desató una dura persecución por Lituania y Polonia. La crueldad de los cosacos fue tal que hasta los mismos tártaros se avergonzaron de sus barbaridades. Entre otros que sufrieron estaba el Reverendo Adrian Chalinski, que fue asado a fuego lento, y cuyos sufrimientos y forma de morir exhiben los horrores que los adherentes del cristianismo han soportado de los enemigos del Redentor.

La reforma del error papista fue muy pronto proyectada en Francia; porque en el siglo decimotercero un arudito llamado Almerico, y seis de sus discípulos, fueron quemados en París por afirmar que Dios no estaba más presente en el pan sacramental que en cualquier otro pan; que era idolatría construir altares o santuarios a los santos, y que era ridículo ofrecerles incienso.

Sin embargo, el martirio de Almerico y de sus discípulos no impidió que muchos se dieran cuenta de la justeza de sus conceptos, y viendo la pureza de la religión reformada, de manera que la fe en Cristo aumentaba de continuo, y no sólo se extendió por partes de Francia, sino que la luz del Evangelio se difundió por varios otros países.

En el año 1524, en una ciudad de Francia llamada Melden, uno llamado Juan Clark puso una nota en la puerta de la iglesia donde llamaba Anticristo al Papa. Por esta ofensa fue azotado una y otra vez, y luego marcado en la frente con un hierro candente. Yendo luego a Mentz, en Lorena, destruyó algunas imágenes, por lo que le cortaron la mano derecha y la nariz, y le desgarraron los brazos y el pecho con tenazas. Soportó estas crueldades con asombrosa entereza, e incluso se mantuvo suficientemente sereno como para cantar el Salmo ciento quince, que prohíbe la idolatría de manera expresa; después de esto fue echado al fuego, y quemado hasta dejar sólo cenizas.

En varias partes de Francia, para este tiempo, muchas personas de convicciones reformadas fueron azotadas, puestas al potro, flageladas y quemadas en la hoguera, especialmente en París, Malda y el Limosín.

Un natural de Malda fue quemado al fuego lento, por decir que la Misa era una clara negación de la muerte y pasión de Cristo. En el Limosín, un clérigo reformado llamado Juan de Cadurco fue apresado y quemado en la hoguera.

A Francisco Bribard, secretario del cardenal de Pellay, le cortaron la lengua, y después quemado, por hablar en favor de los reformados. Esto fue en 1545. Jaime Cobard, un director de escuela en la ciudad de St. Michael, fue quemado en aquel mismo año por decir: «La Misa es inútil y absurda»; alrededor de este mismo tiempo catorce hombres fueron quemados en Malda, y sus mujeres obligadas a estar cerca y a contemplar la ejecución.

En el año 1546, Pedro Chapot trajo una cantidad de Biblias en francés a Francia, y las vendió públicamente. Por ello fue llevado a juicio, sentenciado y ejecutado pocos días después. Poco tiempo después, un paralítico de Meaux, un director de una escuela en Fera, llamado Esteban Poliot, y un hombre llamado John English, fueron quemados por la fe.

El señor Blondel, un rico joyero, fue prendido en el año 1548 en Lyon, y enviado a París; allí fue quemado por su fe por orden del tribunal en el 1549. Herbert, un joven de diecinueve años, fue lanzado a las llamas en Dijon; también sufrió esto Florent Venote en el mismo año.

En el año 1554, dos hombres de religión reformada, junto con el hijo y la hija de uno de ellos, fueron prendidos y encarcelados en el castillo de Niverne.

Al ser interrogados, confesaron su fe, y se ordenó su ejecución; al ser untados con grasa, azufre y pólvora, ellos exclamaron: «Saladla, salad esta carne pecaminosa y corrompida.» Les cortaron entonces la lengua, y fueron después lanzados a las llamas, que pronto los consumieron, debido a las sustancias combustibles con las que habían sido cubiertos.

La matanza de San Bartolomé en París, etc.

En el día veintidós de agosto de 1572 comenzó este acto diabólico de sanguinaria brutalidad. La intención era destruir de un solo golpe la raíz del árbol protestante, que hasta entonces sólo había sufrido parcialmente en sus ramas. El rey de Francia había arteramente propuesto un matrimonio entre su hermana y el príncipe de Navarra, capitán y príncipe de los protestantes. Este imprudente matrimonio fue celebrado en París el 18 de agosto por el Cardenal de Borbón, sobre un alto catafalco construido con este propósito. Comieron con gran pompa con el obispo, y cenaron con el rey en París. Cuatro días después, el príncipe (Coligny), al salir del Consejo, fue herido por disparos en ambos brazos; entonces le dijo a Maure, el ministro de su difunta madre: «Oh, mi hermano, ahora veo que ciertamente Dios me ama, pues que he sido herido por Su más santa causa.» Aunque Vidam le aconsejó que huyera, permaneció en París, y fue poco después muerto por Bemjus, que después dijo que jamás había visto a nadie afrontar la muerte con mayor valor que el almirante.

Los soldados fueron dispuestos para que al darse cierta señal se lanzaran en el acto a efectuar la matanza por diversas partes de la ciudad. Cuando hubieron dado muerte al almirante, lo echaron por una ventana a la calle, donde le cortaron la cabeza, que fue enviada al Papa. Los salvajes papistas, todavía enfurecidos contra él, le cortaron los brazos y sus miembros privados, y, después de haberlo arrastrado tres días por las calles, lo colgaron por los pies fuera de la ciudad. Después de él mataron a muchas personas grandes y honorables que eran protestantes, como el Conde de la Rochfoucault, Telinius, yerno del almirante, Antonio, Clarimontus, el marqués de Ravely, Lewes Bussius, Bandineus, Pluvialius, Bumeius, etc., y, lanzándose contra el común del pueblo, continuaron durante muchos días esta matanza; durante los primeros días mataron a diez mil de todo rango y condición. Los cuerpos fueron echados a los ríos, y la sangre corría como arroyos por las calles, y el río parecía ser de sangre. Tan furiosa era aquella ira infernal que dieron muerte a todos los papistas que eran considerados como no muy adictos a su diabólica religión. Desde París, la destrucción se extendió a todos los rincones del reino.

En Orleans fueron muertos mil hombres, mujeres y niños; y seis mil en Rouen.

En Meldith doscientos fueron encarcelados, y más tarde sacados uno por uno y cruelmente asesinados.

En Lyon se dio muerte a ochocientos. Aquí, niños colgados del cuello de sus padres, y padres abrazando afectuosos a sus hijos, fueron alimento de las espadas y de las sanguinarias mentes de aquellos que se llaman a sí mismos la Iglesia Católica. Aquí trescientos fueron asesinados en la casa del obispo, y los impíos monjes no querían consentir que fueran enterrados.

En Augustobona, al enterarse la gente de la matanza en París, cerraron las puertas para que ningún protestante pudiera escapar, y buscando diligentemente a cada miembro de la Iglesia reformada, los encarcelaron y dieron muerte de la más bárbara manera. Estas mismas crueldades tuvieron lugar en Avaricum, Troys, Toulouse, Rouen y en muchos otros lugares, yendo de ciudad en ciudad, villas y pueblos, por todo el reino.

Como corroboración de esta horrorosa carnicería, citamos la siguiente apropiada e interesante narración, escrita por un católico-romano sensible y erudito:

«Las nupcias del joven rey de Navarra (nos dice este autor) con la hermana del rey de Francia fueron solemnizadas con gran pompa; y todas las expresiones de afecto, todas las protestas de amistad y todos los juramentos sagrados entre los hombres fueron profusamente prodigados por Catalina, la reina madre, y por el rey; durante todo esto, el resto de la corte no pensó en nada más que en festejos, teatro, y bailes de máscaras. Al final, a las doce de la medianoche, la víspera de San Bartolomé, se dio la señal. De inmediato, las casas de los protestantes fueron forzadas a una. El almirante Coligny, alarmado por la conmoción, saltó de la cama, cuando un grupo de asesinos se precipitó en su dormitorio. Iban encabezados por un tal Besme, que había sido criado en el seno de la familia de los Guisas. Este miserable traspasó con su espada el pecho del almirante, y también le dio un corte en la cara. Besme era alemán, y siendo después tomado por los protestantes, los de La Rochela lo hubieran querido meter en la ciudad para colgarlo y despedazarlo; pero fue muerto por un tal Bretanville. Enrique, el joven duque de Guisa, que después constituyó la liga católica, y que fue asesinado en Blois, se estuvo de pie a la puerta hasta que concluyó la horrenda carnicería, y gritó: «¡Besme! ¿Ya está?» Después de esto, aquellos rufianes arrojaron el cuerpo por la ventana, y Goligny espiró a los pies del de Guisa.

»El conde de Teligny también cayó víctima. Se había casado, hacía unos diez meses, con la hija de Coligny. Su rostro era tan hermoso que los rufianes, cuando se adelantaron para matarlo, se sintieron llenos de compasión; pero otros, más bárbaros, se precipitaron adelante y lo asesinaron.

»Mientras tanto, todos los amigos de Coligny fueron asesinados por todo

París; hombres, mujeres y niños eran asesinados de manera indistinta y todas las calles estaban llenas de cuerpos agonizantes. Algunos sacerdotes, sosteniendo el crucifijo en una mano y una daga en la otra, corrían hacia los cabecillas de los asesinos, y los exhortaban enérgicamente a no perdonar ni a parientes ni a amigos.

»Tavannes, mariscal de Francia, un soldado ignorante y supersticioso, que unía la furia de la religión a la ira de partido, se lanzó a caballo por las calles de París gritando a sus hombres: «¡Que corra la sangre! ¡Que corra la sangre! Sangrar es tan sano en agosto como en mayo». En las memorias de la vida de este entusiasta, escritas por su hijo, se nos dice que el padre, en su lecho de muerte, y al hacer una confesión general de sus acciones, el sacerdote le dijo, sorprendido: «¡Cómo! ¿Y ninguna mención de la matanza de San Bartolomé?», a lo que Tavannes contestó: «Esto lo considero una acción meritoria, que lavará todos mis pecados». ¡Qué horrendos sentimientos puede inspirar un falso espíritu de la religión!

»El palacio del rey fue uno de los principales escenarios de la matanza. El rey de Navarra tenía su alojamiento en el Louvre, y todos sus criados eran protestantes. Muchos de estos fueron muertos en la cama junto con sus mujeres; otros, huyendo desnudos, fueron perseguidos por los soldados por las varias estancias de palacio, incluso hasta la antecámara del rey. La joven esposa de Enrique de Navarra, despertada por la terrible conmoción, temiendo por su marido y por su propia vida, arrebatada de horror, y medio muerta, saltó de su cama para echarse a los pies de su hermano el rey. Pero apenas si había abierto la puerta de su cámara cuando algunos de sus criados protestantes se precipitaron dentro buscando refugio. Los soldados siguieron de inmediato, persiguiéndolos delante de la princesa y matándo a uno que se lanzó debajo de su cama. Otros dos, heridos con alabardas, cayeron a los pies de la reina, que quedó cubierta de sangre.

»El conde de la Rochefoucault, un joven noble, en gran favor del rey por su aire atractivo, su cortesía y una cierta dicha peculiar en el giro de su conversación, había pasado la velada hasta las once con el monarca, en una placentera familiaridad, y había estado dando rienda suelta, con el mayor humor, a las salidas de su imaginación. El monarca sintió un cierto remordimiento, y tocado por una especie de compasión, le invitó, dos o tres veces, a que no fuera a casa, sino que se quedara en el Louvre. El conde le dijo que debía volver con su mujer, y entonces el rey ya no le apremió más, sino que se dijo: «¡Que vaya! Veo que Dios ha decretado su muerte!» Dos horas después era asesinado.

»Muy pocos de los protestantes escaparon de la furia de sus fanáticos perseguidores. Entre ellos estaba el joven La Force (después el famoso Mariscal de La Force), un niño de unos diez años de edad, cuya liberación fue sumamente notable. Su padre, su hermano mayor y él mismo fueron apresados por los soldados del Duque de Anjou. Estos asesinos se lanzaron sobre los tres, golpeándolos a capricho, con lo que cayeron uno sobre otro. El más pequeño no recibió un solo golpe, sino que, aparentando que estaba muerto, escapó al siguiente día; su vida, preservada de esta manera maravillosa, duró ochenta y cinco años.

»Muchas de las pobres víctimas huyeron hacia la ribera, y algunos nadaron para pasar el Sena y dirigirse a los suburbios de St. Germaine. El rey los vio desde su ventana, que dominaba el río, y se dedicó a disparar contra ellos con una carabina que le cargaba para esto uno de sus pajes. Mientras tanto la reina madre, imperturbable y serena en medio de la matanza, mirando desde un balcón animaba a los asesinos y se reía ante los gemidos de los agonizantes. Esta bárbara reina estaba animada de una agitada ambición, y perpetuamente cambiaba de partido a fin de saciarla.

»Poco tiempo después de estos horrendos sucesos, la corte francesa trató de paliarlos mediante formas legales. Pretendieron justificar la matanza mediante una calumina, acusando al almirante de conspiración, lo que nadie creyó. El parlamento recibió órdenes de actuar contra la memoria de Coligny, y su cadáver fue colgado con cadenas en unas horcas de Montfaucon. El mismo rey fue a contemplar aquel insólito espectáculo. Entonces uno de sus cortesanos fue a aconsejarle que se retirara, haciéndole notar la hedor del cadáver, a lo que el rey replicó: «Un enemigo muerto huele bien». Las masacres del día de San Bartolomé están pintadas en el salón real del Vaticano en Roma, con la siguiente inscripción: *Potifex, Coligny necem probat*, esto es: «El Papa aprueba la muerte de Coligny».

»El joven rey de Navarra fue eximido por cuestión política y no por piedad de la reina madre, manteniéndolo prisionero hasta la muerte del rey, a fin de que fuera seguridad y prenda de la sumisión de aquellos protestantes que pudieran huir.

»Esta horrorosa carnicería no se limitó meramente a la ciudad de París. Ordenes semejantes fueron enviadas desde la corte a los gobernadores de todas las provincias en Francia, ¡de manera que al cabo de una semana unos cien mil protestantes fueron despedazados en diferentes partes del reino! Sólo dos o tres gobernadores rehusaron obedecer las órdenes del rey. Uno de estos, llamado Montmorrin, gobernador de Auvernia, escribió al rey la siguiente carta, que merece ser transmitida a la más lejana posteridad:

»SEÑOR: He recibido una orden, con el sello de vuestra majestad, de dar muerte a todos los protestantes en mi provincia. Tengo demasiado respeto para vuestra majestad para no creer que la carta sea un fraude; pero si la orden (Dios no lo quiera) fuera genuina, tengo demasiado respeto por vuestra majestad para obedecerla.»

En Roma hubo un horrendo gozo, tan grande que señalaron un día de festejos, y un jubileo, ¡con una gran indulgencia para todos los que lo guardaran y mostraran toda expresión de júbilo que pudieran imaginar! Y el hombre que dio la primera noticia recibió 1000 coronas del cardenal de Lorena por su impío mensaje. El rey también ordenó que el día fuera conmemorado con toda demostración de gozo, habiendo llegado a la conclusión de que toda la raza de los Hugonotes estaba extinta.

Muchos de los que dieron grandes cantidades de dinero como rescate fueron de inmediato muertos; y varias ciudades que recibieron la promesa del rey de protección y seguridad, fueron objeto de una matanza general tan pronto como se entregaron, en base de esta promesa, a sus generales o capitanes.

En Burdeos, por instigación de un malvado monje, que solía apremiar a los papistas a la matanza en sus sermones, doscientas sesenta y cuatro personas fueron cruelmente muertas; algunos de ellos eran senadores. Otro de la misma piadosa fraternidad causó una matanza similar en Agendicum, en Maine, donde el populacho, por la satánica sugerencia de los santos inquisidores, se lanzaron contra los protestantes, matándolos, saqueando sus casas, y derribando su iglesia.

El duque de Guisa, entrando en Blois, permitió que sus soldados se lanzaran al saqueo, y que mataran o ahogaran a todos los protestantes que pudieran encontrar. En esto no perdonaron ni edad ni sexo; violando a las mujeres, luego las asesinaban; de ahí se dirigió a Mere, y cometió las mismas atrocidades durante muchos días. Aquí encontraron a un ministro llamado Cassebonio, y lo arrojaron al río.

En Anjou mataron a un ministro llamado Albiacus; muchas mujeres fueron también violadas y asesinadas allí; entre ellas había dos hermanas que fueron violadas delante de su padre, a quien los asesinos ataron a una pared para que las viera, y luego les dieron muerte a ellas y a él.

El gobernador de Turín, después de haber dado una enorme cantidad de dinero por su vida, fue cruelmente golpeado con garrotes, desnudado de sus ropas, y colgado de los pies, con su cabeza y torso en el río; antes que muriera le abrieron el vientre, le arrancaron las entrañas, y las arrojaron al río; luego llevaron su corazón por la ciudad clavado en una lanza.

En Barre se comportaron con gran crueldad, incluso con los niños pequeños, a los que abrían en canal, arrancando sus entrañas, las que, por el furor que llevaban, mordían con sus dientes. Los que habían huido al castillo fueron casi colgados cuando se rindieron. Así lo hicieron en la ciudad de Matiscon, considerando como un juego cortarles los brazos y las piernas y luego matarlos;

como entretenimiento para sus visitantes, a menudo arrojaban a los protestantes desde un risco alto al río, diciendo: «¿No has visto nunca a alguien saltar tan bien?»

En Penna, trescientos fueron degollados inhumanamente, tras haberles prometido seguridad; y cuarenta y cinco en Albia, un domingo. En Nonne, aunque se rindió bajo la condición de que se les ofreciera seguridad, se vieron los más horrendos espectáculos. Personas de ambos sexos y de toda condición fueron asesinados indiscriminadamente; las calles resonaban con clamores de dolor, y la sangre corría; las casas encendidas por el fuego que los soldados habían arrojado dentro. Una mujer, sacada a rastras de su escondrijo junto con su marido, fue primero violada por los brutales soldados, y luego, con una espada que le mandaron sostener, la forzaron con sus propias manos en las entrañas de su marido.

En Samarobridge asesinaron más de cien protestantes, después de prometerles paz; en Antisidor dieron muerte a cien, y arrojaron a muchos al río. Cien que habían sido encarcelados en Orleans fueron muertos por la enfurecida multitud.

Los protestantes de La Rochela, aquellos que habían podido escapar milagrosamente a la furia del infierno y se habían refugiado allá, viendo lo mal que les había ido a los que se habían sometido a aquellos demonios que se pretendían santos, se mantuvieron firmes por sus vidas; y algunas otras ciudades, alentadas por este gesto, los imitaron. El rey envió contra La Rochela casi todo el poder de Francia, que la asedió durante siete meses; y aunque por sus asaltos hicieron bien poco contra sus habitantes, por el hambre destruyeron a dieciocho mil de veintidós mil. Los muertos, demasiado numerosos para que los vivos los sepultaran, fueron pasto de las alimañas y de las aves carnívoras. Muchos llevaban sus propios ataúdes al patio de la iglesia, yacían en ellos, y expiraban. Su dieta había sido durante mucho tiempo aquello que hace temblar las mentes de los que tienen abundancia: hasta carne humana, entrañas, estiércol, y las cosas más inmundas, llegaron a ser finalmente el único alimento de aquellos campeones de aquella verdad y libertad de la que el mundo no era digno. Ante cada ataque los asaltantes se encontraban con una reacción tan denodada que dejaron a ciento treinta y dos capitanes, con un número proporcionado de tropas, tendidos en el campo. Finalmente, el sitio fue levantado por petición del duque de Anjou, hermano del rey, que fue proclamado rey de Polonia, y el rey, cansado, accedió fácilmente, con lo que se les concedieron condiciones honrosas.

Fue una notable interferencia de la Providencia que, en toda esta terrible matanza, sólo dos ministros del Evangelio cayeron.

Los trágicos sufrimientos de los protestantes son demasiado numerosos para detallarlos; pero el trato dado a Felipe de Deux dará una idea del resto. Después que los desalmados hubieran dado muerte al mártir en su cama, fueron a su mujer, que estaba asistida por una comadrona, esperando dar a luz en cualquier momento. La comadrona les rogó que detuvieran sus intenciones asesinas, al menos hasta que el niño, su vigésimo, naciera. A pesar de esto, hundieron una daga hasta la empuñadura en el cuerpo de la pobre mujer. Ansiosa por dar a luz, corrió a un campo de trigo; pero hasta allá la persiguieron, la apuñalaron en el vientre, y luego la echaron a la calle. Por su caída, el niño salió de su madre moribunda, que tomado por uno de los rufianes católicos, apuñaló al recién nacido, arrojándolo luego al río.

Desde la revocación del Edicto de Nantes hasta la Revolución Francesa, en 1789

Las persecuciones ocasionadas por la revocación del edicto de Nantes tuvieron lugar bajo Luís XIV. Este edicto había sido promulgado por Enrique el Grande de Francia en 1598, y aseguró a los protestantes la igualdad de derechos en todos los respectos, fueran civiles o religiosos, con el resto de los súbditos del reino. Todos estos privilegios los había confirmado Luís XIII en otro estatuto, llamado el edicto de Nismes, y lo mantuvo inviolado hasta el fin de su reinado.

Al acceder Luís XIV al trono el reino estaba casi arruinado por las guerras civiles. En este punto, los protestantes, sin atender a la amonestación de nuestro Señor, que «los que tomen la espada, a espada perecerán», tomaron una parte tan activa en favor del rey, que se vio forzado a reconocerse en deuda con sus armas por haber sido establecido en el trono. En lugar de proteger y recompensar a aquel partido que lo había establecido en el trono, pensó que aquel mismo poder que lo había protegido podría derrocarlo, y, dando oído a las maquinaciones papistas, comenzó a emitir proscripciones y restricciones que señalaban a su decisión final. La Rochela fue presa de una cantidad increíble de denuncias. Montauban y Millau fueron saqueadas por los soldados. Se designaron comisionados papistas para presidir sobre los asuntos de los protestantes, y no había más apelación contra sus decisiones que ante el consejo real. Esto fue un golpe a la misma raíz de sus derechos civiles y religiosos, y les impidió, como protestantes, de llevar a ningún católico a juicio. Esto fue seguido por otro decreto, que debía hacerse una indagación en todas las parroquias acerca de todo lo que los protestantes habían dicho o hecho en los pasados veinte años. Esto llenó las cárceles de víctimas inocentes, y condenó a otros a galeras o a destierro.

Los protestantes fueron expulsados de todos los oficios, profesiones, privilegios y empleos; esto los privó de todos los medios de ganarse su pan; y se llevó a cabo esto con tal brutalidad que ni permitían a las comadronas que ejercieran su oficio, sino que obligaban a las mujeres a someterse a esta crisis natural en manos de sus enemigos, los brutales católicos. Sus hijos les eran arrebatados para ser educados por los católicos, y a los siete años se les hacía abrazar el papismo. Se prohibió a los reformados que prestaran ayuda a sus propios enfermos o pobres, todo culto privado, y el servicio divino debía efectuarse en presencia de un sacerdote papista. Para impedir que las infortunadas víctimas abandonaran el reino, se puso una estricta vigilancia por todos los pasos fronterizos del reino; sin embargo, por la mano misericordiosa de Dios, unos ciento cincuenta mil escaparon a su vigilancia, y emigraron a diferentes países para contar la terrible historia.

Todo lo que se ha contado hasta aquí eran sólo infracciones de su carta de derechos, el edicto de Nantes. Al final, tuvo lugar la diabólica revocación de este edicto, el dieciocho de octubre de 1685, y fue registrada el veintidós, en contra de todas las formas de la ley. En el acto, las tropas, del cuerpo de dragones, fueron acuarteladas con los protestantes en todo el reino, y llenaron todo el reino con la misma noticia: que el rey no admitiría ya más ningunos hugonotes en su reino, y que por ello tenían que decidir cambiar de religión. Con esto, los intendentes de cada parroquia (que eran gobernadores y espías católicos puestos sobre los protestantes) reunieron a la población reformada, diciéndoles que debían volverse católicos en el acto, bien de grado, bien por fuerza. Los protestantes contestaron que «estaban dispuestos a sacrificar sus vidas y posesiones al rey, pero que siendo sus conciencias de Dios, no podían dssponer de ellas de la misma manera.»

En el acto, las tropas se apoderaron de las puertas y avenidas de las ciudades, y, poniendo guardas en todos los pasajes, entraron espada en mano, clamando: «¡Morid, o sed católicos!» Para resumir, practicaron todas las maldades y todos los horrores que pudieron inventar para obligarles a cambiar de religión.

Colgaban a hombres y mujeres por los cabellos o por los pies, y los ahumaban con paja ardiendo hasta que estaban casi muertos; y si seguían sin querer firmar su retractación, los colgaban una y otra vez, repitiendo sus barbaridades, hasta que, cansados de tormentos sin muerte, obligaban a muchos a ceder.

A otros les arrancaban los cabellos de la cabeza y de la barba con tenazas. A otros los echaban en grandes hogueras, sacándolas otra vez de ellas, repitiendo la acción hasta que forzaban la promesa de retractarse.

A otros los desnudaban, y después de insultarlos de la manera más infame, les clavaban agujas de la cabeza a los pies, y los sajaban con cortaplumas; a veces los arrastraban con tenazas al rojo vivo por la nariz, hasta que prometían su retractación. A veces ataban a padres y maridos, mientras violaban a sus mujeres e hijas delante de sus ojos. A multitudes las encarcelaron en mazmorras inmundas, donde practicaban todo tipo de suplicios en secreto. A las mujeres y a los niños los encerraban en monasterios.

Los que consiguieron huir fueron perseguidos por los bosques, y cazados en los campos, disparándoles encima como a fieras; y ninguna condición ni calidad personal les sirvió de defensa ante la ferocidad de aquellos dragones infernales; incluso a los miembros del parlamento y a los oficiales militares, aunque estuvieran sirviendo en aquel momento, se les ordenó abandonar sus puestos y dirigirse a sus casas, para sufrir igual suerte. Los que se quejaron al rey fueron mandados a la Bastilla, donde bebieron la misma copa. Los obispos y los intendentes marcharon a la cabeza de los dragones, con una tropa de misioneros, monjes y otros clérigos para animar a los soldados a ejecutar una acción tan grata para la Santa Iglesia de ellos, y tan gloriosa para el demonio dios de ellos, y su tirano rey.

Al redactar el edicto para revocar el edicto de Nantes, el consejo estaba dividido. Algunos hubieran querido detener a todos los ministros y obligarles a abrazar el papado, lo mismo que a los laicos; otros preferían expulsarlos, porque su presencia fortalecería a los protestantes en su perseverancia: y si se veían obligados a retractarse, constituirían un grupo de enemigos secretos y poderosos en el seno de la Iglesia, por su gran conocimiento y experiencia en cuestiones de controversia. Al prevalecer esta razón, fueron sentenciados a destierro, y sólo se les permitieron quince días para partir del reino.

El mismo día de la publicación del edicto revocando la carta de libertades de los protestantes, demolieron sus iglesias y desterraron a sus ministros, a los que sólo les dejaron veinticuatro horas para salir de París. Los papistas no estaban dispuestos a permitirles que vendieran sus posesiones, y pusieron todos los obstáculos en su camino para retardar su salida hasta que terminara su limitado tiempo, lo que les sometía a la condena a galeras de por vida. Los guardas fueron doblados en los puertos de mar, y las cárceles quedaron llenas con las víctimas, que soportaron tormentos y carencias ante los que la naturaleza humana tiene que estremecerse.

Los sufrimientos de los ministros y de otros, que fueron enviados a galeras, parecieron exceder a todos. Encadenados a un remo, estaban expuestos día y noche, en todas las estaciones, en todos los climas; y cuando desmayaban por debilidad del cuerpo, y se derrumbaban sobre el remo, en lugar de un cordial para reanimarles, o alimentos para fortalecerles, recibían sólo los azotes de un látigo, o los golpes de una vara o del cabo de una cuerda. Por la carencia de suficiente vestido y de la necesaria limpieza, se veían duramente atormentados por todo tipo de parásitos, y azotados por el frío, que alejaba de noche a los ejecutores que los golpeaban y atormentaban durante el día. En lugar de una cama, sólo se les permitía una madera dura de dieciocho pulgadas (46 cm) de anchura sobre la cual dormir, tanto si estaban sanos como enfermos, y sin cubierta alguna más que sus míseros harapos, que consistían en una camisa del tejido más burdo, un pequeño justillo de sarga roja, con cortes a cada lado para los brazos y con unas mangas que no llegaban al codo, y una vez cada tres años recibían un burdo capote y una pequeña gorra para cubrirse la cabeza, que tenían siempre pelada al rape como marca de infamia. Su provisión de comida era tan mezquina como los sentimientos de los que los habían condenado a tales miserias, y el trato al que eran sometidos si caían enfermos es demasiado chocante para narrarlo; quedaban condenados a morir sobre las maderas del oscuro sollado, cubiertos de parásitos, y sin la menor provisión para sus necesidades fisiológicas. Y no era menos el horror que tenían que padecer estar encadenados al lado de los más endurecidos delincuentes y de los más execrables villanos, cuyas blasfemas lenguas nunca paraban. Si rehusaban oír Misa, eran sentenciados al bastinado, un terrible castigo que describimos a continuación. En preparación del mismo, se les quitan las cadenas, y las víctimas son entregadas en manos de los turcos que presiden a los remos, que los desnudan totalmente, y los tienden sobre un gran cañón, de manera que no se puedan mover. Durante esto reina un silencio sepulcral por toda la galera. El turco designado como verdugo, y que considera este sacrificio aceptable para su profeta Mahoma, azota a la mísera víctima con un recio garrote, o con un cabo de cuerda lleno de nudos, hasta que la carne queda abierta hasta los huesos, y está cerca de expirar; luego le aplican una mezcla atormentadora de vinagre y sal, y lo dejan en aquel intolerable hospital donde miles ya han expirado bajo sus crueldades.

El martirio de Juan Calas

Pasamos ahora por encima de otros muchos martirios individuales para insertar el de Juan Calas, que tuvo lugar en época tan reciente como 1761, y que es una indudable prueba del fanatismo del papado, mostrando que ni la experiencia ni la mejora puede desarraigar los inveterados prejuicios de los católico-romanos, ni hacerlos menos crueles o inexorables contra los protestantes.

Juan Calas era un mercader de la ciudad de Toulouse, donde se había establecido y vivía con buena reputación, habiéndose casado con una mujer inglesa de origen francés. Calas y su mujer eran protestantes, y tenían cinco hijos, a los que instruyeron en la misma religión; pero Luís, uno de los hijos, se convirtió al catolicismo romano, habiendo sido convertido por una criada que había vivido con la familia durante treinta años. Sin embargo, el padre no expresó resentimiento alguno ni mala voluntad por ello, sino que mantuvo a la criada en la familia y asignó una anualidad para su hijo. En octubre de 1761 la familia consistía de Juan Calas y su mujer, una criada, Marco Antonio Calas, que era el hijo mayor, y Pedro Calas, el menor. Marco Antonio había sido educado en leyes, pero no podía ser admitido a la práctica por ser protestante. Por ello sufrió una depresión, leyó todos los libros que pudo conseguir acerca del suicidio, y parecía decidido a acabar su vida. A esto debe añadirse que llevaba una conducta disipada, muy adicto al juego, y que hacía todo lo que podía constituir el carácter de un libertino. Por esta razón su padre lo reprendía con frecuencia, a veces con severidad, lo que añadió de manera considerable a la depresión que parecía oprimirle.

El trece de octubre de 1761, el señor Gober la Vaisse, un joven caballero de unos 19 años, hijo de La Vaisse, un célebre abogado de Toulouse, se reunió a alrededor de las cinco de la tarde con Juan Calas, el padre, y con el hijo mayor Marco Antonio, que era amigo suyo. El padre Calas le invitó a cenar, y la familia y su invitado se sentaron en una estancia alta; todo el grupo consistía en el padre Calas y su mujer, los dos hijos Antonio y Pedro Calas, y el invitado La Vaisse, no habiendo nadie más en la casa excepto la criada, ya mencionada.

Era ahora alrededor de las siete. La cena no fue larga, pero antes de acabar, Antonio dejó la mesa y se fue a la cocina, que estaba en el mismo piso, cosa además que solía hacer. La criada le preguntó si tenía frío. Él respondió: «Bien al contrario, estoy ardiendo»; luego, la dejó. Mientras tanto, su amigo y la familia dejaron la estancia en la que habían cenado y fueron a una sala de estar; el padre y La Vaisse se sentaron juntos en un sofá; el hijo más joven, Pedro, en un sillón, y la madre en otra; y, sin preocuparse de Antonio, prosiguieron la conversación hasta entre las nueve y las diez, cuando La Vaisse se despidió, y Pedro, que se había quedado dormido, fue despertado para acompañarlo con una luz.

En la planta baja de la casa de los Calas había una tienda y un almacén, estando éste separado de la tienda por un par de puertas. Cuando Pedro Calas y La Vaisse llegaron abajo a la tienda, quedaron horrorizados al ver a Antonio colgando vestido sólo de su camisa, desde una barra que él había colgado a través de la parte superior de las dos puertas, que había medio abierto con este propósito. Al descubrir este horrenda escena chillaron, lo que hizo bajar al padre Calas, quedando la madre tan sobrecogida de terror que se quedó temblando en el pasillo del piso superior. Cuando la criada descubrió lo sucedido, se quedó abajo, bien porque temiera llevar la mala noticia a su ama, bien porque se dedicara a prodigar su atención a su amo, que estaba abrazando el cuerpo de su hijo, bañándolo con sus lágrimas. Por ello, la madre, que se había quedado sola, bajó y se encontró en la escena que ya hemos descrito, con las emociones que debía naturalmente producirle. Mientras tanto, Pedro había sido enviado a buscar a La Moire, un cirujano del vecindario. La Moire no estaba en casa, pero su aprendiz, el señor Grosle, acudió en el acto. Al examinarlo, encontró el cuerpo ya cadáver. Para este tiempo se había congregado una multitud de gente papista alrededor de la casa, y, habiendo oído que Antonio Calas había muerto repentinamente, y que el cirujano que había examinado el cuerpo había afirmado que había sido estrangulado, dieron por supuesto que había sido asesinado; y como la familia era protestante, llegaron a suponer que el joven estaba a punto de cambiar de religión, y que había sido muerto por esta razón.

El pobre padre, abrumado de dolor por la pérdida de su hijo, fue aconsejado por sus amigos a que mandara llamar a los funcionarios de la justicia para impedir que fuera despedazado por la muchedumbre católica, que suponía que había dado muerte a su hijo. Así lo hicieron, y David, el principal magistrado o capitol, tomó al padre, a su hijo Pedro, a La Vaisse y a la criada bajo su custodia, y puso una guardia para protegerlos. Envió a buscar al señor de la Tour, médico, y a los señores la Marque y Peronet, cirujanos, que examinaron el cuerpo buscando señales de violencia, pero que no encontraron ninguna, excepto la marca de la cuerda en el cuello; también observaron que el cabello del difunto estaba peinado de la manera normal, perfectamente liso y sin desorden alguno; sus ropas estaban también bien dispuestas, echadas sobre el mostrador, y su camisa no estaba ni desgarrada ni desabotonada.

A pesar de estas evidencias de inocencia, el capitol consideró apropiado concordar con la opinión de la turba, y emitió la hipótesis de que el viejo Calas había enviado a buscar a La Vaisse, diciéndole que tenía un hijo al que había que colgar; que La Vaisse había ido para llevar a cabo la función de verdugo, y que había recibido ayuda del padre y del hermano.

Como no podía darse prueba alguna del supuesto hecho, el capitol recurrió a una amonestación, o información general, por lo que el crimen se consideraba como verdadero, y se pedía públicamente que se diera testimonio en contra de él, cada uno como pudiera hacerlo. Esta amonestación recita que La Vaisse estaba encargado por los protestantes para ser su verdugo ordinario, cuando alguno de los hijos tuviera que ser colgado por cambiar de religión; afirma asimismo que cuando los protestantes cuelgan a sus hijos de esta manera, los fuerzan a arrodillarse, y una de las amonestaciones era si alguna persona había visto a Antonio Calas arrodillarse delante de su padre cuando lo estranguló; también se afirma que Antonio murió como católico-romano, y se demanda evidencia de su catolicismo.

Pero antes que se publicaran estas amonestaciones, de la turba había salido el pensamiento de que Antonio Calas iba al siguiente día a haberse incorporado a la fraternidad de los Penitentes Blancos. Por ello, el capitol ordenó que su cuerpo fuera enterrado en medio de la Iglesia de San Esteban. Pocos días después del entierro del muerto, los Penitentes Blancos oficiaron un solemne servicio por él en su capilla. La iglesia fue llenada de colgaduras blancas, y en medio se levantó una tumba, sobre la cual se puso un esqueleto humano, sosteniendo en una mano un papel que decía: «Abjuración de la herejía», y en la otra una palma, emblema del martirio. Al siguiente día, los franciscanos oficiaron un servicio de la misma clase por él.

El capitol prosiguió la persecución con una dureza implacable, y, sin la menor prueba, consideró oportuno sentenciar a tortura a los desdichados padre, madre, amigo y criada, y los puso bajo cadenas el dieciocho de noviembre.

Contra estos terribles procedimientos, la sufrida familia apeló al parlamento contra estos terribles procedimientos, el cual examinó el asunto, y anuló la sentencia del capitol como irregular, pero prosiguieron con la persecución judicial, y, al declarar el verdugo de la ciudad que era imposible que Antonio se hubiera colgado a sí mismo de la manera que se pretendía, la mayoría del parlamento fueron de la opinión de que los presos eran culpables, ordenando por ello que fueran juzgados por el tribunal criminal de Toulouse. Uno los votó inocentes, pero tras largos debates, la mayoría estaba a favor de la tortura y de la rueda; al padre lo condenaron probablemente por vía de experimento, tanto si era culpable como inocente, esperando que, en la agonía, confesara su crimen, y acusara a los otros presos, cuya suerte quedó por ello suspendida.

Así, el pobre Calas, un anciano de sesenta y ocho años, fue condenado solo a este terrible castigo. Sufrió la tortura con gran valor, y fue llevado a la ejecución con una actitud que suscitó la admiración de todos los que le vieron, y en particular de los dos dominicos (el Padre Bourges y el Padre Coldagues), que le asistieron en sus últimos momentos, y declararon que no sólo lo consideraban inocente de la acusación de que era objeto, sino que era también un caso ejemplar de verdadera paciencia, fortaleza y caridad cristianas.

Cuando vio al verdugo listo para darle el último golpe, hizo una nueva declaración al Padre Bourges, pero todavía con las palabras en la boca, el capitol, autor de esta tragedia, que había subido al cadalso meramente para satisfacer su deseo de ser testigo de su castigo y muerte, se lanzó corriendo hacia él gritándole: «¡Miserable: ahí están las ascuas que van a reducir tu cuerpo a cenizas! ¡Di la verdad!» Calas no le contestó, sino que volvió la cabeza algo al lado. En aquel momento el verdugo ejecutó su función.

El clamor popular contra esta familia se hizo tan violento en el Languedoc, que todos esperaban ver a los hijos de Calas destrozados sobre la rueda, y a la madre quemada viva.

El joven Donat Calas recibió el consejo de huir a Suiza. Fue allá, y encontró a un caballero que al principio sólo pudo compadecerse de él y aliviarle, sin atreverse a juzgar del rigor ejercitado contra el padre, la madre y los hermanos.

Poco después, otro de los hermanos, que había sido desterrado, se acogió a la protección de la misma persona, que, durante más de un mes, adoptó todas las precauciones posibles para asegurarse de la inocencia de la familia. Una vez se hubo convencido, se consideró obligado, en conciencia, a emplear a sus amigos, su propia bolsa, su pluma, y su reputación personal, para reparar el fatal error de los siete jueces de Toulouse, y lograr que el proceso fuera revisado por el consejo del rey. Esta revisión duró tres años, y es cosa bien conocida el honor que los señores de Grosne y Bacquancourt alcanzaron al investigar esta memorable causa. Cincuenta magistrados de la Corte de Apelaciones declararon unánimes la inocencia de toda la familia Calas, y los recomendaron a la benevolente justicia de su majestad. El Duque de Choiseul, que jamás dejó pasar oportunidad para mostrar la grandeza de su carácter, no sólo ayudó a la desafortunada familia con dinero, sino que obtuvo del rey una donación para ellos de 36.000 libras.

El nueve de marzo de 1765 se firmó la sentencia que justificaba a la familia Calas y que cambiaba su suerte. El nueve de marzo de 1762, hacía tres años justos, había sido el día de la ejecución del inocente y virtuoso padre de aquella familia. Todos los parisinos se agolparon multitudinariamente para verlos salir de la prisión, y aplaudieron gozosos, mientras las lágrimas les brotaban de los ojos.

Este terrible ejemplo de fanatismo hizo mover la pluma de Voltaire atacando los horrores de la superstición; y aunque él mismo era incrédulo, su ensayo sobre la tolerancia honra a su pluma, y ha sido un medio de bendición para abatir los rigores de la persecución en la mayoría de los estados europeos. La pureza del Evangelio huirá al igual de la superstición que de la crueldad, por cuanto la mansedumbre de las enseñanzas de Cristo sólo enseñan a consolar en este mundo, y a buscar la salvación en el venidero. Perseguir por diferencias de opinión es cosa tan absurda como perseguir por tener un diferente rostro. Si honramos a Dios, mantenemos sagradas las puras doctrinas de Cristo, ponemos plena confianza en las promesas contenidas en las Sagradas Escrituras, y obedecemos las leyes políticas del estado en el que residimos, tenemos un derecho innegable de protección en lugar de persecución, y a servir al ciclo tal como nuestros conciencias, dirigidas por las normas del Evangelio, nos gufen.

CAPÍTULO V

Una Historia de la Inquisición

CUANDO la religión reformada comenzó a difundir la luz del Evangelio por toda Europa, el Papa Inocente III temió en gran manera por la Iglesia de Roma. Por ello, designó a un número de inquisidores, o personas que debían inquirir, prender y castigar a los herejes, tal como los papistas llamaban a los reformados. Encabezando estos inquisidores estaba un cierto Domingo, que había sido canonizado por el Papa a fin de hacer su autoridad tanto más respetable. Domingo y los varios inquisidores se extendieron por los varios países católico-romanos tratando a los protestantes con la mayor dureza. Finalmente, el Papa, no encontrando a estos inquisidores itinerantes tan útiles como había imaginado, resolvió establecer unos tribunales fijos y regulares de la Inquisición. El primero de estos tribunales regulares se estableció en la ciudad de Toulouse, y Domingo fue nombrado primer inquisidor regular, así como había sido el primer inquisidor itinerante.

Luego se establecieron tribunales de la Inquisición por varios países, pero fue la Inquisición Española la que adquirió mayor poder, y la que era más temida. Hasta los mismos reyes de España, aunque arbitrarios en todos los demás respectos, aprendieron a temer el poder de los señores de la Inquisición; y las horrendas crueldades que estos ejercían obligaron a multitudes, que diferían en sus opiniones de los católico-romanos, a disimular sus sentimientos.

En el 1244, su poder aumentó más gracias al emperador Federico II, que se declaró amigo y protector de todos los inquisidores, y que publicó estos crueles edictos: 1) Que todos los herejes que persistieran en su obstinación fueran quemados. 2) Que todos los herejes que se arrepintieran fueran encarcelados de por vida.

Este celo del emperador en favor de los inquisidores católico-romanos surgió por causa de una historia que se había propalado por toda Europa, de que tenía la intención de renunciar al cristianismo y hacerse mahometano; por ello, el emperador intentó, por medio de un fanatismo extremado, contradecir la patraña y mostrar mediante su crueldad su adhesión al papado.

Los oficiales de la Inquisición son tres inquisidores, o jueces, un fiscal, dos secretarios, un magistrado, un mensajero, un receptor, un carcelero, un agente de posesiones confiscadas; varios asesores, consejeros, verdugos, médicos, cirujanos, porteros, familiares y visitantes, que están juramentados para guardar el secreto.

La principal acusación en contra de los que están sujetos a este tribunal es la herejía, que se compone de todo lo que se habla, o escribe, en contra de los artículos del credo o de las tradiciones de la Iglesia de Roma. La Inquisición, asimismo, investiga a todos los acusados de ser magos, y de los que leen la Biblia en lengua común, el Talmud de los judíos, o el Corán de los mahometanos.

En todas las ocasiones los inquisidores llevan a cabo sus procesos con la más cruel severidad, castigando a los que les ofenden con una crueldad sin parangón. Pocas veces se mostrará misericordia para un protestante, y un judío que se convierta al cristianismo está lejos de estar seguro.

En la Inquisición una defensa vale de bien poco para un preso, porque una mera sospecha es considerada como suficiente causa de condena, y cuanto mayor sea su riqueza, tanto mayor su peligro. La principal parte de las crueldades de los inquisidores se debe a su rapacidad; destruyen las vidas para poseer las riquezas, y, bajo la pretensión de celo por la religión saquean a las personas que odian.

A un preso de la Inquisición nunca se le permite ver el rostro de su acusador, ni de los testigos en su contra, sino que se toman todos los métodos de amenazas y torturas para obligarle a acusarse a sí mismo, y por este medio que corrobore sus evidencias. Si no se asiente plenamente a la jurisdicción de la Inquisición, se proclama venganza contra todos aquellos que la pongan en duda, si se hace resistencia a ninguno de sus oficiales; todos los que se oponen a ellos sufrirán con una certeza casi total por tal temeridad; la máxima de la Inquisición es infundir terror y pavor a los que tiene bajo su poder, para llevarlos a obedecer. La alta cuna, la alcurnia o los empleos eminentes no constituyen protección frente a sus rigores; y los más humildes oficiales de la Inquisición pueden hacer temblar a los más altos dignatarios.

Cuando la persona acusada es condenada, es o bien duramente azotada, violentamente torturada, enviada a galeras, o condenada a muerte; y en todo caso le son confiscados sus bienes. Después del juicio, se lleva a cabo una procesión que se dirige al lugar de la ejecución, ceremonia que se llama un *auto da fé*, o auto de fe.

Lo que sigue es un relato de un *auto da fé* llevado a cabo en Madrid en el año 1682.

Tuvo lugar el treinta de mayo. Los oficiales de la Inquisición, precedidos por trompetas, timbales y su bandera, desfilaron a caballo hasta el lugar de la plaza mayor, donde hicieron la proclamación de que el treinta de junio se ejecutaría la sentencia contra los presos.

De estos presos, iban a ser quemados veinte hombres y mujeres, y un mahometano renegado; cincuenta judíos, hombres y mujeres, que nunca antes habían sido encarcelados, y arrepentidos de sus crímenes, fueron sentenciados a un largo confinamiento, y a llevar una coroza amarilla. Toda la corte de España estaba presente en esta ocasión. El gran trono del inquisidor fue situado en una especie de estrado muy por encima de el del rey.

Entre los que iban a ser quemados se encontraba una joven judía de exquisita hermosura, de sólo diecisiete años. Encontrándose al mismo lado del cadalso en que estaba la reina, se dirigió a ella con la esperanza de conseguir el perdón, con las siguientes patéticas palabras: «Gran reina: ¿no me será vuesa regia presencia de algún servicio en mi desgraciada condición? Tened compasión de mi juventud, y ¡ah, considerad que estoy a punto de morir por una religión en la que he sido enseñada desde mi más tierna infancia!» Su majestad parecía compadecerse mucho de su angustia, pero apartó su mirada, porque no se atrevía a decir una palabra en favor de una persona que había sido declarada hereje.

Ahora comenzó la Misa, en medio de la cual el sacerdote acudió desde el altar, se puso cerca del cadalso, y se sentó en una silla dispuesta para él.

Entonces el gran inquisidor descendió desde el anfiteatro, vestido con su capa, y con una mitra en la cabeza. Después de inclinarse ante el altar, se dirigió hacia el palco del rey, y subió a él, asistido por algunos de sus oficiales, llevando una cruz y los Evangelios, con un libro conteniendo el juramento mediante el que los reyes de España se obligan a proteger la fe católica, a extirpar a los herejes, y a sustentar con todo su poder las actuaciones y los decretos de la Inquisición; un juramento semejante fue tomado de los consejeros y de toda la asamblea. La Misa comenzó a las doce del mediodía, y no acabó hasta las nueve de la noche, alargada por una proclamación de las sentencias de varios criminales, que habían ya sido pronunciadas por separado en voz alta, una tras otra.

Después de esto siguió la quema de los ventiún hombres y mujeres, cuyo valor en esta horrenda muerte fue verdaderamente asombroso. El rey, por su situación cerca de los condenados, pudo oír muy bien sus estertores mientras morían; sin embargo no pudo ausentarse de esta terrible escena, por cuanto era considerado un deber religioso, y por cuanto su juramento de coronación le obligaba a dar sanción, por su presencia, a todos los actos del tribunal.

Lo que ya hemos dicho se puede aplicar a las inquisiciones en general, así como a la de España en particular. La Inquisición de Portugal actúa bajo exactamente el mismo plan que la de España, habiendo sido instituida en una época muy semejante, y puesta bajo las mismas normas. Los inquisidores permiten que se emplee la tortura sólo tres veces, pero en estas tres ocasiones es infligida de manera tan severa, que el preso o bien muere bajo ella, o bien queda para siempre impedido, y sufre los más severos dolores en cada cambio de tiempo. Daremos una amplia descripción de los severos tormentos ocasionados por la tortura, en base del relato de uno que la sufrió las tres veces, pero que felizmente sobrevivió a las crueldades sufridas.

En la primera tortura, entraron seis verdugos, lo desnudaron dejándolo en calzones, y lo pusieron sobre su espalda en una especie de tarima elevada unos pocos pies sobre el suelo. La operación comenzó poniendo alrededor de su cuello una anilla de hierro, y otras anillas en cada pie, lo que le fijó a la tarima. Estando así estirados sus miembros, ataron dos cuerdas alrededor de cada muslo, que pasando bajo la tarima por medio de agujeros para este propósito, fueron tensadas al mismo tiempo, por cuatro de los hombres, al darse una señal.

Es fácil concebir que los dolores que le sobrevinieron de inmediato eran intolerables; las cuerdas, de pequeño grosor, cortaron a través de la carne del preso hasta el hueso, haciendo que le brotara la sangre en ocho lugares distintos así ligados a la vez. Al persistir el preso en no confesar lo que le demandaban los inquisidores, las cuerdas fueron tensadas de esta manera cuatro veces sucesivas.

La manera de infligir la segunda tortura fue como sigue: le forzaron los brazos para atrás de manera que las palmas de las manos estuvieran giradas hacia fuera detrás de él; entonces, por medio de una cuerda que las ataba por la muñeca, y que era halada por un torno, las acercaban gradualmente entre sí de manera que se tocaran los dorsos de las manos y estuvieran paralelas. Como consecuencia de esta violenta contorsión, sus dos hombros quedaron dislocados, y arrojó una cantidad considerable de sangre por la boca. Esta tortura se repitió tres veces, después de la cual fue de nuevo llevado a su mazmorra, donde el cirujano le puso bien los huesos dislocados.

Dos meses después de la segunda tortura, el preso, ya algo recuperado, fue de nuevo llevado a la cámara de torturas, y allí, por última vez, tuvo que sufrir otro tipo de tormento, que le fue infligido dos veces sin interrupción alguna. Los verdugos pusieron una gruesa cadena de hierro alrededor de su cuerpo, que, cruzando por el pecho, terminaba en las muñecas. Luego lo colocaron con la espalda contra una tabla gruesa, en cada uno de cuyos extremos había una polea, a través de la que corría una cuerda que estaba atada al final de la cadena en sus muñecas. Entonces el verdugo, extendiendo la cuerda por medio de un torno que estaba a cierta distancia detrás de él, presionaba o aplastaba su estómago en proporción a la tensión que daba a los extremos de las cadenas. Le torturaron de tal modo que dislocaron totalmente sus muñecas y sus hombros. Pronto fueron vueltos a poner en su sitio por el cirujano. Pero aquellos desalmados, no satisfechos aún con esta crueldad, le hicieron de inmediato sufrir este tormento por segunda vez, lo que soportó (aunque fue, si ello fuera posible, más doloroso todavía), con la misma entereza y resolución. Después fue de nuevo mandado a la mazmorra, asistido por el cirujano para que sanara sus heridas y ajustar los huesos dislocados, y allí se quedó hasta su *auto da fé* o liberación de la cárcel, cuando fue liberado, impedido y enfermo de por vida.

Narración del cruel trato y de la quema de Nicholas Burton, un mercader inglés, en España

El cinco de noviembre de alrededor del año 1560 de nuestro Señor, el señor Nicholas Burton, ciudadano de Londres y mercader, que vivía en la parroquia de San Bartolomé el menor de manera pacífica y apacible, llevando a cabo su actividad comercial, y hallándose en la ciudad de Cádiz, en Andalucía, España, acudió a su casa un Judas, o, como ellos los llaman, un familiar de los padres de la Inquisición; éste, pidiendo por el dicho Nicholas Burton, fingió tener una carta que darle a la mano, y por este medio pudo hablar con él personalmente. No teniendo carta alguna que darle, le dijo el dicho familiar, por el ingenio que le había dado su amo el diablo, que tomaría carga para Londres en los barcos que el dicho Nicholas hubiera fletado para su carga, si quería dejarle alguno; esto era en parte para saber dónde cargaba sus mercancías, y principalmente para retrasarlo hasta que llegara el sargento de la Inquisición para prender a Nicholas Burton, lo que se hizo finalmente.

Él, sabiendo que no le podían acusar de haber escrito, hablado o hecho cosa alguna en aquel país contra las leyes eclesiásticas o temporales del reino, les preguntó abiertamente de qué le acusaban que lo arrestaran así, y les dijo que lo hicieran, que él respondería a tal acusación. Pero ellos nada le respondieron, sino que le ordenaron, con amenazas, que se callara y que no les dijera una sola palabra a ellos.

Así lo llevaron a la inmunda cárcel común de Cádiz, donde quedó encadenado durante catorce días entre ladrones.

Durante todo este tiempo instruyó de tal manera a los pobres presos en la Palabra de Dios, en conformidad al buen talento que Dios le había otorgado a este respecto, y también en el conocimiento de la lengua castellana, que en aquel breve tiempo consiguió que varios de aquellos supersticiosos e ignorantes españoles abrazaran la Palabra de Dios y rechazaran sus tradiciones papistas.

Cuando los oficiales de la Inquisición supieron esto, lo llevaron cargado de cadenas desde allí a una ciudad llamada Sevilla, a una cárcel más cruel y apiñada llamada Triana, en la que los dichos padres de la Inquisición procedieron contra él en secreto en base de su usual cruel tiranía, de modo que nunca se le permitió ya ni escribir ni hablar a nadie de su nación; de modo que se desconoce hasta el día de hoy quién fue su acusador.

Después, el día veinte de diciembre, llevaron a Nicholas Burton, con un gran número de otros presos, por profesar la verdadera religión cristiana, a la ciudad de Sevilla, a un lugar donde los dichos inquisidores se sentaron en un tribunal que ellos llaman *auto*. Lo habían vestido con un *sanbenito*, una especie de túnica en la que había en diversos lugares pintada la imagen de un gran demonio atormentando un alma en una llama de fuego, y en su cabeza le habían puesto una *coroza* con el mismo motivo.

Le habían puesto un aparato en la boca que le forzaba la lengua fuera, aprisionándola, para que no pudiera dirigir la palabra a nadie para expresar ni su fe ni su conciencia, y fue puesto junto a otro inglés de Southampton, y a varios otros condenados por causas religiosas, tanto franceses como españoles, en un cadalso delante de la dicha Inquisición, donde se leyeron y pronunciaron contra ellos sus juicios y sentencias.

Inmediatamente después de haber pronunciado estas sentencias, fueron llevados de allí al lugar de ejecución, fuera de la ciudad, donde los quemaron cruelmente. Dios sea alabado por la constante fe de ellos.

Este Nicholas Burton mostró un rostro tan radiante en medio de las llamas, aceptando la muerte con tal paciencia y gozo, que sus atormentadores y enemigos que estaban junto a él, se dijeron que el diablo había tomado ya su alma antes de llegar al fuego; y por ello dijeron que había perdido la sensibilidad al sufrimiento.

Lo que sucedió tras el arresto de Nicholas Burton fue que todos los bienes y mercancías que había traído consigo a España para el comercio le fueron confiscadas, según lo que ellos solían hacer; entre aquello que tomaron había muchas cosas que pertenecían a otro mercader inglés, que le había sido entregado como comisionado. Así, cuando el otro mercader supo que su comisionado estaba arrestado, y que sus bienes estaban confiscados, envió a su abogado a España, con poderes suyos para reclamar y demandar sus bienes. El nombre de este abogado era John Fronton, ciudadano de Bristol.

Cuando el abogado hubo desembarcado en Sevilla y mostrado todas las cartas y documentos a la casa santa, pidiéndoles que aquellas mercancías le fueran entregadas, le respondieron que tenía que hacer una demanda por escrito, y pedir un abogado (todo ello, indudablemente, para retrasarlo), e inmediatamente le asignaron uno para que redactara su súplica, y otros documentos de petición que debía exhibir ante su santo tribunal, cobrando ocho reales por cada documento. Sin embargo, no le hicieron el menor caso a sus papeles, como si no hubiera entregado nada. Durante tres o cuatro meses, este hombre no se perdió acudir cada mañana y tarde al palacio del inquisidor, pidiéndoles de rodillas que le concedieran su solicitud, y de manera especial al obispo de Tarragona, que era en aquellos tiempos el jefe de la Inquisición en Sevilla, para que él, por medio de su autoridad absoluta, ordenara la plena restitución de los bienes. Pero el botín era tan suculento y enorme que era muy difícil desprenderse de él.

Finalmente, tras haber pasado cuatro meses enteros en pleitos y ruegos, y también sin esperanza alguna, recibió de ellos la respuesta de que debía presentar mejores evidencias y traer certificados más completos desde Inglaterra como prueba de su demanda que la que había presentado hasta entonces ante el tribunal. Así, el demandante partió para Londres, y rápidamente volvió a Sevilla, con más amplias y completas cartas de testimonio, y certificados, según le había sido pedido, y presentó todos estos documentos ante el tribunal.

Sin embargo, los inquisidores seguían sacándoselo de encima, excusándose por falta de tiempo, y por cuanto estaban ocupados en asuntos más graves, y con respuestas de esta especie lo fueron esquivando, hasta cuatro meses después.

Al final, cuando el demandante ya casi había gastado casi todo su dinero, y por ello argüía más intensamente por ser atendido, le pasaron toda la cuestión al obispo, quien, cuando el demandante acudió a él, le respondió así: «Que por lo que a él respectaba, sabía lo que debía hacerse; pero él sólo era un hombre, y la decisión pertenecía a los otros comisionados, y no sólo a él»; así, pasándose unos el asunto a los otros, el demandante no pudo obtener el fin de su demanda. Sin embargo, por causa de su importunidad, le dijeron que habían decidido atenderle. Y la cosa fue así: uno de los inquisidores, llamado Gasco, hombre muy bien experimentado en estas prácticas, pidió al demandante que se reuniera con él después de la comida.

Aquel hombre se sintió feliz de oír las nuevas, suponiendo que le iban a entregar sus mercancías, y que le habían llamado con el propósito de hablar con el que estaba encarcelado para conferenciar acerca de sus cuentas, más bien por un cierto maltentendido, oyendo que los inquisidores decían que sería necesario que hablara con el preso, y con ello quedando más que medio convencido de que al final iban a actuar de buena fe. Así, acudió allí al caer la tarde. En el acto que llegó, lo entregaron al carcelero, para que lo encerrara en la mazmorra que le habían asignado.

El demandante, pensando al principio que había sido llamado para alguna otra cosa, y al verse, en contra de lo que pensaba, encerrado en una oscura mazmorra, se dio cuenta finalmente de que no le irían las cosas como había pensado.

Pero al cabo de dos o tres días fue llevado al tribunal, donde comenzó a demandar sus bienes; y por cuanto se trataba de algo que les servía bien sin aparentar nada grave, le invitaron a que recitara la oración *Ave Maria: Ave Maria gratia plena, Dominus tecum, benedicta tu in mulieribus, et benedictus fructus ventris tui Jesus Amen.*

Esta oración fue escrita palabra por palabra conforme él la pronunciaba, y sin hablar nada más acerca de reclamar sus bienes, porque ya era cosa innecesaria, lo mandaron de nuevo a la cárcel, y entablaron proceso contra él como hereje, porque no había dicho su [i]Ave Maria[n] a la manera romanista, sino que había terminado de manera muy sospechosa, porque debía haber añadido al final: *Sancta Maria mater Dei, ora pro nobis peccatoribus.* Al omitir esto, había evidencia suficiente (dijeron ellos) de que no admitía la mediación de los santos.

Así suscitaron un proceso para detenerlo en la cárcel por más tiempo, y luego llevaron su caso a su tribunal disfrazado de esta manera, y allí se pronunció sentencia de que debería perder todos los bienes que había reclamado, aunque no fueran suyos, y además sufrir un año de cárcel.

Mark Brughes, inglés y patrón de una nave inglesa llamada el Minion, fue quemado en una ciudad en Portugal.

William Hoker, un joven de dieciséis años, inglés, fue apedreado hasta morir por ciertos jóvenes de la ciudad de Sevilla, por la misma justa causa.

Algunas atrocidades privadas de la Inquisición, reveladas por un acontecimiento singular

Cuando la corona de España fue disputada por dos príncipes al comienzo de nuestro presente siglo, que pretendían igualmente a la soberanía, Francia se puso del lado de uno de los contendientes, e Inglaterra del lado del otro.

El duque de Berwick, hijo natural de Jacobo II, que había abdicado de la corona de Inglaterra, mandaba las fuerzas españolas y francesas, y derrotó a los ingleses en la célebre batalla de Almansa. El ejército fue entonces dividido en dos partes: una consistente de españoles y franceses, que comandada por el duque de Berwick se dirigió hacia Cataluña, y el segundo cuerpo, sólo de tropas francesas, comandada por el duque de Orleans, que se dirigió a la conquista de Aragón.

Al acercarse las tropas a la ciudad de Zaragoza, los magistrados salieron a ofrecer las llaves al duque de Orleans; pero éste les dijo altaneramente que ellos eran unos rebeldes, y que no aceptaría las llaves, porque tenía orden de entrar en la ciudad por una brecha.

Así, hizo una brecha en la muralla con su cañón, entrando por ella con todo su ejército. Cuando hubo etablecido su orden en la ciudad, se fue para someter otras poblaciones, dejando allí una fuerte guarnición tanto para atemorizarla como para defenderla, bajo el mando de su teniente general M. de Legal. Este caballero, aunque criado como católico-romano, estaba totalmente libre de supersticiones; unía unos grandes talentos a un gran valor, y era un oficial muy capaz, además de un cumplido caballero.

Este duque, antes de partir, había ordenado que se impusieran pesadas contribuciones a la ciudad, de la siguiente manera:

1. Que los magistrados y principales habitantes pagaran mil coronas al mes para la mesa del duque.

2. Que cada casa pagara una pistola, lo que daría una suma de 18.000 pistolas mensuales.

3. Que cada convento y monasterio pagara una contribución proporcional a sus riquezas y rentas.

4. Estas dos últimas contribuciones serían apropiadas para el mantenimiento del ejército.

El dinero impuesto a los magistrados y a los principales habitantes, y a cada casa, fue pagado en el acto; pero cuando los recaudadores acudieron a los directores de los conventos y de los monasterios, encontraron que los clérigos no estaban tan dispuestos como los demás a dar su dinero.

Estas eran las contribuciones que debía aportar el clero:

El Colegio de Jesuitas debía pagar - 2000 pistolas Los Carmelitas - 1000 « Los Agustinos - 1000 « los Dominicos - 1000 «

M. de Legal envió a los Jesuitas una orden perentoria para que pagaran el dinero inmediatamente. El superior de los Jesuitas dio por respuesta que la petición de que el clero pagara al ejército iba contra todas las inmunidades eclesiásticas, y que no conocía ningún argumento que pudiera autorizar tal cosa. M. de Legal envió entonces una compañía de dragones que se acuartelaran en el colegio, con este sarcástico mensaje: «Para convencerle de la necesidad de pagar el dinero, le envío cuatro argumentos poderosos a su colegio, sacados del sistema de la lógica militar; así, espero que no me será precisa ninguna adicional amonestación para dirigir su conducta.»

Estos procedimientos dejaron muy perplejos a los Jesuitas, los cuales enviaron un correo a la corte, al confesor del rey, que era de su orden; pero los dragones se dieron mucha más prisa en saquear y destruir que el correo en su viaje, de modo que los Jesuitas, viendo que todo estaba siendo destruido y arruinado, consideraron mejor arreglar la cuestión de manera amistosa, y pagar el dinero antes del regreso de su mensajero. Los Agustinos y Carmelitas, advertidos por lo sucedido a los Jesuitas, fueron prudentemente y pagaron, y de esta manera escaparon al estudio de los argumentos militares, y de recibir enseñanza de lógica por parte de los dragones.

Pero los Dominicos, que eran todos familiares de o agentes dependientes de la Inquisición, imaginaron que aquellas mismas circunstancias servirían para protegerles. Pero estaban en un error, porque M. de Legal ni temía ni respetaba a la Inquisición. El director de los Dominicos le envió un mensaje diciéndole que su orden era pobre, y que no tenían dinero alguno con el que pagar las contribuciones. Decía así: «Toda la riqueza de los Dominicos consiste sólo en las imágenes de plata de los apóstoles y santos, de tamaño natural, que están en la iglesia, y que sería sacrilegio quitar.»

Esta insinuación tenía por objeto aterrar al comandante francés, que, pensaban los inquisidores, no osaría ser tan profano como para desear la posesión de los ricos ídolos.

Sin embargo, él envió aviso de que las imágenes de plata serían un admirable sustitutivo del dinero, y que serían más útiles en su posesión que en posesión de los Dominicos, «Porque (decía él), mientras los tenéis de la manera en que los tenéis ahora, están en nichos, inútiles e inmóviles, sin ser de provecho alguno para la humanidad en general, o siquiera a vosotros; pero, cuando estén en mis manos, serán útiles; los pondré en movimiento, porque tengo la intención de acuñarlos, para que viajen como los apóstoles, sean de beneficio en lugares variados, y circulen para servicio universal de la humanidad.»

Los inquisidores se quedaron atónitos ante este tratamiento, que nunca esperaban recibir, ni siquiera de cabezas coronadas; por ello, decidieron entregar sus preciosas imágenes en solemne procesión, para levantar al pueblo a una insurrección. Así, los frailes recibieron orden de dirigirse a casa de Legal con los apóstoles y santos de plata con voces de endecha, con cirios encendidos en sus manos, y clamando amargamente por todo el camino, diciendo: «¡herejía, herejía!»

M. de Legal, al enterarse de esta manera de actuar, ordenó que cuatro compañías de granaderos se alinearan por la calle que llevaba a su casa; se ordenó a cada granadero que tuviera su mosquete cargado en una mano y un cirio encendido en la otra, de modo que las tropas pudieran o bien repeler la fuerza con la fuerza, o hacer honores a la farsa.

Los frailes hicieron todo lo que pudieron por suscitar un tumulto, pero el común del pueblo tenía demasiado miedo a las tropas armadas para hacerles caso. Por ello, las imágenes de plata fueron entregadas de necesidad a M. de Legal, que las envió a la casa de moneda, para que las acuñaran de inmediato.

Habiendo fracasado el intento de levantar una insurrección, los inquisidores decidieron excomulgar a M. de Legal, a no ser que liberara de su encarcelamiento en la casa de la moneda a los preciosos santos de plata antes que fueran fundidos o mutilados de cualquier otra manera. El comandante francés rehusó en absoluto liberar las imágenes, diciendo que iban desde luego a viajar y a hacer el bien; ante esto, los inquisidores redactaron un documento de excomunión, ordenando al secretario que fuera a leérselo a M. de Legal.

El secretario ejecutó fielmente su encargo, y leyó la excomunión de manera clara y comprensible. El comandante francés la escuchó con gran paciencia, y cortesmente le dijo al secretario que daría su respuesta al día siguiente.

Cuando el secretario de la Inquisición se hubo marchado, M. de Legal ordenó a su secretario que preparase un documento de excomunión exactamente igual al enviado por la Inquisición; pero haciendo esta alteración: en lugar de su nombre, que pusiera el de los inquisidores.

A la mañana siguiente ordenó a cuatro regimientos que se armaran, y les ordenó que acompañaran a su secretario, y que actuaran como él les mandara.

El secretario fue a la Inquisición, e insistió en ser admitido, lo que, después de muchas discusiones, le fue concedido. Tan pronto como hubo entrado, leyó, en voz audible, la excomunión enviada por M. de Legal contra los inquisidores. Los inquisidores estaban todos presentes, y la oyeron atónitos, nunca habiendo antes hallado individuo alguno que osara actuar de manera tan atrevida. Clamaron a gritos contra M. de Legal como hereje, y dijeron: «Esto es un insulto de lo más osado contra la fe católica.» Pero para mayor sorpresa, el secretario francés les dijo que tendrían que salir de su actual morada; porque el comandante francés quería acuartelar sus tropas en la Inquisición, siendo que era el lugar más cómodo de toda la ciudad.

Los inquisidores clamaron a gritos por esto, y el secretario los puso entonces bajo una fuerte custodia, y los envió al lugar que M. de Legal había dispuesto para ellos. Los inquisidores, al ver como iban las cosas, rogaron que se les permitiera tomar sus posesiones personales, lo que les fue concedido; se dirigieron a renglón seguido a Madrid, donde se quejaron amargamente ante el rey. Pero el monarca les dijo que él no podía darles satisfacción alguna, porque las injurias que habían recibido eran de las tropas de su abuelo, el rey de Francia, y era sólo por ayuda de ellas que él podría quedar firmemente establecido en su reino. «Si hubieran sido mis propias tropas, las habría castigado, pero, siendo las cosas como son, no puedo pretender ejercer autoridad alguna.»

Mientras tanto, el secretario de M. de Legal había abierto todas las puertas de la Inquisición, y liberado los presos, que eran alrededor de cuatrocientos, y entre estos había sesenta hermosas jóvenes, que resultaron ser un serrallo de los tres principales inquisidores.

Este descubrimiento, que dejó expuesta tan abierta la perversidad de los inquisidores, alarmó mucho al arzobispo, que pidió a M. de Legal que enviara a las mujeres a su palacio, donde él se cuidaría apropiadamente de ellas; al mismo tiempo publicó una censura eclesiástica en contra de todos los que ridiculizaran o censuraran el santo oficio de la Inquisición.

El comandante francés envió recado al arzobispo diciéndole que los presos habían huído, o que estaban tan estrechamente escondidos por sus amigos o incluso por sus propios oficiales, que le era imposible recuperarlos; y que habiendo la Inquisición cometido tales atrocidades, ahora debía soportar su exhibición pública.

Algunos pueden sugerir que es cosa extraña que las cabezas coronadas y que los eminentes nobles no trataran de aplastar el poder de la Inquisición, y reducir la autoridad de aquellos tiranos eclesiásticos, de cuyas fauces implacables no estaban seguros ni sus familias ni ellos mismos.

Pero, por asombroso que sea, la superstición había siempre prevalecido en este caso contra el sentido común, y la costumbre había obrado contra la razón. Desde luego, hubo un príncipe que trató de reducir la autoridad de la Inquisición, pero perdió su vida antes de ser rey, y consiguientemente antes de tener poder para hacerlo; porque la sola sugerencia de su intención sirvió para su destrucción.

Éste era el muy gentil príncipe Don Carlos, hijo de Felipe II, rey de España, y nieto del célebre emperador Carlos V. Don Carlos poseía todas las buenas cualidades de su abuelo, sin ninguna de las malas de su padre, y era un príncipe de gran viveza, de gran erudición y del carácter más gentil. Tenía el suficiente sentido común para poder ver los errores del papado, y aborrecía el nombre mismo de la Inquisición. Se manifestó en público en contra de esta institución, ridiculizaba la afectada piedad de los inquisidores, hizo lo que pudo por denunciar sus atroces acciones, e incluso declaró que si jamás llegaba a la corona, que aboliría la Inquisición y exterminaría a sus agentes.

Esto fue suficiente para irritar a los inquisidores contra el príncipe; dedicaron sus mentes a idear una venganza, y decidieron destruirle.

Los inquisidores emplearon ahora todos sus agentes y emisarios para esparcir las más arteras insinuaciones contra el príncipe, y al final suscitaron tal espíritu de descontento entre el pueblo que el rey se vio obligado a enviar a Don Carlos fuera de la corte. No contento con esto, persiguieron incluso a sus amigos, y obligaron asimismo al rey a desterrar a Don Juan, duque de Austria, su propio hermano, y por consiguiente tío del príncipe; junto con el príncipe de Parma, sobrino del rey y primo del príncipe, porque sabían bien que tanto el duque de Austria como el príncipe de Parma sentían una adhesión sincera e inviolable hacia Don Carlos.

Pocos años después, al haber mostrado el príncipe una gran lenidad y favor para con los protestantes en los Países Bajos, la Inquisición protestó estridentemente contra él, declarando que por cuanto aquellas personas eran herejes, que el príncipe necesariamente tenía que serlo, porque los favorecía. En resumen, alcanzaron tanta influencia sobre la mente del rey, que estaba totalmente esclavizado bajo la superstición, que, por asombroso que parezca, sacrificó los sentimientos de la naturaleza al fanatismo y, por miedo a incurrir en la ira de la Inquisición, entregó a su único hijo, firmando él mismo su sentencia de muerte.

El príncipe, desde luego, tuvo lo que se llamaba una indulgencia; esto es, se le permitió que escogiera él mismo qué muerte quería padecer. Al modo romano, el desafortunado joven héroe escogió el desangramiento y el baño caliente. Cuando le fueron abiertas las venas de los brazos y de las piernas, expiró gradualmente, cayendo mártir de la malicia de los inquisidores, y del estúpido fanatismo de su padre.

La persecución del doctor Egidio

El doctor Egidio había sido educado en la universidad de Alcalá, donde recibió varios títulos, y se aplicó de manera particular al estudio de las Sagradas Escrituras y de la teología escolástica. Cuando murió el profesor de teología, él fue elegido para tomar su lugar, y actuó para tal satisfacción de todos que su reputación de erudición y piedad se extendió por toda Europa.

Egidio, sin embargo, tenía sus enemigos, y estos se quejaron de él ante la Inquisición, que le enviaron una cita, y cuando compareció, le enviaron a un calabozo.

Como la mayoría de los que pertenecían a la iglesia catedral de Sevilla, y muchas personas que pertenecían al obispado de Dortois, aprobaban totalmente las doctrinas de Egidio, que consideraban perfectamente coherentes con la verdadera religión, hicieron una petición al emperador en su favor. Aunque el monarca había sido educado como católico romano, tenía demasiado sentido común para ser un fanático, y por ello envió de inmediato una orden para que fuera liberado.

Poco después visitó la iglesia de Valladolid, e hizo todo en su mano por promover la causa de la religión. Volviendo a su casa, poco después enfermó, y murió en la más extrema vejez.

Habiéndose visto frustrados los inquisidores de satisfacer su malicia contra él mientras vivía, decidió (mientras todos los pensamientos del emperador se dirigían a una campaña militar) a lanzar su venganza contra él ya muerto. Así, poco después que muriera ordenaron que sus restos fueran exhumados, y se emprendió un proceso legal, en el que fueron condenados a ser quemados, lo que se ejecutó.

La persecución del doctor Constantino

El doctor Constantino era un amigo íntimo del ya mencionado doctor Egidio, y era un hombre de unas capacidades naturales inusuales y de profunda erudición. Además de conocer varias lenguas modernas, estaba familiarizado con las lenguas latina, griega y hebrea, y no sólo conocía bien las ciencias llamadas abstractas, sino también los artes que se denominan como literatura amena.

Su elocuencia le hacía placentero, y la rectitud de su doctrina lo hacía un predicador provechoso; y era tan popular que nunca predicaba sin multitudes que le escucharan. Tuvo muchas oportunidades para ascender en la Iglesia, pero nunca quiso aprovecharlas. Si se le ofrecían unas rentas mayores que la suya, rehusaba, diciendo: «Estoy satisfecho con lo que tengo»; y con frecuencia predicaba tan duramente contra la simonía que muchos de sus superiores, que no eran tan estrictos acerca de esta cuestión, estaban en contra de sus doctrinas por esta cuestión.

Habiendo quedado plenamente confirmado en el protestantismo por el doctor Egidio, predicaba abiertamente sólo aquellas doctrinas que se conformaban a la pureza del Evangelio, sin las contaminaciones de los errores que en varias eras se infiltraron en la Iglesia Romana. Por esta razón tenía muchos enemigos entre los católico-romanos, y algunos de ellos estaban totalmente dedicados a destruirle.

Un digno caballero llamado Scobaria, que había fundado una escuela para clases de teología, designó al doctor Constantino para que fuera profesor en ella. De inmediato emprendió él la tarea, y leyó conferencias, por secciones, acerca de Proverbios, Eclesiastés, y Cantares; comenzaba a exponer el Libro de Job cuando fue aprehendido por los inquisidores.

El doctor Constantino había depositado varios libros con una mujer llamada Isabel Martín, que para él eran muy valiosos, pero que sabía que para la Inquisición eran perniciosos.

Esta mujer, denunciada como protestante, fue prendida, y, después de un breve proceso, se ordenó la confiscación de sus bienes. Pero antes que los oficiales llegaran a su casa, el hijo de la mujer había hecho sacar varios baúles llenos de los artículos más valiosos, y entre ellos estaban los libros del doctor Constantino.

Un criado traidor dio a conocer esto a los inquisidores, y despacharon un oficial para exigir los baúles. El hijo, suponiendo que el oficial sólo quería los libros de Constantino, le dijo: «Sé lo que busca, y se lo daré inmediatamente.» Entonces le dio los libros y papeles del doctor Constantino, quedando el oficial muy sorprendido al encontrar algo que no se esperaba. Sin embargo, le dijo al joven que estaba contento que le diera estos libros y papeles, pero que tenía sin embargo que cumplir la misión que le había sido encomendada, que era llevarlo a él y los bienes que había robado a los inquisidores, lo que hizo de inmediato; el joven bien sabía que sería en vano protestar o resistirse, y por ello se sometió a su suerte.

Los inquisidores, en posesión ahora de los libros y escritos de Constantino, tenían ahora material suficiente para presentar cargos en su contra. Cuando fue llamado a un interrogatorio, le presentaron uno de sus papeles, preguntándole si conocía de quién era la escritura. Dándose cuenta que era todo suyo, supuso lo sucedido, confesó el escrito, y justificó la doctrina en él contenida, diciendo: «Ni en esto ni en ninguno de mis otros escritos me he apartado jamás de la verdad del Evangelio, sino que siempre he tenido a la vista los puros preceptos de Cristo, tal como Él los entregó a la humanidad.

Después de una estancia de más de dos años en la cárcel, el doctor Constantino fue víctima de una enfermedad que le provocó una hemorragia, poniendo fin a sus miserias en este mundo. Pero el proceso fue concluido contra su cuerpo, que fue quemado públicamente en el siguiente *auto da fé*.

La vida de William Gardiner

William Gardiner nació en Bristol, recibió una educación tolerable, y fue, en una edad apropiada, puesto bajo los cuidados de un mercader llamado Paget.

A la edad de veintiséis años fue enviado, por su amo, a Lisboa, para actuar como factor. Aquí se aplicó al estudio del portugués, llevó a cabo su actividad con eficacia y diligencia, y se comportó con la más atrayente afabilidad con todas las personas, por poco que las conociera. Mantenía mayor relación con unos pocos que conocía como celosos protestantes, evitando al mismo tiempo con gran cuidado dar la más mínima ofensa a los católico-romanos. Sin embargo, no había asistido nunca a ninguna de las iglesias papistas.

Habiéndose concertado el matrimonio entre el hijo del rey de Portugal y la Infanta de España, en el día del casamiento el novio, la novia y toda la corte asistieron a la iglesia catedral, concurrida por multitudes de todo rango, y entre el resto William Gardiner, que estuvo presente durante toda la ceremonia, y que quedó profundamente afectado por las supersticiones que contempló.

El erróneo culto que había contemplado se mantenía constante en su mente; se sentía desgraciado al ver todo un país hundido en tal idolatría, cuando se podría obtener tan fácilmente la verdad del Evangelio. Por ello, tomó la decisión, loable pero inconsiderada, de llevar a cabo una reforma en Portugal, o de morir en el intento, y decidió sacrificar su prudencia a su celo, aunque llegara a ser mártir por ello.

Para este fin concluyó todos sus asuntos mundanos, pagó todas sus deudas, cerró sus libros y consignó su mercancía. Al siguiente domingo se dirigió de nuevo a la iglesia catedral, con un Nuevo Testamento en su mano, y se dispuso cerca del altar.

Pronto aparecieron el rey y la corte, y un cardenal comenzó a decir la Misa; en aquella parte de la ceremonia en la que el pueblo adora la hostia, Gardiner no pudo contenerse, sino que saltando hacia el cardenal, le cogió la hostia de las manos, y la pisoteó.

Esta acción dejó atónita a toda la congregación, y una persona, empuñando una daga, hirió a Gardiner en el hombro, y lo habría matado, asestándole otra puñalada, si el rey no le hubiera hecho desistir.

Llevado Gardiner ante el rey, éste le preguntó quién era, contestándole: «Soy inglés de nacimiento, protestante de religión, y mercader de profesión. Lo que he hecho no es por menosprecio a vuestra regia persona; Dios no quiera; sino por una honrada indignación al ver las ridículas supersticiones y las burdas idolatrías que aquí se practican.»

El rey, pensando que habría sido inducido a este acto por alguna otra persona, le preguntó quién le había llevado a cometer aquello, a lo que él replicó: «Sólo mi conciencia. No habría arriesgado mi vida de este modo por ningún hombre vivo, sino que debo este y todos mis otros servicios a Dios.»

Gardiner fue mandado a la cárcel, y se emitió una orden de apresar a todos los ingleses en Lisboa. Esta orden fue cumplida en gran medida (unos pocos escaparon) y muchas personas inocentes fueron torturadas para hacerles confesar si sabían algo acerca del asunto. De manera particular, un hombre que vivía en la misma casa que Gardiner fue tratado con una brutalidad sin paralelo para hacerle confesar algo que arrojara algo de luz sobre esta cuestión.

El mismo Gardiner fue luego torturado de la forma más terrible, pero en medio de sus tormentos se gloriaba en su acción. Sentenciado a muerte, se encendió una gran hoguera cerca de un cadalso. Gardiner fue subido al cadalso mediante poleas, y luego bajado cerca del fuego, pero sin llegar a tocarlo; de esta manera lo quemaron, o mejor dicho, lo asaron a fuego lento. Pero soportó sus sufrimientos pacientemente, y entregó animosamente su alma al Señor.

Es de observar que algunas de las chispas que fueron arrastradas del fuego que consumió a Gardiner por medio del viento quemaron uno de los barcos de guerra del rey, y causaron otros considerables daños. Los ingleses que fueron detenidos en esta ocasión fueron todos liberados poco después de la muerte de Gardiner, excepto el hombre que vivía en la misma casa que él, que estuvo detenido por dos años antes de lograr su libertad.

Relato de la vida y sufrimientos de Mr. William Lithgow, natural de Escocia.

Este caballero descendía de buena familia, y, teniendo inclinación por los viajes, visitó, muy joven, las islas del norte y de occidente. Después de esto visitó Francia, Alemania, Suiza y España. Emprendió sus viajes el mes de marzo de 1609, y el primer lugar al que se dirigió fue París, donde se quedó por cierto tiempo. Luego prosiguió sus viajes por Alemania y otros lugares, hasta llegar finalmente a Málaga, en España, el lugar de todas sus desgracias.

Durante su estancia allí, contrató con el patrón de un barco un pasaje a Alejandría, pero se vio impedido de partir por las siguientes circunstancias. Al atardecer del diecisiete de octubre de 1620, la flota inglesa, que en aquellos tiempos estaba de batida contra los piratas argelinos, fue a anclar frente a Málaga. Esto provocó la consternación de la gente de la ciudad, que se imaginaron que eran los turcos. Pero por la mañana se descubrió el error, y el gobernador de Málaga, dándose cuenta de la cruz de Inglaterra en sus banderas, fue a bordo de la nave de Sir Robert Mansel, el comandante de aquella expedición, y después de estar un tiempo a bordo volvió a tierra, y calmó los temores de la gente.

Al siguiente día muchas personas de la flota bajaron a tierra. Entre ellos había varios buenos conocidos de Mr. Lithgow, que, después de recíprocos cumplidos, pasaron algunos días en los festejos y diversiones de la ciudad. Luego invitaron a Mr. Lithgow a que subiera a bordo y presentara sus respetos al almirante. Aceptó él la invitación, fue amablemente recibido por él, y se quedó hasta el día siguiente, cuando la flota partía. El almirante hubiera llevado de buena gana a Mr. Lithgow consigo a Argel, pero al haber él ya contratado su pasaje a Alejandría, y teniendo su equipaje en la ciudad, no pudo aceptar el ofrecimiento.

Tan pronto como Mr. Lithgow bajó a tierra, se dirigió hacia su alojamiento por un camino privado (aquella misma noche iba a embarcar rumbo a Alejandría), cuando, al pasar por una estrecha calle inhabitada, se encontró de repente rodeado por nueve alguaciles u oficiales, que le echaron encima un manto negro, y lo condujeron por la fuerza a la casa del gobernador. Después de poco tiempo apareció el gobernador, y Mr. Lithgow le rogó intensamente que le dijera cuál era la causa de un trato tan violento. El gobernador sólo respondió con una sacudida de cabeza, y dio orden que se vigilara estrechamente al preso hasta que él (el gobernador) volviera de sus devociones. Al mismo tiempo dio orden de que el capitán de la ciudad, el alcalde mayor y el notario de la ciudad comparecieran a su interrogatorio, y que todo esto tuviera lugar en el mayor de los secretos, para impedir que tuvieran conocimiento de ello los mercaderes ingleses que entonces residían en la ciudad.

Estas órdenes fueron estrictamente cumplidas, y al volver el gobernador, se sentó él con los funcionarios, y Mr. Lithgow fue traído para su interrogatorio. El gobernador comenzó haciéndole varias preguntas, como de qué país procedía, a dónde se dirigía, y cuánto tiempo había estado en España. El preso, después de responder a estas y otras preguntas, fue llevado a una estancia, donde, al cabo de poco tiempo, fue visitado por el capitán de la ciudad, que le preguntó si había estado alguna vez en Sevilla, o si había llegado de allá hacía poco tiempo; y dándole una palmada en la mejilla con aire de amistad, le conjuró a que dijera la verdad, «porque (le dijo) tu misma cara revela que hay algo escondido en tu mente, y la prudencia debería llevarte a revelarlo.» Sin embargo, viendo que no podía sacar nada del preso, lo dejó, e informó de ello al gobernador y a los otros funcionarios. A esto Mr. Lithgow fue traído delante de ellos, y presentaron una acusación general contra él, y fue obligado a jurar que daría respuestas veraces a las preguntas que le hicieran.

El gobernador pasó a indagar acerca del comandante inglés, y la opinión del preso acerca de cuáles eran los motivos que le impidieron aceptar una invitación suya de acudir a tierra. Pidió, asimismo, los nombres de los capitanes ingleses en la flota, y qué conocimiento tenía él del embarque, o preparación para el mismo, antes de su partida de Inglaterra. Las respuestas dadas a las varias preguntas hechas fueron registradas por escrito delante de notario; pero aquel conventículo parecía sorprendido ante su negación de saber nada acerca de la preparación de la flota, en particular el gobernador, que le dijo que mentía; que era un traidor y espía, y que había venido directamente de Inglaterra para favorecer y ayudar a los designios proyectados contra España, y que para ello había pasado nueve meses en Sevilla, a fin de conseguir información acerca del tiempo de la llegada de la flota española procedente de las Indias. Protestaron acerca de su familiaridad con los oficiales de la flota, y con muchos de los otros caballeros ingleses, siendo que se habían dado entre ellos muchas cortesías inusuales, pero todo esto había sido cuidadosamente vigilado.

Además de sumarizarlo todo, y para poner las cosas más allá de toda duda, dijeron que venía de un consejo de guerra, celebrado aquella mañana a bordo del navío almirante, a fin de llevar a cabo las órdenes que le habían sido encomendadas. Le inculparon de ser cómplice en la quema de la isla de San Tomás, en las Antillas. «Por esto (dijeron), a estos luteranos e hijos del diablo no se les debería dar crédito alguno a lo que dicen o juran.»

En vano trató Mr. Lithgow de defenderse de las acusaciones de que había sido hecho objeto, y de que le creyeran sus jueces, tan llenos de prejuicios. Pidió permiso para que le enviaran su bolsa, que contenía sus papeles, y que podría mostrar su inocencia. A esta petición accedieron, pensando que podrían descubrir algunas cosas que desconocían. Trajeron, pues, la bolsa, y, abriéndola, encontraron una licencia del Rey Jacobo I, con su firma, estableciendo la intención del portador de viajar a Egipto; esto lo trataron los altaneros españoles con gran menosprecio. Los otros papeles consistían en pasaportes, testimonios, etc., de pesonas de rango. Pero todos estos credenciales sólo parecieron confirmar, en lugar de aminorar, las sospechas de estos jueces llenos de prejuicios, que, después de hacerse con todos los papeles del preso, le ordenaron que se volviera a retirar.

Mientras tanto mantuvieron consultas para decidir dónde debía ser encerrado el preso. El alcalde, o juez principal, estaba a favor de encerrarlo en la cárcel de la ciudad; pero a esto objetaron, en especial el corregidor, que dijo, en castellano: «A fin de impedir que sus compatriotas sepan su encierro, tomaré esto en mis manos, y me haré responsable de las consecuencias»; a esto se acordó que fuera encerrado en la casa del gobernador con el mayor secreto. Decidido esto, uno de los alguaciles fue a Mr. Lithgow, pidiéndole que le entregara su dinero, y que se dejara registrar. Como era inútil resistirse, el preso tuvo que acceder; luego el alguacil (tras sacar de sus bolsillos once ducados) lo dejó en la camisa; y buscando en sus calzones, encontró, dentro del cinto, dos bolsas de lienzo, que contenían ciento treinta y siete piezas de oro. El alguacil llevó de inmediato este dinero al corregidor que, después de haberlo contado, ordenó que el preso fuera vestido y encerrado hasta después de la cena.

Hacia la medianoche, el alguacil y dos esclavos turcos sacaron a Mr. Lithgow de su encierro, pero sólo para introducirlo en otro mucho más terrible. Le llevaron a través de varios corredores hasta una estancia en la parte más remota del palacio, hacia el jardín, donde lo encadenaron, y extendieron sus piernas por medio de una barra de hierro de alrededor de una yarda de longitud, cuyo peso era tal que no podía ni estar de pie ni sentarse, sino que estaba obligado a estar de continuo tumbado de espalda. Le dejaron en esta condición durante un cierto tiempo, volviendo luego con un refrigerio que consistía en una libra de cordero hervido y una hogaza de pan, junto con una pequeña cantidad de vino, el cual fue no sólo el primero, sino el mejor y el último de este tipo durante su encierro en este lugar. Después de darle estos alimentos, el alguacil cerró la puerta, y dejó a Mr. Lithgow sumido en sus propias meditaciones.

Al siguiente día recibió una visita del gobernador, que le prometió la libertad, con muchas otras ventajas, si se confesaba espía; pero al protestar él de su total inocencia, el gobernador salió enfurecido, diciendo que «No le vería más hasta que adicionales tormentos le llevaran a confesar», y ordenando al guarda que no permitiera a nadie que tuviera acceso a él ni comunicación alguna; que su sustento no excediera de tres onzas de pan mohoso y medio litro de agua cada dos días; que no se le permitiera ni cama, ni almohada ni cubierta. «Cerradle esta ventana en su estancia con cal y piedra, obturad las rendijas de la puerta con dobles alfombras; que no tenga nada que le dé la más nimia comodidad. Estas y otras órdenes de parecida dureza fueron dadas para hacer que fuera imposible que nadie de la nación inglesa conociera su condición.

En este miserable y deprimente estado se quedó por varios días el pobre Lithgow, sin ver a nadie, hasta que el gobernador recibió respuesta de Madrid a una carta que había escrito acerca del preso; y, siguiendo las instrucciones que había recibido, puso en práctica las crueldades tramadas, que fueron aceleradas, porque se acercaban los días santos de la Natividad, siendo ya el día cuadragésimo séptimo desde su encarcelamiento.

Alrededor de las dos de la madrugada, oyó el ruido de un carruaje en la calle, y a alguien que abría las puertas de su cárcel, donde no había podido dormir durante dos noches; el hambre, el dolor y los deprimentes pensamientos le habían impedido reposo alguno.

Poco después de que se abrieran las puertas de la prisión, los nueve alguaciles que le habían detenido la primera vez entraron en el lugar donde él yacía, y, sin decir palabra, le llevaron con sus cadenas a través de la casa y a la calle, donde esperaba un carruaje, en el que le depositaron tendido sobre su espalda, al no poderse sentar. Dos de los alguaciles fueron con él, y el resto fueron andando junto al carruaje, pero todos observaron el más profundo silencio. Fueron hasta un edificio con un lagar, a alrededor de una legua de la ciudad, a donde habían llevado en secreto, antes, un potro de tortura; allí lo encerraron aquella noche.

Al día siguiente, al romper el alba, llegaron el gobernador y el alcaide, en cuya presencia Mr. Lithgow tuvo que sufrir otro interrogatorio. El preso pidió un intérprete, lo que se permitía a los extranjeros, por la ley de aquel país, pero le fue rehusado, y no le permitieron apelar a Madrid, la corte superior de justicia. Después de un largo interrogatorio, que duró desde la mañana hasta la noche, apareció en todas las respuestas una conformidad tan estrecha con lo que había dicho antes, que dijeron que se las había aprendido de memoria, no habiendo la más mínima contradicción. Sin embargo, le apremiaron una vez más a que hiciera una plena confesión; esto es, a que se acusara a sí mismo de crímenes que jamás había cometido, y el gobernador le añadió: «Sigue estando usted en mi poder; le puedo dar la libertad si colabora; si no, tendré que entregarlo al alcaide.» Al seguir Mr. Lithgow en su inocencia, el gobernador ordenó al notario que redactara una orden para entregarlo al alcaide para que fuera torturado.

Como consecuencia de esto, fue llevado por los alguaciles al final de una galería de piedra, donde estaba el potro de tortura. El verdugo le quitó de inmediato los hierros, lo que le causó profundos dolores, habiendo sido puestos los roblones tan cerca de la carne que el martillo le desgarró media pulgada de su talón al romper el roblón; este dolor, junto con su debilidad (no había comido en tres días) le hizo gemir amargamente, a lo que el implacable alcaide le dijo: «¡Villano, traidor, esto es sólo una muestra de lo que vas a sufrir!»

Cuando le quitaron los hierros, cayó sobre sus rodillas, pronunciando una corta oración, pidiendo a Dios que le ayudara a estar firme, y a sufrir con valor la terrible prueba con que iba a encontrarse. Sentados el alcaide y el notario en sillas, él fue desnudado totalmente y puesto al potro del tormento, siendo el oficio de estos caballeros ser testigos de las torturas sufridas por el delincuente, y poner por escrito sus confesiones. Es imposible describir las varias torturas que le aplicaron. Será suficiente con decir que estuvo tendido en el potro durante cinco horas, durante las cuales recibió alrededor de sesenta torturas de la más infernal naturaleza; y si hubieran continuado unos pocos minutos más, habría muerto inevitablemente.

Satisfechos por el presente estos crueles perseguidores, el preso fue sacado del potro, y, volviéndole a poner los hierros, fue llevado a su anterior mazmorra, sin recibir otro alimento que un poco de vino caliente, que le fue dado más bien para impedir que muriera, y para reservarlo para futuros tormentos, que por ningún principio de caridad o de compasión.

Como confirmación de esto, se dieron órdenes para que un carruaje pasara cada mañana, antes de hacerse de día, junto a la prisión, para que el ruido suscitara renovados temores y alarmas al infeliz cautivo, y que le privaran de toda posibilidad de obtener el más mínimo reposo.

Siguió en esta horrenda situación, casi muriendo por falta de los necesarios alimentos para conservar su mísera existencia, hasta el día de Navidad, en que recibió un poco de alivio por mano de Mariana, la dama de compañía de la esposa del gobernador, que le llevó un refrigerio consistente en miel, azúcar, pasas y otros artículos; y tan afectada quedó ante su situación que lloró amargamente, y al salir expresó la mayor preocupación al no poderle ser de mayor ayuda.

En esta abominable prisión quedó el pobre Mr. Lithgow hasta que quedó casi devorado por los bichos. Pasaban sobre su barba, sus labios, sus cejas, etc., de modo que apenas si podía abrir los ojos; y este tormento quedaba aumentado al no poder usar sus manos y sus pies para defenderse de ellos, al estar tan terriblemente lisiado por las torturas sufridas. Tal era la crueldad del gobernador que incluso ordenó que le barrieran más de estos animales encima dos veces cada semana. Sin embargo, obtuvo alguna mitigación de esta parte del castigo gracias a la humanidad de un esclavo turco que le asistía, que, cuando lo podía hacer sin peligro, destruía los bichos y ayudaba en todo lo que podía a ofrecer algún refrigerio a aquel que estaba en su poder.

Por este esclavo recibió Mr. Lithgow información que le dio bien poca esperanza de ser jamás liberado, sino que, al contrario, tendría que acabar su vida bajo nuevas torturas. La esencia de esta información era que un sacerdote de un seminario inglés y un tonelero escocés habían sido empleados por algún tiempo por el gobernador para traducir del inglés a la lengua castellana todos sus libros y observaciones; y que se decía abiertamente de él en la casa del gobernador que era un archihereje.

Esta información le alarmó en sumo grado, y comenzó, no sin razón, a temer que pronto acabarían con él, y tanto más cuanto que no habían podido, ni con la tortura ni con ningunos otros medios, hacer que él variara ni un ápice todo lo que había dicho durante sus diversos interrogatorios.

Dos días después de haber recibido la dicha información, el gobernador, un inquisidor y un sacerdote canónico, acompañados por dos Jesuitas, entraron en su mazmorra, y una vez sentados, y después de varias preguntas sin sustancia, el inquisidor le preguntó a Mr. Lithgow si era católico romano, y si reconocía la supremacía del Papa. Él respondió que ni era lo primero ni admitía lo segundo, añadiendo que le sorprendían semejantes preguntas, por cuanto estaba estipulado de manera expresa en los artículos de paz entre Inglaterra y España que ninguno de los súbditos ingleses estaba sujeto a la Inquisición, y que no podrían ser en modo alguno molestados por ellos debido a diferencias de religión, etc. En la amargura de su alma hizo uso de algunas expresiones ardorosas no apropiadas para sus circunstancias: «De la misma manera que casi me habéis asesinado por pretendida traición, así ahora queréis hacerme mártir por mi religión.» También le echó en cara al gobernador el actuar de esta mala manera contra el rey de Inglaterra (cuyo súbdito era él) olvidando la regia humanidad ejercitada para con los españoles en 1588, cuando su armada naufragó frente a la costa escocesa, y miles de españoles hallaron alivio, cuando en otro caso habrían perecido miserablemente.

El gobernador admitió la verdad de lo dicho por Mr. Lithgow, pero contestó altaneramente que el rey, que entonces sólo reinaba sobre Escocia, fue motivado más por temor que por amor, y que por ello no merecía gratitud alguna. Uno de los Jesuitas dijo que no se debía guardar fe alguna a los herejes. Luego el inquisidor, levantándose, se dirigió a Mr. Ligthgow con estas palabras: «Usted ha sido prendido como espía, acusado de traición, y torturado, como reconocemos, siendo inocente (esto, por lo que se parece, refiriéndose a la información posteriormente recibida en Madrid acerca de las intenciones de los ingleses), pero ha sido el poder divino lo que ha traído estos juicios sobre usted, por actuar presuntuosamente el bendito milagro de Loretto, ridiculizándolo, y expresarse en sus escritos de manera irreverente acerca de Su Santidad, el gran agente y vicario de Cristo sobre la tierra; por ello, ha caído en nuestras manos con justicia por este especial acontecimiento: y tus libros y papeles han sido milagrosamente traducidos por la ayuda de la Providencia que influencia a tus propios compatriotas.»

Al finalizar esta comedia legal, le dieron al preso ocho días para que considerara y resolviera si iba a convertirse a la religión de ellos, tiempo durante el que, le dijo el inquisidor, él mismo, con otras órdenes religiosas, asistiría, para ayudarle en ello conforme él deseara. Uno de los Jesuitas le dijo (haciendo primero la señal de la cruz sobre su pecho): «Hijo mío, mereces ser quemado vivo; pero por la gracia de nuestra Señora de Loreto, a la que tú has blasfemado, salvaremos tanto tu alma como tu cuerpo.»

Por la mañana volvió el inquisidor, con otros tres clérigos, y el primero le preguntó cuáles eran las dificultades en su conciencia que retardaban su conversión. A esto él respondió que «no tenía dudas algunas en su mente, estando confiado en las promesas de Cristo, y creyendo con toda certidumbre en su voluntad revelada dada en los Evangelios, como lo profesa la Iglesia Católica reformada, estando confirmado en la gracia, y teniendo de ello la seguridad infalible de la fe cristiana.» A esto el inquisidor le contestó: «Tú no eres cristiano, sino un absurdo hereje, y sin conversión un hijo de perdición.» El preso le contestó que no pertenecía a la naturaleza y esencia de la religión y de la caridad convencer por medio de palabras insultantes, de potros y tormentos, sino por argumentos tomados de las Escrituras; y que todos los otros métodos serían totalmente ineficaces.

El inquisidor se enfureció de tal manera ante las contestaciones del preso que le abofeteó en la cara, empleando muchas palabras insultantes, y trató de apuñalarlo, lo que ciertamente hubiera hecho si no le hubieran detenido los Jesuitas; y desde este momento ya no visitó más al preso.

Al siguiente día volvieron los dos Jesuitas, con un aire muy grave y solemne, y el superior le preguntó qué resolución había adoptado. A esto Mr. Lithgow le contestó que él ya había tomado su resolución, a no ser que le pudieran dar razones de peso para hacerle cambiar de postura. El superior, después de una pedante exposición de sus siete sacramentos, de la intercesión de los santos, de la transubstanciación, etc., se jactó enormemente de su Iglesia, de su antigüedad, universalidad, y uniformidad, cosas todas que Mr. Lithgow negó: «Porque la profesión de fe que yo sostengo ha existido desde los días de los apóstoles, y Cristo siempre ha tenido Su propia Iglesia (por muy oscuramente que fuera) en el tiempo de vuestras tinieblas más espesas.»

Los Jesuitas, viendo que sus argumentos no surtían el efecto deseado, que los tormentos no podían sacudir su constancia, y ni siquiera el temor de la cruel sentencia que tenía todas las razones para esperar que sería pronunciada y ejecutada contra él, le dejaron, después de hacerle graves amenazas. Al octavo día después, que era el último de su Inquisición, cuando se pronuncia la sentencia, volvieron de nuevo, pero muy cambiados en sus palabras y conducta después de repetir mucho los mismos argumentos mencionados anteriormente; pretendieron, con aparentes lágrimas en los ojos, que sentían de corazón que se viera obligado a sufrir una terrible muerte, pero sobre todo, por la pérdida de su preciosísima alma; y cayendo de rodillas, clamaron: «¡Conviértete, conviértete, querido hermano, por amor a nuestra bendita Señora, conviértete!»

A esto él respondió: «No le temo ni a la muerte ni a la hoguera; estoy preparado para las dos cosas.»

Los primeros efectos que sufrió Mr. Lithgow de la decisión de este sanguinario tribunal fue una sentencia para sufrir aquella noche once torturas, y que si no moría en el curso de su inflicción (lo que sería de esperar razonablemente por lo mutilado y torturado que estaba), sería, después de las fiestas de Pascua, llevado a Granada, para ser allí quemado hasta ser reducido a cenizas. La primera parte de esta sentencia fue ejecutada aquella noche de manera bárbara; pero le plugo a Dios darle fuerza tanto de cuerpo como de mente, y mantenerse firme en la verdad, y sobrevivir a los horrendos castigos que le fueron infligidos.

Después que los bárbaros aquellos se hubieron dado por satisfechos por ahora aplicándole al infeliz preso las más refinadas crueldades, le volvieron a poner los hierros, y lo devolvieron a su anterior mazmorra. A la mañana siguiente recibió un poco de auxilio del esclavo turco ya mencionado, que le trajo secretamente, en sus mangas, algunas pasas e higos, que lamió con toda la fuerza que le quedaba en la lengua. Es a este esclavo que atribuyó Mr. Lithgow el que sobreviviera tanto tiempo en una situación tan inhumana, porque encontró medios para llevarle algunos de estos frutos dos veces a la semana. Es muy extraordinario, y digno de mención, que este pobre esclavo, criado desde su infancia en base de las máximas de su profeta y de sus padres, y detestando a los cristianos al máximo, se sintiera tan afectado por las terribles circunstancias de Mr. Lithgow que cayó enfermo, y así estuvo por espacio de cuarenta días. Durante este período, Mr. Lithgow fue atendido por una mujer negra, esclava, que encontró maneras para darle aún más amplio auxilio que el turco, al conocer la casa y la familia. Le traía víveres cada día, y algo de vino en una botella.

El tiempo había ya transcurrido de tal manera, y la situación era tan verdaderamente horrenda, que Mr. Lithgow esperaba ansioso el día en que, viendo el fin de su vida, vería también el fin de sus tormentos. Pero sus deprimentes expectativas fueron interrumpidas por la feliz interposición de la Providencia, y consiguió su liberación gracias a las siguientes circunstancias.

Sucedió que un caballero español de alto rango llegó de Granada a Málaga, e invitado por el gobernador, le informó éste de lo que le había sucedido a Mr. Lithgow desde el momento en que fue prendido como espía, y le describió los diversos sufrimientos que había padecido. Asimismo le dijo que después que se supo que el preso era inocente, esto le causó gran preocupación. Que por esta razón lo habría liberado y hecho alguna compensación por los males que había sufrido, pero que, al inspeccionar sus escritos, se hallaron varios que eran de naturaleza blasfema, muy ridiculizadores de su religión, y que, al rehusar abjurar de estas opiniones heréticas, fue entregado a la Inquisición, por quienes fue finalmente condenado.

Mientras el gobernador estaba relatando esta trágica historia, un joven flamenco (criado del caballero español) que servía a la mesa quedó lleno de asombro y lástima por los sufrimientos del extraño así descritos. Al volver al alojamiento de su amo comenzó a dar vueltas en su mente a lo que había oído, lo que hizo tal impresión sobre él que no podía reposar en su cama. En los cortos sueños que descabezó, su imaginación lo llevaba a la persona descrita, sobre el potro, y ardiendo en el fuego. Y pasó la noche en esta ansiedad. Al llegar la mañana, fue a la ciudad, sin revelar sus intenciones a nadie, y preguntó por el factor inglés. Fue dirigido a la casa de un tal Mr. Wild, a quien le contó todo lo que había oído la noche anterior, entre su amo y el gobernador, pero no sabía el nombre de Mr. Lithgow. Sin embargo, Mr. Wild conjeturó que se trataba de él, al recordar el criado la circunstancia de que se trataba de un viajero, y de haberlo conocido algo.

Al irse el criado flamenco, Mr. Wild envió inmediatamente a buscar a los otros factores ingleses, a los que les contó todos los detalles acerca de su infortunado compatriota. Después de una breve consulta, acordaron enviar un informe de todo lo acontecido a Sir Walter Aston, el embajador inglés ante el rey de España, entonces en Madrid. Esto se hizo así, y el embajador, habiendo presentado un memorandum al rey y consejo de España, obtuvo una orden para la liberación de Mr. Lithgow, y su entrega al factor inglés. Esta orden iba dirigida al gobernador de Málaga, y fue recibida con gran disgusto y sorpresa por toda la asamblea de la sanguinaria Inquisición.

Mr. Lithgow fue liberado de su encierro en la víspera del Domingo de Pascua, siendo llevado desde su calabozo a hombros del esclavo que le había asistido, hasta la casa de un tal Mr. Bobisch, donde se le hizo objeto de todos los cuidados. También providencialmente estaba entonces fondeada en la rada una flotilla de naves inglesas, mandada por Sir Richard Hawkins, que, al ser informado de los sufrimientos y de la actual situación de Mr. Lithgow, acudió a tierra al día siguiente, con una guardia apropiada, y lo recibió de los mercaderes. Fue en el acto llevado envuelto en mantas a bordo de la nave Vanguard, y tres días después fue llevado a otra nave, por orden de Sir Robert Mansel, que ordenó que él iba a cuidarse personalmente del paciente. El factor le dio ropas y todas las provisiones necesarias, y además de esto le dieron doscientos reales de plata; y Sir Richard Hawkins le envió dos pistolas dobles.

Antes de zarpar de la costa española, Sir Richard Hawkins demandó la entrega de sus papeles, dinero, libros, etc., pero no pudo obtener una respuesta satisfactoria en cuanto a esto.

No podemos dejar de hacer una pausa para reflexionar cuán manifiestamente se interpuso la Providencia en favor de este pobre hombre, cuando estaba ya al borde de su destrucción; porque por su sentencia, frente a la cual no podía haber recurso alguno, habría sido llevado, pocos días después, a Granada, y quemado hasta quedar reducido a cenizas. Y cómo aquel pobre criado ordinario, que no le conocía en absoluto, ni podía tener interés personal alguno en su preservación, arriesgó el desagrado de su amo, poniendo en peligro su propia vida, para revelar algo tan importante y peligroso a un caballero desconocido, de cuya discreción dependía su propia existencia. Pero por medio de estos medios secundarios se interfiere generalmente la Providencia en favor de los virtuosos y oprimidos; y de esto tenemos aquí un ejemplo de los más notables.

Después de estar doce días fondeado en la rada, la nave levó anclas, y al cabo de dos meses arribó a Deptford sana y salva. A la mañana siguiente Mr. Lithgow fue llevado en una litera de plumas a Theobalds, en Hertfordshire, donde en aquel entonces se encontraban el rey y la familia real. Su majestad estaba en aquel momento de cacería, pero al volver por la tarde le presentaron a Mr. Lithgow, que relató los detalles de sus sufrimientos y su feliz liberación. El rey se sintió tan afectado por la narración que expresó su sentimiento más profundo, y dio orden de que fuera enviado a Bath, y que sus necesidades fueran suplidas apropiadamente de su regia munificencia. Por medio de esto, en la gracia de Dios, tras cierto tiempo Mr. Lithgow fue restaurado desde el más mísero espectáculo a una gran medida de salud y fortaleza; pero perdió el uso de su brazo izquierdo y varios de los huesecillos quedaron tan aplastados y rotos que quedaron inutilizados para siempre.

A pesar de todos los esfuerzos, Mr. Lithgow jamás pudo obtener la devolución de ningunos de sus dineros o efectos, aunque su majestad y los ministros de estado se interesaron en su favor. Cierto es que Gondamore, el embajador español, prometió que le serían devueltos todos sus efectos, con la añadidura de 1000 libras en dinero inglés, como algo de compensación por las torturas que había sufrido, suma ésta que le debería ser pagada por el gobernador de Málaga. Pero estas promesas se quedaron en meras palabras; y aunque el rey era una cierta garantía de su cumplimiento, el astuto español encontró medios para eludirlas. La verdad es que tenía demasiada influencia en el consejo inglés en la época de aquel pacífico reinado, cuando Inglaterra permitió ser intimidada a una esclavizada complacencia por parte de la mayoría de los estados y reyes de Europa.

Recapitulación de la Inquisición

No se puede saber una cifra exacta de las multitudes que perecieron bajo la acción de la Inquisición por todo el mundo. Pero dondequiera que el papado tuviera el poder, allí había un tribunal. Fue constituido incluso en Oriente, y la Inquisición Portuguesa de Goa fue, hasta hace bien pocos años, un ejemplo de crueldad. América del Sur fue dividida en provincias de la Inquisición, y, con espantosa emulación de los crímenes de la madre patria, las llegadas de los virreyes y otros festejos populares eran considerados incompletos sin un *auto da fé*. Los Países Bajos fueron una escena de matanzas desde el momento del decreto que instauró la Inquisición entre ellos. En España es más posible hacer cálculos. Cada uno de los *diecisiete* tribunales quemaron anualmente, durante un prolongado período, a diez pobres seres humanos. Debemos recordar que esto tuvo lugar en un país donde la persecución había abolido durante siglos toda diferencia religiosa, y donde la dificultad no residía en encontrar una estaca, sino la ofrenda. Sin embargo, incluso en España, donde la «herejía» había sido tan erradicada, la Inquisición pudo engordar su lista de asesinatos a treinta y dos mil. El número de quemados en efigie, o de condenados a penitencias, castigos generalmente equivalentes al destierro, confiscación y oprobio para la descendencia, ascendió a trescientos nueve mil. Pero las multitudes que perecieron en las cámaras de tortura, en los calabozos, y por corazones partidos, los millones de vidas dependientes que quedaron sin protección alguna, o que fueron aceleradas a la tumba por la muerte de las víctimas, están más allá de todo registro: o registradas sólo por AQUEL que ha jurado que «El que lleva a cautividad, irá a cautiverio; el que a espada mate, a espada morirá.»

Así era la Inquisición, declarada por el Espíritu de Dios como siendo a la vez la descendencia e *imagen* del papado. Para ver la realidad de la paternidad, tenemos que contemplar los tiempos. En el siglo trece el papado estaba en la cima de su dominio secular; era independiente de todos los reinos; gobernaba con una influencia jamás vista ni desde entonces poseída por cetro humano alguno; era el soberano reconocido de cuerpos y almas; para todos los propósitos humanos tenía un poder inconmensurable para bien y para mal. Podría haber esparcido literatura, paz, libertad y cristianismo hasta los confines de Europa, o del mundo. Pero su naturaleza era adversaria; su triunfo más pleno sólo exhibió su más pleno mal; y, para vergüenza de la razón humana, y para terror y sufrimiento de la virtud humana, Roma, en la hora de su grandeza consumada, parió, dándose el mostruoso y horrendo nacimiento ¡de la INQUISICIÓN!

113

CAPÍTULO VI

Historia de las persecuciones en Italia bajo el papado

PASAREMOS ahora a dar una relación de las persecuciones en Italia, país que ha sido, y sigue siendo:
1. El centro del papado.
2. La sede del pontífice.
3. La fuente de los varios errores que se han extendido por otros países, engañado las mentes de miles, y difundido las nubes de la superstición y del fanatismo sobre las mentes del entendimiento humano.

Al proseguir con nuestra narración, incluiremos las más destacables persecuciones que han tenido lugar, y las crueldades practicadas,
1. Por el poder directo del papa.
2. Por el poder de la Inquisición.
3. Por instigación de órdenes eclesiásticas particulares.
4. Por el fanatismo de los príncipes italianos.

Adriano puso entonces a toda la ciudad bajo interdicto, lo que hizo que todo el cuerpo del clero interviniera, y al final convenció a los senadores y al pueblo para que cedieran y permitieran que Arnaldo fuera desterrado. Acordado esto, él recibió la sentencia de destierro, yéndose a Alemania, donde siguió predicando contra el Papa y denunciando los graves errores de la Iglesia de Roma.

Por esta causa, Adriano se sintió sediento de venganza, e hizo varios intentos por apoderarse de él; pero Arnaldo evitó durante largo tiempo todas las trampas que le fueron tendidas. Finalmente, al acceder Federico Barbarroja a la dignidad imperial, pidió que el Papa lo coronara con sus propias manos. Adriano accedió a ello, pidiéndole al mismo tiempo al emperador el favor de poner en sus manos a Arnaldo. El emperador le entregó inmediatamente el desafortunado predicador, que pronto cayó víctima de la venganza de Adriano, siendo ahorcado, y su cuerpo reducido a cenizas, en Apulia. La misma suerte sufrieron varios de sus viejos amigos y compañeros.

115

Un español llamado Encinas fue enviado a Roma, para ser criado en la fe católico-romana; pero, tras haber conversado con algunos de los reformados, y habiendo leído varios tratados que le pusieron en las manos, se convirtió en protestante. Al ser esto sabido al cabo de un tiempo, uno de sus propios parientes lo denunció, y fue quemado por orden del Papa y de un cónclave de cardenales.

El hermano de Encinas había sido arrestado por aquel tiempo, por tener en sus manos un Nuevo Testamento en lengua castellana; pero halló el medio para huir de la cárcel antes del día señalado para su ejecución, y escapó a Alemania.

Fanino, un erudito laico, se convirtió a la religión reformada mediante la lectura de libros de controversia. Al informarse de ello al Papa, fue prendido y echado en la cárcel. Su mujer, hijos, parientes y amigos le visitaron en su encierro, y trabajaron tanto su mente que renunció a su fe y fue liberado. Pero tan pronto se vio libre de la cárcel que su mente sintió la más pesada de las cadenas: el peso de una conciencia culpable. Sus horrores fueron tan grandes que los encontró insoportables hasta volverse de su apostasía, y declararse totalmente convencido de los errores de la Iglesia de Roma. Para enmendar su recaída, hizo ahora todo lo que pudo, de la manera más enérgica, para lograr conversiones al protestantismo, y logró muchos éxitos en su empresa. Estas actividades llevaron a su segundo encarcelamiento, pero le ofrecieron perdonarle la vida si se retractaba. Rechazó esta propuesta con desdén, diciendo que aborrecía la vida bajo tales condiciones. Al preguntarle ellos por qué iba él a obstinarse en sus opiniones, dejando a su mujer e hijos en la miseria, les contestó: «No los voy a dejar en la miseria; los he encomendado al cuidado de un excelente administrador.» «¿Qué administrador?» preguntó su interrogador, con cierta sorpresa; Fanino contestó: «Jesucristo es el administrador, y no creo que pudiera encomendarlos al cuidado de nadie mejor.» El día de la ejecución apareció sumamente alegre, lo que, observándolo uno, le dijo: «Extraña cosa es que aparezcáis tan feliz en tal circunstancia, cuando el mismo Jesucristo, antes de Su muerte, se sintió en tal aflicción que sudó sangre y agua.» A lo que Fanino replicó: «Cristo sostuvo todo tipo de angustias y conflictos, con el infierno y la muerte, por nuestra causa; y por ello, por Sus padecimientos, liberó a los que verdaderamente creen en él del temor de ellos.» Fue estrangulado, y su cuerpo reducido a cenizas, que fueron luego esparcidas al viento.

Dominico, un erudito militar, habiendo leído varios escritos de controversia, devino un celoso protestante, y, retirándose a Placencia, predicó el Evangelio en su plena pureza ante una considerable congregación. Un día, al terminar su sermón, dijo: «Si la congregación asiste mañana, les voy a dar una descripción del Anticristo, pintándolo con sus colores justos.»

Una gran multitud acudió al día siguiente, pero cuando Dominico estaba comenzando a hablar, un magistrado civil subió al púlpito y lo tomó bajo custodia. Él se sometió en el acto, pero, andando junto al magistrado, dijo estas palabras: «¡Ya me extrañaba que el diablo me dejara tranquilo tanto tiempo!» Cuando fue llevado al interrogatorio, le hicieron esta pregunta: «¿Renunciarás a tus doctrinas?», a lo que replicó: «¡Mis doctrinas! No sostengo doctrinas propias; lo que predico son las doctrinas de Cristo, y por estas daré mi sangre, y me consideraré feliz de poder padecer por causa de mi Redentor.» Intentaron todos los métodos para hacerle retractarse de su fe y que abrazara los erroers de la Iglesia de Roma; pero cuando se encontraron ineficaces las persuasiones y las amenazas, fue sentenciado a muerte, y colgado en la plaza del mercado.

Galeacio, un caballero protestante, que vivía cerca del castillo de San Angelo, fue prendido debido a su fe. Sus amigos se esforzaron tanto que se retractó, y aceptó varias de las supersticiosas doctrinas propagadas por la Iglesia de Roma. Sin embargo, dándose cuenta de su error, renunció públicamente a su retractación. Prendido por ello, fue sentenciado a ser quemado, y en conformidad a esta orden fue encadenado a la estaca, donde fue dejado varias horas antes de poner fuego a la leña, para dejar tiempo a su mujer, parientes y amigos, que le rodeaban, para inducirle a cambiar de opinión. Pero Galeacio retuvo su decisión, y le rogó al verdugo que prendiera fuego a la leña que debía consumirle. Al final lo hizo, y Galeacio fue pronto consumido por las llamas, que quemaron con asombrosa rapidez, y que le privaron del conocimiento en pocos minutos.

Poco después de la muerte de este caballero, muchos protestantes fueron muertos en varios lugares de Italia por su fe, dando una prueba segura de su sinceridad en sus martirios.

Una relación de las persecuciones en Calabria

En el siglo catorce, muchos de los Valdenses de Pragela y del Delfinado emigraron a Calabria, y se establecieron en unos yermos, con el permiso de los nobles de aquel país, y pronto, con un laborioso cultivo, llevaron a varios lugares agrestes y estériles al verdor y a la feracidad.

Los señores calabreses se sintieron extremadamente complacidos con sus nuevos súbditos y arrendatarios, por cuanto eran apacibles, plácidos y laboriosos; pero los sacerdotes de aquel lugar presentaron varias quejas contra ellos en sentido negativo, porque, no pudiendo acusarlos de nada malo que hicieran, basaron sus acusaciones en lo que no hacían, y los acusaron:

De no ser católico-romanos.

De no hacer sacerdotes a ningunos de sus chicos.

De no hacer monjas a ningunas de sus hijas.

De no acudir a Misa.

De no dar cirios de cera a sus sacerdotes como ofrendas.

De no ir en peregrinación.

De no inclinarse ante imágenes.

Sin embargo, los señores calabreses aquietaron a los sacerdotes, diciéndoles que estas gentes eran extremadamente pacíficos, que no ofendían a los católico-romanos, y que pagaban bien dispuestos los diezmos a los sacerdotes, cuyos ingresos habían aumentado considerablemente al acudir ellos al país, y que, consiguientemente, deberían ser los últimos en quejarse de ellos.

Las cosas fueron tolerablemente bien después de esto por unos cuantos años, durante los que los Valdenses se constituyeron en dos ciudades corporadas, anexionando varios pueblos a su jurisdicción. Al final enviaron a Ginebra una petición de dos clérigos; uno para predicar en cada ciudad, porque decidieron hacer una pública confesión de su fe. Al enterarse de esto el Papa, Pío IV, decidió exterminarlos de Calabria.

A este fin envió al Cardenal Alejandrino, hombre del más violento temperamento y fanático furioso, junto con dos monjes, a Calabria, donde debían actuar como inquisidores. Estas personas, con sus autorizaciones, acudieron a St. Xist, una de las ciudades edificadas por los Valdenses y, habiendo convocado al pueblo, les dijeron que no recibirían daño alguno si aceptaban a los predicadores designados por el papa; pero que si se negaban perderían sus propiedades y sus vidas; y para que sus intenciones pudieran ser conocidas, se diría una Misa pública aquella tarde, a la que se les ordenaba asistir.

El pueblo de St. Xist, en lugar de asistir a la Misa, huyeron a los bosques, con sus familias, frustrando así al cardenal y a sus coadjutores. El cardenal se dirigió entonces a La Garde, la otra ciudad perteneciente a los Valdenses, donde, para que no le pasara como en St. Xist, ordenó el cierre de todas las puertas, y que fueran guardadas todas las avenidas. Se hicieron luego las mismas propuestas a los habitantes de La Garde que se habían hecho a los habitantes de St. Xist, pero con esta artería adicional: el cardenal les aseguró que los habitantes de St. Xist habían accedido en el acto, y aceptado que el papa les designara predicadores. Esta falsedad tuvo éxito, porque el pueblo de La Garde, pensando que el cardenal les decía la verdad, dijo que seguirían de manera exacta el ejemplo de sus hermanos en St. Xist.

El cardenal, habiendo logrado ganar esta victoria engañando a la gente de una ciudad, envió tropas para dar muerte a los de la otra. Así, envió a los soldados a los bosques, para que persiguieran como fieras a los habitantes de St. Xist, y les dio órdenes estrictas de no perdonar ni edad ni sexo, sino matar a todos los que vieran. Las tropas entraron en el bosque, y muchos cayeron víctimas de su ferocidad antes que los Valdenses llegaran a saber sus designios. Finalmente, decidieron vender sus vidas tan caras como fuera posible, y tuvieron lugar varias escaramuzas, en las que los Valdenses, mal armados, llevaron a cabo varias hazañas valerosas, y muchos murieron por ambos lados. Habiendo sido muertos la mayor parte de los soldados en diferentes choques, el resto se vio obligado a retirarse, lo que enfureció tanto al cardenal que escribió al virrey de Nápoles pidiendo refuerzos.

El virrey ordenó inmediatamente una proclamación por todos los territorios de Nápoles, que todos los bandidos, desertores y otros proscritos serían perdonados de sus delitos bajo la condición de que se unieran a la campaña contra los habitantes de St. Xist, y de que estuvieran en servicio de armas hasta que aquella gente fuera exterminada.

Muchos desesperados acudieron a esta proclamación, y, constituidos en compañías ligeras, fueron enviados a explorar el bosque y a dar muerte a todos los que hallaran de la religión reformada. El virrey mismo se unió al cardenal, a la cabeza de un cuerpo de las fuerzas regulares; y juntos hicieron todo lo que pudieron por hostigar a la pobre gente escondida en el bosque. A algunos los atraparon y colgaron de árboles; cortaron ramas y los quemaron, o los abrieron en canal, dejando sus cuerpos para que fueran devorados por las fieras o las aves de rapiña. A muchos los mataron a disparos, pero a la mayoría los cazaron a guisa de deporte. Unos pocos se ocultaron en cuevas, pero el hambre los destruyó en su retirada; así murieron estas pobres gentes, por varios medios, para dar satisfacción a la fanática malicia de sus inmisericordes perseguidores.

Apenas si habían quedado exterminados los habitantes de St. Xist que los de La Garde atrajeron la atención del cardenal y del virrey.

Se les ofreció que si abrazaban la fe católico-romana no se haría daño ni a ellos ni a sus familias, sino que se les devolverían sus casas y propiedades, y que a nadie se le permitiría molestarles; pero que si rehusaban esta misericordia (como la llamaban), se emplearían los medios más extremos y la consecuencia de su no colaboración serían las muertes más crueles.

A pesar de las promesas por una parte, y de las amenazas por el otro, estas dignas personas se negaron unánimes a renunciar a su religión, o a abrazar los errores del papado. Esto exasperó al cardenal y al virrey hasta el punto de que treinta de ellos fueron puestos de inmediato al potro del tormento, para aterrorizar al resto.

Los que fueron puestos en el potro fueron tratados con tal dureza que varios de ellos murieron bajo las torturas; un tal Charlin, en concreto, fue tratado tan cruelmente que su vientre reventó, se desparramaron sus entrañas, y expiró en la más atroz agonía. Pero estas atrocidades no sirvieron para el propósito para el que habían sido dispuestas, porque los que quedaron vivos después del potro, lo mismo que los que no lo habían probado, se mantuvieron constantes en su fe, y declararon abiertamente que ningunas torturas del cuerpo ni terrores de la mente les llevarían jamás a renunciar a su Dios, o a adorar imágenes.

Varios de ellos fueron entonces, por orden del cardenal, desnudados y azotados con varas de hierro; y algunos de ellos fueron despedazados con grandes cuchillos; otros fueron lanzados desde la parte superior de una torre alta, y muchos fueron cubiertos con brea, y quemados vivos.

Uno de los monjes que asistían al cardenal, de un talante natural salvaje y cruel, le pidió permiso para derramar algo de la sangre de aquella pobre gente con sus propias manos, y, siéndole concedido, aquel bárbaro tomó un gran cuchillo, y le cortó el cuello a ochenta hombres, mujeres y niños, con tan poco remordimiento como un carnicero que diera muerte a otras tantas ovejas. Luego dio orden de que cada uno de estos cuerpos fuera descuartizado, los cuartos puestos sobre estacas, y éstas enclavadas en distintas partes de la región, dentro de un radio de treinta millas.

Los cuatro hombres principales de La Garde fueron colgados, y el ministro fue echado desde la parte superior de la torre de su iglesia. Quedó terriblemente mutilado, pero no muerto por la caída; al pasar el virrey por su lado, dijo: «¿Todavía está vivo este perro? Llevóoslo y dadlo a los cerdos», y por brutal que pueda parecer esta sentencia, fue ejecutada de manera exacta.

Sesenta mujeres sufrieron tan violentamente en el potro que las cuerdas les traspasaron sus brazos y pies hasta cerca del hueso; al ser mandadas de vuelta a la cárcel, sus heridas se gangrenaron, y murieron de la manera más dolorosa. Muchos otros fueron muertos mediante los medios más crueles, y si algún católico romano más compasivo que otros intercedía por los reformados, era de inmediato apresado, y compartía la misma suerte como favorecedor de herejes.

Viéndose el virrey obligado a volver a Nápoles, por algunos asuntos importantes que demandaban su presencia, y siendo el cardenal llamado de vuelta a Roma, el marques de Butane recibió la orden de dar el golpe final a lo que ellos habían comenzado; lo que llevó a cabo, actuando con un rigor tan bárbaro que no quedó una sola persona de religión reformada viva en toda Calabria.

Así una gran cantidad de gentes inofensivas y pacíficas fueron privadas de sus posesiones, robadas de sus propiedades, expulsadas de sus hogares, y al final asesinadas de varias maneras, sólo por no querer sacrificar sus conciencias a las supersticiones de otros, ni abrazar doctrinas idolátricas que aborrecían, ni aceptar maestros a los que no podían creer.

La tiranía se manifiesta de tres maneras: la que esclaviza a la persona, la que se apodera de las propiedades, y la que prescribe y dicta a la mente. Las dos primeras clases pueden ser llamadas tiranías civiles, y han sido practicadas por soberanos arbitrarios en todas las edades, que se han deleitado en atormentar a la gente y en robar las propiedades de sus infelices súbditos. Pero la tercera clase, esto es, la que prescribe y dicta a la mente, puede recibir el nombre de tiranía eclesiástica; ésta es la peor clase de tiranía, por incluir las otras dos clases; porque el clero romanista no sólo torturan el cuerpo y roba las propiedades de aquellos a los que persiguen, sino que arrebatan las vidas, atormentan las mentes y, si es posible, impondrían su tiranía sobre las almas de sus infelices víctimas.

Relación de persecuciones en los valles del Piamonte

Muchos de los Valdenses, para evitar las persecuciones a las que estaban continuamente sometidos en Francia, fueron y se asentaron en los valles del Piamonte, donde crecieron mucho, y florecieron en gran manera por un espacio considerable de tiempo.

Aunque eran de conducta intachable, inofensivos en su conducta, y pagaban sus diezmos al clero romanista, sin embargo estos no se sentían satisfechos, sino que querían perturbarlos; así, se quejaron al arzobispo de Turín de que los Valdenses de los valles del Piamonte eran herejes, por estas razones:

1. No creían las doctrinas de la Iglesia de Roma.
2. No hacían ofrendas ni oraciones por los muertos.
3. No iban a Misa.
4. Ni se confesaban ni recibían absolución.
5. No creían en el Purgatorio, ni pagaban dinero para sacar las almas de sus amigos de allí.

Por estas acusaciones, el arzobispo ordenó una persecución contra ellos, y muchos cayeron víctimas de la supersticiosa furia de los sacerdotes y monjes.

En Turín, destriparon a uno de los reformados, y pusieron sus entrañas en un aguamanil delante de su rostro, donde las vio hasta que expiró. En Revel, estando Catelin Girard atado a la estaca, pidió al verdugo que le diera una piedra, lo que este rehusó, pensando que quería echársela a alguien. Pero Girard le aseguró de que no tenía tal intención, y el verdugo accedió. Entonces Girard, mirando intensamente a la piedra, le dijo: «Cuando el hombre sea capaz de comer y digerir esta sólida piedra, se desvanecerá la religión por la que voy a sufrir, y no antes.» Luego echó la piedra al suelo, y se sometió con entereza a las llamas. Muchos más de los reformados fueron oprimidos, o muertos, por varios medios, hasta que, agotada la paciencia de los Valdenses, recurrieron a las armas en defensa propia, y se constituyeron en milicias regulares.

Exasperado por esta acción, el obispo de Turín consiguió un número de tropas, y las envió contra ellos, pero en la mayor parte de las escaramuzas y encuentros los Valdenses fueron victoriosos, lo que se debía en parte a que estaban más familiarizados con los pasos de los valles del Piamonte que sus adversarios, y en parte por la desesperación con que luchaban. Porque sabían bien que si eran tomados, no iban a ser considerados como prisioneros de guerra, sino torturados a muerte como herejes.

Al final, Felipe VII, duque de Saboya, y señor supremo del Piamonte, decidió imponer su autoridad, y detener estas sangrientas guerras que tanto perturbaban sus dominios. No estaba dispuesto a quedar mal con el Papa ni a afrentar al arzobispo de Turín; sin embargo, les envió mensajes, diciéndoles que no podía ya más callar al ver como sus dominios eran ocupados por tropas dirigidas por sacerdotes en lugar de oficiales, y mandadas por prelados en lugar de generales; y que tampoco permitiría que su país quedara despoblado, mientras que ni se le había consultado acerca de todas estas acciones.

Los sacerdotes, al ver la resolución del duque, hicieron todo lo que pudieron por volver su mente en contra de los Valdenses; pero el duque les dijo que aunque todavía no estaba familiarizado con la religión de aquellas gentes, siempre los había considerado apacibles, fieles y obedientes, y por ello había decidido que no fueran ya más perseguidos.

Los sacerdotes recurrieron ahora a las falsedades más claras y absurdas; le aseguraron que estaba equivocado con respecto a los Valdenses, porque se trataba de unas gentes de lo más malvado, y entregados a la intemperancia, a la inmundicia, a la blasfemia, al adulterio, incesto y muchos otros crímenes abominables; y que incluso eran monstruos de la naturaleza, porque sus hijos nacían con gargantas negras, con cuatro hileras de dientes y cuerpos peludos.

El duque no estaba tan privado del sentido común como para creerse lo que le decían los sacerdotes, aunque afirmaran de la manera más solemne la veracidad de sus asertos. Sin embargo, envió a doce hombres eruditos y razonables a los valles del Piamonte, para examinar el verdadero carácter de sus moradores.

Estos caballeros, después de viajar por todas sus ciudades y pueblos, y de conversar con gentes de todas las clases entre los Valdenses, volvieron al duque, y le dieron un informe de lo más favorable acerca de aquella gente, afirmando, delante de los mismos sacerdotes que los habían vilipendiado, que eran inocentes, inofensivos, leales, amistosos, laboriosos y piadosos; que aborrecían los crímenes de los que se les acusaba, y que si alguno, por su propia depravación, caía en alguno de aquellos crímenes, sería castigado por sus propias leyes de la manera más ejemplar. «Y con respecto a los niños», le dijeron los caballeros, «los sacerdotes han dicho las falsedades más burdas y ridículas, porque ni nacen con gargantas negras, ni con dientes, ni peludos, sino que son niños tan hermosos como el que más. Y para convencer a su alteza de lo que hemos dicho (prosiguió uno de los caballeros) hemos traído con nosotros a doce de los varones principales, que han acudido a pedir perdón en nombre del resto por haber tomado las armas sin vuestro permiso, aunque en defensa propia, para proteger sus vidas frente a estos implacables enemigos. Y hemos asimismo traído a varias mujeres con niños de varias edades, para que vuestra alteza tenga la oportunidad de examinarlos tanto como quiera.» El duque, tras aceptar las excusas de los doce delegados, de conversar con las mujeres y de examinar a los niños, los despidió gentilmente. Luego ordenó a los sacerdotes, que habían tratado de engañarle, que abandonaran la corte en el acto, y dio órdenes estrictas de que la persecución cesara a través de sus dominios.

Los Valdenses gozaron de paz por muchos años, hasta la muerte de Felipe duque de Saboya; pero su sucesor resultó ser un fanático papista. Para el mismo tiempo, algunos de los principales Valdenses propusieron que su clero predicara en público, para que todos pudieran conocer la pureza de sus doctrinas. Hasta entonces sólo habían predicado en privado y a congregaciones que sabían con certeza que estaban constituidas sólo por personas de religión reformada.

Al oír estas actuaciones, el nuevo duque se irritó sobremanera, y envió un gran cuerpo de ejército a los valles, jurando que si aquellas gentes no cambiaban de religión, los haría despellejar vivos. El comandante de las tropas pronto vio lo impracticable que era vencerlos con el número de soldados que tenía consigo, y por ello le envió un mensaje al duque diciéndole que la idea de subyugar a los Valdenses con una fuerza tan pequeña era ridícula; que aquella gente conocía mejor el país que cualquiera de los que estaban con él; que se habían apoderado de todos los pasos, que estaban bien armados, y totalmente decididos a defenderse; y que, con respecto a despellejarlos, le dijo que cada piel perteneciente a estas personas le costaría la vida de una docena de los suyos.

Aterrado ante esta información, el duque retiró las tropas, decidiendo no actuar por la fuerza, sino por estratagemas. Por ello, ordenó recompensas por el apresamiento de cualesquiera de los Valdenses que pudieran ser hallados extraviados fuera de sus lugares fuertes; y que estos, si eran tomados, fueran o bien despellejados vivos, o quemados.

Los Valdenses tenían hasta entonces sólo el Nuevo Testamento y unos pocos libros del Antiguo en la lengua valdense, pero ahora decidieron completar los escritos sagrados en su propio idioma. Emplearon entonces a un impresor suízo que les supliera una edición completa del Antiguo y Nuevo Testamento en lengua valdesa, lo que hizo por causa de las quince mil coronas de oro, que estas piadosas gentes le pagaron.

Al acceder a la silla pontificia el Papa Pablo III, un fanático papista, de inmediato solicitó al parlamento de Turín que los Valdenses fueran perseguidos como los herejes más perniciosos.

El parlamento accedió en el acto, y varios fueron rápidamente apresados y quemados por orden suya. Entre estos estaba Bartolomé Hector, librero y papelero de Turín, que había sido criado como católico romano, pero que, habiendo leído algunos tratados escritos por el clero reformado, había quedado enteramente convencido de los errores de la Iglesia de Roma; pero su mente había estado vacilando durante cierto tiempo, y le costaba decidir qué religión abrazar.

Al final, no obstante, abrazó plenamente la religión reformada, y fue prendido, como ya se ha dicho, y quemado por orden del parlamento de Turín.

Ahora el parlamento de Turín celebró una consulta, en la que se acordó enviar delegados a los valles del Piamonte, con las siguientes proposiciones:

1. Que si los Valdenses entraban en el seno de la Iglesia de Roma y abrazaban la religión católico-romana, disfrutarían de sus casas, propiedades y tierras, y vivirían con sus familias, sin la más mínima molestia.

2. Que para demostrar su obediencia, deberían enviar a doce de sus personas principales, con todos sus ministros y maestros, a Turín, para que fueran tratados discrecionalmente.

3. Que el Papa, el rey de Francia y el duque de Saboya aprobaban y autorizaban los procedimientos del parlamento de Turín en esta ocasión.

4. Que si los Valdenses de los valles del Piamonte rehusaban acceder a estas proposiciones, les sobrevendría una persecución, y que su suerte sería una muerte cierta.

A cada una de estas proposiciones respondieron los Valdenses de la siguiente manera:

1. Que ninguna consideración de ninguna clase les llevaría a renunciar a su religión.

2. Que jamás consentirían en entregar a sus mejores y más respetables amigos a la custodia y discreción de sus peores y más inveterados enemigos.

3. Que valoraban más la aprobación del Rey de reyes que reina en el cielo más que cualquier autoridad temporal.

4. Que sus almas les eran de mayor precio que sus cuerpos.

Estas réplicas tan aguzadas y valerosas irritaron mucho al parlamento de Turín; prosiguieron secuestrando, con más avidez que nunca, a los Valdenses que no actuaban con la adecuada precaución, los cuales sufrían las más crueles muertes. Entre estos, desafortunadamente, cayó en sus manos a Jeffery Varnagle, ministro de Angrogne, a quien quemaron vivo como hereje.

Luego pidieron un considerable cuerpo de ejército al rey de Francia para exterminar totalmente a los reformados de los valles del Piamonte; pero cuando las tropas iban a emprender la marcha, los príncipes protestantes de Alemania se interpusieron, y amenazaron con enviar tropas para ayudar a los Valdenses si eran atacados. El rey de Francia, no deseando entrar en una guerra, envió un mensaje al parlamento de Turín comunicándoles que no podía por ahora mandarles tropas para actuar en el Piamonte. Los miembros del parlamento quedaron sumamente trastornados ante este contratiempo, y la persecución fue cesando gradualmente, porque sólo podían dar muerte a los reformados que podían atrapar por casualidad, y como los Valdenses se volvían cada vez más cautos, su crueldad tuvo que cesar por falta de objetos sobre los que ser ejercitada.

Los Valdenses gozaron así de varios años de tranquilidad; pero luego fueron perturbados de la siguiente manera: El nuncio papal llegó a Turín para hablarle al duque de Saboya, y le dijo a aquel príncipe que se sentía asombrado de que todavía no hubiera desarraigado del todo a los Valdenses de los valles del Piamonte, u obligado a entrar en el seno de la Iglesia de Roma. Que no podía dejar de considerar como sospechosa aquella conducta, y que realmente pensaba que era un favorecedor de herejes, y que informaría de ello en consecuencia a su santidad el Papa.

Herido por este reproche, y no dispuesto a que dieran una falsa imagen de él al Papa, el duque decidió actuar con la mayor dureza, para mostrar su celo, y para compensar su anterior negligencia con futuras crueldades. Así, emitió órdenes expresas para que todos los Valdenses asistieran regularmente a Misa, bajo pena de muerte. Esto ellos rehusaron de manera absoluta, y entonces entró en los valles del Piamonte con un ejército imponente, y dio inicio a una feroz persecución, en la que grandes cantidades de Valdenses fueron ahorcados, ahogados, destripados, atados a árboles y traspasados con alabardas, despeñados, quemados, apuñalados, torturados en el potro del tormento hasta morir, crucificados cabeza abajo, devorados por perros, etc.

Los que huyeron fueron privados de todos sus bienes, y sus casas quemadas; se comportaban de manera especialmente cruel cuando atrapaban a un ministro o a un maestro, a los que hacían sufrir las más refinadas e inconcebibles torturas. Si alguno de ellos parecía vacilar en su fe, no lo mataban, sino que lo enviaban a galeras, para que se convirtieran a golpes de infortunio.

Los más crueles perseguidores que asistían al duque en esta ocasión eran tres: 1) Tomás Incomel, un apóstata, porque había sido criado en la religión reformada, pero renunció a su fe, abrazó los errores del papado, y se volvió monje. Era un gran libertino, entregado a crímenes contra natura, y sórdidamente deseoso del botín de los Valdenses. 2. Corbis, hombre de naturaleza cruel y feroz, cuya actividad era interrogar a los presos. 3. El preboste de justicia, que estaba deseoso de la ejecución de los Valdenses, porque cada ejecución significaba dinero para su bolsillo.

Estas tres personas eran inmisericordes en sumo grado; y doquiera que fueran había la seguridad de que correría la sangre inocente. Aparte de las crueldades ejercidas por el duque, por estas tres personas y por el ejército, en sus diferentes marchas, se cometieron muchas barbaridades a nivel local. En Pignerol, ciudad de los valles, había un monasterio, cuyos monjes, viendo que podían dañar a los reformados con impunidad, comenzaron a saquear las casas y a derribar las iglesias de los Valdenses. Al no encontrar ninguna oposición, se apoderaron de aquellos infelices, asesinando a los hombres, encerrando a las mujeres, y entregando los niños a ayas católico-romanas.

Los habitantes católico-romanos del valle de San Martín hicieron también todo lo que pudieron por atormentar a los vecinos Valdenses. Destruyeron sus iglesias, quemaron sus casas, se apoderaron de sus propiedades, robaron sus ganados, dedicaron las tierras de ellos a sus propios usos, echaron a sus ministros a la hoguera, y a los Valdenses hacia los bosques, donde no tenían para subsistir más que frutos silvestres, raíces, la corteza de los árboles, etc.

Algunos rufianes católico-romanos, habiendo apresado a un ministro que iba a predicar, decidieron llevarlo a un lugar conveniente y quemarlo. Al saberlo sus fieles, los hombres se armaron, se lanzaron en persecución de los rufianes, y parecieron decididos a rescatar a su ministro. Al darse cuenta los malvados, apuñalaron al pobre hombre, y, dejándolo tendido en un charco de sangre, se retiraron precipitadamente. Los atónitos fieles hicieron todo lo posible por salvarlo, pero en vano; el arma había afectado órganos vitales, y expiró mientras lo llevaban de vuelta a casa.

Teniendo los monjes de Pignerol un gran deseo de poner las manos encima de un ministro de una ciudad en los valles, llamada St. Germain, contrataron a una banda de rufianes para que lo secuestraran. Estos tipos fueron conducidos por un traidor, que había sido antes criado del ministro, y que sabía perfectamente un camino secreto a la casa, por el que podía llevarlos sin levantar la alarma del vecindario. El guía llamó a la puerta, y, a la pregunta de quién era, contestó con su propio nombre. El ministro, no esperando daño alguno de una persona a la que había cubierto de favores, abrió de inmediato la puerta. Pero al ver la banda de facinerosos, retrocedió, y huyó hacia una puerta trasera. Pero todos se lanzaron adentro, y lo apresaron. Tras haber asesinado a toda su familia, lo hicieron ir hacia Pignerol, pinchándole durante todo el camino con picas, lanzas, espadas, etc. Fue guardado durante mucho tiempo en la cárcel, y luego encadenado a la estaca para ser quemado; entonces se ordenó a dos mujeres de los Valdenses, que habían renunciado a su religión para salvar sus vidas, que llevaran leña a la hoguera para quemarle; y mientras la preparaban, que dijeran: «Toma esto, malvado hereje, en pago de las perniciosas doctrinas que nos enseñaste.» Estas palabras se las repitieron así ellas a él, a lo que él replicó con calma: «Yo os enseñé bien, pero desde entonces habéis aprendido el mal.»

Entonces aplicaron fuego a la leña, y fue rápidamente consumido, invocando el nombre del Señor mientras la voz se lo permitió.

Mientras las tropas de desalmados que pertenecían a los monjes cometían estos grandes desmanes por la ciudad de St. Germain, asesinando y saqueando a muchos de sus habitantes, los reformados de Lucerna y de Angrogne enviaron algunos cuerpos de hombres armados para ayudar a sus hermanos de St. Germain. Estos cuerpos de hombres armados atacaban con frecuencia a los rufianes, y a menudo los ponían en fuga, lo que aterró tanto a los monjes que dejaron el monasterio de Pignerol por cierto tiempo, hasta que consiguieron un cuerpo de tropas regulares para protegerles.

El duque, viendo que no había conseguido el éxito deseado, aumentó mucho sus tropas; ordenó que las bandas de bandidos que pertenecían a los monjes se unieran a él, y mandó un vaciado general de las cárceles, con la condición de que las personas liberadas portaran armas, y fueran constituidas en compañías ligeras, para ayudar en el exterminio de los Valdenses.

Los Valdenses, informados de estas acciones, reunieron todo lo que pudieron de sus propiedades, y abandonaron los valles, retirándose a las rocas y cuevas entre los Alpes; se debe decir que los valles del Piamonte están situados al pie de aquellas prodigiosas montañas de los Alpes, o montes Alpinos.

El ejército comenzó ahora a saquear e incendiar las ciudades y pueblos donde llegaban; pero las tropas no podían forzar los pasos a los Alpes, que eran defendidos valerosamente por los Valdenses, y que siempre rechazaron a sus enemigos; pero si alguno caía en manos de las tropas, podían tener la certeza de ser tratados con la dureza más salvaje.

Un soldado que atrapó a uno de los Valdenses le arrancó el oído derecho, diciendo: «Me llevaré a mi país este miembro de este malvado hereje, para guardarlo como una rareza.» Luego apuñaló al hombre y lo echó en una acequia.

Una partida de tropas encontró a un venerable hombre, de alrededor de cien años, junto con su nieta, una muchacha de unos dieciocho años, ocultos en una cueva. Asesinaron al pobre anciano de la manera más cruel, y luego intentaron violar a la muchacha; pero ella emprendió la huida a la carrera; al verse perseguida, se echó por un precipicio y pereció.

Los Valdenses, a fin de poder repeler la fuerza con la fuerza de manera más eficaz, concertaron una alianza con los poderes protestantes de Alemania y con los reformados del Delfinado y de Pragela. Estos iban respectivamente a suplir fuerzas armadas, y los Valdenses decidieron, reforzados de esta manera, abandonar los Alpes (donde habrían pronto perecido, porque se avecinaba el invierno), y forzar a los ejércitos del duque a evacuar sus valles natales.

El duque de Saboya estaba ya cansado de la guerra; le había costado muchas fatigas y ansiedades, muchos hombres, y grandes cantidades de dinero. Había sido mucho más larga y sangrienta dc lo que había esperado, así como también más cara de lo que se hubiera podido imaginar al principio, porque pensó que el saqueo iba a pagar los gastos de la expedición; pero en esto se equivocó, porque fueron el nuncio papal, los obispos, monjes y otros clérigos, que asistieron al ejército y alentaron la guerra, los que se quedaron con la mayor parte de las riquezas que habían sido tomadas bajo diversas pretensiones. Por esta razón, y por la muerte de la duquesa, de la que acababa de enterarse, y temiendo que los Valdenses, por los tratados que habían concertado, fueran a volverse más poderosos que nunca, decidió volver a Turín con su ejército, y hacer la paz con los Valdenses.

Cumplió esta resolución, aunque muy en contra de la voluntad de los clérigos, que eran los mayores ganadores y los más complacidos con la venganza. Antes de poder ser ratificados los artículos de paz, el duque mismo murió, poco después de volver a Turín; pero en su lecho de muerte dio estrictas instrucciones a su hijo de acabar lo que él había comenzado, y que fuera lo más favorable posible a los Valdenses.

El hijo del duque, Carlos Manuel, sucedió a los dominios de Saboya, y ratificó plenamente la paz con los Valdenses, siguiendo las últimas instrucciones de su padre, aunque los clérigos hicieron todo lo que pudieron para persuadirle de lo contrario.

Una relación de las persecuciones en Venecia

Mientras que el estado de Venecia estuvo libre de inquisidores, un gran número de protestantes fijaron allí su residencia, y hubo muchos convertidos por causa de la pureza de las doctrinas que profesaban, y de la apacibilidad de la conducta que observaban.

Al ser el Papa informado dcl gran auge dcl protestantismo envió inquisidores a Venecia en el año 1542, para indagar en esta cuestión y prender a los que pudieran considerar personas perniciosas. Con esto comenzó una severa persecución, y muchas personas dignas fueron martirizadas por servir a Dios con pureza, escarneciendo los paramentos de la idolatría.

Fueron varias las maneras en que se les quitó la vida a los protestantes; pero describiremos un método particular, que fue inventado por primera vez para esta ocasión; tan pronto como se pronunciaba sentencia, se le ponía al preso una cadena de hierro que atravesaba una gran piedra atada a su cuerpo. Luego era puesto plano sobre una plancha de madera, cara arriba, y lo remaban entre dos barcas hasta cierta distancia mar adentro, cuando las dos barcas se separaban, y era hundido al fondo por el peso de la piedra.

Si alguien rechazaba la jurisdicción de los inquisidores en Venecia, era enviado a Roma, donde era echado a propósito en unas mazmorras llenas de humedad, nunca llamados a juicio, con lo que morían miserablemente de inanición en la cárcel.

Un ciudadano de Venecia, Antonio Ricetti, prendido como protestante, fue sentenciado a ser ahogado de la manera ya descrita. Pocos días antes de la fecha señalada para su ejecución, su hijo fue a verle, y le suplicó que se retractara, para que salvara la vida, y él mismo no se quedara huérfano. A esto el padre le contestó: «Un buen cristiano tiene el deber de entregar no sólo sus bienes y sus hijos, sino la vida misma, por la gloria de su Redentor; por esto, estoy resuelto a sacrificarlo todo en este mundo pasajero, por amor a la salvación en un mundo que permanecerá eternamente.»

Los señores de Venecia también le hicieron saber que si abrazaba la religión católico-romana, no sólo le darían su vida, sino que redimirían una considerable finca que él había hipotecado, y se la darían como presente. Sin embargo, rehusó en absoluto aceptar tal cosa, enviando recado a los nobles de que valoraba más su alma que todas las otras consideraciones; al decírsele que un compañero de prisión llamado Francisco Sega se había retractado, respondió: «Si ha abandonado a Dios, le compadezco; pero yo me mantendré firme en mi deber.» Viendo inútiles todos los esfuerzos por persuadirle a renunciar a su fe, fue ejecutado en conformidad a la sentencia, muriendo animosamente, y encomendando fervorosamente su alma al Omnipotente.

Lo que se le había dicho a Ricetti acerca de la apostasía de Francisco Sega era absolutamente falso, porque jamás había ofrecido retractarse, sino que se mantuvo firme en su fe, y fue ejecutado, pocos días después de Ricetti, y de la misma manera.

Francisco Spinola, un caballero protestante de gran erudición, prendido por orden de los inquisidores, fue llevado delante de su tribunal. Le pusieron entonces un tratado acerca de la Cena del Señor, preguntándole si conocía a su autor. A esto él contestó: «Me confieso su autor, y al mismo tiempo afirmo solemnemente que no hay una línea en ello sino lo que está autorizado por y es consonante con las Sagradas Escrituras.» Por esta confesión fue enviado incomunicado a una mazmorra durante varios días.

Hecho comparecer para un segundo interrogatorio, acusó al legado del Papa y a los inquisidores de ser unos bárbaros inmisericordes, y luego puso las supersticiones e idolatrías practicadas por la Iglesia de Roma bajo una luz tan fulgurante que nadie pudo refutar sus argumentos; luego lo mandaron a su mazmorra, para hacerle arrepentirse de lo que había dicho.

En su tercer interrogatorio le preguntaron si iba a retractarse de sus errores. Les respondió entonces que las doctrinas que mantenía no eran erróneas, siendo puramente las mismas que habían enseñado Cristo y Sus apóstoles, y que nos habían sido transmitidas en las escrituras sagradas. Los inquisidores le sentenciaron entonces a morir ahogado, lo que se ejecutó de la manera ya descrita. Fue a la muerte con la mayor serenidad, pareciendo anhelar la disolución, y declarando que la prolongación de su vida sólo servía para demorar aquella verdadera felicidad que sólo podía esperarse en el mundo venidero.

Una relación de varias personas notables que fueron martirizadas en distintas partes de Italia, por causa de su religión.

Juan Mollius había nacido en Roma, de padres de buena posición social. A los doce años lo ingresaron en el monasterio de los Frailes Grises, donde hizo un progreso tan rápido en las artes, las ciencias y los idiomas que a los dieciocho años le permitieron tomar el orden sacerdotal.

Fue enviado a Ferrara donde, después de estudiar durante seis años más, fue designado lector teológico en la universidad de aquella ciudad. Pero ahora, desafortunadamente, empleaba sus talentos para disfrazar las verdades del evangelio y para recubrir los errores de la Iglesia de Roma. Tras pasar algunos años de residencia en Ferrara, pasó a la universidad de Bononia, en la que vino a ser profesor. Al leer algunos tratados escritos por ministros de la religión reformada, se hizo plenamente consciente de los errores del papado, y pronto se volvió un celoso protestante en su corazón.

Decidió ahora exponer, siguiendo la pureza del Evangelio, la Epístola de San Pablo a los Romanos en un curso regular de sermones. El apiñamiento de gentío que seguía de continuo su predicación era sorprendente, pero cuando los sacerdotes supieron el tenor de sus doctrinas, enviaron una relación del asunto a Roma, con lo que el Papa envió un monje, llamado Cornelio, a Bononia, para exponer la misma epístola según los artículos de la Iglesia de Roma. Sin embargo, la gente encontró tal disparidad entre los dos predicadores que la audiencia de Mollius aumentó, y Cornelio se vio obligado a predicar a bancos vacíos.

Cornelio escribió una comunicación de su nulo éxito al Papa, que inmediatamente envió una orden para prender a Mollius, que fue apresado, y guardado incomunicado. El obispo de Bononia le mandó decir que debía retractarse o ser quemado; pero él apeló a Roma, y fue enviado allá.

En Roma rogó que se le concediera tener un juicio público, pero el Papa se negó categóricamente a ello, y le ordenó que diera cuenta de sus opiniones por escrito, lo que él hizo bajo los siguientes encabezamientos:

Pecado original. Libre albedrío. La infalibilidad de la Iglesia de Roma. La infalibilidad del Papa. La justificación por la fe. El Purgatorio. La transubstanciación. La Misa. La confesión auricular. Las oraciones por los muertos. La hostia. Las oraciones por los santos. Las peregrinaciones. La extremaunción. Los servicios en una lengua desconocida, etc. etc.

Todo ello lo confirmó en base de la autoridad de las Escrituras. El Papa, en esta ocasión y por razones políticas, lo puso en libertad, pero poco después lo hizo prender y ejecutar, siendo primero ahorcado, y luego su cuerpo quemado hasta ser reducido a cenizas, el 1553 d.C.

Al año siguiente fue prendido Francisco Gamba, un lombardo, de religión protestante, y condenado a muerte por el senado de Milán. En el lugar de la ejecución un monje le presentó una cruz, y él le dijo: «Mi mente está tan llena de los verdaderos méritos y de la bondad de Cristo que no quiero emplear un trozo de palo insensible para traérmelo a la mente.» Por decir esto le horadaron la lengua, y luego lo quemaron.

En el 1555 d.C., Algerio, estudiante en la universidad de Padua, y hombre de gran erudición, hizo todo lo que estaba en su poder por convertir a otros. Por estas acciones fue acusado de herejía delante del Papa, y, prendido, fue echado en la cárcel de Venecia.

El Papa, informado de la gran erudición de Algerio, y de sus sorprendentes capacidades innatas, pensó que sería de infinito servicio a la Iglesia de Roma si lograba persuadirle de abandonar la causa protestante. Por ello, lo hizo traer a Roma, e intentó, mediante las promesas más profanas, de ganarlo a sus propósitos. Pero al ver inútiles sus esfuerzos, ordenó que fuera quemado, sentencia que fue oportunamente cumplida.

El 1559 d.C., Juan Alloysius, enviado de Ginebra para predicar en Calabria, fue allí prendido como protestante, llevado a Roma, y quemado por orden del Papa. De la misma manera y por las mismas razones fue quemado en Messina Jacobo Bovellus.

En el año 1560, el Papa Pío IV ordenó que todos los protestantes fueran severamente perseguidos en los estados italianos, y grandes números de toda edad, sexo y condición sufrieron el martirio. Con respecto a las crueldades practicadas en esta ocasión, un erudito y humano católico romano se refirió así a ellos, cn una carta a un noble señor:

«No puedo, mi señor, dejar de revelaros mis sentimientos, con respecto a las persecuciones que están dándose ahora. Creo que es algo cruel e innecesario. Tiemblo ante la forma de dar muerte. Se parece más a la degollina de terneros y ovejas que a la ejecución de seres humanos. Relataré a su señoría una terrible escena, de la que yo mismo fui testigo presencial. Setenta protestantes estaban echados juntos en una inmunda mazmorra; el verdugo entró entre ellos, tomó a uno de entre el resto, lo sacó a un lugar abierto fuera de la prisión, y le cortó la garganta con la mayor calma. Luego entró calmosamente en la prisión, ensangrentado como iba, y con el cuchillo en la mano seleccionó a otro, y lo despachó de la misma forma. Y esto, señoría, lo repitió hasta que hubo dado muerte a todos. Dejo a los sentimientos de su señoría juzgar acerca de mis sensaciones en esta ocasión; mis lágrimas caen ahora sobre el papel sobre el que le escribo esta relación. Otra cosa que debo mencionar: la paciencia con la que afrontaron la muerte. Parecían ser todo resignación y piedad, orando fervientes a Dios, y enfrentándose animosos a su suerte. No puedo pensar sin temblar cómo el verdugo sostenía el cuchillo entre sus dientes; qué terrible figura constituía, cubierto de sangre, y con que despreocupación ejecutaba su bárbaro oficio.»

Un joven inglés que estaba en Roma estaba un día pasando junto a una iglesia justo cuando salía la procesión de la hostia. Un obispo llevaba la hostia, y viéndolo el joven, se la arrebató, la tiró al suelo, y la pisoteó, gritando: «¡Miserables idólatras, que dejáis al verdadero Dios, para adorar un trozo de comida!» Esta acción provocó de tal manera al pueblo que lo habrían despedazado en aquel mismo momento; pero los sacerdotes persuadieron a la multitud que lo dejaran para que lo sentenciara el Papa.

Cuando le contaron el asunto al Papa, éste se sintió enormemente exasperado, y ordenó que el preso fuera quemado inmediatamente; pero un cardenal lo disuadió de esta apresurada sentencia, diciéndole que sería mejor castigarlo gradualmente y torturarlo, para poder descubrir si había sido instigado por alguna persona determinada a cometer un acto tan atroz.

Aprobado esto, fue torturado con la mayor severidad, pero sólo pudieron sacarle estas palabras: «Era la voluntad de Dios que hiciera lo que hice.»

Entonces el Papa pronunció sentencia contra él:

1. Que el verdugo lo llevara con el torso desnudo por las calles de Roma.
2. Que llevara la imagen del diablo sobre la cabeza.
3. Que le pintaran en los calzones la representación de las llamas.
4. Que le cortaran la mano derecha.
5. Que después de haber sido llevado así en procesión, fuera quemado.

Cuando oyó esta sentencia, imploró a Dios que le diera fuerza y entereza para mantenerse firme. Al pasar por las calles, fue enormemente escarnecido por el pueblo, a los que les dijo algunas cosas severas acerca de la superstición romanista. Pero un cardenal, que le oyó, ordenó que lo amordazaran.

Cuando llegó a la puerta de la iglesia donde había pisoteado la hostia, el verdugo le cortó la mano derecha, y la clavó en un palo. Luego dos torturadores, con antorchas encendidas, abrasaron y quemaron su carne todo el resto del camino. Al llegar al lugar de la ejecución besó las cadenas que iban a atarlo a la estaca. Al presentarle un monje la figura de un santo, la golpeó echándola a un lado, y luego, encadenado en la estaca, le encendieron la leña, y pronto quedó reducido a cenizas.

Poco después de la ejecución acabada de mencionar, un venerable anciano, que había sido mucho tiempo preso de la Inquisición, fue condenado a la hoguera, y sacado para ser ejecutado. Cuando estaba ya encadenado a la estaca, un sacerdote le sostuvo un crucifijo delante, y le dijo: «Como no me quites este ídolo de delante de la vista, me obligarás a escupirle.» El sacerdote le reprendió por hablar tan duramente, pero él le dijo que recordara el Primer y el Segundo Mandamiento y que se apartara de la idolatría, como Dios mismo había mandado. Fue entonces amordazado, para que no hablara ya más, y poniéndose fuego a la leña, sufrió el martirio en las llamas.

Una relación de las persecuciones en el Marquesado de Saluces

El Marquesado de Saluces, en el límite meridional de los valles del Piamonte, estaba, en el año 1561, principalmente habitado por protestantes; entonces el marqués, propietario de aquellas tierras, comenzó una persecución contra ellos, por instigación del Papa. Comenzó desterrando a los ministros, y si alguno de ellos rehusaba abandonar a su grey, podían tener la certeza de ser encarcelados y torturados con severidad. Sin embargo, no llegó tan lejos como para dar muerte a nadie.

Poco después el marquesado cayó en posesión del duque de Saboya, que envió cartas circulares a todas las ciudades y pueblos, diciendo que esperaba que todo el pueblo se conformara a ir a Misa.

Los habitantes de Saluces, al recibir esta carta, le enviaron como respuesta una epístola general.

El duque, tras leer la carta de ellos, no interrumpió a los protestantes por algún tiempo; pero al final les envió una comunicación diciéndoles que o bien se conformaban a la Misa, o bien deberían dejar sus dominios en quince días. Los protestantes, ante este inesperado edicto, enviaron un representante ante el duque para lograr su revocación, o al menos que fuera moderado. Pero fueron vanas sus protestas, y se les dio a entender que el edicto era absoluto.

Algunos fueron lo suficientemente débiles como para aceptar ir a Misa a fin de evitar el destierro y preservar sus propiedades; otros se fueron, con todas sus posesiones, a otros países; y muchos dejaron pasar el tiempo de tal manera que se vieron obligados a abandonar todo lo que tenían de valor, y a dejar el marquesado a toda prisa. Los infelices que quedaron atrás fueron apresados, saqueados, y muertos.

Una relación de las persecuciones en los valles del Piamonte en el siglo diecisiete

El Papa Clemente VIII envió misioneros a los valles del Piamonte para inducir a los protestantes a renunciar a su religión. Estos misioneros erigieron monasterios en varias partes de los valles, y provocaron muchos problemas en los de los reformados, donde los monasterios aparecieron no sólo como fortalezas para dominar, sino también como refugios para todos los que les hicieran cualquier daño.

Los protestantes hicieron una petición al duque de Saboya contra estos misioneros, cuya insolencia y malos tratos se habían hecho intolerables; pero en lugar de hacerles justicia, prevaleció el interés de los misioneros hasta el punto de que el duque publicó un decreto, en el que declaró que un solo testigo sería suficiente en un tribunal contra un protestante, y que cualquier testigo que pudiera lograr la convicción de un protestante por el crimen que fuera tendría derecho a cien coronas.

Se puede imaginar fácilmente que al publicarse un decreto de esta naturaleza muchos protestantes cayeron mártires ante el perjurio y la avaricia; porque varios papistas villanos estaban dispuestos a jurar cualquier cosa contra un protestante por amor a la recompensa, y luego ir veloces a sus sacerdotes a obtener la absolución por sus falsos juramentos. Si algún católico romano con más conciencia que el resto censuraba a esos sujetos por sus atroces crímenes, se veía en peligro de ser él mismo denunciado y expuesto como favorecedor de herejes.

Los misioneros hicieron todo lo posible por conseguir los libros de los protestantes, para quemarlos. Haciendo estos todo lo posible por esconderlos, los misioneros escribieron al duque de Saboya, el cual, para castigar a los protestantes por el horrendo crimen de no entregar sus Biblias, libros de oración y tratados religiosos, envió a unas compañías de soldados para que se acuartelaran en sus casas. Estos militares causaron graves destrozos en las casas de los protestantes, y destruyeron tanta cantidad de alimentos y bienes que muchas familias quedaron totalmente arruinadas.

Para alentar tanto como fuera posible la apostasía de los protestantes, el duque de Saboya hizo una proclamación en la que decía: «Para alentar a los herejes a volverse católicos, es nuestra voluntad y beneplácito, y así lo mandamos expresamente, que todos los que abracen la santa fe Católica Romana gozarán de una exención de todos y cada uno de los impuestos por espacio de cinco años, a partir del día de su conversión.» El duque de Saboya estableció también un tribunal, llamado consejo para la extirpación de herejes. Este tribunal debía hacer indagaciones acerca de los antiguos privilegios de las iglesias protestantes, y de los decretos que se habían promulgado, de tanto en tanto, en favor de los protestantes. Pero la investigación de estas cosas se hizo con la más descarada parcialidad: se manipuló el sentido de las viejas cartas de derechos, y se emplearon sofismas para pervertir el sentido de todo aquello que tendía a favorecer a los reformados.

Como si todas estas duras acciones no fueran suficientes, el duque publicó poco después otro edicto en el que se mandaba de manera estricta que ningún protestante podía ser maestro, o tutor, ni en público ni en privado, y que no podía osar enseñar arte, ni ciencia ni lengua algunos, ni directa ni indirectamente, a nadie, fuera cual fuera su religión.

Este edicto fue seguido de inmediato por otro que decretaba que ningún protestante podía ocupar puesto alguno de beneficio, confianza u honor. Para dejarlo todo atado, y como prenda cierta de una cercana persecución, se promulgó un edicto final en el que se ordenaba positivamente que todos los protestantes debían ir a Misa.

La publicación de un edicto con esta orden puede compararse con el izamiento de la bandera roja; porque la consecuencia cierta del mismo tenía que ser el asesinato y el saqueo. Uno de los primeros en atraer la atención de los papistas fue Sebastián Basan, un celoso protestante, que fue prendido por los misioneros, encerrado, atormentado por espacio de quince meses, y luego quemado.

Antes de esta persecución, los misioneros habían empleado secuestradores para robar hijos a los protestantes, para poderlos criar secretamente como católicos romanos; pero ahora arrebataban a los hijos por la fuerza, y si encontraban ninguna resistencia, asesinaban a los padres.

Para dar mayor fuerza a la persecución, el duque de Saboya convocó una asamblea general de los nobles y gentilhombres católico-romanos, en la que se promulgó un solemne edicto contra los reformados, conteniendo muchos artículos, e incluyendo varias razones para extirpar a los protestantes, entre las que se daban las siguientes:

1. Por la preservación de la autoridad papal.

2. Para que todas las rentas eclesiásticas estuvieran bajo una forma de gobierno.

3. Para unir a todos los partidos.

4. En honor de todos los santos y de las ceremonias de la Iglesia de Roma.

Este severo edicto fue seguido por una cruel orden, publicada el 25 de enero del 1655 d.C., bajo la sanción del duque, por Andrés Gastaldo, doctor en leyes civiles. Esta orden establecía «Que todos los cabezas de familia, con los componentes de aquellas familias, de la religión reformada, fuera cual fuera su rango, fortuna o condición, sin excepción alguna, de los habitantes y poseedores de tierras en Lucerna, St. Giovanni, Bibiana, Campiglione, St. Secondo, Lucernetta, La Torre, Fenile y Bricherassio, debían, en el término de tres días de la publicación de la orden, retirarse y partir, y ser echados de los dichos lugares, y llevados a los lugares y límites tolerados por su alteza durante su beneplácito; en particular Bobbio, Angrogne, Vilario, Rorata y el condado de Boneti.

»Todo esto debía llevarse a cabo bajo pena de muerte y confiscación de casa y bienes, a no ser que dentro del plazo se convirtieran en católicos romanos.»

Ya se puede concebir que una huida con tan breve plazo, en medio del invierno, no era tarea grata, especialmente en un país casi rodeado de montañas. La repentina orden afectaba a todos, y cosas que apenas si habrían sido observadas en otras ocasiones ahora aparecían de manera evidente. Mujeres embarazadas, o mujeres que acababan de dar a luz, no constituían excepciones para esta súbita orden de destierro, porque todos estaban incluidos en ella; y, desafortunadamente, aquel invierno era inusitadamente severo y riguroso.

Pero los papistas expulsaron a la gente de sus moradas el día señalado, sin ni siquiera permitirles suficientes ropas para abrigarse; muchos murieron en los montes debido a la dureza del clima, o por falta de alimentos. Algunos que se quedaron atrás después de la ejecución del edicto encontraron el trato más duro, asesinados por los habitantes papistas, o muertos a tiros por las tropas acuarteladas en los valles. Una descripción particular de estas crueldades aparece en una carta, escrita por un protestante que estaba en el lugar, pero que felizmente escapó de la matanza. «Habiéndose instalado el ejército (nos dice él), en el lugar, aumentó en número por la adición de una multitud de los habitantes papistas de lugares vecinos, que al ver que éramos presa para el botín, se lanzaron sobre nosotros con furioso ímpetu. Aparte de las tropas del duque de Saboya y de los habitantes papistas había algunos regimientos de auxiliares franceses, algunas compañías de las brigadas irlandesas, y varias bandas de fueras de la ley, contrabandistas y presos, a los que se les había prometido perdón y libertad en este mundo, y absolución en el venidero, por ayudar en el exterminio de los protestantes del Piamonte.

»Esta multitud armada, alentada por los obispos y monjes católico-romanos, cayó sobre los protestantes de la manera más furiosa. Nada se podía ver ahora sino rostros horrorizados y desesperados; la sangre teñía los suelos de las casas, las calles estaban llenas de cadáveres; se oían gemidos y clamores por todas partes. Algunos se armaron y se enfrentaron a las tropas; y muchos, con sus familias, huyeron a los montes. En un pueblo atormentaron cruelmente a ciento cincuenta mujeres y niños después que los hombres hubieron huido, descabezando a las mujeres y descerebrando a los niños. En los pueblos de Vilario y Bobbio tomaron a la mayoría de los que habían rehusado ir a Misa, de quince años para arriba, y los crucificaron cabeza abajo; y la mayoría de los que estaban por debajo de aquella edad fueron estrangulados.»

Sara Rastignole des Vignes, una mujer de sesenta años, apresada por algunos soldados, recibió la orden de que les rezara a algunos santos; al rehusar, le clavaron una hoz en el vientre, la destriparon, y luego le cortaron la cabeza. Martha Constantine, una hermosa joven, fue tratada con gran indecencia y crueldad por varios de los soldados, que primero la violaron, y luego la mataron cortándole los pechos. Luego los frieron, y se los dieron a algunos de sus camaradas, que los comieron sin saber de qué se trataba. Cuando los hubieron comido, los otros les dijeron qué era aquel plato, y surgió una pelea, salieron a relucir las espadas, y se dio una batalla. Varios fueron muertos en la pelea, la mayoría de ellos aquellos que habían tomado parte en esta horrenda muerte de la mujer, y que habían cometido un engaño tan inhumano contra sus propios compañeros.

Algunos de los soldados prendieron a un hombre de Thrassiniere, y le traspasaron los oídos y los pies con sus espadas. Luego le arrancaron las uñas de los dedos de las manos y de los pies con tenazas al rojo vivo, lo ataron a la cola de un asno, y lo arrastraron por las calles; finalmente le ataron una cuerda alrededor de la cabeza, y la sacudieron con un palo con tal violencia que la arrancaron del cuerpo.

Pedro Symonds, un protestante de unos ochenta años, fue atado por el cuello y los talones, y luego echado a un precipicio. En su caída, la rama de un árbol prendió las cuerdas que le ataban, y quedó colgando entre cielo y tierra, de manera que languideció durante varios días, y finalmente murió de hambre.

Por rehusar renunciar a su religión, Esay Garcino fue cortado a trozos. Los soldados decían, bromeando, que lo habían hecho picadillo. Una mujer, llamada Armanda, fue descuartizada, y luego sus miembros fueron colgados sobre un vallado. Dos ancianas fueron destripadas y luego dejadas en el campo sobre la nieve, donde murieron; y a una mujer muy anciana, que era deforme, le cortaron la nariz y las manos, y fue dejada para que se desangrara hasta morir.

Muchos hombres, mujeres y niños fueron echados desde las rocas y estrellados. Magdalena Bertino, una mujer protestante de La Torre, fue desnudada totalmente, le ataron la cabeza entre las piernas, y fue lanzada por un precipicio. A María Raymondet, de la misma ciudad, le fueron cortando las carnes de los huesos hasta que expiró.

Magdalena Pilot, de Vilario, fue descuartizada en la cueva de Castolus; a Ana Charboniere le traspasaron el cuerpo con un extremo de una estaca, y, fijando el otro extremo en el suelo, fue dejada morir así. A Jacobo Perrin, un anciano, de la iglesia de Vilario, y a su hermano David, los despellejaron vivos.

Un habitante de La Torre, llamado Giovanni Andrea Michialm, fue prendido, con cuatro de sus niños, y tres de ellos fueron descuartizados delante de él; los soldados le preguntaban, tras la muerte de cada niño, si estaba dispuesto a cambiar de religión; a esto se negó constantemente. Uno de los soldados tomó entonces al último y más pequeño por los pies, y, haciéndole la misma pregunta al padre, éste le replicó de la misma manera, y aquella bestia inhumana estrelló al niño rompiéndole la cabeza. En aquel mismo momento, el padre se separó bruscamente de ellos y emprendió la huida; los soldados le dispararon, pero fallaron; él, corriendo a toda velocidad, escapó, y se ocultó en los Alpes.

Más persecuciones en los valles del Piamonte, en el siglo diecisiete

Giovanni Pelanchion, por rehusar hacerse papista, fue atado de una pierna al rabo de una mula, y arrastrado por las calles de Lucerna, en medio de las aclamaciones de una inhumana muchedumbre, que no paraba de apedrearlo y de gritar: «¡Está poseído por el demonio, por lo que ni el apedreamiento ni el arrastrarlo por las calles lo matará, porque el demonio lo mantiene vivo.» Luego lo llevaron junto al río, le cortaron la cabeza, y la dejaron, junto con su cuerpo, sin sepultura, sobre la ribera.

Magdalena, hija de Pedro Fontaine, una hermosa niña de diez años, fue violada y asesinada por los soldados. Otra niña de más o menos la misma edad fue asada viva en Villa Nova; y una pobre mujer, al oír que los soldados iban hacia su casa, tomó la cuna en la que su bebé estaba durmiendo y se lanzó corriendo hacia el bosque. Pero los soldados la vieron y se lanzaron a perseguirla; para aligerarse dejó la cuna y el bebé, y los soldados, en cuanto llegaron, asesinaron al pequeño, y reanudaron la persecución, hallaron a la madre en una cueva, y la violaron primero, descuartizándola después.

Jacobo Michelino, principal anciano de la iglesia de Bobbio, y varios otros protestantes, fueron colgados por medio de garfios fijados en sus vientres, y dejados que expiraran en medio de los más horrorosos dolores.

A Giovanni Rostagnal, un venerable protestante de más de ochenta años, le cortaron la nariz y las orejas, y le rebanaron las partes carnosas del cuerpo, haciéndolo desangrar hasta morir.

A siete personas, Daniel Seleagio, su mujer, Giovanni Durant, Lodwich Durant, Bartolomé Durant, Daniel Revel y Pablo Reynaud, les llenaron la boca con pólvora, que inflamada les voló la cabeza en pedazos.

Jacobo Birone, maestro de Rorata, rehusó cambiar de religión, y fue entonces desnudado del todo; después de exhibirle tan indecentemente, le arrancaron las uñas de los pies y de las manos con tenazas al rojo vivo, y le horadaron las manos con la punta de un puñal. Luego le ataron una cuerda por en medio, y fue llevado por las calles con un soldado a cada lado. Al llegar a cada esquina, el soldado de la derecha le propinaba un corte en su carne, y el soldado de la izquierda le daba un garrotazo, y ambos le decían, a la vez: «¿Irás a Misa? ¿Irás a Misa?» Él persistió contestando que no, por lo que finalmente lo llevaron a un puente, donde le cortaron la cabeza sobre la balustrada, y la echaron, y el cuerpo, al río.

A Pablo Garnier, un protestante muy piadoso, le sacaron los ojos, luego lo despellejaron vivo, y, descuartizándolo, sus miembros fueron puestos en cuatro de las casas principales de Lucerna. Soportó estos sufrimientos con la paciencia más ejemplar, dio alabanza a Dios mientras pudo hablar, y dio clara evidencia de qué confianza y resignación pueden ser inspiradas por una buena conciencia. En el siglo doce comenzaron en Italia las primeras persecuciones bajo el papado, en época de Adriano, un inglés que entonces era Papa. Éstas fueron las causas que llevaron a la persecución:

Un erudito y excelente orador de Brescia, llamado Arnaldo, llegó a Roma, y predicó abiertamente contra las corrupciones e innovaciones que se habían infiltrado en la Iglesia. Sus discursos eran tan llanos y consistentes, y exhalaban un espíritu tan puro de piedad, que los senadores y muchos del pueblo aprobaban en gran manera y admiraban sus doctrinas.

Esto enfureció de tal manera a Adriano que ordenó a Arnaldo que se fuera en el acto de la ciudad, como hereje. Pero Arnaldo no obedeció, porque los senadores y algunos de los principales del pueblo se pusieron de su parte, y se resistieron a la autoridad del Papa.

A Daniel Cardon, de Rocappiata, prendido por unos soldados, le cortaron la cabeza, y, friéndole los sesos, se los comieron. A dos pobres ancianas ciegas de St. Giovanni las quemaron vivas; y a una viuda de La Torre y a su hija las llevaron al río, y allí las apedrearon hasta morir.

A Pablo Giles, que trataba de huir de unos soldados, le dispararon, hiriéndole en el cuello; luego le sajaron la nariz, le rebanaron el mentón, lo apuñalaron y dieron su cadáver a los perros.

Algunas de las tropas irlandesas, habiendo prendido a once hombres de Garcigliana, calentaron un horno al rojo vivo, y los obligaron a empujarse unos a otros dentro, hasta que llegaron al último, a quien empujaron ellos mismos.

Michael Gonet, un hombre de noventa años, fue quemado hasta morir; Baptista Oudri, otro anciano, fue apuñalado; y a Bartolomé Frasche le hicieron agujeros en los talones, a través de los que pusieron cuerdas; luego fue arrastrado así a la cárcel, donde sus heridas gangrenaron y así murió.

Magdalena de la Piere, perseguida por algunos de los soldados, fue finalmente apresada, despeñada y estrellada. Margarita Revella y María Pravillerin, dos mujeres muy ancianas, fueron quemadas vivas; y Michael Bellino y Ana Bochardno fueron decapitados.

El hijo y la hija de un concejal de Giovanni fueron arrojados desde una fuerte pendiente, y dejados morir de inanición en un profundo hoyo al fondo. Una familia de un comerciante, él mismo, su mujer y un bebé en brazos, fueron echados por un precipicio y estrellados; y José Chairet y Pablo Carniero fueron despellejados vivos.

Al ser preguntado Cipriano Bustia si iba a renunciar a su religión y hacerse católico romano, éste contestó: «Prefiero renunciar antes a la vida, o volverme perro»; a esto contestó un sacerdote: «Por decir esto, renunciarás a la vida, y serás echado a los perros.» Así, lo arrastraron a la cárcel, donde quedó mucho tiempo sin alimento, hasta morir de inanición; después, echaron su cadáver a la calle delante de la cárcel, siendo devorado por los perros de la manera más horrorosa.

Margarita Saretta fue apedreada hasta morir, y luego echada al río; a Antonio Bartina le abrieron la cabeza, y a José Pont le abrieron el cuerpo de arriba abajo.

Estando Daniel María y toda su familia enfermos con fiebre, varios desalmados papistas entraron en la casa, diciendo que eran médicos prácticos, y que les quitarían la enfermedad, lo que hicieron rompiendoles las cabezas a todos los miembros de la familia.

A tres niñitos de un protestante llamado Pedro Fine los cubrieron de nieve y asfixiaron; a una viuda anciana llamada Judit la decapitaron; y a una hermosa joven la desnudaron y empalaron, matándola.

Lucía, mujer de Pedro Besson, y que estaba en avanzado estado de gestación, que vivía en los pueblos de los valles del Piamonte, decidió, si le era posible, huir de las terribles escenas que por todas partes contemplaba; tomó entonces sus dos pequeños, uno a cada mano, y se dirigió hacia los Alpes. Pero al tercer día del viaje le sobrevinieron los dolores de parto, y dio a luz a un bebé, que murió debido a la extrema inclemencia del tiempo, como también los otros dos hijos; porque los tres fueron hallados muertos a su lado, y ella agonizando, por la persona a la que relató los detalles anteriores.

A Francisco Gros, hijo de un clérigo, le cortaron lentamente la carne de su cuerpo en trozos pequeños, y luego se la pusieron en un plato delante de él; dos de sus hijos fueron hechos pedacitos delante de él; y su mujer fue atada a un poste, para que pudiera ver cómo hacían todas estas crueldades sobre su marido y sus hijos. Los atormentadores se cansaron finalmente de estas crueldades, les cortaron la cabeza al marido y a la mujer, y dieron luego la carne de toda la familia a los perros.

El señor Tomás Margher huyó a una cueva, cuya boca cegaron los soldados, y murió de hambre. Judit Revelin y siete niños fueron bárbaramente asesinados en sus camas; y una viuda de cerca de ochenta años fue descuartizada por los soldados.

A Jacobo Roseno le ordenaron que orara a los santos, lo que rehusó en absoluto hacer; algunos de los soldados lo golpearon violentamente con garrotes para hacerle obedecer, pero siguió rehusando, por lo que varios de ellos le

140

dispararon, alojándole muchas balas en el cuerpo. Mientras estaba agonizando, le chillaban: «¿Vas a rezar a los santos? ¿vas a rezar a los santos?», a lo que respondía: «¡No! ¡No! ¡No!» Entonces uno de los soldados, con una espada de hoja ancha, le partió la cabeza en dos, poniendo fin a sus sufrimientos en este mundo, por los que indudablemente será gloriosamente recompensado en el venidero.

Susana Gacquin, una muchacha a la que un soldado intentaba violar, opuso una denodada resistencia, y en la lucha lo empujó por un precipicio, donde quedó destrozado por la caída. Sus camaradas, en lugar de admirar la virtud de la joven y de aplaudirla por defender tan noblemente su castidad, se lanzaron sobre ella con sus espadas, y la despedazaron.

Giovanni Pulhus, un pobre campesino de La Torre, fue prendido por los soldados por protestante, y el marqués de la Pianesta ordenó que fuera ejecutado en un lugar cerca del convento. Al llegar a la horca, se acercaron varios monjes, e hicieron todo lo posible por persuadirle a renunciar a su religión. Pero les dijo que jamás abrazaría la idolatría, y que se sentía feliz de ser considerado digno de sufrir por el nombre de Cristo. Entonces le hicieron recordar cuanto sufrirían su mujer e hijos, que dependían de su trabajo, si él moría. A esto contestó: «Me gustaría que mi mujer e hijos, lo mismo que yo, consideraran antes sus almas más que sus cuerpos, y el mundo venidero antes que éste; y con respecto a la angustia en que las dejo, Dios es misericordioso, y proveerá para ellos mientras sean dignos de Su protección.» Al ver la inflexibilidad de este pobre hombre, los monjes gritaron: «¡Acaba con él, acaba con él!», lo que el verdugo hizo de inmediato; el cuerpo fue después despedazado y echado al río.

Pablo Clemente, anciano de la iglesia de Rossana, prendido por los monjes de un monasterio vecino, fue llevado a la plaza del mercado, donde algunos protestantes acababan de ser ejecutados por los soldados. Le mostraron los cadáveres, a fin de intimidarlo con el espectáculo. Al ver el sobrecogedor espectáculo, dijo, con calma: «Podéis matar el cuerpo, pero no podéis perjudicar el alma de un verdadero creyente; y acerca del terrible espectáculo que me habéis mostrado, podéis tener la seguridad de que la venganza de Dios alcanzará a los asesinos de estas pobres gentes, y los castigará por la sangre inocente derramada.» Los monjes se sintieron tan llenos de furor por esta contestación que ordenaron que lo ahorcaran en el acto; y mientras él colgaba, los soldados se divirtieron poniéndose a una distancia y empleando el cuerpo como blanco para sus disparos.

Daniel Rambaut, de Vilario, padre de una numerosa familia, fue prendido y llevado a prisión con varios otros, en la cárcel de Paysana. Aquí fue visitado por varios sacerdotes, que con una insistente importunidad hicieron todo lo posible por persuadirlo a renunciar a la religión protestante y hacerse papista.

Pero rehusó rotundamente, y los sacerdotes, al ver su decisión, pretendieron sentir piedad por su numerosa familia, y le dijeron que podría con todo salvar la vida si afirmaba su creencia en los siguientes artículos:

1. La presencia real en la hostia.
2. La Transubstanciación.
3. El Purgatorio.
4. La infalibilidad del Papa.
5. Que las Misas dichas por los difuntos liberan almas del purgatorio.
6. Que rezar a los santos da remisión de pecados.

M. Rambaut dijo a los sacerdotes que ni su religión ni su entendimiento ni su conciencia le permitirían suscribir ninguno de estos artículos, por las siguientes razones:

1. Que creer en la presencia real en la hostia es una chocante unión de blasfemia e idolatría.

2. Que imaginar que las palabras de consagración llevan a cabo lo que los papistas llaman transubstanciación, convirtiendo el pan y el vino en el verdadero e idéntico cuerpo y sangre de Cristo, que fue crucificado, y que luego ascendió al cielo, es una cosa demasiado burda y absurda para que se la crea siquiera un niño que tuviera la más mínima capacidad de razonamiento; y que nada sino la más ciega superstición podía hacer que los católicos romanos pusieran su confianza en algo tan ridículo.

3. Que la doctrina del purgatorio es más inconsecuente y absurda que un cuento de hadas.

4. Que era una imposibilidad que el Papa fuera infalible, y que el Papa se arrogaba de manera soberbia algo que sólo podía pertenecer a Dios como ser perfecto.

5. Que decir Misas por los muertos era ridículo, y sólo tenía la intención de mantener la creencia en la fábula del purgatorio, por cuanto la suerte de todos queda definitivamente decidida al partir el alma del cuerpo.

6. Que la oración a los santos para remisión de pecados es una adoración fuera de lugar, por cuanto los mismos santos tienen necesidad de la intercesión de Cristo. Así, por cuanto sólo Dios puede perdonar nuestros errores, deberíamos ir sólo a Él por el perdón.

Los sacerdotes se sintieron tan enormemente ofendidos ante las respuestas de M. Rambaut a los artículos que ellos querían que suscribiera, que decidieron sacudir su resolución mediante el más cruel método imaginable. Ordenaron que le cortaran una articulación de los dedos de sus manos cada día hasta que se quedara sin ellos; luego pasaron a los dedos de los pies; luego alternativamente, le fueron cortando un día una mano, el otro día un pie; pero al ver que soportaba sus sufrimientos con la más admirable paciencia, fortalecido y resignado, y manteniendo su fe con una resolución irrevocable y una constancia inamovible, le apuñalaron en el corazón, y dieron su cuerpo como comida a los perros.

Pedro Gabriola, un caballero protestante de considerable alcurnia, fue apresado por un grupo de soldados; al negarse a renunciar a su religión, le colgaron una gran cantidad de bolsitas de pólvora por su cuerpo, y encendiéndolas lo volaron en pedazos.

A Antonio, hijo de Samuel Catieris, un pobre muchacho mudo totalmente inerme, lo despedazaron un grupo de soldados. Poco después los mismos desalmados entraron en casa de Pedro Moniriat, y cortaron las piernas a toda la familia, dejándolos que se desangraran hasta morir, incapacitados para atenderse a sí mismos o unos a otros.

Daniel Benech fue prendido, le sajaron la nariz, le cortaron las orejas, y luego lo descuartizaron, colgando cada uno de los cuartos de un árbol. A María Monino le rompieron las mandíbulas, y luego la dejaron sufrir hasta morir de inanición.

María Pelanchion, una hermosa viuda, vecina de la ciudad de Vilario, fue prendida por un pelotón de las brigadas irlandesas, que, tras apalearla cruelmente, la violaron, la arrastraron a un alto puente que cruzaba el río, y la desnudaron de la manera más indecente, la colgaron por las piernas al puente, cabeza abajo, y luego, entrando en barcas, dispararon contra ella como blanco hasta que murió.

María Nigrino y su hija, que era retrasada mental, fueron despedazadas en los bosques, y sus cuerpos dejados como pasto de las fieras; Susana Bales, una viuda de Vilario, fue emparedada, muriendo de hambre. Susana Calvio trató de huir de algunos soldados y se ocultó en un granero. Ellos entonces encendieron la paja y la quemaron.

Pablo Armand fue cortado en pedazos; un niño llamado Daniel Bertino fue quemado; A Daniel Michialino le arrancaron la lengua, y fue dejado morir en esta condición; y Andreo Bertino, un anciano de edad muy avanzada, que era cojo, fue mutilado de la manera más horrenda, y al final destripado, y sus entrañas llevadas en la punta de una alabarda.

A Constancia Bellione, una dama protestante apresada debido a su fe, le preguntó un sacerdote si iba a renunciar al diablo e ir a Misa; a esto ella contestó: «Yo fui criada en una religión por la que se me enseñó siempre a renunciar al diablo; pero si accediera a vuestros deseos y fuera a Misa, seguramente que lo encontraría allí bajo diversas apariencias.» El sacerdote se enfureció por estas palabras y le dijo que se retractara o sufriría cruelmente. La dama, sin embargo, le dijo valerosamente que a pesar de todos los sufrimientos que pudiera infligirla o de todos los tormentos que inventara, ella mantendría su conciencia pura y su fe inviolada. El sacerdote ordenó entonces que cortaran tajadas de su carne de varias partes de su cuerpo, crueldad que ella soportó con la paciencia más inusitada, sólo diciéndole al sacerdote: «¡Qué horrorosos y duraderos tormentos sufrirás tú en el infierno por los pobres y pasajeros dolores que ahora yo siento.» Exasperado por sus palabras, y queriendo cerrarle la boca, el sacerdote ordenó a un pelotón de mosqueteros que se aproximaran y dispararan sobre ella, con lo que pronto murió, sellando su martirio con su sangre.

Por rehusar cambiar de religión y abrazar el papismo, una joven llamada Judit Mandon fue encadenada a una estaca, y se dedicaron a lanzarle palos desde una distancia, de la misma manera que la bárbara costumbre que se practicaba antes en los martes de Carnaval, del llamado lanzamiento contra rocas. Con este inhumano proceder, los miembros de la pobre muchacha fueron golpeados y mutilados de manera terrible, y finalmente uno de los garrotes le partió el cráneo.

David Paglia y Pablo Genre, que intentaban escapar a los Alpes, cada uno de ellos con su hijo, fueron perseguidos y alcanzados por los soldados en una gran llanura. Allí, para divertirse, los cazaron, pinchándolos con sus espadas y persiguiéndolos hasta que cayeron rendidos de fatiga. Cuando vieron que estaban agotados y que ya no les podían dar más satisfacción, los soldados los despedazaron y dejaron sus cuerpos mutilados en el lugar.

Un joven de Bobbio, llamado Miguel Greve, fue prendido en la ciudad de La Torre, y llevado al puente, fue echado al río. Como podía nadar muy bien, se dirigió río abajo, pensando que podría escapar, pero los soldados y la turba le siguieron por ambos lados del río, apedreándole de continuo, hasta que, recibiendo un golpe en la sien, perdió el conocimiento, y se hundió, ahogándose.

A David Armand le ordenaron que pusiera la cabeza sobre un bloque de madera, y un soldado, con un mazo, le partió el cráneo. David Baridona, prendido en Vilario, fue llevado a La Torre, donde, al negarse a renunciar a su religión, fue atormentado encendiéndole cerillas de azufre atadas entre sus dedos de las manos y de los pies. Después le arrancaron las carnes con tenazas al rojo vivo, hasta que expiró. Giovanni Barolina y su mujer fueron echados a un estanque de agua y obligados a mantener la cabeza bajo el agua, por medio de horcas y piedras, hasta que quedaron ahogados.

Varios soldados fueron a la casa de José Garniero, y antes de entrar dispararon contra la ventana, para avisar de su llegada. Una bala de mosquete dio en uno de los pechos de la señora de Garniero mientras estaba dando de mamar a un bebé con el otro. Al descubrir sus intenciones, les rogó desgarradoramente que perdonaran la vida al bebé, lo que hicieron, enviándolo de inmediato a una nodriza católica romana. Luego tomaron al marido y lo colgaron de su propia puerta, y pegándole un tiro a la mujer en la cabeza, la dejaron bañada en su sangre, y a su marido colgado del cuello.

Un anciano llamado Isaías Mondon, piadoso protestante, huyó de los inmisericordes perseguidores refugiándose en una grieta en una peña, donde sufrió las más terribles privaciones; en medio del invierno se vio obligado a yacer sobre la desnuda piedra, sin nada con que cubrirse; se alimentaba de raíces que podía arrancar cerca de su mísero habitáculo; y la única forma en que podía procurarse bebida era ponerse nieve en la boca hasta que se fundía. Sin embargo, hasta aquí le encontraron algunos de los inhumanos soldados, que, tras golpearle implacablemente, lo llevaron hacia Lucerna, aguijoneándole con la punta de sus espadas. Sumamente debilitado por sus pasadas circunstancias, y agotado por los golpes recibidos, cayó en el camino. Ellos comenzaron otra vez a golpearle para obligarle a seguir, pero él, de rodillas, les imploró que pusieran fin a sus sufrimientos dándole muerte. Al final accedieron a ello, y uno de ellos, adelantándose hacia él, le descerrajó un tiro en la cabeza con una pistola, diciendo: «¡Toma, hereje, aquí tienes lo que has pedido!»

María Revol, una digna protestante, recibió un disparo en la espalda mientras caminaba por una calle. Cayó al suelo herida, pero, recobrando suficientes fuerzas, se puso sobre sus rodillas, y, levantando sus manos al cielo, oró de la manera más ferviente al Todopoderoso; entonces varios de los soldados, cerca de ella, le dispararon a discreción, alcanzándola muchas balas, poniendo fin en el acto a sus sufrimientos.

Varios hombres, mujeres y niños se ocultaron en una gran cueva, donde permanecieron a salvo durante varias semanas. Era costumbre que dos de los hombres salieran cuando fuera necesario, para procurarse provisiones a escondidas. Pero un día fueron vistos, y la cueva descubierta, y poco después apareció delante de la boca de la cueva una tropa católica. Los papistas que se habían congregado allí en aquella ocasión eran vecinos y conocidos íntimos de los protestantes en la cueva; y algunos eran incluso parientes. Por ello, los protestantes salieron y les imploraron, por los lazos de la hospitalidad, por los vínculos de la sangre, y como viejos conocidos y vecinos, que no los asesinaran. Pero la superstición vence a todos los sentimientos naturales y humanos, y los papistas, cegados por el fanatismo, les dijeron que no podían mostrar gracia alguna a los herejes, y por ello, que debían prepararse para morir. Al oír esto, y conociendo la asesina obstinación de los católicos romanos, los protestantes se postraron, levantando las manos y los corazones al cielo, orando con gran sinceridad y fervor, y luego se echaron sobre el suelo, esperando pacientes su suerte, que pronto quedó sellada, porque los papistas se echaron sobre ellos con furia salvaje, y, cortándolos a trozos, dejaron los mutilados cuerpos y miembros en la cueva.

Giovanni Salvagiot pasaba delante de una iglesia católica romana y no se descubrió; fue seguido por algunos de la congregación que, echándose sobre él, lo asesinaron; y Jacobo Barrel y su mujer, hechos presos por el conde de

St. Secondo, uno de los oficiales del duque de Saboya, fueron entregados a la soldadesca, que le cortaron los pechos a la mujer, la nariz al hombre, y luego los remataron con un balazo en la cabeza.

Un protestante llamado Antonio Guigo, que estaba vacilando, fue a Periero, con la intención de renunciar a su religión y de abrazar el papismo. Comunicando su designio a algunos sacerdotes, éstos lo encomiaron mucho, y fijaron un día para su retractación pública. Mientras tanto, Antonio se hizo consciente de su perfidia, y su conciencia le atormentó de tal manera, día y noche, que decidió no retractarse, sino huir. Habiendo emprendido la fuga, pronto fue echado en falta, y fue perseguido y aprehendido. Las tropas, por el camino, hicieron todo lo posible por volverlo de nuevo a su designio de retractarse, pero al ver que sus esfuerzos eran inútiles, lo golpearon violentamente en el camino, y, llegando cerca de un precipicio, aprovechó la oportunidad, saltando y estrellándose.

Un caballero protestante sumamente rico, de Bobbio, provocado una noche por la insolencia de un sacerdote, le contestó con gran dureza; entre otras cosas le dijo que el Papa era Anticristo, la Misa una idolatría, el Purgatorio una farsa y la absolución una trampa. Para vengarse, el sacerdote contrató a cinco bandidos que aquella misma noche irrumpieron en casa del caballero y se apoderaron de él con violencia. Este caballero se asustó terriblemente, y les imploró gracia de rodillas, pero los bandidos le dieron muerte sin vacilación.

Una relación de la Guerra Piamontesa

Las matanzas y asesinatos ya mencionados que tuvieron lugar en los valles del Piamonte casi despoblaron la mayoría de las ciudades y de los pueblos. Sólo un lugar no había sido asaltado, y ello se debía a su inaccesibilidad; se trataba de la pequeña comunidad de Roras, que estaba situada sobre una peña.

Disminuyendo la masacre en otras partes, el conde de Christople, uno de los oficiales del duque de Saboya, decidió que si era posible se apoderaría del lugar; con este propósito preparó trescientos hombres para tomar el lugar por sorpresa.

Pero los habitantes de Rora fueron informados de la llegada de estas tropas, y el capitán Josué Giavanel, un valiente protestante, se puso a la cabeza de un pequeño grupo de ciudadanos, y se pusieron emboscados para atacar al enemigo en un pequeño desfiladero.

Cuando aparecieron las tropas y entraron en el desfiladero, que era el único lugar por el que se podía acceder a la ciudad, los protestantes dirigieron un fuego certero y rápido contra ellos, manteniéndose a cubierto del enemigo tras matojos. Muchos de los soldados fueron muertos, y el resto, bajo un fuego continuado, y no viendo a nadie a quien poderlo devolver, pensaron que lo mejor era la retirada.

Los miembros de la pequeña comunidad enviaron entonces un memorandum al marqués de Pianessa, uno de los oficiales generales del duque, diciéndole: «Que sentían haber visto la necesidad, en aquella ocasión, de recurrir a las armas, pero que la llegada secreta de un cuerpo de tropas, sin ninguna razón ni notificación enviada por adelantado acerca del propósito de su llegada los había alarmado mucho; que por cuanto era su costumbre no admitir a ningún militar en su pequeña comunidad, habían repelido la fuerza con la fuerza, y que lo volverían a hacer; pero que en todos los otros respectos se mantenían como dóciles, obedientes y leales súbditos de su soberano, el duque de Saboya.»

El marqués de Pianessa, para reservarse otra oportunidad de engañar y sorprender a los protestantes de Roras, les envió una respuesta diciéndoles: «Que estaba totalmente satisfecho con su conducta, porque habían hecho lo correcto e incluso rendido un servicio a su país, por cuanto los hombres que habían tratado de pasar el desfiladero no eran sus tropas, ni por él enviados, sino una banda de bandidos desesperados que habían infestado la zona durante algún tiempo, y aterrorizado las regiones colindantes.» Para dar más verosimilitud a su perfidia, publicó luego una proclamación ambigua aparentemente favorable a los habitantes de Roras.

Sin embargo, el día después de esta proclamación tan plausible y de esta conducta tan especiosa, el marqués envió a quinientos hombres para tomar posesión de Roras, mientras la gente estaba, creía él, tranquilizada por su pérfida conducta.

Pero el capitán Gianavel no era fácil de engañar. Puso entonces una emboscada para este cuerpo de tropas, como había hecho con el anterior, y obligó que se retiraran con considerables pérdidas.

Aunque habiendo fallado en estos dos intentos, el marqués de Pianessa decidió un tercer asalto, que sería aún más potente; pero primero publicó otra desvergonzada proclamación, negando todo conocimiento del segundo asalto.

Poco después, setecientos hombres escogidos fueron enviados en una expedición, que, a pesar del fuego de los protestantes, forzaron el desfiladero, entraron en Roras, y comenzaron a asesinar a todos los que encontraban, sin distinción de edad ni de sexo. El capitán protestante Gianavel, a la cabeza de un pequeño grupo, a pesar de haber perdido el desfiladero, decidió disputarles su paso a través de un pasaje fortificado que llevaba a la parte más rica y mejor de la ciudad. Aquí tuvo éxito, manteniendo un fuego continuo, y gracias a que sus hombres eran todos excelentes tiradores. El comandante católico romano se vio grandemente abrumado ante esta oposición, porque pensaba que había vencido todas las dificultades. Sin embargo, se esforzó por abrirse paso, pero al poder sólo hacer pasar doce hombres a la vez, y estando los protestantes protegidos por un parapeto, vio que iba a ser derrotado por un puñado de hombres que se le enfrentaban.

Enfurecido ante la pérdida de tantas de sus tropas, y temiendo la destrucción si intentaba lo que ya veía como impracticable, consideró que lo más prudente era retirarse. Sin embargo, no dispuesto a retirar a sus hombres por el mismo desfiladero por el que había entrado, debido a la dificultad y al peligro de la empresa, decidió retroceder en dirección a Vilario por otro paso llamado Piampra, que, aunque difícil de acceso, era de descenso fácil. Pero aquí se encontró con un desengaño, porque el capitán Gianavel había emplazado allí a su pequeño grupo, hostigando intensamente a sus tropas mientras pasaban, e incluso persiguiendo su retaguardia hasta que llegaron a campo abierto.

Viendo el marqués de Pianessa que todos sus intentos habían quedado frustrados, y que todos los artificios que había empleado sólo constituían una señal de alarma para los habitantes de Roras, decidió actuar abiertamente, y por ello proclamó que se darían ricas recompensas a cualquiera que aceptara portar armas contra los obstinados herejes de Roras, como los llamaba; y que todo oficial que los exterminara sería recompensado de una manera principesca.

Esto atrajo al capitán Mario, un fanático católico romano y rufián, para emprender la acción. Así, recibió permiso para reclutar un regimiento en las siguientes seis ciudades: Lucerna, Borges, Famolas, Bobbio, Begnal y Cavos.

Habiendo completado el regimiento, que consistía de dos mil hombres, preparó sus planes para no ir por los desfiladeros o los pasos, sino tratar de alcanzar la cumbre de la peña, desde donde pensaba que podría lanzar a sus hombres contra la ciudad sin demasiada dificultad u oposición.

Los protestantes dejaron que las tropas católico-romanas alcanzaran casi la cumbre de la peña sin presentarles oposición alguna, y sin ni siquiera dejarse ver. Pero cuando ya casi habían llegado a la cumbre lanzaron una intensa ofensiva contra ellos: una partida mantuvo un fuego constante y bien dirigido, y otra partida lanzaba enormes piedras.

Esto detuvo el avance de las tropas papistas; muchos fueron muertos por los mosquetes, y más aún por las piedras, que los lanzaban precipicio abajo. Varios murieron por sus prisas en retroceder, cayendo y estrellándose; el mismo capitán Mario apenas si pudo salvar la vida, porque cayó desde un lugar muy quebrado en el que se encontraba hacia un río que lamía el pie de la roca. Fue recogido sin conocimiento, pero después se recuperó, aunque estuvo impedido durante mucho tiempo debido a los golpes sufridos; al final decayó en Lucerna, donde murió.

Otro cuerpo de tropas fue enviado desde el campamento en Vilario para intentar el asalto de Roras; pero también estos fueron derrotados, por los protestantes emboscados, y se vieron obligados a batirse en retirada de nuevo al campamento de Vilario.

Después de cada una de estas señaladas victorias, el capitán Gianavel hablaba de manera prudente a sus tropas, haciéndolos arrodillar y dar gracias al Todopoderoso por Su protección providencial; y generalmente concluía con el Salmo Once, cuyo tema es poner la confianza en Dios.

El marqués de Pianessa se enfureció en grado sumo por verse tan frustrado por los pocos habitantes de Roras; por ello, decidió intentar su expulsión de una manera que no podría dejar de tener éxito.

Con esto en vista, ordenó que fueran movilizadas todas las milicias católico-romanas del Piamonte. Cuando estas tropas estuvieron ya dispuestas, les añadió ocho mil soldados de las tropas regulares, y dividiendo el todo en tres cuerpos distintos, ordenó que se lanzaran tres formidables ataques simultáneamente, a no ser que la gente de Roras, a los que envió una advertencia de sus grandes preparativos, accedieran a las siguientes condiciones:

1. Que pidieran perdón por haber tomado armas. 2. Que pagaran los gastos de todas las expediciones mandadas contra ellos. 3. Que reconocieran la infalibilidad del Papa. 4. Que fueran a Misa. 5. Que oraran a los santos. 6. Que llevaran barba. 7. Que entregaran a sus ministros. 8. Que entregaran a sus maestros. 9. Que fueran a confesión. 10. Que pagaran dinero por la liberación de almas del purgatorio. 11. Que entregaran al capitán Gianavel de manera incondicional. 12. Que entregaran a los ancianos de su iglesia incondicionalmente.

Los habitantes de Roras, al conocer estas condiciones, se llenaron de honrada indignación, y, como respuesta, enviaron al marqués la contestación de que antes de acceder a ellas sufrirían las tres cosas cosas más terribles para la humanidad:

1. Que les arrebataran sus bienes. 2. Que sus casas fueran quemadas. 3. Que ellos fueran muertos.

Exasperado por este mensaje, el marqués les envió este lacónico mensaje:

A los obstinados herejes que moran en Roras

Obtendréis vuestra petición, porque las tropas enviadas contra vosotros tienen estrictas órdenes de saquear, quemar y matar.

PIANESSA

Entonces los tres ejércitos recibieron orden de avanzar, y los ataques fueron dispuestos de esta manera: el primero por las rocas de Vilario; el segundo por el paso de Bagnol; y el tercero por el desfiladero de Lucerna.

Las tropas se abrieron camino por la superioridad de sus números, y habiendo ganado las rocas, el paso y el desfiladero, comenzaron a cometer las más terribles tropelías y las mayores crueldades. A los hombres los colgaron, quemaron, pusieron en el potro del tormento hasta morir y despedazaron; a las mujeres las destriparon, crucificaron, ahogaron o echaron desde los precipicios; y a los hijos los echaron sobre lanzas, trocearon, degollaron o estrellaron contra las rocas. Ciento veintiséis habitantes sufrieron de esta forma en el primer día que ocuparon la ciudad.

En conformidad a las órdenes del marqués de Pianessa, también saquearon las posesiones y quemaron las casas de los habitantes. Pero varios protestantes consiguieron huir, conducidos por el capitán Gianavel, cuya mujer e hijos, desgraciadamente, cayeron prisioneros, y fueron llevados bajo fuerte custodia a Turín.

El marqués de Pianessa escribió una carta al capitán Gianavel, liberando a un preso protestante para que se la llevara. El contenido era que si el capitán abrazaba la religión católica romana, sería indemnizado por todas sus pérdidas desde el comienzo de la guerra; que su mujer e hijos serían inmediatamente liberados, y que él mismo sería honrosamente ascendido en el ejército del duque de Saboya. Pero que si rehusaba acceder a las proposiciones que se le hacían, su mujer e hijos serían muertos, y que se ofrecería una recompensa tan enorme por su entrega, vivo o muerto, que incluso algunos de sus más íntimos amigos se sentirían tentados de traicionarle, por la enormidad de la suma.

A esta epístola el valiente Gianavel envió la siguiente respuesta:

Mi señor el Marqués:

No hay tormento tan grande ni muerte tan cruel que me hicieran preferir abjurar de mi religión; de manera que las promesas pierden su efectividad, y las amenazas tan sólo me fortalecen en mi fe.

Con respecto a mi mujer e hijos, mi señor, nada puede afligirme tanto como el pensamiento de su encierro, ni nada puede ser terrible para mi imaginación que pensar en que van a sufrir una muerte violenta y cruel. Siento agudamente todas las tiernas sensaciones de un marido y un padre; mi corazón está lleno de todos los sentimientos humanos; sufriría cualesquiera tormentos para rescatarlos del peligro; moriría para preservarlos.

Pero habiendo dicho todo esto, mi señor, os aseguro que la compra de sus vidas no puede ser al precio de mi salvación. Cierto es que los tenéis en vuestro poder; pero mi consuelo es que vuestro poder es sólo una autoridad temporal sobre sus cuerpos; podéis destruir la parte mortal, pero sus almas inmortales están más allá de vuestro alcance, y vivirán en el más allá para dar testimonio contra vos por vuestras crueldades. Por esto, los encomiendo a ellos, así como a mí mismo, a Dios, y oro por que vuestro corazón sea transformado.

JOSUÉ GIAVANEL

Tras escribir esta carta, este valiente oficial protestante se retiró a los Alpes con sus seguidores, y después de unírsele un gran número de otros protestantes fugitivos, hostigó al enemigo con contínuas escaramuzas.

Encontrándose un día con un cuerpo de tropas papistas cerca de Bibiana, él, aunque inferior en número de soldados, los atacó con gran ímpetu, y los puso en fuga sin perder un solo hombre, aunque él mismo fue alcanzado en una pierna en el choque, por un soldado que se había escondido tras un árbol. Gianavel, sin embargo, dándose cuenta del lugar del que había partido el disparo, apuntó allá y dio muerte al que le había herido.

Oyendo el capitán Gianavel que un tal capitán Jahier había recogido a un considerable número de protestantes, le escribió, proponiéndole unir sus fuerzas. El capitán Jahier accedió de inmediato a la propuesta, y se dirigió directamente al encuentro de Gianavel.

Hecha la unión, propusieron atacar una ciudad (ocupada por católico-romanos) llamada Garcigliana. El asalto fue emprendido con gran afán, pero al haber llegado recientemente a la ciudad unos refuerzos de caballería e infantería, del que los protestantes no sabían nada, fueron rechazados; sin embargo, hicieron una retirada maestra, perdiendo sólo a un hombre en la acción.

El siguiente intento de las fuerzas protestantes fue contra St. Secondo, que atacaron con gran vigor, pero encontrando una fuerte resistencia de las tropas católico-romanas que habían fortificado las calles y que se habían hecho fuertes en las casas, desde las que hacían un nutrido fuego de mosquetes. Sin embargo, los protestantes avanzaron, bajo la cubierta de un gran número de planchas de madera que unos sostenían sobre sus cabezas para protegerlos del fuego enemigo procedente de las casas, mientras otros mantenían un fuego bien dirigido. De manera que las casas y los puntos fuertes fueron pronto batidos, y la ciudad tomada.

En la ciudad encontraron una cantidad enorme de botín arrebatado a los protestantes en diferentes ocasiones y lugares, y que estaba guardado en almacenes, iglesias, casas, etc. Todo esto lo llevaron a lugar seguro, para distribuirlo, con la mayor equidad, entre los sufrientes.

Este ataque, con tanto éxito, fue llevado a cabo con tanta destreza y ánimo, que costó muy pocas pérdidas a la tropa atacante. Los protestantes sólo perdieron diecisiete hombres, y veintiséis heridos, mientras que los papistas sufrieron una pérdida de no menos que cuatrocientos cincuenta muertos y quinientos once heridos.

Cinco oficiales protestantes, Gianavel, Jahier, Laurentio, Genolet y Benet, hicieron un plan para sorprender Biqueras. Para este fin marcharon en cinco grupos, y con el acuerdo de atacar simultáneamente. Los capitanes Jahier y Laurentio pasaron a través de dos desfiles en los bosques, y llegaron al lugar sanos y salvos, bajo cubierta; pero los otros tres cuerpos hicieron su entrada por campo abierto, y por ello más vulnerables a un ataque.

Dada la alarma en el campo católico romano, se enviaron muchas tropas desde Cavors, Bibiana, Feline, Campiglione y otros lugares vecinos para reforzar Biqueras. Cuando estas tropas se unieron, decidieron atacar a las tres partidas protestantes, que estaban marchando por terreno abierto.

Los oficiales protestantes, dándose cuenta de las intenciones del enemigo, y no encontrándose a gran distancia entre sí, unieron sus fuerzas a toda prisa, y se formaron en orden de batalla.

Mientras tanto, los capitanes Jahier y Laurentio habían asaltado la ciudad de Biqueras, y quemado todas las casas de fuera, para hacer su aproximación con mayor facilidad. Pero al no verse apoyados como esperaban por los otros tres capitanes protestantes, enviaron un mensajero en un veloz caballo, hacia el terreno abierto, para saber la razón.

El mensajero volvió pronto, y les dijo que los otros tres capitanes protestantes no podían apoyarlos en su misión, por cuanto estaban siendo atacados por una fuerza muy superior en la llanura, y apenas si podían mantenerse en aquel desigual combate.

Al saber esto los capitanes Jahier y Laurentio, decidieron dejar el asalto de Biqueras a toda prisa, para dar ayuda a sus amigos en la llanura. Esta decisión resultó ser de lo más oportuna, porque justo al llegar al lugar donde los dos ejércitos estaban librando batalla, las tropas papistas estaban comenzando a prevalecer, y estaban a punto de rebasar el flanco del ala izquierda, mandada por el capitán Giavanel. La llegada de estas tropas volvió el fiel de la balanza del favor de los protestantes, y las fuerzas papistas, aunque luchando con la más firme intrepidez, fueron totalmente derrotadas. Un gran número fueron muertos y heridos por ambos bandos, y la impedimenta y pertrechos militares que los protestantes tomaron fue enorme.

Al enterarse el capitán Giavanel de que trescientos del enemigo iban a transportar una gran cantidad de víveres, provisiones, etc., desde La Torre al castillo de Mirabac, decidieron atacarlos por el camino. Lanzó el ataque, así, desde Malbec, aunque con una fuerza muy pequeña. La lucha fue larga y sangrienta, pero los protestantes se vieron al final obligados a desistir, ante la superioridad numérica del adversario, y a retirarse, lo que hicieron con sumo orden y con pocas pérdidas.

El capitán Gianavel, entonces, se dirigió a un puesto avanzado, situado cerca de la ciudad de Vilario, y envió la siguiente información y órdenes a sus habitantes:

1. Que atacaría la ciudad en el plazo de veinticuatro horas.

2. Que por lo que tocaba a los católicos romanos que hubieran portado armas, tanto si pertenecían al ejército como si no, actuaría por la ley del talión, dándoles muerte, por las numerosas depredaciones y muchos crueles asesinatos que habían cometido.

3. Que serían respetados todas las mujeres y niños, de la religión que fueran.

4. Que mandaba a todos los protestantes varones que salieran de la ciudad y se unieran a sus fuerzas.

5. Que todos los apóstatas que, por temor, hubieran abjurado de su religión, serían considerados enemigos, a no ser que renunciaran a su abjuración.

6. Que todos los que volvieran a su deber para con Dios y para sí mismos serían recibidos como amigos.

Los protestantes, de manera generalizada, salieron de la ciudad de inmediato, y se unieron de muy buena gana al capitán Gianavel, y los pocos que por debilidad o temor habían abjurado de su fe fueron recibidos en el seno de la Iglesia. Debido a que el marqués de Pianessa había retirado el ejército y acampado en una parte alejada de la región, los católicos romanos de Vilario pensaron que sería una insensatez tratar de defender el lugar con la pequeña fuerza que tenían. Por ello, salieron con la mayor precipitación, dejando la ciudad y la mayor parte de sus posesiones en manos de los protestantes.

Los comandantes protestantes, habiendo convocado un consejo de guerra, resolvieron lanzar un ataque contra la ciudad de La Torre.

Los papistas, conocedores de estas intenciones, mandaron algunas tropas para defender el desfiladero por el que los protestantes tenían que pasar; pero fueron derrotados, obligados a abandonar el paso, y forzados a retirarse a La Torre.

Los protestantes prosiguieron con su marcha, y las tropas de La Torre, al verlas llegar, hicieron una enérgica salida, pero fueron rechazados con grandes pérdidas, viéndose obligados a refugiarse en la ciudad. Los gobernadores pensaron ahora sólo en defender la plaza, que los protestantes comenzaron a atacar formalmente. Pero después de muchos valientes intentos y furiosos ataques, los comandantes decidieron abandonar la empresa por varias, razones; entre ellas, que la ciudad misma estaba muy fortificada, que sus propios números eran insuficientes, y que su cañón no era adecuado para la tarea de abrir brecha en las murallas.

Habiendo tomado esta decisión, los comandantes protestantes comenzaron una retirada maestra, llevándola a cabo con tal orden que el enemigo no se atrevió a perseguirlos ni a hostigar su retaguardia al pasar los desfiladeros, cosa que hubieran podido emprender.

Al siguiente día convocaron el ejército, pasaron revista y vieron que el total de sus hombres ascendía a cuatrocientos noventa. Entonces celebraron un consejo de guerra y decidieron una empresa más fácil: atacar la comunidad de Crusol, un sitio habitado por varios de los más fanáticos católicos romanos, y que durante las persecuciones habían cometido las crueldades más inauditas contra los protestantes.

La gente de Crusol, al conocer las intenciones en contra de ellos, huyeron a una fortaleza cercana, emplazada en una peña, donde los protestantes no podrían atacarlos, porque con muy pocos hombres podía cerrarse el paso a un ejército numeroso. Así, salvaron sus vidas, pero se tomaron demasiada prisa para salvar sus bienes, cuya parte principal, por otra parte, era botín tomado a los protestantes, y que ahora, afortunadamente, volvió a la posesión de sus legítimos dueños. Consistía en muchos y valiosos artículos, y lo que era mucho más importante en aquellos momentos, de una gran cantidad de pertrechos militares.

El día después que los protestantes se fueran con su botín, llegó una tropa de ochocientos soldados para ayudar al pueblo de Crusol, que habían sido mandados desde Lucerna, Biqueras, Cavors, etc. Pero al ver que habían llegado demasiado tarde, y que la persecución sería inútil, a fin de no volverse con las manos vacías comenzaron a saquear los pueblos vecinos, aunque lo arrebatasen a sus amigos. Después de haber recogido un considerable botín, comenzaron a repartírselo, pero, no estando de acuerdo con las partes que se habían distribuido, pasaron de las palabras a los golpes, cometieron muchas tropelías unos contra otros, y se saquearon mutuamente.

El mismo día en que los protestantes conseguían su éxito en Crusor, algunos papistas se pusieron en marcha con el designio de saquear y quemar el pequeño pueblo protestante de Rocappiatta, pero por el camino se encontraron con las fuerzas protestantes de los capitanes Jahier y Laurentio, que estaban apostadas sobre el monte de Angrogne. Comenzó una pequeña escaramuza, porque los católicos romanos, al primer ataque, fueron presas de la mayor confusión, y fueron perseguidos con gran degollina. Después de acabar la persecución, algunas tropas papistas rezagadas se encontraron con un pobre campesino protestante, y lo tomaron, le ataron una cuerda alrededor de la cabeza, y la tensaron hasta aplastársela.

El capitán Gianavel y el capitán Jahier concertaron juntos un plan para atacar Lucerna; pero al no llegar el capitán Jahier con sus fuerzas en el momento señalado, el capitán Gianavel decidió acometer la empresa por sí solo.

Por ello, se dirigió a marchas forzadas hacia aquel lugar durante toda la noche, y se apostó cerca de ella al romper el alba. Su primera acción fue cortar las tuberías que llevaban el agua a la ciudad, y luego demoler el puente, siendo que sólo por él podrían introducirse provisiones desde el campo.

Luego asaltó el lugar, y se apoderó rápidamente de dos posiciones avanzadas; pero al ver que no podía hacerse dueño de la ciudad, se retiró prudentemente sufriendo muy pocas pérdidas, pero echándole la culpa al capitán Jahier por el fracaso de esta empresa.

Siendo informados los papistas de que el capitán Gianavel estaba en Agrogne con sólo su propia compañía, decidió sorprenderle si era posible. Con vistas a esto, reunió un gran número de tropas procedentes de La Torre y de otros lugares. Una parte de esta tomó la cumbre de una montaña, bajo la cual estaba él acuartelado; y la otra parte trató de tomar la puerta de San Bartolomé.

Los papistas creían que iban de cierto a apoderarse del capitán Gianavel y de todos sus hombres, por cuanto sólo eran trescientos, y su fuerza ascendía a dos mil quinientos. Pero su designio fue providencialmente frustrado, porque uno de los soldados papistas fue tan imprudente como para dar un toque de corneta antes de que fuera dada la señal para el ataque. El capitán Giavanel dio entonces la alarma, y dispuso su pequeño grupo en una posición tan ventajosa junto a la puerta de San Bartolomé y del desfile por el que el enemigo había de descender de las montañas, que las tropas católico-romanas fracasó en ambos ataques, y fueron rechazadas con grandes pérdidas.

Poco después, el capitán Jahier acudió a Angrogne y unió sus fuerzas a las del capitán Giavanel, dando razones suficientes para excusar su ya mencionada falta de asistencia. El capitán Jahier emprendió ahora algunas salidas secretas con gran éxito, seleccionando siempre a las tropas más activas, tanto de Giavanel como de las suyas propias. Un día se puso a la cabeza de cuarenta y cuatro hombres, para emprender una expedición, cuando, al entrar en una llanura cerca de Osaac, se vio de repente rodeado por un gran escuadrón de caballería. El capitán Jahier y sus hombres lucharon desesperadamente, aunque abrumados por los números, y dieron muerte al comandante en jefe, a tres capitanes y a cincuenta y siete soldados del enemigo. Pero muerto el mismo capitán Jahier, con treinta y cinco de sus hombres, el resto se rindió. Uno de los soldados le cortó la cabeza al capitán Jahier, y llevándola a Turín la presentó al duque de Saboya, que le recompensó con seiscientos ducados.

La muerte de este caballero fue una pérdida señalada para los protestantes, porque era un verdadero amigo y compañero de la Iglesia reformada. Poseía un espíritu de lo más valeroso, de manera que ningunas dificultades podían arredrarle de llevar a cabo una empresa, ni ningunos peligros atemorizarlo en su ejecución. Era piadoso sin afectación, y humano sin debilidad; valiente en el campo de batalla; manso en la vida doméstica, de un genio penetrante, activo de espíritu, y resuelto en todo lo que emprendía.

Para añadir a las aflicciones de los protestantes, el capitán Gianavel fue herido poco después de manera tan grave que se vio obligado a guardar cama. Pero ellos sacaron fuerza de flaquezas, y decidiendo no permitir que sus espíritus quedaran abatidos atacaron un cuerpo de tropas papistas con gran intrepidez; los protestantes eran muy inferiores en números, pero lucharon con más resolución que los papistas, y al final los pusieron en fuga con una considerable degollina. Durante esta acción, un sargento llamado Miguel Bertino fue muerto; entonces su hijo, que estaba cerca detrás de él, saltó en su lugar y dijo: «Yo he perdido a mi padre, pero tened valor, compañeros de milicia: ¡Dios es padre de todos nosotros!»

También tuvieron lugar varias escaramuzas entre las tropas de La Torre y Tagliaretto por una parte, y las protestantes por la otra, que en general vieron la victoria de las armas protestantes.

Un caballero protestante llamado Andrion levantó un regimiento de caballería, y se puso él al mando del mismo. El señor Juan Leger persuadió a un gran número de protestantes para que se constituyeran en compañías voluntarias, y un excelente oficial formó a varios grupos de tropas ligeras. Estos, uniéndose a los restos de las tropas protestantes veteranas (porque muchos habían muerto en las varias batallas, escaramuzas, sitios, etc.) se convirtieron en un ejército de consideración, que los oficiales consideraron oportuno acampar cerca de St. Giovanni.

Los comandantes católico-romanos, alarmados ante la formidable presencia y creciente aumento de las fuerzas protestantes, decidieron deslalojarlos, si era posible, de su campamento. Con este propósito, movilizaron una gran fuerza, consistente en la parte principal de las guarniciones de las ciudades católico-romanas, de las brigadas irlandesas, una gran cantidad de regulares enviados por el marqués de Pianessa, las tropas auxiliares, y compañías independientes.

Estas tropas, ya combinadas, acamparon cerca de los protestantes, y pasaron varios días celebrando consejos de guerra, y discutiendo acerca de la mejor manera de proceder. Algunos estaban a favor de devastar la región, para sacar a los protestantes de su campamento; otros, por esperar pacientemente a ser atacados; unos terceros, por asaltar el campamento protestante, y tratar de adueñarse de todo lo que hubiera en él.

La opinión de estos últimos prevaleció, y a la mañana después de haber sido tomada la resolución, fue puesta en ejecución. Las tropas católico-romanas fueron por tanto separadas en cuatro divisiones, tres de las cuales debían lanzar un ataque en diferentes lugares, y la cuarta quedar como cuerpo de reserva para actuar según lo dictaran las necesidades.

Uno de los oficiales católico-romanos hizo esta arenga a sus hombres antes de lanzar su ataque:

«Soldados y compañeros, vais ahora a entrar en una gran acción que os dará fama y riquezas. Los motivos para que actuéis con ánimo son también de enorme importancia: por una parte, el honor de mostrar vuestra lealtad a vuestro soberano; por otra, el placer de derramar sangre hereje, y finalmente la perspectiva de saquear el campamento protestante. Así que, mis valientes soldados, lanzaos sin cuartel, matad a todos los que encontréis, y tomad todo aquello que halléis.»

Después de este inhumano discurso comenzó la batalla, y el campamento protestante fue atacado desde tres lados con una furia inconcebible. La lucha se mantuvo con gran obstinación y perseverancia por ambos lados, continuando sin interrupciones por espacio de cuatro horas, porque las varias compañías de ambos lados se relevaban de manera alternada, y por este medio mantuvieron la lucha sin cesar durante toda la batalla.

Durante el enfrentamiento de los ejércitos principales, se envió un destacamento del cuerpo de reserva para atacar el puesto de Castelas, que, si los papistas hubieran triunfado, les habría dado el control de los valles de Perosa, St. Martino y Lucerna; pero fueron rechazados con graves pérdidas y obligados a volver al cuerpo de reserva, desde el que habían sido enviados.

Poco después del regreso de este destacamento, las tropas católico-romanas, viéndose abrumadas en la batalla principal, enviaron a pedir que el cuerpo de reserva viniera en su auxilio. Estos marcharon de inmediato en su ayuda, y por algún tiempo después la situación estuvo dudosa. Pero al fin prevaleció el valor de los protestantes, y los papistas fueron totalmente rechazados, con la pérdida de más de trescientos hombres muertos, y muchos más heridos.

Cuando el Síndico de Lucerna, que era desde luego un papista, pero no un fanático, vio el gran número de heridos traídos a la ciudad, exclamó: «¡Ah! ¡Creía yo que los lobos solían comerse a los herejes, pero ahora veo que los herejes se comen a los lobos!» Al enterarse el comandante en jefe católico, M. Marolles, de estas palabras, le envió una carta muy dura y amenazadora al Síndico, que se sintió tan aterrado que de temor cayó en unas fiebres, y murió al cabo de pocos días.

Esta gran batalla fue librada justo antes de recoger la cosecha, y entonces los papistas, exasperados por su derrota, decidieron, a modo de venganza, esparcirse de noche en bandas separadas por los mejores campos de trigo de los protestantes, y prenderles fuego desde múltiples puntos. Pero algunos de estos grupos merodeadores sufrieron por su conducta: los protestantes, avisados durante la noche por el resplandor del fuego entre el trigo, persiguieron a los fugitivos al romper el alba, alcanzando a muchos y dándoles muerte. Como represalia, el capitán protestante Bellin fue con un cuerpo de tropas ligeras, y quemó los suburbios de La Torre, retirándose después con muy pocas pérdidas. Pocos días después, el capitán Bellin, con un grupo mucho mayor de tropas, atacó la misma ciudad de La Torre, y haciendo una brecha en la pared del convento, introdujo a sus hombres, conduciéndolos a la ciudadela y quemando tanto la ciudad como el convento. Después de haber hecho esto, efectuaron una retirada ordenada, porque no pudieron reducir la ciudadela por falta de un cañón.

Una relación de las persecuciones contra el español Miguel de Molinos

Miguel de Molinos, español perteneciente a una rica y honorable familia, entró, de joven, en el orden sacerdotal, pero no quiso aceptar ninguna renta de la Iglesia. Poseía grandes capacidades naturales, que dedicó al servicio de sus semejantes, sin esperar ningún emolumento para sí mismo. Su manera de vivir era piadosa y uniforme; y desde luego no practicaba aquellas austeridades que eran comunes entre los órdenes religiosos de la Iglesia de Roma.

Siendo de talante contemplativo, siguió la huella de los teólogos místicos, y habiendo adquirido gran reputación en España, y deseoso de propagar su sublime forma de devoción, dejó su país y se instaló en Roma. Aquí pronto conectó con algunos de los más distinguidos entre los literatos, que tanto encomiaron sus máximas religiosas, que se unieron a él para propagarlas; en poco tiempo obtuvo un gran número de seguidores, que, por la forma sublime de su religión, fueron distinguidos con el nombre de Quietistas.

En 1675, Molinos publicó un libro titulado «Il Guida Spirituale», en el que aparecían unas cartas de recomendación de varias personalidades. Una de ellas era el arzobispo de Reggio; otra, del general de los Franciscanos; y una tercera, del Padre Martín de Esparsa, un Jesuita que había sido profesor de teología en Salamanca y en Roma.

Tan pronto como el libro fue publicado, fue ampliamente leído y encomiado, tanto en Italia como en España; esto hizo crecer tanto la reputación del autor que su amistad era codiciada por las más respetables personalidades. Mucha gente le escribía cartas, por lo que estableció una correspondencia con los que aceptaban su método en diversas partes de Europa. Algunos sacerdotes seculares, tanto en Roma como en Nápoles, se declararon abiertamente en su favor, y le consultaban en numerosas ocasiones, como a un oráculo. Pero los que se adhirieron a él con la mayor sinceridad eran varios de los padres del Oratorio; de manera particular tres de los más eminentes, Caloredi, Ciceri y Petrucci. Muchos de los cardenales cortejaban también su compañía, y se consideraban felices por contarse entre sus amigos. Los más distinguidos entre ellos era el Cardenal d'Estrees, hombre de gran erudición, que aprobaba tanto las máximas de Molinos que estableció una estrecha relación con él. Conversaban a diario, y a pesar de la desconfianza que los españoles sienten naturalmente hacia los franceses, Molinos, que era sincero en sus principios, abrió su mente sin reservas al cardenal; por este medio, Molinos estableció una correspondencia con algunos distinguidos personajes en Francia.

Mientras Molinos estaba trabajando así para propagar su manera religiosa, el Padre Petrucci escribió varios tratados acerca de la vida contemplativa; pero mezcló en ellos tantas reglas para las devociones de la Iglesia de Roma que mitigaron la censura en que hubiera incurrido en otro caso. Fueron escritos principalmente para uso de las monjas, y por ello el sentido se expresaba en un estilo de lo más fácil y familiar.

Molinos alcanzó finalmente tal reputación que los Jesuitas y Dominicos comenzaron a alarmarse mucho, y decidieron parar el progreso de este método. Para ello, era necesario denunciar a su autor, y como la herejía es lo que causa la más fuerte impresión en Roma, Molinos y sus seguidores fueron tildados de herejes. También algunos de los Jesuitas escribieron libros contra Molinos y su método; pero todos ellos fueron contestados con vehemencia por Molinos.

Estas disputas causaron tal perturbación en Roma que todo el asunto cayó bajo la atención de la Inquisición. Molinos y su libro, y el Padre Petrucci con sus tratados y cartas, fueron puestos bajo un severo examen; y los Jesuitas fueron considerados como los acusadores. Uno de los miembros de la sociedad, desde luego, había aprobado el libro de Molinos, pero el resto se cuidaron de que no se le volviera a ver por Roma. En el curso del examen tanto Molinos como Pettruci se defendieron tan bien que sus libros fueron de nuevo aprobados, y las respuestas que los Jesuitas habían escrito fueron censuradas como escandalosas.

La conducta de Petrucci en esta ocasión fue tan aprobada que no sólo hizo crecer el crédito de su causa, sino sus propios emolumentos; porque poco después fue hecho obispo de Jesis, lo que fue una declaración hecha por el Papa en su favor. Sus libros fueron ahora más estimados que nunca, su método fue tanto más seguido, y la novedad del mismo, con la nueva aprobación dada tras una acusación tan vigorosa por parte de los Jesuitas, contribuyó tanto más a aumentar su crédito y a aumentar el número de sus partidarios.

La conducta del Padre Petrucci en su nueva dignidad contribuyó en gran manera a aumentar su reputación, de modo que sus enemigos no estaban dispuestos a seguirle molestando; además, había menos razones de censura en sus libros que en los de Molinos. Algunos pasajes en los de este último no estaban expresados con tanta precaución, sino que daba lugar a que se pudieran expresar objeciones; mientras que por otra parte Petrucci se expresaba de manera tan plena que eliminaba fácilmente las objeciones hechas a algunas partes de su obra.

La gran reputación adquirida por Molinos y Petrucci fue la causa del aumento diario de los Quietistas. Todos los que eran considerados como sinceramente devotos, o al menos afectaban serlo, eran contados entre ellos. Si se observaba que estas personas se volvían más estrictas en cuanto a su vida y a sus devociones mentales, parecían sin embargo tener menos celo en toda su conducta en las cuestiones de las ceremonias litúrgicas. No eran tan asíduos a la Misa, ni tan prontos a hacer decir Misas por sus amigos; tampoco frecuentaban tanto la confesión ni las procesiones.

Aunque la nueva aprobación dada al libro de Molinos por la Inquisición había detenido las acciones de sus enemigos, seguían ellos sin embargo manteniendo un mortal odio contra él en sus corazones, y estaban decididos a destruirle si era posible. Insinuaron que tenía malas intenciones, y que era de corazón un enemigo de la religión cristiana; que bajo la pretensión de llevar a los hombres a sublimes alturas de devoción, quería quitar de sus mentes el sentido de los misterios del cristianismo. Y por cuanto era español, sugirieron que descendía de una raza judía o mahometana, y que podía llevar en su sangre, o en su primera educación, algunas semillas de aquellas religiones que había desde entonces cultivado con no menos arte que celo. Esta última calumnia caló poco en Roma, aunque se dice que se envió una orden para examinar los registros del lugar donde Molinos había sido bautizado.

Molinos, viéndose atacado tan vigorosamente, y con la más implacable malicia, adoptó todas las precauciones necesarias para impedir que se diera crédito a estas imputaciones. Escribió un tratado titulado «Comunión Frecuente y Diaria», que recibió asimismo la aprobación de los clérigos romanistas más distinguidos. Esto fue imprimido con su Guía Espiritual, en el año 1675; y en el prefacio al mismo declaraba que no lo había escrito con designio alguno de entablar controversia, sino que lo había hecho por las intensas demandas de muchas personas piadosas.

Los Jesuitas, fracasados en sus intentos de aplastar el poder de Molinos en Roma, apelaron a la corte de Francia, donde, en poco tiempo, lograron tal éxito que el Cardenal d'Estrees recibió la orden que le mandaba que persiguiera a Molinos con todo el rigor posible. El cardenal, aunque estrechamente ligado a Molinos, decidió sacrificar todo lo sagrado de la amistad ante la voluntad de su amo. Sin embargo, al ver que no había razones suficientes para una acusación contra él, resolvió suplir él mismo aquella carencia. Así, se dirigió a los inquisidores, y les dio informes acerca de varios particulares, no sólo acerca de Molinos, sino también de Petrucci, siendo los dos, junto con varios de sus amigos, entregados a la Inquisición.

Cuando fueron hechos comparecer delante de los inquisidores (lo que tuvo lugar al comienzo del año 1684) Petrucci respondió a las preguntas que se le formularon con tanta prudencia y templanza que pronto lo dejaron suelto; y aunque el interrogatorio de Molinos fue mucho más largo, se esperaba de manera generalizada que sería también soltado; pero no fue así. Aunque los inquisidores no disponían de ninguna acusación justa contra él, sin embargo extremaron todos los cuidados por encontrarlo culpable de herejía. Primero objetaron a que tuviera correspondencia con diferentes partes de Europa; pero fue absuelto de esto, por cuanto no pudieron convertir en criminal el contenido de aquella correspondencia. Luego dirigieron su atención a algunos papeles sospechosos hallados en su cámara; pero Molinos explicó de manera tan clara el significado de los mismos que no pudieron ser empleados en contra suya. Por último, el Cardenal d'Estrees, después de mostrar la orden que le había enviado el rey de francia para perseguir a Molinos, dijo que podía demostrar más de lo necesario contra él para convencerlos de que era culpable de herejía. Para ello, pervirtió el significado de algunos pasajes en los libros y papeles de Molinos, y relató muchas circunstancias falsas y agravantes relativas al preso. Reconoció que había vivido con él bajo la apariencia de una amistad, pero dijo que esto sólo había tenido como objeto descubrir sus principios e intenciones; que los había hallado malos en su naturaleza, y que de ellos debían derivarse consecuencias peligrosas; pero, a fin de dejarlo totalmente a descubierto, había asentido a diversas cosas que en realidad detestaba en su corazón; que por estos medios entró en el secreto de Molinos, pero decidió no tomar acción alguna hasta que surgiera una oportunidad apropiada para aplastarlo a él y a sus seguidores.

Como consecuencia de la evidencia de d'Estrees, Molinos fue estrechamente confinado por la Inquisición, donde prosiguió durante algún tiempo, tiempo en el que todo se mantuvo en paz, y sus seguidores prosiguieron con su método sin interrupción. Pero repentinamente los Jesuitas decidieron extirparlos, y se desató una tormenta extremadamente violenta.

El Conde Vespiniani y su esposa, Don Paulo Rochi, confesor de la familia Borghese, y algunos de su familia, fueron con algunos otros (en total setenta personas) prendidos por la Inquisición; entre ellos había algunos altamente estimados por su erudición y piedad. La acusación presentada contra el clero era el de su descuido en decir el breviario; al resto se les acusaba de ir a Comunión sin asistir primero a confesión. En una palabra, se argumentaba que negligían todas las partes exteriores de la religión, dándose enteramente a la soledad y a la oración interior.

La Condesa Vespiniani se comportó de una manera muy desacostumbrada en su interrogatorio ante los inquisidores. Les dijo que ella jamás había revelado su método de devoción a ningún mortal más que a su confesor, y que era imposible que ellos lo supieran sin que él les hubiera revelado el secreto; que por ello mismo ya era hora de dejar de ir a confesión, si los sacerdotes la empleaban para esto, para descubrir a otros los más secretos pensamientos que se les revelaban; y que ella, desde ahora en adelante, sólo se confesaría a Dios.

Por causa de este animoso discurso, y por el gran tumulto causado por causa de la situación de la condesa, los inquisidores juzgaron más prudente liberarla a ella y a su marido, para que el pueblo no se amotinara, y para que lo que ella decía no fuera a aminorar el crédito de la confesión. Ambos, pues, fueron liberados, pero quedando obligados a comparecer siempre que fueran llamados.

Además de los ya mencionados, tal era el aborrecimiento de los Jesuitas contra los Quietistas, que en el período de un mes más de doscientas personas fueron apresadas por la Inquisición; y este método de devoción que había sido considerado en Italia como el más elevado al que los mortales pudieran aspirar, fue considerado herético, y sus principales promotores encerrados en míseras mazmorras.

A fin de extirpar el Quietismo, si fuera posible, los inquisidores enviaron una carta circular al Cardenal Cibo, como ministro principal, para que la dispersara por toda Italia. Iba dirigida a todos los prelados, y les informaba de que, por cuanto había muchas escuelas y fraternidades establecidas en muchos lugares de Italia en las que algunas personas, bajo la pretensión de conducir a la gente en los caminos del Espíritu, y a la oración apacible, instilaban en ellos muchas abominables herejías, se daba por ello orden estricta de disolver tales sociedades, y para obligar al guía espiritual a que andara por los caminos conocidos; y en particular, a que tuvieran cuidado de que no se permitiera a nadie de esta clase que dirigiera convento alguno de monjas. También se dieron órdenes semejantes de proceder por vía judicial contra aquellos que fueran hallados culpables de estos abominables errores.

Después de esto se llevó a cabo una estricta indagación en todos los conventos de monjas de Roma, donde se descubrió que la mayor parte de sus directores y confesores estaban entregados a este nuevo método. Se descubrió que los Carmelitas, las monjas de la Concepción y las de varios otros conventos estaban totalmente entregadas a la oración y a la contemplación, y que en lugar de emplear el rosario y las otras devociones a los santos o a las imágenes, estaban en mucha soledad, y a menudo en el ejercicio de la oración mental; y al preguntárseles por qué habían dejado de lado el uso de sus rosarios de sus antiguas formas de devoción, la respuesta que dieron fue que así las habían aconsejado sus directores. La Inquisición, con esta información, ordenó que todos los libros escritos en la misma tendencia que los de Molinos y Petrucci les fueran quitados, y que se las obligara a volver a sus formas anteriores de devoción.

La carta circular enviada al Cardenal Cibo no produjo grandes efectos, porque la mayoría de los obispos italianos estaban inclinados en favor del método de Molinos. El propósito era que esta orden, así como las otras de la Inquisición, fuera mantenida en secreto; pero a pesar de todos sus cuidados se imprimieron copias de la misma, y fueron dispersadas por la mayor parte de las principales ciudades de Italia. Esto causó mucha desazón a los inquisidores, que empleaban todos los métodos que podían para ocultar sus procedimientos a los ojos del mundo. Ellos acusaron al cardenal, acusándolo de ser la causa de ello; pero él les devolvió la acusación, y su secretario les dio la culpa a ambas partes.

Durante estos sucesos, Molinos sufrió grandes indignidades de parte de los oficiales de la Inquisición, y el único consuelo que recibió fue recibir en ocasiones las visitas del Padre Petrucci.

Aunque había tenido la mayor reputación en Roma durante algunos años, ahora era tan menospreciado como antes había sido admirado, y era en general considerado como uno de los peores herejes.

Habiendo abjurado la mayor parte de los seguidores de Molinos que habían sido apresados por la Inquisición, fueron liberados. Pero una suerte más dura aguardaba a Molinos, el líder de ellos.

Después de haber pasado un tiempo considerable en la cárcel, fue finalmente hecho comparecer ante los inquisidores, para que diera cuenta de varias cuestiones que se aducían contra él en base de sus escritos. Tan pronto como apareció ante el tribunal, le pusieron una cadena alrededor de su cuerpo, y un cirio en una mano, y luego dos frailes leyeron en voz alta los artículos de acusación. Molinos respondió a cada uno de ellos con gran firmeza y resolución; y a pesar de que sus argumentos deshacían totalmente el sentido de las acusaciones, fue hallado culpable de herejía, y condenado a cadena perpetua.

Cuando dejó el tribunal iba acompañado por un sacerdote que le había dado las mayores muestras de respeto. Al llegar a la cárcel entró serenamente en la celda que le había sido asignada; al despedirse del sacerdote, se dirigió así a él: «Adiós, padre; ya nos volveremos a ver en el Día del Juicio, y luego se verá de qué lado está la verdad, si del mío, o del vuestro.»

Durante su encierro fue varias veces torturado de la manera más cruel, hasta que, finalmente, la dureza de los castigos venció a su fortaleza, acabando con su existencia.

La muerte de Molinos causó tal impresión sobre sus seguidores que la mayoría de ellos abjuraron de su método; y, por la persistencia de los Jesuitas, el Quietismo fue totalmente extirpado del país.

163

CAPÍTULO VII

Historia de la vida y persecuciones contra Juan Wicliffe

No será inapropiado dedicar unas pocas páginas de esta obra a dar un breve detalle de las vidas de algunos de los hombres que primero dieron pasos, con indiferencia al poder fanático que se oponía a toda reforma, para detener la marea de la corrupción papal, y sellando las puras doctrinas del Evangelio con su sangre. Entre ellos, Gran Bretaña tuvo el honor de tomar la delantera y de mantener los primeros aquella libertad en la controversia religiosa que dejó atónita a toda Europa, y que demostró que la libertad religiosa y política son las causas de la prosperidad de esta favorecida isla. Entre las primeras de estas eminentes personas tenemos a

Juan Wickliffe

Este célebre reformador, llamado «La Estrella Matutina de la Reforma», nació alrededor del año 1324, durante el reinado de Eduardo II. De su familia no tenemos información cierta. Sus padres lo designaron para la Iglesia, y lo enviaron a Queen's College, en Oxford, que había sido fundado por entonces por Robert Eaglesfield, confesor de la Reina Felipa. Pero al no ver las ventajas para el estudio que esperaba en aquel establecimiento nuevo, pasó al Merton College, que era entonces considerado como una de las instituciones más eruditas de Europa.

Lo primero que lo hizo destacar en público fue su defensa de la universidad contra los frailes mendicantes, que para este tiempo, desde su establecimiento en Oxford en 1230, habían sido unos vecinos enojosos para la universidad. Se fomentaban de continuo las pendencias; los frailes apelaban al Papa, y los académicos a la autoridad civil; a veces prevalecía un partido, a veces el otro. Los frailes llegaron a encariñarse mucho con el concepto de que Cristo era un mendigo común; que Sus discípulos también lo fueron; y que la mendicidad era una institución evangélica. Esta doctrina la predicaban desde los púlpitos y en los lugares donde tuvieran acceso.

Wickliffe había menospreciado durante mucho tiempo a estos frailes por la pereza con que se desenvolvían, y ahora tenía una buena oportunidad para denunciarlos. Publicó un tratado en contra de la mendicidad de personas capaces, y demostró que no sólo eran un insulto a la religión, sino también a la sociedad humana. La universidad comenzó a considerarlo como uno de sus principales campeones, y pronto fue ascendido a maestro de Baliol College. Alrededor de este tiempo, el Arzobispo Islip fundó Canterbury Hall, en Oxford, donde estableció a un rector y once académicos. Y fue Wickliffe el escogido por el arzobispo para el rectorado, pero al morir éste, su sucesor Stephen Langham, obispo de Ely, lo depuso. Como en esto hubo una flagrante injusticia, Wickliffe apeló al Papa, que posteriormente dio sentencia en su contra por la siguiente causa: Eduardo III, que era a la sazón rey de Inglaterra, había retirado el tributo que desde el tiempo del Rey Juan se había pagado al Papa. El Papa amenazó; Eduardo entonces convocó un Parlamento. El Parlamento resolvió que el Rey Juan había cometido un acto ilegal, y entregado los derechos de la nación, y aconsejó al rey a que no se sometiera, fueran cuales fueran las consecuencias.

El clero comenzó ahora a escribir en favor del Papa, y un erudito monje publicó un animoso y plausible tratado, que tenía muchos defensores. Wickliffe, irritado al ver una causa tan mala tan bien defendida, se opuso al monje, y ello de forma tan magistral, que ya no se consideraron sus argumentos como irrefutables. De inmediato perdió su causa en Roma, y nadie abrigaba ninguna duda de que era su oposición al Papa en un momento tan crítico la causa verdadera de que no se le hiciera justicia en Roma.

Wickliffe fue después escogido a la cátedra de teología, y ahora quedó plenamente convencido de los errores de la Iglesia de Roma y de la vileza de sus agentes monásticos, y decidió denunciarlos. En conferencias públicas fustigaba sus vicios y se oponía a sus insensateces. Expuso una variedad de abusos cubiertos por las tinieblas de la superstición. Al principio comenzó a deshacer los prejuicios del vulgo, y siguió con lentos avances; junto a las disquisiciones metafísicas de la época mezcló opiniones teológicas aparentemente novedosas. Las usurpaciones de la corte de Roma eran un tema favorito suyo. Acerca de éstas se extendía con toda la agudeza de su argumento, unidas con su razonamiento lógico. Esto pronto hizo clamar al clero, que, por medio del arzobispo de Canterbury, le privaron de su cargo.

Para este tiempo, la administración de interior estaba a cargo del duque de Lancaster, bien conocido por el nombre de Juan de Gaunt. Este príncipe tenía unos conceptos religiosos muy libres, y estaba enemistado con el clero. Habiendo llegado a ser muy gravosas las exacciones de la corte de Roma, decidió enviar al obispo de Bangor y a Wickliffe para que protestaran contra tales abusos, y se acordó que el Papa ya no podría disponer de ningunos beneficios pertenecientes a la Iglesia de Inglaterra. En esta embajada, la observadora mente de Wickliffe penetró en los entresijos de la constitución y política de Roma, y volvió más decidido que nunca a denunciar su avaricia y ambición.

Habiendo recuperado su anterior situación, comenzó a denunciar al Papa en sus conferencias -sus usurpaciones, su pretendida infalibilidad, su soberbia, su avaricia y su tiranía. Fue el primero en llamar Anticristo al Papa. Del Papa pasaba a la pompa, el lujo y las tramas de los obispos, y los contrastaba con la sencillez de los primeros obispos. Sus supersticiones y engaños eran temas que presentaba con energía de mente y con precisión lógica.

Gracias al patronazgo del duque de Lancaster, Wickliffe recibió un buen puesto, pero tan pronto estuvo instalado en su parroquia que sus enemigos y los obispos comenzaron a hostigarle con renovado vigor. El duque de Lancaster fue su amigo durante esta persecución, y por medio de su presencia y la de Lord Percy, conde mariscal de Inglaterra, predominó de tal manera en el juicio que todo acabó de manera desordenada.

Después de la muerte de Eduardo III le sucedió su nieto Ricardo II, con sólo once años de edad. Al no conseguir el duque de Lancaster ser el único regente, como esperaba, comenzó su poder a declinar, y los enemigos de Wickliffe, aprovechándose de esta circunstancia, renovaron sus artículos de acusación en su contra. Consiguientemente, el Papa despachó cinco bulas al rey y a ciertos obispos, pero la regencia y el pueblo manifestaron un espíritu de menosprecio ante la altanera manera de proceder del pontífice, y necesitando éste dinero para entonces para oponerse a una inminente invasión de los franceses, propusieron aplicar una gran suma de dinero, recogida para el Papa, para este propósito. Sin embargo, esta cuestión fue sometida a la decisión de Wickliffe. Sin embargo, los obispos, que apoyaban la autoridad del Papa, insistían en someter a Wickliffe a juicio, y estaba ya sufriendo interrogatorios en Lambeth cuando, por causa de la conducta amotinada del pueblo fuera, y atemorizados por la orden de Sir Lewis Clifford, un caballero de la corte, en el sentido de que no debían decidirse por ninguna sentencia definitiva, terminaron todo el asunto con una prohibición a Wickliffe de predicar aquellas doctrinas que fueran repugnantes para el Papa; pero el reformador la ignoró, pues yendo descalzo de lugar en lugar, y en una larga túnica de tejido basto, predicaba más vehemente que nunca.

En el año 1378 surgió una contienda entre dos Papas, Urbano VI y Clemente VII, acerca de cuál era el Papa legítimo, el verdadero vicario de Cristo. Éste fue un período favorable para el ejercicio de los talentos de Wickliffe: pronto produjo un tratado contra el papado, que fue leído de buena gana por toda clase de gente.

Para el final de aquel año, Wickliffe cayó enfermo de una fuerte dolencia,

167

que se temía pudiera resultar fatal. Los frailes mendicantes, acompañados por cuatro de los más eminentes ciudadanos de Oxford, consiguieron ser admitidos a su dormitorio, y le rogaron que se retractara, por amor de su alma, de las injusticias que había dicho acerca del orden de ellos. Wickliffe, sorprendido ante este solemne mensaje, se recostó en su cama, y con un rostro severo dijo: «No moriré, sino que viviré para denunciar las maldades de los frailes.»

Cuando Wickliffe se recuperó se dedicó a una tarea sumamente importante: la traducción de la Biblia al inglés. Antes de la aparición de esta obra, publicó un tratado, en el que exponía la necesidad de la misma. El celo de los obispos por suprimir las Escrituras impulsó enormemente su venta, y los que no podían procurarse una copia se hacían transcripciones de Evangelios o Epístolas determinadas. Posteriormente, cuando los lolardos fueron aumentando en número, y se encendieron las hogueras, se hizo costumbre atar al cuello del hereje condenado aquellos fragmentos de las Escrituras que se encontraran en su posesión, y que generalmente seguían su suerte.

Inmediatamente después de esto, Wickliffe se aventuró un paso más, y atacó la doctrina de la transubstanciación. Esta extraña opinión fue inventada por Paschade Radbert, y enunciada con un asombroso atrevimiento. Wickliffe, en su lectura ante la Universidad de Oxford en 1381 atacó esta doctrina, y publicó un tratado acerca de ella. El doctor Barton, que era en aquel tiempo vicecanciller de Oxford, convocó a las cabezas de la universidad, condenó las doctrinas de Wickliffe como heréticas, y amenazó a su autor con la excomunión. Wickliffe no conseguir ningún apoyo del duque de Lancaster, y llamado a comparecer ante su anterior adversario, William Courteney, ahora arzobispo de Canterbury, se refugió bajo el alegato de que él, como miembro de la universidad, estaba fuera de la jurisdicción episcopal. Este alegato le fue admitido, por cuanto la universidad estaba decidida a defender a su miembro.

El tribunal se reunió en el día señalado, al menos para juzgar sus opiniones, y algunas fueron condenadas como erróneas, y otras como heréticas. La publicación acerca de esta cuestión fue inmediatamente contestada por Wickliffe, que había venido a ser el blanco de la decidida inquina del arzobispo. El rey, a petición del obispo, concedió una licencia para encarcelar al maestro de herejía, pero los comunes hicieron que el rey revocara esta acción como ilegal. Sin embargo, el primado obtuvo cartas del rey ordenando a la Universidad de Oxford que investigara todas las herejías y los libros que Wickliffe había publicado; como consecuencia de esta orden hubo un tumulto en la universidad. Se supone que Wickliffe se retiró de la tormenta a un lugar oscuro del reino. Pero las semillas habían sido sembradas, y las opiniones de Wickliffe estaban tan difundidas que se dice que si uno veía a dos personas en un camino, podía estar seguro de que una era un lolardo. Durante este período prosiguieron las disputas entre los dos papas. Urbano publicó una bula en la que llamaba a todos los que tuvieran consideración alguna por la religión a que se esforzaran en su causa, y a que tomaran armas contra Clemente y sus partidarios en defensa de la santa sede.

Una guerra en la que se prostituía de manera tan vil el nombre de la religión despertó el interés de Wickliffe, incluso en su ancianidad. Tomó otra vez la pluma, y escribió en contra de ella con la mayor acritud. Reprendió al Papa con la mayor libertad, y le preguntó: «¿Cómo osáis hacer del emblema de Cristo en la cruz (que es la prenda de la paz, de la misericordia y de la caridad) una bandera que nos lleve a matar a hombres cristianos por amor a dos falsos sacerdotes, y a oprimir a la cristiandad de manera peor que Cristo y Sus apóstoles fueron oprimidos por los judíos? ¿Cuando el soberbio sacerdote de Roma concederá indulgencias a la humanidad para vivir en paz y caridad, como lo hace ahora para que luchen y se maten entre sí?»

Este severo escrito le atrajo el resentimiento de Urbano, y hubiera podido envolverlo en mayores inquietudes que las que había experimentado hasta entonces. Pero fue providencialmente librado de sus manos. Cayó víctima de una parálisis, y aunque vivió un cierto tiempo, estaba de tal manera que sus enemigos consideraron como resultado de su resentimiento.

Wickliffe volvió tras un breve espacio de tiempo, bien de su destierro, bien de algún lugar en el que hubiera estado guardado en secreto, y se reintegró a su parroquia de Lutterworth, donde era párroco; allí, abandonando apaciblemente esta vida mortal, durmió en paz en el Señor, al final del año 1384, en el día de Silvestre. Parece que estaba muy envejecido cuando murió, «y que lo mismo le complacía de anciano que lo que le había complacido de joven.»

Wickliffe tenía motivos por agradecerles que al menos le dieran reposo mientras vivió, y que le dieran tanto tiempo después de su muerte, cuarenta y un años de reposo en su sepulcro, antes que exhumaran su cuerpo y lo convirtieran de polvo a cenizas; cenizas que fueron luego echadas al río. Y así fue transformado en tres elementos: tierra, fuego y agua, pensando que así extinguirían y abolirían el nombre y la doctrina de Wickliffe para siempre. No muy diferente del ejemplo de los antiguos fariseos y vigilantes del sepulcro, que tras haber llevado al Señor a la tumba, pensaron que lograrían asegurar que no resucitara. Pero estos y todos los demás han de saber que así como no hay consejo contra el Señor, tampoco puede suprimirse la verdad, sino que rebrotará y renacerá del polvo y de las cenizas, tal como sucedió en verdad con este hombre; porque aunque exhumaron su cuerpo, quemaron sus huesos y ahogaron sus cenizas, no pudieron sin embargo quemar la palabra de Dios y la verdad de Su doctrina, ni el fruto y triunfo de la misma.

CAPÍTULO VIII

Historia de las persecuciones en Bohemia bajo el papado

Los pontífices romanos, que habían usurpado el poder sobre varias iglesias, fueron particularmente severos con los bohemios, hasta el punto de que les enviaron dos ministros y cuatro laicos a Roma, en el año 997, para obtener reparaciones del Papa. Después de algún retardo, les fue concedida su petición, y reparados los daños. Se les permitieron dos cosas en particular: tener el servicio divino en su propia lengua, y que el pueblo pudiera participar de la copa en el Sacramento.

Sin embargo, las disputas volvieron a renacer, intentando los siguientes Papas por todos sus medios imponerse sobre las mentes de los bohemios, y estos, animosamente, tratando de preservar sus libertades religiosas.

En el año 1375, algunos celosos amigos del Evangelio apelaron a Carlos, rey de Bohemia, para que convocara un Concilio Ecuménico para hacer una indagación en los abusos que se habían introducido en la Iglesia, y para llevar a cabo una reforma plena y exhaustiva. El rey, que no sabía cómo proceder, envió al Papa una comunicación pidiéndole consejo acerca de cómo proceder; pero el pontífice se sintió tan indignado ante este asunto que su única contestación fue: «Castigad severamente a estos desconsiderados y profanos herejes.» El monarca, por ello, desterró a todos los que estaban implicados en esta solicitud, y, para halagar al Papa, impuso un gran número de restricciones adicionales sobre las libertades religiosas del pueblo.

Las víctimas de la persecución, sin embargo, no fueron tan numerosas en Bohemia sino hasta después de la quema de Juan Huss y de Jerónimo de Praga. Estos dos eminentes reformadores fueron condenados y ejecutados a instigación del Papa y de sus emisarios, como el lector verá por la lectura de los siguientes breves bosquejos de sus vidas.

La persecución de Juan Huss

Juan Huss nació en Hussenitz, un pueblo de Bohemia, alrededor del año 1380. Sus padres le dieron la mejor educación que le permitían sus circunstancias; y habiendo adquirido un buen conocimiento de los clásicos en una escuela privada, pasó a la universidad de Praga, donde pronto dio pruebas de su capacidad intelectual, y donde se destacó por su diligencia y aplicación al estudio.

En 1398, Huss alcanzó el grado de bachiller en divinidad, y después fue sucesivamente elegido pastor de la Iglesia de Belén, en Praga, y decano y rector de la universidad. En estas posiciones cumplió sus deberes con gran fidelidad, y al final se destacó de tal manera por su predicación, que se conformaba a las doctrinas de Wickliffe, que no era probable que pudiera escapar a la atención del Papa y de sus partidarios, contra los que predicaba con no poca aspereza.

El reformista inglés Wickliffe había encendido de tal manera la luz de la reforma, que comenzó a iluminar los rincones más tenebrosos del papado y de la ignorancia. Sus doctrinas se esparcieron por Bohemia, y fueron bien recibidas por muchas personas, pero por nadie tan en particular como por Juan Huss y su celoso amigo y compañero de martirio, Jerónimo de Praga.

El arzobispo de Praga, al ver que los reformistas aumentaban a diario, emitió un decreto para suprimir el esparcimiento continuo de los escritos de Wickliffe; pero esto tuvo un efecto totalmente contrario al esperado, porque sirvió de estímulo para el celo de los amigos de estas doctrinas, y casi toda la universidad se unió para propagarlas.

Estrecho adherente de las doctrinas de Wickliffe, Huss se opuso al decreto del arzobispo, que sin embargo consiguió una bula del Papa, que le encargaba impedir la dispersión de las doctrinas de Wickliffe en su provincia. En virtud de esta bula, el arzobispo condenó los escritos de Wickliffe; también procedió contra cuatro doctores que no habían entregado las copias de aquel teólogo, y les prohibieron, a pesar de sus privilegios, predicar a congregación alguna. El doctor Huss, junto con algunos otros miembros de la universidad, protestaron contra estos procedimientos, y apelaron contra la sentencia del arzobispo.

Al saber el Papa la situación, concedió una comisión al Cardenal Colonna, para que citara a Juan Huss para que compareciera personalmente en la corte de Roma, para que respondiera de la acusación que había sido presentada en contra suya de predicar errores y herejías. El doctor Huss pidió que se le excusara de comparecer personalmente, y era tan favorecido en Bohemia que el Rey Wenceslao, la reina, la nobleza y la universidad le pidieron al Papa que dispensaran su comparecencia; también que no dejara que el reino de Bohemia

172

estuviera bajo acusación de herejía, sino que se les permitiera predicar el Evangelio con libertad en sus lugares de culto.

Tres procuradores comparecieron ante el Cardenal Colonna en representación del doctor Huss. Trataron de excusar su ausencia, y dijeron que estaban dispuestos a responder en su lugar. Pero el cardenal declaró contumaz a Huss, y por ello lo excomulgó. Los procuradores apelaron al Papa, y designaron a cuatro cardenales para que examinaran el proceso. Estos comisionados confirmaron la sentencia, y extendieron la excomunión no sólo a Huss sino también a todos sus amigos y seguidores.

Huss apeló contra esta sentencia a un futuro Concilio, pero sin éxito; y a pesar de la severidad del decreto y de la consiguiente expulsión de su iglesia en Praga, se retiró a Hussenitz, su pueblo natal, donde siguió propagando su nueva doctrina, tanto desde el púlpito como con su pluma.

Las cartas que escribió en este tiempo fueron muy numerosas; y recopiló un tratado en el que mantenía que no se podía prohibir de manera absoluta la lectura de los libros de los reformistas. Escribió en defensa del libro de Wickliffe acerca de la Trinidad, y se manifestó abiertamente en contra de los vicios del Papa, de los cardenales y del clero de aquellos tiempos corrompidos. Escribió asimismo muchos otros libros, todos los cuales redactó con una fuerza argumental que facilitaba enormemente la difusión de sus doctrinas.

En el mes de noviembre de 1414 se convocó un Concilio general en Constanza, Alemania, con el único propósito, como se pretendía, de decidir entre una disputa que estaba entonces pendiente entre tres personas que contendían por el papado; pero su verdadero motivo era aplastar el avance de la Reforma.

Juan Huss fue llamado a comparecer delante de este Concilio; para alentarle, el emperador le envió un salvoconducto. Las cortesías e incluso la reverencia con que Huss se encontró por el camino eran inimaginables. Por las calles que pasaba, e incluso por las carreteras, se apiñaba la gente a las que el respeto, más que la curiosidad, llevaba allí.

Fue llevado a la ciudad en medio de grandes aclamaciones, y se puede decir que pasó por Alemania en triunfo. No podía dejar de expresar su sorpresa ante el trato que se le dispensaba. «Pensaba yo (dijo) que era un proscrito. Ahora veo que mis peores enemigos están en Bohemia.»

Tan pronto como Huss llegó a Constanza, tomó un alojamiento en una parte alejada de la ciudad. Poco después de su llegada, vino un tal Stephen Paletz, que había sido contratado por el clero de Praga para presentar las acusaciones en su contra. A Paletz se unió posteriormente Miguel de Cassis, de parte de la corte de Roma. Estos dos se declararon sus acusadores, y redactaron un conjunto de artículos contra él, que presentaron al Papa y a los prelados del Concilio.

Cuando se supo que estaba en la ciudad, fue arrestado inmediatamente, y constituido prisionero en una cámara en el palacio. Esta violación de la ley común y de la justicia fue observada en particular por uno de los amigos de Huss, que adujo el salvoconducto imperial; pero el Papa replicó que él nunca había concedido ningún salvoconducto, y que no estaba atado por el del emperador.

Mientras Huss estuvo encerrado, el Concilio actuó como Inquisición. Condenaron las doctrinas de Wickliffe, e incluso ordenaron que sus restos fueran exhumados y quemados, órdenes que fueron estrictamente cumplidas. Mientras tanto, la nobleza de Bohemia y Polonia intercedió intensamente por Huss, y prevalecieron hasta el punto de que se impidió que fuera condenado sin ser oído, cosa que había sido la intención de los comisionados designados para juzgarle.

Cuando le hicieron comparecer delante del Concilio, se le leyeron los artículos redactados contra él; eran alrededor de unos cuarenta, mayormente extraídos de sus escritos.

La respuesta de Juan Huss fue: «Apelé al Papa, y muerto él, y no habiendo quedado decidida mi causa, apelé asimismo a su sucesor Juan XXIII, y no pudiendo lograr mis abogados que me admitiera en su presencia para defender mi causa, apelé al sumo juez, Cristo.»

Habiendo dicho Huss estas cosas, se le preguntó si había recibido la absolución del Papa o no. Él respondió: «No.» Luego, cuando se le preguntó si era legítimo que apelara a Cristo, Juan Huss respondió: «En verdad que afirmo aquí delante de todos vosotros que no hay apelación más justa ni más eficaz que la que se hace a Cristo, por cuanto la ley determina que apelar no es otra cosa que cuando ha habido la comisión de un mal por parte de un juez inferior, se implora y pide ayuda de manos de un Juez superior. ¿Y quién es mayor Juez que Cristo? ¿Quién, digo yo, puede conocer o juzgar la cuestión con mayor justicia o equidad? Pues en Él no hay engaño, ni Él puede ser engañado por nadie; ¿y acaso puede alguien dar mejor ayuda que Él a los pobres y a los oprimidos?» Mientras Juan Huss, con rostro devoto y sobrio, hablaba y pronunciaba estas palabras, estaba siendo ridiculizado y escarnecido por todo el Concilio.

Estas excelentes expresiones fueron consideradas como manifestaciones de traición, y tendieron a inflamar a sus adversarios. Por ello, los obispos designados por el concilio le privaron de sus hábitos sacerdotales, lo degradaron, le pusieron una mitra de papel en la cabeza con demonios pintados en ella, con esta expresión: «Cabecilla de herejes». Al ver esto, él dijo: «Mi Señor Jesucristo, por mi causa, llevó una corona de espinas. ¿Por qué no debería yo, entonces, llevar esta ligera corona, por ignominiosa que sea? En verdad que la llevaré, y de buena gana. Cuando se la pusieron en su cabeza, el obispo le dijo: «Ahora encomendamos tu alma al demonio.» «¡Pero yo,» dijo Juan Huss, levantando sus ojos al cielo, «la encomiendo en tus manos, oh Señor Jesucristo! Mi espíritu que Tú has redimido.»

Cuando lo ataron a la estaca con la cadena, dijo, con rostro sonriente: «Mi Señor Jesús fue atado con una cadena más dura que ésta por mi causa; ¿por qué debería avergonzarme de ésta tan oxidada?»

Cuando le apilaron la leña hasta el cuello, el duque de Baviera estuvo muy solícito con él deseándole que se retractara. «No,» le dijo Huss, «nunca he predicado ninguna doctrina con malas tendencias, y lo que he enseñado con mis labios lo sellaré ahora con mi sangre.» Luego le dijo al verdugo: «Vas a asar un ganso (siendo que Huss significa ganso en lengua bohemia), pero dentro de un siglo te encontrarás con un cisne que no podrás ni asar ni hervir.» Si dijo una profecía, debía referirse a Martín Lutero, que apareció al cabo de unos cien años, y en cuyo escudo de armas figuraba un cisne.

Finalmente aplicaron el fuego a la leña, y entonces nuestro mártir cantó un himno con voz tan fuerte y alegre que fue oído a través del crepitar de la leña y del fragor de la multitud. Finalmente, su voz fue acallada por la fuerza de las llamas, que pronto pusieron fin a su existencia.

Entonces, con gran diligencia, reuniendo las cenizas las echaron al río Rhin, para que no quedara el más mínimo resto de aquel hombre sobre la tierra, cuya memoria, sin embargo, no podrá quedar abolida de las mentes de los piadosos, ni por fuego, ni por agua, ni por tormento alguno.

La persecución de Jerónimo de Praga

Este reformador, compañero del doctor Huss, y pudiera decirse que co-mártir con él, había nacido en Praga, y se educó en aquella universidad, donde se distinguió por sus enormes capacidades y erudición. Visitó asimismo varios otros eruditos seminarios en Europa, particularmente las universidades de París, Heidelberg, Colonia y Oxford. En este último lugar se familiarizó con las obras de Wickliffe, y, siendo persona de una gran capacidad de trabajo, tradujo muchas de ellas a su lengua nativa, habiendo llegado a ser un gran conocedor de la lengua inglesa, tras árduos estudios.

Al volver a Praga, se manifestó abiertamente como favorecedor de Wickliffe, y al ver que sus doctrinas habían hecho gran progreso en Bohemia, y que Huss era su principal valedor, vino en su ayuda en la gran obra de la reforma.

El cuatro de abril de 1415 llegó Jerónimo a Constanza, unos tres meses antes de la muerte de Huss. Entró en privado en la ciudad, y consultando con algunos de los líderes de su partido, a los que encontró allí, quedó fácilmente convencido de que no podría ser de ayuda alguna para sus amigos.

Al saber que su llegada a Constanza había llegado a ser conocida públicamente, y que el Concilio tenía la intención de apresarlo, consideró que lo más prudente era retirarse. Así, al siguiente día se fue a Iberling, una ciudad imperial a una milla de Constanza. Desde este lugar escribió al emperador, manifestándole su buena disposición a comparecer delante del Concilio si se le concedía un salvoconducto: pero le fue rehusado. Entonces mandó una solicitud al Concilio, y recibió una respuesta no menos desfavorable que la del emperador.

Después de esto, emprendió el regreso a Bohemia. Tuvo la precaución de llevar consigo un certificado, firmado por varios de los nobles bohemios, que entonces estaban en Constanza, que daba testimonio de que había empleado todos los medios prudentes en su mano por conseguir una audiencia.

Jerónimo, sin embargo, no iba a escapar. Fue apresado en Hirsaw por un oficial del duque de Sultsbach, que, aunque careciendo de autorización para actuar en este sentido, no tenía duda alguna de que el Concilio le agradecería un servicio tan aceptable.

El duque de Sultsbach, con Jerónimo ahora en su poder, escribió al Concilio pidiendo instrucciones acerca de cómo proceder. El Concilio, tras expresar su agradecimiento al duque, le pidieron que enviara al preso de inmediato a Constanza. El elector palatino se encontró con él en el camino, y lo llevó de vuelta a la ciudad, cabalgando él en un corcel, con un numeroso cortejo, que llevaban a Jerónimo encadenado con una larga cadena; en cuanto llegaron, Jerónimo fue echado en una inmunda mazmorra.

Jerónimo fue luego tratado de una manera muy semejante a cómo lo había sido Huss, sólo que sufrió un confinamiento mucho más prolongado, y pasó de una a otra cárcel. Al final, hecho comparecer ante el Concilio, deseó defender su causa y exculparse; siéndole negado esto, prorrumpió en las siguientes palabras:

«¡Qué barbaridad es ésta! Durante trescientos cuarenta días he estado encerrado en varias prisiones. No hay miseria ni carencia que no haya experimentado. A mis enemigos les habéis permitido toda la facilidad para acusar. A mí me negáis la más mínima oportunidad para defenderme. Ni una hora me permitiréis para prepararme para mi juicio. Os habéis tragado las más negras calumnias contra mí. Me habéis presentado como hereje, sin conocer mi doctrina; como enemigo de la fe, antes de saber qué fe profeso; como perseguidor de sacerdotes antes de tener una oportunidad de saber cuáles son mis pensamientos acerca de esto. Sois un Concilio General; en vosotros se centra todo lo que este mundo puede comunicar de seriedad, sabiduría y santidad; pero con todo sólo sois hombres, y los hombres pueden ser atraídos por las apariencias. Cuanto más elevado sea vuestro carácter para sabiduría, tanto más cuidado deberías tomar de que no se desviara a insensatez. La causa que ahora alego no es mi propia causa: es la causa de todos los hombres, es la causa de los cristianos; es una causa que afectará a los derechos de la posteridad, según lo que hagáis con mi persona.»

Este discurso no ejerció el más mínimo efecto; Jerónimo fue obligado a escuchar la lectura de la acusación, que se reducía a los siguientes encabezamiento: 1. Que era un ridiculizador de la dignidad papal. 2. Un opositor del Papa.. 3. Enemigo de los cardenales. 4. Perseguidor de los prelados. 5. Aborrecedor de la religión cristiana.

El juicio de Jerónimo tuvo lugar al tercer día de su acusación, y se interrogó a testigos en apoyo de la acusación. El prisionero estaba dispuesto para su defensa, lo que parece casi increíble, cuando consideramos que había estado trescientos cuarenta días encerrado en una inmunda prisión, privado de la luz del día, y casi muerto de hambre por carencia de las cosas más necesarias. Pero su espíritu se elevó por encima de estas desventajas bajo las que hombres con menos temple se habrían hundido; y no se privó de citar a los padres y a los autores antiguos, como si hubiera estado dotado de la mejor biblioteca.

Los más fanáticos de la asamblea no deseaban que se le oyera, porque sabían el efecto que puede tener la elocuencia en las mentes de las personas más llenas de prejuicios. Al final, la mayoría prevaleció de que se le debía dar libertad para hablar en su propia defensa. Esta defensa la inició con una elocuencia tan conmovedora y sublime que se vio cómo se fundían los corazones más llenos de celo y encallecidos y cómo las mentes supersticiosas parecían admitir un rayo de convicción. Estableció una admirable distinción entre la evidencia que reposaba sobre los hechos, y la sustentada por la malicia y la calumnia. Expuso ante la asamblea todo el tenor de su vida y conducta. Observó que los más grandes y santos de los hombres habían sido observados difiriendo en cuestiones puntuales y especulativas, con vistas a distinguir la verdad, no a mantenerla oculta. Expresó un noble menosprecio de todos sus enemigos, que le habrían inducido a retractarse de la causa de la virtud y de la verdad. Entró en un alto encomio de Huss, y se manifestó dispuesto a seguirle en el glorioso camino del martirio. Luego tocó las doctrinas más defendibles de Wickliffe, y concluyó observando que estaba lejos de su intención avanzar nada en contra del estado de la Iglesia de Dios; que sólo se quejaba de los abusos del clero; que no podía dejar de decir que era ciertamente cosa impía que el patrimonio de la Iglesia, que originalmente había estado designado para la caridad y la benevolencia universal, se prostituyera para la soberbia de los ojos, en festejos, vestimentas estrafalarias, y otros vituperios para el nombre y la profesión del cristianismo.

Terminado el juicio, Jerónimo recibió la misma sentencia que había sido ejecutada contra su compatriota mártir. En consecuencia de esto fue, según el estilo del engaño papista, entregado al brazo secular; pero como era laico, no podía pasar por la ceremonia de degradación. Le habían preparado una coroza de papel pintada con demonios rojos. Cuando la tuvo puesta sobre su cabeza, exclamó: «Nuestro Señor Jesucristo, cuando sufrió la muerte por mí, un pecador de lo más miserable, llevó sobre Su cabeza una corona de espinas; por amor a Él llevaré yo esta coroza.»

Se le permitieron dos días, con la esperanza de que se retractara; durante este tiempo el cardenal de Florencia empleó todos sus esfuerzos a tratar de ganárselo. Pero todo esto resultó ineficaz. Jerónimo estaba resuelto a sellar la doctrina con su sangre, y sufrió la muerte con la más distinguida magnanimidad.

Al ir al lugar de la ejecución cantó varios himnos, y al llegar al lugar, que era el mismo en el que Huss había sido quemado, se arrodilló y oró fervientemente. Abrazó la estaca con gran ánimo, y cuando fueron por detrás de él a prender la leña, les dijo: «Venid aquí, y prended el fuego delante de mi cara; si le hubiera temido a las llamas, no habría venido a este lugar.» Al prenderse el fuego, cantó un himno, pero pronto se vio interrumpido por las llamas, y las últimas palabras que se le oyeron fueron estas: «A ti, oh Cristo, te ofrezco esta alma en llamas.»

El elegante Pogge, un erudito caballero de Florencia, secretario de dos Papas, y católico celoso pero liberal, dio en una carta a Leonard Arotin un amplio testimonio de las extraordinarias cualidades y virtudes de Jerónimo, a quien describe de manera enfática como ¡un hombre prodigioso!

La persecución de Zisca

El verdadero nombre de este celoso siervo de Cristo era Juan de Troczonow; el nombre de Zisca es una palabra bohemia, que significa tuerto, por cuanto había perdido un ojo. Era natural de Bohemia, de una buena familia, y dejó la corte de Wenceslao para entrar al servicio del rey de Polonia contra los caballeros Teutones. Habiendo obtenido un título honorífico y una bolsa de ducados por su valor, al terminar la guerra volvió a la corte de Wenceslao, ante quien reconoció abiertamente el profundo interés que se tomaba en la sanguinaria afrenta que se le había hecho a los súbditos de su majestad en Constanza en el asunto de Huss. Wenceslao lamentaba no tener el poder de vengarlo, y desde este momento se dice que Zisca asumió la idea de afirmar las libertades religiosas de su país. En el año 1418 se disolvió el Concilio, habiendo hecho más mal que bien, y en el verano de aquel año se celebró una reunión general de los amigos de la reforma religiosa en el castillo de Wisgrade, que, dirigida por Zisca, se dirigieron al emperador con armas en la mano, y se ofrecieron a defenderle contra sus enemigos. EL rey se limitó a emplear sus armas de manera debida, y este éxito político aseguró por primera vez a Zisca la confianza de su partido.

Wnceslao fue sucedido por su hermano Segismundo, que se hizo odioso para los reformadores, y eliminó a todos los que estaban en contra de su gobierno. Ante esto, Zisca y sus amigos de inmediato recurrieron a las armas, declararon la guerra al emperador y al Papa, y pusieron sitio a Pilsen con 40.000 hombres. Pronto se hicieron dueños de la fortaleza, y en un breve tiempo se sometió toda la parte sudoeste de Bohemia, lo que acreció mucho al ejército de los reformadores. Habiendo tomado estos el paso del Muldaw, después de un severo conflicto de cinco días y cinco noches, el emperador se alarmó, y retiró sus tropas de la frontera turca, para dirigirlas a Bohemia. Se detuvo en Brno en Moravia, y envió despachos para un tratado de paz, en preparación del cual Zisca entregó Pilsen y todas las fortalezas que había tomado. Segismundo actuó de manera que mostraba que verdaderamente mostraba que actuaba en base de la doctrina romanista de que no se debía guardar la palabra dada a los herejes, y al tratar con severidad a algunos de los autores de las últimas perturbaciones sonó la alarma de un confín al otro de Bohemia. Zisca tomó el castillo de Praga con el poder del dinero, y el 19 de agosto de 1420 derrotó el pequeño ejército que el emperador había movilizado rápidamente para oponerse a él. A continuación tomó Ausea por asalto, destruyendo la ciudad con una brutalidad que deshonró la causa por la que luchaba.

Al acercarse el invierno, Zisca fortificó su campamento en un monte fuerte alrededor de cuarenta millas de Praga, que llamó el Monte Tabor, desde donde sorprendió a medianoche a un cuerpo de caballería, haciendo mil prisioneros. Poco después, el emperador se hizo con la fortaleza de Praga por los mismos medios que Zisca antes; pronto fue asediado por este último, y el hambre comenzó a amenazar al emperador, que vio la necesidad de una retirada. Decidido a hacer un desesperado esfuerzo, Segismundo atacó el campo fortificado de Zisca en el Monte Tabor, e hizo una gran degollina. Cayeron también muchas otras fortalezas, y Zisca se retiró a un monte agreste, que fortificó mucho, y desde donde hostigó tanto al emperador en sus ataques contra la ciudad de Praga que vio que o bien debía abandonar el sitio, o bien derrotar a su enemigo. El marqués de Misnia fue enviado para llevar esto último a cabo con un gran cuerpo de tropas, pero este acontecimiento fue fatal para los imperialistas; fueron derrotados, y el emperador, que había perdido casi un tercio de su ejército, levantó el sitio de Praga, hostigado en su retaguardia por el enemigo.

En la primavera de 1421 Zisca comenzó su campaña, como antes, destruyendo todos los monasterios a su paso. Puso sitio al castillo de Wisgrade, y, acudiendo en su auxilio el emperador, cayó en una trampa, fue derrotado con una gran matanza, y así fue tomada esta importante fortaleza. Nuestro general tenía ahora tiempo para emprender la obra de la reforma, pero se sintió muy disgustado por la burda ignorancia y superstición del clero bohemio, que se hicieron despreciables a los ojos de todo el pueblo. Cuando veía síntomas de malestar en su ejército, hacía sonar la alarma para ocuparlos, y llevarlos a la acción. En una de estas expediciones acampó frente a la ciudad de Rubi, y mientras inspeccionaba el lugar para el asalto, una flecha lanzada desde la muralla le dio en el ojo. En Praga le fue extraída, pero al tener barbas, desgarró el ojo. Siguió una fiebre, y a duras penas salvó la vida. Ahora quedó totalmente ciego, pero deseoso todavía de ayudar al ejército. El emperador, que había llamado a los estados del imperio en su ayuda, resolvió, con su ayuda, atacar a Zisca en el invierno, pero muchas de sus tropas se fueron hasta la vuelta de la primavera.

Los pincipes confederados emprendieron el sitio de Soisin, pero con la sola aproximación del general bohemio, se retiraron. Sin embargo, Segismundo avanzó con su formidable ejército, consistente en 15.000 efectivos de caballería húngara y 25.000 infantes, bien equipados para una campaña de invierno. Este ejército sembró el terror por todo el este de Bohemia. Allí donde marchara Segismundo, los magistrados de las ciudades ponían las llaves a sus pies, y eran tratados con dureza o con favor según sus méritos en su causa. Sin embargo, Zisca, con marchas forzadas, se aproximó a él, y el emperador resolvió probar fortuna una vez más contra aquel invencible general. El trece de enero de 1422, los dos ejércitos se encontraron en la espaciosa llanura cerca de Kremnitz. Zisca apareció al centro de su línea frontal, guardado, o más bien conducido, por un jinete a cada lado, armado con un hacha. Sus tropas, habiendo cantado un himno, sacaron sus espadas con decidida frialdad, y esperaron una señal. Cuando sus oficiales le informaron de que las filas estaban todas bien cerradas, blandió su sable sobre su cabeza, lo que fue la señal del inicio de la batalla.

Esta batalla ha sido descrita como un terrible espectáculo. Toda aquella llanura constituyó una continua escena de desorden. El ejército imperial se lanzó a la fuga hacia los confines de Moravia, hostigándoles los Taboritas la retaguardia sin descanso alguno. El río Igla, que estaba helado, se opuso a su paso. Presionándolos furiosamente el enemigo, muchos de la infantería, y todo el cuerpo de caballería, intentaron pasar el río. El hielo cedió, y no menos de dos mil encontraron su fin en aquellas aguas. Zisca volvió ahora a Tabor, cargado con todos los despojos y trofeos que pudiera dar la más completa victoria.

Zisca comenzó a dar su atención ahora a la Reforma. Prohibió todas las oraciones por los muertos, las imágenes, las vestiduras sacerdotales, los ayunos, y las fiestas religiosas. Los sacerdotes debían ser escogidos por sus méritos, y nadie debía ser perseguido por sus opiniones religiosas. En todo, Zisca consultó a las mentes liberales, y no hizo nada sin un consenso general. Tuvo lugar ahora en Praga un alarmante desacuerdo entre los magistrados Calixtanos, o receptores del Sacramento en ambas especies, y los Taboritas, nueve de cuyos jefes fueron arrestados en privado y ejecutados. La plebe, enfurecida, dio muerte a los magistrados, y la cuestión terminó sin más consecuencias. Habiendo quedado los Calixtanos hundidos en el desprecio, se le pidió a Zisca que aceptara la corona de Bohemia, a lo que él rehusó noblemente, y se dedicó a prepararse para su nueva campaña. Segismundo resolvió emprender su último esfuerzo. Mientras el marqués de Misnia penetraba en la Alta Sajonia, el emperador se propuso entrar en Moravia, por la frontera de Hungría. Antes que el marqués tomara el campo, Zisca se asentó delante de la ciudad fuerte de Aussig, situada sobre el Elba. El marqués se lanzó raudo en su auxilio con un ejército superior en números, pero, después de una obstinada lucha, fue totalmente derrotado, y Aussig capituló. Zisca se dirigió en auxilio de Procop, un joven general a quien había designado para mantener en jaque a Segismundo, al que obligó a abandonar el sitio de Pernitz tras haber estado ocho semanas asediándola.

Zisca, deseando dar a sus tropas algún descanso, entró ahora en Praga, esperando que su presencia aquietaría toda intranquilidad que pudiera quedar tras la anterior perturbación. Pero fue repentinamente atacado por el pueblo; tras desprenderse él y sus tropas de los ciudadanos, se retiraron a su ejército, al que hicieron saber la traicionera conducta de los Calixtanos. Se hicieron todos los esfuerzos de comunicación necesarios para apaciguar su vengativa animosidad, y por la noche, en una entrevista privada entre Roquesan, un clérigo de gran eminencia en Praga, y Zisca, éste se reconcilió con ellos, y las hostilidades que se fraguaban fueron anuladas.

Mutuamente cansados de la guerra, Segismundo envió un mensaje a Zisca, pidiéndole que envainara la espada, y que propusiera sus condiciones. Estableciéndose un lugar para las conferencias, Zisca, con sus principales oficiales, fue a encontrarse con el emperador. Obligado a pasar por una zona del país donde la peste estaba causando estragos, cayó atacado por ella en el castillo de Briscaw, y partió de esta vida el 6 de octubre de 1424. Lo mismo que Moisés, murió a la vista de la consumación de su obra, y fue sepultado en la gran Iglesia de Czaslow, en Bohemia, donde hay un monumento levantado en su memoria, con esta inscripción: «Aquí yace Juan Zisca, que, habiendo defendido a este país contra las usurpaciones de la tiranía papal, descansa en este santo lugar, a pesar del papa.»

Después de la muerte de Zisca, Procop fue derrotado, y cayó junto a las libertades de su país.

Después de la muerte de Huss y de Jerónimo, el Papa, junto con el Concilio de Constanza, ordenó al clero romanista en todas partes que excomulgaran a los que adoptaran sus opiniones o que lamentaran su suerte.

Estas órdenes causaron grandes luchas entre los bohemios papistas y los reformados, llevando a una violenta persecución contra estos últimos. En Praga, la persecución fue extremadamente severa, hasta que, al final, los reformados, reducidos a la desesperación, se armaron, atacaron la casa del senado, y echaron a doce senadores y al presidente por las ventanas, cayendo sus cuerpos sobre lanzas, puestas por otros de los reformados en la calle, para recibirlos.

Informado de estos procedimientos, el papa llegó a Florencia, y excomulgó públicamente a los bohemios reformados, incitando al emperador de Alemania, y a todos los reyes, príncipes, duques, etc., a que tomaran armas para extirpar a toda la raza, prometiéndoles, como aliento, la plena remisión de todo tipo de pecados, a la persona más malvada, si tan sólo daba muerte a un reformado bohemio.

Éste fue el inicio de una sangrienta guerra, porque varios príncipes papistas emprendieron la extirpación, o cuanto menos la expulsión, de aquel pueblo proscrito; y los bohemios, acudiendo a las armas, se dispusieron a repeler la fuerza con la fuerza de la manera más vigorosa y eficaz. El ejército papista venció a las fuerzas reformadas en la batalla de Cuttenburgh, y los prisioneros reformados fueron llevados a tres profundas minas cerca de la ciudad, y varios cientos de ellos fueron cruelmente arrojados dentro de cada una, donde murieron miserablemente.

Un mercader de Praga que iba hacia Breslau, en Silesia, se alojó en el mismo mesón que varios sacerdotes. Iniciando una conversación sobre la cuestión de la controversia religiosa, hizo muchos encomios del martirizado Juan Huss y de sus doctrinas. Los sacerdotes, airados por esto, presentaron denuncia contra él a la mañana siguiente, y fue echado en la cárcel como hereje. Se hicieron muchos esfuerzos por persuadirle a aceptar la fe católica romana, pero se mantuvo firme en las puras doctrinas de la Iglesia reformada. Poco después de su encarcelamiento, echaron a un estudiante de la universidad en la misma mazmorra. Estándoles permitido conversar, se alentaron mutuamente. En el día señalado para la ejecución, cuando el carcelero comenzó a atarles cuerdas a los pies, con las cuales iban a ser arrastrados por las calles, el estudiante dio muestras de estar aterrorizado, y ofreció abjurar de su fe y volverse católico romano si podía ser perdonado. Se aceptó su ofrecimiento, su abjuración fue tomada por un sacerdote, y fue libertado. Al pedirle un sacerdote que siguiera el ejemplo del estudiante, el mercader le repuso con nobleza: «No perdáis el tiempo en esperar que me retracte; lo esperaréis en vano. De veras me da lástima aquel pobre desgraciado, que ha sacrificado miserablemente su alma por unos pocos más años inciertos de esta vida tan gravosa; bien lejos de pensar en seguir su ejemplo, me glorio en los pensamientos mismos de morir por causa de Cristo.» Al oír estas palabras, el sacerdote le ordenó al verdugo que prosiguiera, y el mercader fue arrastrado por las calles de la ciudad, llevado al lugar de la ejecución, y allí quemado.

Pichel, un fanático magistrado papista, prendió a veinticuatro protestantes, entre los que se encontraba el marido de su hija. Habiendo reconocido todos ellos que eran de la religión reformada, los condenó indiscriminadamente a morir ahogados en el río Abbis. En el día señalado para la ejecución, acudió una gran muchedumbre, entre la que se encontraba la hija de Pichel. Esta digna esposa se echó a los pies de su padre, regándolos con su llanto, y le imploró de la manera más patética que se compadeciera de su dolor, y que perdonara a su marido. El endurecido magistrado le dijo aceradamente: «No intercedas por él, hija mía; es un hereje, un vil hereje.» A esto ella replicó noblemente: «Sean cuales fueren sus faltas, sigue siendo mi marido, un nombre que, en un momento como este, es el único que debería recibir toda mi consideración.» Pichel se enfureció, y le dijo: «¡Estás loca! ¿Acaso no puedes, tras su muerte, encontrar un marido mucho más digno? «No, señor (le dijo ella); mis afectos están en él, y la misma muerte no disolverá mis votos matrimoniales.» Pero Pichel se mantuvo inflexible, y ordenó que se les ataran a los presos las manos y los pies, y que de esta manera fueran arrojados al río. Tan pronto como esto se llevó a cabo, la joven esperó su oportunidad, saltó al agua, y, abrazándose al cuerpo de su marido, se hundió con él en una tumba de agua. Un ejemplo insólito de amor conyugal en una esposa, y de una adhesión inviolable y un profundo afecto para su marido.

El emperador Fernando, cuyo odio contra los reformados bohemios no conocía límites, pensando que no los había oprimido suficiente, instituyó un tribunal supremo de correctores, sobre el plan de la Inquisición, con la diferencia de que los correctores debían ser itinerantes, e ir siempre acompañados de una compañía de soldados.

Estos correctores consistían principalmente de Jesuitas, y no había apelación posible a sus sentencias, por lo que se puede conjeturar fácilmente que se trataba de un tribunal verdaderamente terrible.

Este sanguinario tribunal, asistido por tropas, hizo el circuito de Bohemia, en el que apenas si interrogaron o vieron a algún prisionero, dejando que los soldados asesinaran a los reformados como quisieran, y que luego les dieran un informe de lo sucedido.

La primera víctima de su crueldad fue un anciano ministro, al que dieron muerte mientras yacía enfermo en su cama; al siguiente día robaron y asesinaron a otro, y poco después a un tercero, mientras predicaba en su púlpito.

Un noble y un clérigo que residían en un pueblo reformado, al oír de la proximidad del alto tribunal corrector y de las tropas, huyeron del lugar y se ocultaron. Pero los soldados, al llegar, apresaron al maestro de la escuela, le preguntaron dónde se habían ocultado el señor del lugar y el ministro, y dónde habían ocultado sus riquezas. El maestro contestó que no podía responder a estas preguntas. Entonces lo desnudaron, lo ataron con cuerdas, y lo azotaron de la manera más atroz con porras. Al no lograr extraerle ninguna confesión, lo quemaron en varias partes del cuerpo; entonces, para lograr algún descanso de sus tormentos, les prometió mostrarles dónde estaban los tesoros. Los soldados le escucharon contentos, y el maestro los condujo a un foso lleno de piedras, diciendo: «Debajo de estas piedras están los tesoros que buscáis.» Ansiosos por encontrar dinero, se lanzaron al trabajo, y pronto quitaron las piedras. Pero, no encontrando lo que buscaron, golpearon al maestro hasta matarlo, lo echaron al foso, y lo cubrieron con las piedras que les había hecho remover.

Algunos de los soldados violaron a la hija de un digno reformado delante de sus ojos, y luego lo torturaron hasta morir. A un ministro y a su mujer los ataron de espalda a espalda, y los quemaron. A otro ministro lo colgaron de una viga, y encendiendo un fuego debajo de él, lo asaron hasta morir. A un caballero lo trocearon, y llenaron la boca de un joven con pólvora, y prendiéndole fuego, le volaron la cabeza.

Como la mayor furia de la persecución se dirigía contra el clero, tomaron a un piadoso ministro reformado, y atormentándolo a diario durante un mes seguido, de la manera que se describe más adelante, hicieron su crueldad sistemática, regular y progresiva.

Le pusieron entre ellos, y le hicieron objeto de su burla y escarnio, durante todo un día de entretenimiento, tratando de agotar su paciencia, pero en vano, porque aguantó todo aquello con verdadera paciencia cristiana. Le escupieron en el rostro, le estiraron la nariz, le pellizcaron por la mayor parte del cuerpo. Fue cazado como una fiera, hasta que estaba casi muerto de fatiga. Le hicieron correr el túnel entre dos hileras de ellos, golpeándole cada uno con una vara. Le golpearon con los puños. Le azotaron con sogas y con alambres. Lo aporrearon con garrotes. Lo ataron por los talones poniéndolo cabeza abajo, hasta que comenzó a salirle sangre por la nariz, la boca, etc. Lo colgaron por el brazo derecho hasta dislocárselo, y luego se lo volvieron a colocar bien. Lo mismo hicieron con su brazo izquierdo. Le pusieron papeles ardiendo, bañados en aceite, entre sus dedos de las manos y de los pies. Le arrancaron la carne con tenazas al rojo vivo. Lo pusieron en el potro. Le arrancaron las uñas de la mano derecha. Lo mismo hicieron con las de la mano izquierda. Le bastonearon los pies. Le rajaron la oreja derecha; luego la izquierda; luego le rajaron la nariz. Lo llevaron por toda la ciudad montado sobre un asno, dándole latigazos por el camino. Le hicieron varias incisiones en su carne. Le arrancaron las uñas de los dedos del pie derecho; luego hicieron lo mismo con las de su pie izquierdo. Fue atado por los lomos y suspendido durante mucho tiempo. Le arrancaron los dientes del maxilar superior. Luego le hicieron lo mismo con los del inferior. Le echaron plomo hirviendo sobre los dedos de las manos. Luego le hicieron lo mismo con los de los pies. Le apretaron una soga sobre la frente de tal manera que le forzaron los ojos fuera de las órbitas.

Durante todas estas horrendas crueldades se tomaron un cuidado particular en que sus heridas no se gangrenaran, y en no dañarle mortalmente hasta el último día, en el que el forzamiento de sus ojos fuera de sus órbitas resultó en su muerte.

Fueron innumerables los otros asesinatos y depredaciones cometidos por aquellos implacables e insensibles brutos, y estremecedoras para la humanidad fueron las crueldades infligidas sobre los pobres reformados bohemios. Pero al estar demasiado avanzado el invierno, el alto tribunal de los correctores, junto con su infernal banda de rufianes militares, pensaron apropiado volver a Praga; pero de camino, encontrando a un pastor reformado, no pudieron resistir la tentación de festejar sus bárbaros ojos con un nuevo tipo de crueldad, que acababa de sugerirse a la diabólica imaginación de uno de los soldados. Se trataba de desnudar al ministro, y cubrirlo de manera alternativa con hielo y carbones encendidos. Esta nueva forma de atormentar a un semejante fue puesto en práctica de inmediato, y la infeliz víctima expiró bajo los tormentos, que parecían deleitar a sus inhumanos perseguidores.

El emperador pronto dio una orden secreta para apresar a todos los nobles y gentilhombres que habían estado principalmente implicados en sustentar la causa reformada, y en designar a Federico elector palatino del Rhin para ser rey de Bohemia. Estos, que eran cincuenta, fueron prendidos en una misma noche, y a la misma hora, y traídos desde los lugares en que habían sido apresados al castillo de Praga; las posesiones de los ausentes del reino fueron confiscadas, y ellos declarados proscritos, y sus nombres puestos en patíbulos, como marcas de pública ignominia.

El alto tribunal de los correctores procedió entonces a juzgar a los cincuenta que habían sido prendidos, y dos reformados apóstatas fueron designados para interrogarles. Estos interrogadores hicieron un gran número de preguntas innecesarias e impertinentes, lo que exasperó de tal forma a uno de los nobles, que de natural era de carácter impetuoso, que exclamó, mientras descubría su pecho: «Corta aquí, busca en mi corazón; no hallarás otra cosa más que el amor a la religión y a la libertad; estos fueron los motivos por los que saqué la espada, y por estos estoy dispuesto a sufrir la muerte.»

Como ninguno de los presos quería cambiar su religión ni reconocer que había estado en un error, todos fueron declarados culpables. Pero la sentencia fue remitida al emperador. Cuando el monarca hubo leído sus nombres y la relación de las respectivas acusaciones, pronunció sentencia sobre todos, pero de modos distintos, porque sus sentencias fueron de cuatro tipos: a muerte, a destierro, a cadena perpetua, y a encarcelamiento a discreción.

Veinte de ellos fueron ordenados para la ejecución, y se les informó que podían pedir la asistencia de Jesuitas, monjes o frailes, para prepararse para el terrible tránsito que debían sufrir. Pero que no le les permitiría la presencia de ningún reformado. Ellos rechazaron esta propuesta, e intentaron todo lo que pudieron por consolarse y alentarse unos a otros en esta solemne ocasión.

Por la mañana del día señalado para la ejecución, se disparó un cañón como señal para que los presos fueran traídos desde el castillo a la principal plaza del mercado, donde se habían levantado cadalsos, y un cuerpo de tropas para asistir a la trágica escena.

Los presos salieron del castillo con tanto ánimo como si se dirigieran a un agradable entretenimiento, en lugar de ir a afrontar una muerte violenta.

Aparte de los soldados, Jesuitas, sacerdotes, verdugos, asistentes, etc., asistió una prodigiosa concurrencia del pueblo, para ver el triunfo de estos devotos mártires, que fueron ejecutados en el siguiente orden:

El Señor de Schilik tenía unos cincuenta años de edad, y tenía unas grandes cualidades naturales y adquiridas. Cuando le dijeron que iba a ser descuartizado, y que sus miembros serían dispersados por distintos lugares, sonrió con gran serenidad, diciendo: «La pérdida de la sepultura es una consideración de lo más nimio.» Al gritarle un caballero que estaba cerca diciéndole: «¡Valor, mi señor!», él contestó: «Tengo el favor de Dios, lo que es suficiente para inspirar valor a cualquiera; no me turba el temor a la muerte; antes la he enfrentado en campos de batalla al oponerme al Anticristo; y ahora me enfrentaré a ella en el cadalso, por causa de Cristo.» Habiendo hecho una corta oración, le dijo al verdugo que estaba listo. Éste le cortó la mano derecha y la cabeza, y luego lo descuartizó. Su mano y su cabeza fueron puestas en la torre alta de Praga, y sus cuartos distribuidos por diferentes partes de la ciudad.

El Señor Vizconde Wenceslao, que había llegado a la edad de setenta años, era igualmente respetable por su erudición, piedad y hospitalidad. Su temple era tan paciente que cuando su casa fue violada, y su propiedad tomada y sus fincas confiscadas, sólo dijo, con gran compostura: «El Señor ha dado, el Señor ha quitado.» Al preguntársele por qué se dedicaba a una causa tan peligrosa como la de tratar sustentar al elector palatino Federico contra el poder del emperador, contestó: «He actuado estrictamente según los dictados de mi conciencia, y, hasta el día de hoy, le considero mi rey. Ahora estoy lleno de años, y deseo dar mi vida para no ser testigo de los adicionales males que han de sobrevenir a mi país. Hace mucho tiempo que estáis sediento de mi sangre.

Tomadla, porque Dios será mi vengador.» Luego, acercándose al tajo, se acarició su larga y gris barba, y dijo: «Cabellos venerables, tanto mayor honor os esperan, una corona de martirio es vuestra parte.» Luego, poniendo la cabeza, le fue separada del cuerpo con un solo golpe, y clavada sobre una estaca en una parte visible de la ciudad.»

El Señor de Harant era hombre de buen sentido, gran piedad y mucha experiencia ganada en sus viajes, por cuanto había visitado los principales lugares de Europa, Asia y Africa. Por ello estaba libre de prejuicios nacionales, y había ganado mucho conocimiento.

La acusación en contra de este noble era que era protestante, y que había hecho juramento de adhesión a Federico, elector palatino del Rhin, como rey de Bohemia. Cuando llegó al cadalso, dijo: «He viajado por muchos países, y atravesado varias naciones bárbaras, pero nunca he hallado tanta crueldad como en mi patria. He escapado a numerosos peligros por mar y tierra, y me he sobrepuesto a dificultades inconcebibles, para sufrir inocentemente en el lugar que me vio nacer. Mi sangre es asimismo buscada por aquellos por quienes yo, y mis antepasados, hemos arriesgado nuestras posesiones; pero, ¡oh Dios omnipotente, perdónalos, porque no saben lo que hacen!» Luego fue al tajo, se arrodilló, y exclamó con gran energía: «¡En tus manos, oh Señor, encomiendo mi espíritu! En ti siempre he confiado. Recíbeme, pues, mi bendito Redentor.» Cayó entonces el golpe fatal, y recibió el punto final a los dolores temporales de esta vida.

El Señor Federico de Bile sufrió como protestante, y como promotor de la última guerra; afrontó su suerte con serenidad, y sólo dijo que deseaba el bien a los amigos que dejaba atrás, que perdonaba a los enemigos causantes de su muerte, que rechazaba la autoridad del emperador en aquel país, reconociendo a Federico como único rey legítimo de Bohemia, y que confiaba para su salvación en los méritos de su bendito Redentor.

El Señor Enrique Otto, cuando llegó al cadalso, parecía muy confundido, y dijo, con una cierta aspereza, como si dirigiéndose al emperador: «¡Tú, oh tirano Fernando, tu trono está establecido en sangre, pero si das muerte a mi cuerpo, y dispersas mis miembros, con todo se levantarán para sentarse en juicio contra ti.» Luego calló, y habiendo caminado un cierto tiempo alrededor del cadalso, pareció recobrar sus energías, y calmarse, y le dijo entonces a un caballero que estaba cerca: «Hace pocos minutos estaba muy descompuesto, pero ahora siento avivar mi espíritu; Dios sea alabado por concederme tal consuelo; la muerte ya no aparece como rey del espanto, sino que parece invitarme a participar de algunos goces desconocidos.» Arrodillándose ante el tajo, dijo: «¡Dios Omnipotente! A ti te encomiendo mi alma. Recíbela por causa de Cristo, y admítela a la gloria de tu presencia.» El verdugo causó mucho sufrimiento a este noble, al darle varios golpes antes de separarle la cabeza del cuerpo.

El conde de Rugenia destacaba por sus grandes cualidades y piedad no fingida. En el cadalso dijo: «Los que sacamos nuestras espadas luchamos sólo por preservar las libertades del pueblo y para guardar inviolidas nuestras conciencias. Como vencimos, me complazco más en la sentencia de muerte que si el emperador me hubiera dado la vida; porque veo que a Dios le place que Su verdad sea defendida no por nuestras espadas, sino con nuestra sangre.» Luego fue resuelto hacia el tajo, diciendo: «Ahora pronto estaré con Cristo,» y recibió con gran valor la corona del martirio.

El Señor Gaspar de Kaplitz tenía ochenta y seis años de edad. Cuando llegó al lugar de la ejecución, se dirigió así al principal oficial: «Aquí tienes a un pobre anciano que a menudo le ha pedido a Dios que lo sacara de este mundo malvado, pero que no ha podido hasta ahora obtener su deseo, porque Dios me ha reservado hasta estos años para ser un espectáculo al mundo y un sacrificio para Sí mismo. Por ello, hágase la voluntad de Dios.» Uno de los oficiales le dijo que en consideración a su avanzada edad, si tan sólo pedía perdón, le sería concedido de inmediato. «¡Pedir perdón!», exclamó él, «sólo le pediré perdón a Dios, a quien frecuentemente he ofendido, pero no al emperador, a quien jamás di motivo alguno de agravio; si ahora pidiera perdón, se podría sospechar con justicia que he cometido algún crimen que mereciera esta condena. No, no, ya que muerto como inocente, y con una limpia conciencia, no me gustaría separarme de esta noble compañía de mártires». Dicho esto, puso animosamente su cuello sobre el tajo.

Procopius Dorzecki dijo, en el cadalso: «Estamos ahora bajo condenación del emperador, pero a su tiempo él será juzgado, y nosotros compareceremos como testigos contra él.» Luego, tomando una medalla de oro de su cuello, que había sido acuñada cuando Federico había sido coronado rey de Bohemia, la presentó a uno de los oficiales, diciéndole al mismo tiempo estas palabras: «Como hombre a punto de morir, pido que si jamás el Rey Federico es restaurado al trono de Bohemia, que le deis esta medalla. Decidle que por su causa la llevé hasta la muerte, y que ahora pongo bien dispuesto mi vida por Dios y por mi rey.» Luego animosamente puso la cabeza y se sometió al fatal golpe.

Dionisio Servio había sido criado como católico romano, pero hacía varios años que había abrazado la religión reformada. Cuando se encontró sobre el cadalso, los Jesuitas ejercieron todos sus esfuerzos por lograr su retractación y que volviera a su anterior fe, pero no les prestó la menor atención a sus exhortaciones. Arrodillándose, les dijo: «Podréis destruir mi cuerpo, pero no podéis dañar mi alma, que encomiendo a mi Redentor»; luego se sometió paciente a su martirio, teniendo entonces cincuenta y seis años.

Valentín Cockan era persona de considerable fortuna y eminencia, perfectamente piadoso y honrado, pero de pocas dotes. Sin embargo, su imaginación pareció hacerse más brillante, y sus facultades mejorar al aproximarse la muerte, como si el inminente peligro refinara su entendimiento. Justo antes de ser decapitado se expresó con tal elocuencia, energía y precisión que dejó atónitos a todos los que conocían su anterior deficiencia en cuanto a sus dotes personales.

Tobías Steffick estuvo notable por su afabilidad y serenidad. Estaba totalmente resignado a su suerte, y pocos minutos antes de su muerte habló de esta manera singular: «Durante el curso de mi vida he recibido muchos favores de Dios; no debería entonces alegre aceptar una copa amarga, cuando Él considera apropiado presentarla? O más bien, ¿no debería yo regocijarme que sea Su voluntad que dé una vida corrompida a cambio de la inmortalidad?»

El doctor Jessenius, un capaz estudiante de medicina, fue acusado de hablar palabras irrespetuosas contra el emperador, de traición por haber jurado su adhesión al elector Federico, y de herejía por ser protestante. Por la primera acusación le cortaron la lengua; por la segunda, fue decapitado; y por la tercera fue descuartizado, y las partes respectivas exhibidas sobre estacas.

Cristobal Chober, en cuanto se vio sobre el cadalso, dijo: «He venido en el nombre de Dios, para morir por Su gloria; he luchado la buena batalla, he acabado mi carrera; así que, verdugo, haz tu oficio.» El verdugo obedeció, y en el acto recibió la corona del martirio.

Nadie vivió más respetado ni murió más lamentado que Juan Shultis. Las únicas palabras que dijo antes de recibir el golpe fatal fueron: «A los ojos de los necios parece que los justos mueren, pero sólo van a su reposo. ¡Señor Jesús! Tú has prometido que los que a ti vienen, no serán echados fuera. He aquí, he venido; mírame, ten piedad de mí, perdona mis pecados, y recibe mi alma.»

Maximiliano Hostialick era famoso por su erudición, piedad y humanidad. Cuando llegó al principio al cadalso parecía totalmente aterrado ante la inminencia de la muerte. Al darse cuenta el oficial de su agitación, le dijo Hostialick: «¡Ah, señor!, ahora se me amontonan en mi mente los pecados de mi juventud, pero espero que Dios me iluminará, no sea que duerma el sueño de la muerte y digan mis enemigos que han prevalecido sobre mí. Poco después, dijo: «Espero que mi arrepentimiento sea sincero, y que sea aceptado, en cuyo caso la sangre de Cristo me lavará de mis crímenes.» Luego le dijo al verdugo que iba a repetir el Cántico de Simeón, tras lo que podría hacer su oficio. Así, él dijo: «Ahora despides, Señor, a tu siervo, conforme a tu palabra, en paz; porque han visto mis ojos tu salvación.» Al acabar estas palabras, el verdugo le cortó la cabeza de un solo golpe.

Cuando Juan Kutnaur llegó al lugar de la ejecución, un Jesuita le dijo: «Abraza la fe católica romana, la única que puede salvarte y armarte contra los terrores de la muerte.» A esto él replicó: «Vuestra supersticiosa fe la aborrezco; conduce a la perdición, y no deseo otras armas contra los terrores de la muerte que una buena conciencia.» El Jesuita se apartó, diciendo sarcásticamente: «Los protestantes son rocas impenetrables.» «Te equivocas,» le dijo Kutnaur: «Es Cristo la Roca, y nosotros estamos firmes en Él.»

Este hombre, al no haber nacido en la nobleza, sino que había hecho su fortuna en un trabajo manual, fue sentenciado a ser colgado. Antes de ser suspendido, dijo: «Muero, no por haber cometido crimen alguno, sino por seguir los dictados de mi conciencia, y por defender mi país y religión.»

Simeón Sussickey era suegro de Kutnaur, y, lo mismo que él, fue sentenciado a la horca. Fue animoso a la muerte, y parecía impaciente por ser ejecutado, diciendo: «Cada momento me retarda de entrar en el Reino de Cristo.»

Natanael Wodianskey fue colgado por haber apoyado la causa protestante y la elección de Federico a la corona de Bohemia. Ante la horca, los Jesuitas hicieron todo lo posible por llevarlo a renunciar su fe. Al ver ineficaces sus esfuerzos, uno de ellos le dijo: «Si no quieres abjurar de tu herejía, ¿te arrepentirás al menos de tu rebelión?» A lo que Wodnianskey replicó: «Nos quitáis la vida bajo la pretendida acusación de rebelión, y no contentos con ello queréis destruir nuestras almas; hartaos de nuestra sangre, y quedaos satisfechos; pero no manipuléis nuestras conciencias.»

El propio hijo de Wodnianskey se acercó entonces a la horca, y le dijo a su padre: «Señor, si fueran a ofreceros vuestra vida con la condición de la apostasía, os ruego que os acordéis de Cristo, y que rechacéis unos ofrecimientos tan perniciosos.» A lo que el padre contestó: «Es muy aceptable, mi hijo, ser exhortado por ti a la constancia; pero no abrigues sospechas acerca de mí; más bien trata de confirmar en la fe a tus hermanos, hermanas e hijos, y enséñalos a imitar la constancia de la que les dejaré ejemplo.» Apenas si había acabado estas palabras cuando fue colgado, recibiendo la corona del martirio con gran fortaleza.

Durante su encierro, Wenceslao Gisbitzkey abrigó grandes esperanzas de que se le concedería la gracia de la vida, lo que hizo temer a sus amigos por la suerte de su alma. Sin embargo, se mantuvo firme en su fe, oró fervientemente ante la horca, y afrontó su suerte con peculiar resignación.

Martín Foster era un anciano lisiado; la acusación contra él era mostrar caridad a los herejes, y prestar dinero al elector Federico. Pero parece que su principal delito había sido su gran riqueza; y fue para ser saqueado de sus tesoros que fue unido a esta ilustre lista de mártires.

CAPÍTULO IX

Historia de la vida y persecuciones de Martín Lutero

ESTE ilustre alemán, teólogo y reformador de la Iglesia, fue hijo de Juan Lutero y de Margarita Ziegler, y nació en Eisleben, una ciudad de Sajonia, en el condado de Mansfield, el 10 de noviembre de 1483. La posición y condición de su padre eran originalmente humildes, y su oficio el de minero; pero es probable que por su esfuerzo y trabajo mejorara la fortuna de su familia, por cuanto posteriormente llegó a ser un magistrado de rango y dignidad. Lutero fue pronto iniciado en las letras, y a los trece años de edad fue enviado a una escuela en Magdeburgo, y de allí a Eisenach, en Turingia, donde quedó por cuatro años, exhibiendo las primeras indicaciones de su futura eminencia.

En 1501 fue enviado a la Universidad de Erfurt, donde pasó por los acostumbrados cursos de lógica y filosofía. A los veinte años de edad recibió el título de licenciado, y luego pasó a enseñar la física de Aristóteles, ética, y otros departamentos de filosofía. Después, por indicación de sus padres, se dedicó a la ley civil, con vistas a dedicarse a la abogacía, pero fue apartado de esta actividad por el siguiente incidente. Andando un día por los campos, fue tocado por un rayo, siendo precipitado al suelo, mientras que un compañero fue muerto justo a su lado; esto lo afectó de tal manera que, sin comunicar su propósito a ninguno de sus amigos, se retiró del mundo, y se acogió al orden de los eremitas de San Agustín.

Aquí se dedicó a leer a San Agustín y a los escolásticos; pero, rebuscando por la biblioteca, halló accidentalmente una copia de la Biblia latina, que nunca había visto antes. Esta atrajo poderosamente su curiosidad; la leyó ansiosamente, y se sintió atónito al ver qué poca porción de las Escrituras era enseñada al pueblo.

Hizo su profesión en el monasterio de Erfurt, después de haber sido novicio un año; y tomó órdenes sacerdotales, y celebró su primera Misa en 1507. Un año después fue trasladado del monasterio de Erfurt a la Universidad de Wittenberg, porque habiéndose acabado de fundar la universidad, se pensaba que nada sería mejor para darle reputación y fama inmediatas que la autoridad y la presencia de un hombre tan célebre, por su gran temple y erudición, como Lutero.

En esta universidad de Erfurt había un cierto anciano en el convento de los Agustinos con quien Lutero, que era entonces de la misma orden, fraile Agustino, conversó acerca de diversas cosas, especialmente acerca de la remisión de los pecados. Acerca de este artículo, este sabio padre se franqueó con Lutero, diciéndole que el expreso mandamiento de Dios es que cada hombre crea particularmente que sus pecados le han sido perdonados en Cristo; le dijo además que esta particular interpretación estaba confirmada por San Bernardo: «Éste es el testimonio que te da el Espíritu Santo en tu corazón, diciendo: Tus pecados te son perdonados. Porque ésta es la enseñanza del apóstol, que el hombre es libremente justificado por la fe.»

Estas palabras no sólo sirvieron para fortalecer a Lutero, sino también para enseñarle el pleno sentido de San Pablo, que insiste tantas veces en esta frase: «Somos justificados por la fe.» Y habiendo leído las exposiciones de muchos acerca de este pasaje, luego percibió, tanto por el discurso del anciano como por el consuelo que recibió en su espíritu, la vanidad de las interpretaciones que antes había leído de los escolásticos. Y así, poco a poco, leyendo y comparando los dichos y ejemplos de los profetas y de los apóstoles, con una continua invocación a Dios, y la excitación de la fe por el poder de la oración, percibió esta doctrina con la mayor evidencia. Así prosiguió su estudio en Erfurt por espacio de cuatro años en el convento de los Agustinos.

En 1512, al tener una pendencia siete conventos de su orden con su vicario general, Lutero fue escogido para ir a Roma para mantener su causa. En Roma vio al Papa y su corte, y tuvo también la oportunidad de observar las maneras del clero, cuya manera apresurada, superficial e impía de celebrar la Misa ha observado con severidad. Tan pronto como hubo ajustado la disputa que había sido el motivo de su viaje, volvió a Wittenberg, y fue constituido doctor en teología, a costa de Federico, elector de Sajonia, que le había oído predicar con frecuencia, que estaba perfectamente familiarizado con su mérito, y que le reverenciaba sumamente.

Continuó en la Universidad de Wittenberg, donde, como profesor de teología, se dedicó a la actividad de su vocación. Aquí comenzó de la manera más intensa a leer conferencias sobre los sagrados libros. Explicó la Epístola a los Romanos, y los Salmos, que aclaró y explicó de una manera tan totalmente nueva y diferente de lo que había sido el estilo de los anteriores comentaristas, que «parecía, tras una larga y oscura noche, que amanecía un nuevo día, a juicio de todos los hombres piadosos y prudentes.»

Lutero dirigía diligentemente las mentes de los hombres al Hijo de Dios, como Juan el Bautista anunciaba al Cordero de Dios, que quita el pecado del mundo; del mismo modo Lutero, resplandeciendo en la Iglesia como una luz brillante tras una larga y tenebrosa noche, mostró de manera clara que los pecados son libremente remitidos por el amor del Hijo de Dios, y que deberíamos abrazar fielmente este generoso don.

Su vida se correspondía con su profesión; y se evidenció de manera clara que sus palabras no eran actividad meramente de sus labios, sino que procedían de su mismo corazón. Esta admiración de su santa vida atrajo mucho los corazones de sus oyentes.

Para prepararse mejor para la tarea que había emprendido, se aplicó atentamente al estudio de los lenguajes griego y hebreo; y a esto estaba dedicado cuando se publicaron las indulgencias generales en 1517.

León X, que sucedió a Julio II en marzo del 1513, tuvo el designio de construir la magnífica Iglesia de San Pedro en Roma, que desde luego había sido comenzada por Julio, pero que aún precisaba de mucho dinero para poder ser acabada. Por ello, León, en 1517, publicó indulgencias generales por toda Europa, en favor de todos los que contribuyeran con cualquier suma para la edificación de San Pedro; y designó a personas en diferentes países para proclamar estas indulgencias y para recibir dinero de las mismas. Estos extraños procedimientos provocaron mucho escándalo en Wittenberg, y de manera particular inflamaron el piadoso celo de Lutero, el cual, siendo de natural ardiente y activo, e incapaz en este caso de contenerse, estaba decidido a declararse en contra de tales indulgencias en todas las circunstancias.

Por ello, en la víspera del día de Todos los Santos, en 1517, fijó públicamente, en la iglesia adyacente al castillo de aquella ciudad, una tesis sobre las indulgencias; al principio de las mismas retaba a cualquiera a que se opusiera a ellas bien por escrito, bien en debate oral. Apenas si se habían publicado las proposiciones de Lutero acerca de las indulgencias que Tetzel, el fraile Dominico y comisionado para su venta, mantuvo y publicó una tesis en Frankfort, en la que contenía un conjunto de proposiciones directamente contrarias a ellas. Hizo más: agitó al clero de su orden en contra de Lutero; lo anatematizó desde el púlpito como un hereje condenable, y quemó su tesis de manera pública en Frankfort. La tesis de Tetzel fue también quemada, en reacción, por los luteranos en Wittenberg; pero el mismo Lutero negó haber tenido parte alguna en esta acción.

En 1518, Lutero, aunque disuadido de ello por sus amigos, pero para mostrar obediencia a la autoridad, acudió al monasterio de San Agustín en Heidelberg, donde se celebraba capítulo; y allí mantuvo, el 26 de abril, una disputa acerca de la «justificación por la fe», que Bucero, que entonces estaba presente, tomó por escrito, comunicándola después a Beatus Rhenanus, no sin los más grandes encomios.

Mientras tanto, el celo de sus adversarios fue creciendo más y más en contra de él; finalmente fue acusado delante de León X como hereje. Entonces, tan pronto como hubo regresado de Heidelberg, le escribió una carta a aquel Papa en los términos más sumisos; le envió, al mismo tiempo, una explicación de sus proposiciones acerca de las indulgencias. Esta carta está fechada en el Domingo de Trinidad de 1518, e iba acompañada de una protesta en la que se declara que «no pretendía él proponer ni defender nada contrario a las Sagradas Escrituras ni a la doctrina de los padres, recibida y observada por la Iglesia de Roma, ni a los cánones ni decretales de los Papas; sin embargo, pensaba que tenía libertad bien para aprobar o para desaprobar aquellas opiniones de Santo Tomás, Buenaventura y otros escolásticos y canonistas, que no se basaban en texto alguno.

El emperador Maximiliano estaba igual de solícito que el Papa acerca de detener la propagación de las opiniones de Lutero en Sajonia, que eran perturbadoras tanto para la Iglesia como para el Imperio. Por ello, Maximiliano escribió a León una carta fechada el 5 de agosto de 1518, pidiéndole que prohibiera, por su autoridad, estas inútiles, desconsideradas y peligrosas disputas; también le aseguraba que cumpliría estrictamente en su imperio todo aquello que Su Santidad ordenase.

Mientras tanto, Lutero, en cuanto supo lo que se estaba llevando a cabo acerca de él en Roma, empleó todos los medios imaginables para impedir ser llevado allí, y para obtener que su causa fuera oída en Alemania. El elector estaba también opuesto a que Lutero fuera a Roma, y pidió al Cardenal Cayetano que pudiera ser oído delante de él, como legado del Papa en Alemania. Con esto, el Papa consintió en que su causa fuera juzgada delante del Cardenal Cayetano, a quien había dado poderes para decidirla.

Por ello, Lutero se dirigió de inmediato a Augsburgo, llevando consigo cartas del elector. Llegó allá en octubre de 1518, y, habiéndosele dado seguridades, fue admitido en presencia del cardenal. Pero Lutero vio pronto que tenía más que temer del cardenal que de disputas de ningún tipo; por ello, temiendo un arresto si no se sometía, se retiró de Augsburgo el día veinte. Pero, antes de partir, publicó una apelación formal al Papa, y viéndose protegido por el elector, prosiguió predicando las mismas doctrinas en Wittenberg, y envió un reto a todos los inquisidores a que acudieran y disputaran con él.

Con respecto a Lutero, Miltitius, el chambelán del Papa, tenía orden de demandar del elector que le obligara a retractarse, o que le negara su protección; pero las cosas no iban a poder ser efectuadas con tanta altanería, siendo que el crédito de Lutero estaba demasiado bien establecido. Además, sucedió que el emperador Maximiliano murió el doce de aquel mes, lo que alteró mucho el aspecto de las cosas, e hizo al elector más capaz de decidir la suerte de Lutero. Por ello, Miltitius pensó que lo mejor sería ver qué se podría hacer con medios limpios y gentiles, y para este fin comenzó a conversar con Lutero.

Durante todos estos acontecimientos la doctrina de Lutero se fue esparciendo y prevaleciendo mucho; y él mismo recibió alientos de su tierra y desde fuera. Por aquel tiempo los bohemios le enviaron un libro del célebre Juan Huss, que había caído mártir en la obra de la reforma, y también cartas en las que le exhortaban a la constancia y a la perseverancia, reconociendo que la teología que él enseñaba era la teología pura, sana y ortodoxa. Muchos hombres eruditos y eminentes se pusieron de su parte.

En 1519 tuvo una célebre disputa en Leipzig con Juan Eccius. Pero esta disputa terminó al final como todas las otras, no habiéndose aproximado las posturas de las partes en absoluto, sino que se sentían más enemigos personales que antes.

Alrededor del fin del año, Lutero publicó un libro en el que defendía que la Comunión se celebrara bajo ambas especies; esto fue condenado por el obispo de Misnia el 24 de enero de 1520.

Mientras Lutero trabajaba para defenderse ante el nuevo emperador y los obispos de Alemania, Eccius había ido a Roma para pedir su condena, lo que, como podrá concebirse, ahora no iba a ser tan difícil de conseguir. Lo cierto es que la continua importunidad de los adversarios de Lutero ante León le llevaron al final a publicar una condena contra él, e hizo esto en una bula con fecha del 15 de junio de 1520. Esto tuvo lugar en Alemania, publicada allí por Eccius, que la había solicitado en Roma, y que estaba encargado, junto a Jerónimo Alejandro, persona eminente por su erudición y elocuencia, de la ejecución de la misma. Mientras tanto, Carlos I de España y V de Alemania, después de haber resuelto sus dificultades en los Países Bajos, pasó a Alemania, y fue coronado emperador el veintiuno de octubre en Aquisgrán.

Martín Lutero, después de haber sido acusado por primera vez en Roma en Jueves Santo por la censura papal, se dirigió poco después de la Pascua hacia Worms, donde el mencionado Lutero, compareciendo ante el emperador y todos los estados de Alemania, se mantuvo constante en la verdad, se defendió a sí mismo, y dio respuesta a sus adversarios.

Lutero quedó alojado, bien agasajado y visitado por muchos condes, barones, caballeros del orden, gentileshombres, sacerdotes y de los comunes, que frecuentaban su alojamiento hasta la noche.

Vino, en contra de las expectativas de muchos, tanto adversarios como amigos. Sus amigos deliberaron juntos, y muchos trataron de persuadirle para que no se aventurara a tal peligro, considerando que tantas veces no se había respetado la promesa hecha de seguridad. Él, tras haber escuchado todas sus persuasiones y consejos, respondió de esta manera: «Por lo que a mí respecta, ya que me han llamado, estoy resuelto y ciertamente decidido a acudir a Worms, en nombre de nuestro Señor Jesucristo; sí, aunque supiera que hay tantos demonios para resistirme allí como tejas para cubrir las casas de Worms.»

Al día siguiente, el heraldo lo trajo de su alojamiento a la corte del emperador, donde quedó hasta las seis de la tarde, porque los príncipes estaban ocupados en graves consultas; quedando allí, y rodeado de gran número de personas, y casi aplastado por tanta multitud. Luego, cuando los príncipes se hubieron sentado, entró Lutero, y Eccius, el oficial, habló de esta guisa: «Responde ahora a la demanda del Emperador. ¿Mantendrás tú todos los libros que has reconocido tuyos, o revocarás algunas partes de los mismos y te someterás?»

Martín Lutero respondió modesta y humildemente, pero no sin una cierta firmeza y constancia cristiana. «Considerando que vuestra soberana majestad y vuestros honores demandan una respuesta llana, esto digo y profeso tan resueltamente como pude, sin dudas ni sofisticaciones, que si no se me convence por el testimonio de las Escrituras (porque no creo ni al Papa ni a sus Concilios generales, que han errado muchas veces, y que han sido contradictorios entre sí), mi conciencia está tan ligada y cautivada por estas Escrituras y la Palabra de Dios, que no me retracto ni me puedo retractar de nada en absoluto, considerando que no es ni piadoso ni legítimo hacer nada en contra de mi conciencia. Aquí estoy y en esto descanso: nada más tengo que decir. ¡Que Dios tenga misericordia de mí!»

Los príncipes consultaron entre sí acerca de esta respuesta dada por Lutero, y tras haber interrogado diligentemente al mismo, el prolocutor comenzó a interpelarle así: «La Majestad Imperial demanda de ti una simple respuesta, sea negativa, sea afirmativa, si pretendes defender todos tus libros como cristianos, o no.»

Entonces Lutero, dirigiéndose al emperador y a los nobles, les rogó que no le forzaran a ceder contra su conciencia, confirmada por las Sagradas Escrituras, sin argumentos manifiestos que alegaran sus adversarios. «Estoy atado por las Escrituras.»

Antes que se disolviera la Dieta de Worms, Carlos V hizo redactar un edicto, fechado el ocho de mayo, decretando que Martín Lutero fuera, en conformidad a la sentencia del Papa, considerado desde entonces miembro separado de la Iglesia, cismático, y hereje obstinado y notorio. Mientras que la bula de León X ejecutada por Carlos V tronaba por todo el imperio, Lutero fue encerrado a salvo en el castillo de Wittenberg; pero cansado al final de su retiro, volvió a aparecer en público en Wittenberg el 6 de marzo de 1522, después de una ausencia de unos diez meses.

Lutero hizo ahora abiertamente la guerra al Papa y a los obispos; y a fin de lograr que el pueblo menospreciara la autoridad de los mismos tanto como fuera posible, escribió un libro contra la bula del Papa, y otro contra el orden falsamente llamado «El Orden Episcopal». Publicó asímismo una traducción del Nuevo Testamento en lengua alemana, que fue posteriormente corregida por él mismo y Melancton.

Ahora reinaba la confusión en Alemania, y no menos en Italia, porque surgió una contienda entre el Papa y el Emperador, durante la que Roma fue tomada dos veces, y el Papa hecho preso. Mientras los príncipes estaban así ocupados en sus pendencias mutuas, Lutero continuó llevando a cabo la obra de la Reforma, oponiéndose tambien a los papistas y combatiendo a los Anabaptistas y otras sectas fanáticas que, aprovechando su enfrentamiento con la Iglesia de Roma, habían surgido y se habían establecido en diversos lugares.

En 1527, Lutero sufrió un ataque de coagulación de sangre alrededor del corazón, que casi puso fin a su vida. Pareciendo que las perturbaciones en Alemania no tenían fin, el Emperador se vio obligado a convocar una dieta en Spira, en el 1529, para pedir la ayuda de los príncipes del imperio contra los turcos. Catorce ciudades, Estrasburgo, Nuremberg, Ulm, Constanza, Retlingen, Windsheim, Memmingen, Lindow, Kempten, Hailbron, Isny, Weissemburg, Nortlingen, St. Gal, se unieron contra el decreto de la dieta, emitiendo una protesta que fue escrita y publicada en abril de 1529. Ésta fue la célebre protesta que dio el nombre de «Protestantes» a los reformadores en Alemania.

Después de esto, los principes protestantes emprendieron la formación de una alianza firme, e instruyeron al elector de Sajonia y a sus aliados que aprobaran lo que la Dieta había hecho; pero los diputados redactaron una apelación, y los protestantes presentaron luego una apología por su «Confesión», la famosa confesión que había sido redactada por el moderado Melancton, como también la apología. Todo esto fue firmado por varios de los príncipes, y a Lutero ya no le quedó nada más por hacer sino sentarse y contemplar la magna obra que había llevado a cabo; porque que un solo monje pudiera darle a la Iglesia de Roma un golpe tan rudo que se necesitara sólo de otro parecido para derribarla del todo, bien puede considerarse una magna obra.

En 1533 Lutero escribió una epístola consoladora a los ciudadanos de Oschatz, que habían sufrido algunas penalidades por haberse adherido a la confesión de fe de Augsburgo; y en 1534 se imprimió la Biblia que él había traducido al alemán, como lo muestra el antiguo privilegio fechado en Bibliópolis, de mano del mismo elector; y fue publicada al año siguiente.

También aquel año publicó un libro: «Contra las Misas y la Consagración de los Sacerdotes.»

En febrero de 1537 se celebró una asamblea en Smalkalda acerca de cuestiones religiosas, a la que fueron llamados Lutero y Melancton. En esta reunión Lutero cayó tan enfermo que no había esperanzas de su recuperación. Mientras le llevaban de vuelta escribió su testamento, en el que legaba su desdén del papado a sus amigos y hermanos. Y así estuvo activo hasta su muerte, que tuvo lugar en 1546.

Aquel año, acompañado por Melancton, había visitado su propio país, que no había visto por muchos años, y había vuelto sano y salvo. Pero poco después fue llamado otra vez por los condes de Mansfelt, para que arbitrara unas diferencias que habían surgido acerca de sus límites, y al llegar fue recibido por cien o más jinetes, y conducido de manera muy honrosa. Pero en aquel tiempo enfermó tan violentamente que se temió que pudiera morir. Dijo entonces que estos ataques de enfermedad siempre le sobrevenían cuando tenía cualquier gran obra que emprender. Pero en esta ocasión no se recuperó, sino que murió, el 18 de febrero, a la edad de sesenta y tres años. Poco antes de expirar, amonestó a aquellos que estaban a su alrededor que oraran por la propagación del Evangelio, «porque el Concilio de Trento,» les dijo, «que ha tenido una o dos sesiones, y el Papa, inventarán extrañas cosas contra él.» Sintiendo que se aproximaba el fatal desenlace, antes de las nueve de la mañana se encomendó a Dios con esta devota oración: «¡Mi Padre celestial, Dios eterno y misericordioso! Tu me has manifestado tu amado Hijo, nuestro Señor Jesucristo. Le he enseñado, le he conocido; le amo como mi vida, mi salud y mi redención, a Quien los malvados han perseguido, calumniado y afligido con vituperios. Lleva mi alma a ti.»

Despues de esto dijo lo que sigue, repitiéndolo tres veces: «¡En tus manos encomiendo mi espíritu, Tú me has redimido, oh Dios de verdad! «Porque de tal manera amó Dios al mundo, que dio a su Hijo unigénito, para que todo aquel que en él cree no se pierda, mas tenga vida eterna.»» Habiendo repetido sus oraciones varias veces, fue llamado a Dios. Así, orando, su limpia alma fue separada pacíficamente del cuerpo terrenal.

CAPÍTULO X

Persecuciones generales en Alemania

LAS persecuciones generales en Alemania fueron principalmente causadas por las doctrinas y el ministerio de Martín Lutero. Lo cierto es que el Papa quedó tan alarmado por el éxito del valiente reformador que decidió emplear al Emperador Carlos V, a cualquier precio, en el plan para intentar su extirpación. Para este fin:

1. Dio al emperador doscientas mil coronas en efectivo.

2. Le prometió mantener doce mil infantes y cinco mil tropas de caballería, por el espacio de seis meses, o durante una campaña.

3. Permitió al emperador recibir la mitad de los ingresos del clero del imperio durante la guerra.

4. Permitió al emperador hipotecar las fincas de las abadías por quinientas mil coronas, para ayudar en la empresa de las hostilidades contra los protestantes.

Así incitado y apoyado, el emperador emprendió la extirpación de los protestantes, contra los que, de todas maneras, tenía un odio personal; y para este propósito se levantó un poderoso ejército en Alemania, España e Italia.

Mientras tanto, los príncipes protestantes constituyeron una poderosa confederación, para repeler el inminente ataque. Se levantó un gran ejército, y se dio su mando al elector de Sajonia, y al landgrave de Hesse. Las fuerzas imperiales iban mandadas personalmente por el emperador de Alemania, y los ojos de toda Europa se dirigieron hacia el suceso de la guerra.

Al final los ejércitos chocaron, y se libró una furiosa batalla, en la que los protestantes fueron derrotados, y el elector de Sajonia y el landgrave de Hesse hechos prisioneros. Este golpe fatal fue sucedido por una horrorosa persecución, cuya dureza fue tal que el exilio podía considerarse como una suerte suave, y la ocultación en un tenebroso bosque como una felicidad. En tales tiempos una cueva es un palacio, una roca un lecho de plumas, y las raíces, manjares.

Los que fueron atrapados sufrieron las más crueles torturas que podían inventar las imaginaciones infernales; y por su constancia dieron prueba de que un verdadero cristiano puede vencer todas las dificultades, y a pesar de todos los peligros ganar la corona del martirio.

Enrique Voes y Juan Esch, prendidos como protestantes, fueron llevados al interrogatorio. Voes, respondiendo por sí mismo y por el otro, dio las siguientes respuestas a algunas preguntas que les hizo el sacerdote, que los examinó por orden de la magistratura.

Sacerdote. ¿No erais vosotros dos, hace algunos años, frailes agustinos?

Voes. Sí.

Sacerdote. ¿Cómo es que habéis abandonado el seno de la Iglesia de Roma?

Voes. Por sus abominaciones.

Sacerdote. ¿En qué creéis?

Voes. En el Antiguo y Nuevo Testamento.

Sacerdote. ¿No creéis en los escritos de los padres y en los decretos de los Concilios?

Voes. Sí, si concuerdan con la Escritura.

Sacerdote. ¿No os sedujo Martín Lutero?

Voes. Nos ha seducido de la misma manera en que Cristo sedujo a los apóstoles; esto es, nos hizo consciente de la fragilidad de nuestros cuerpos y del valor de nuestras almas.

Este interrogatorio fue suficiente. Ambos fueron condenados a las llamas, y poco después padecieron con aquella varonil fortaleza que corresponde a los cristianos cuando reciben la corona del martirio.

Enrique Sutphen, un predicador elocuente y piadoso, fue sacado de su cama en medio de la noche, y obligado a caminar descalzo un largo trecho, de modo que los pies le quedaron terriblemente cortados. Pidió un caballo, pero los que le llevaban dijeron con escarnio: «¡Un caballo para un hereje! No, no, los herejes pueden ir descalzos.» Cuando llegó al lugar de su destino, fue condenado a morir quemado; pero durante la ejecución se cometieron muchas indignidades contra él, porque los que estaban junto a él, no contentos con lo que sufría en las llamas, le cortaron y sajaron de la manera más terrible.

Muchos fueron asesinados en Halle; Middleburg fue tomado al asalto, y todos los protestantes fueron pasados a cuchillo, y muchos fueron quemados en Viena.

Enviado un oficial a dar muerte a un ministro, pretendió, al llegar, que sólo lo quería visitar. El ministro, que no sospechaba sus crueles intenciones, agasajó a su supuesto invitado de modo muy cordial. Tan pronto como la comida hubo acabado, el oficial dijo a unos de sus acompañantes: «Tomad a este clérigo, y colgadlo.» Los mismos acompañantes quedaron tan atónitos tras las cortesías que habían visto, que vacilaron ante las órdenes de su jefe; el ministro dijo:

«Pensad el aguijón que quedará en vuestra conciencia por violar de esta manera las leyes de la hospitalidad.» Pero el oficial insistió en ser obedecido, y los acompañantes, con repugnancia, cumplieron el excecrable oficio de verdugos. Pedro Spengler, un piadoso teólogo, de la ciudad de Schalet, fue echado al río y ahogado. Antes de ser llevado a la ribera del río que iba a ser su tumba, lo expusieron en la plaza del mercado, para proclamar sus crímenes, que eran no ir a Misa, no confesarse, y no creer en la transubstanciación. Terminada esta ceremonia, él hizo un discurso excelente al pueblo, y terminó con una especie de himno de naturaleza muy edificante.

Un caballero protestante fue sentenciado a decapitación por no renunciar a su religión, y fue animoso al lugar de la ejecución. Acudió un fraile a su lado, y le dijo estas palabras en voz muy baja: «Ya que tenéis gran repugnancia a abjurar en público de vuestra fe, musitad vuestra confesión en mi oído, y yo os absolveré de vuestros pecados.» A esto el caballero replicó en voz alta: «No me molestes, fraile, he confesado mis pecados a Dios, y he obtenido la absolución por los méritos de Jesucristo.» Luego, dirigiéndose al verdugo, le dijo: «Que no me molesten estos hombres; cumple tu oficio,» y su cabeza cayó de un solo golpe.

Wolfgang Scuch y Juan Huglin, dos dignos ministros, fueron quemados, como también Leonard Keyser, un estudiante de la Universidad de Wertembergh; y Jorge Carpenter, bávaro, fue colgado por rehusar retractarse del protestantismo.

Habiéndose apaciguado las persecuciones en Alemania durante muchos años, volvieron a desencadenarse en 1630, debido a la guerra del emperador contra el rey de Suecia, porque éste era un príncipe protestante, y consiguientemente los protestantes alemanes defendieron su causa, lo que exasperó enormemente al emperador contra ellos.

Las tropas imperiales pusieron sitio a la ciudad de Passewalk (que estaba defendida por los suecos), y, tomándola al asalto, cometieron las más horribles crueldades. Derruyeron las iglesias, quemaron las casas, saquearon los bienes, mataron a los ministros, pasaron a la guarnición a cuchillo, colgaron a los ciudadanos, violaron a las mujeres, ahogaron a los niños, etc., etc.

En Magdeburgo tuvo lugar una tragedia de lo más sanguinaria, en el año 1631. Habiendo los generales Tilly y Pappenheim tomado aquella ciudad protestante al asalto, hubo una matanza de más de veinte mil personas, sin distinción de rango, sexo o edad, y seis mil más fueron ahogadas en su intento de escapar por el río Elba. Después de apaciguarse esta furia, los habitantes restantes fueron desnudados, azotados severamente, les fueron cortadas las orejas, y, enyugados como bueyes, fueron soltados.

La ciudad de Hoxter fue tomada por el ejército papista, y todos sus habitantes, así omo la guarnición, fueron pasados a cuchillo; hasta las casas fueron incendiadas, y los cuerpos fueron consumidos por las llamas.

En Griphenberg, cuando prevalecieron las tropas imperiales, encerraron a los senadores en la cámara del senado, y los asfixiaron rodeándola con paja encendida.

Franhendal se rindió bajo unos artículos de capitulación, pero sus habitantes fueron tratados tan cruelmente como en otros lugares; y en Heidelberg muchos fueron echados en la cárcel y dejados morir de hambre.

Así se enumeran las crueldades cometidas por las tropas imperiales, bajo el Conde Tilly, en Sajonia:

Estrangulación a medias, recuperación de las personas, y vuelta a lo mismo. Aplicación de afiladas ruedas sobre los dedos de las manos y de los pies. Aprisionamento de los pulgares en tornillos de banco. El forzamiento de las cosas más inmundas garganta abajo, por las cuales muchos quedaron ahogados. El prensamiento con sogas alrededor de la cabeza de tal manera que la sangre brotaba de los ojos, de la nariz, de los oídos y de la boca. Cerillas ardiendo en los dedos de las manos y de los pies, en los brazos y piernas, y hasta en la lengua. Poner pólvora en la boca, y prenderla, con lo que la cabeza volaba en pedazos. Atar bolsas de pólvora por todo el cuerpo, con lo que la persona era destrozada por la explosión. Tirar en vaivén de sogas que atravesaban las carnes. Incisiones en la piel con instrumentos cortantes. Inserción de alambres a través de la nariz, de los oídos, labios, etc. Colgar a los protestantes por las piernas, con sus cabezas sobre un fuego, por lo que quedaban secados por el fuego. Colgarlos de un brazo hasta que quedaba dislocado. Colgar de garfios a través de las costillas. Obligar a beber hasta que la persona reventaba. Cocer a muchos en hornos ardientes. Fijación de pesos en los pies, subiendo a muchos juntos con una polea. La horca, asfixia, asamiento, apuñalamiento, freimiento, el potro, la violación, el destripamiento, el quebrantamiento de los huesos, el despellejamiento, el descuartizamiento entre caballos indómitos, ahogamiento, estrangulación, cocción, crucifixión, empaderamiento, envenenamiento, cortamiento de lenguas, narices, oídos, etc., aserramiento de los miembros, troceamiento a hachazos y arrastre por los pies por las calles.

Estas enormes crueldades serán un baldón perpetuo sobre la memoria del Conde Tilly, que no sólo cometió sino que mandó a las tropas que las pusieran en práctica. Allí donde llegaba seguían las más horrendas barbaridades y crueles depredaciones; el hambre y el fuego señalaban sus avances, porque destruía todos los alimentos que no podía llevarse consigo, y quemaba todas las ciudades antes de dejarlas, de modo que el resultado pleno de sus conquistas eran el asesinato, la pobreza y la desolación.

A un anciano y piadoso teólogo lo desnudaron, lo ataron boca arriba sobre una mesa, y ataron un gato grande y fiero sobre su vientre. Luego pellizcaron y atormentaron al gato de tal manera que en su furia le abrió el vientre y le remordió las entrañas.

Otro ministro y su familia fueron apresados por estos monstruos inhumanos; violaron a su mujer e hija delante de él, enclavaron a su hijo recién nacido en la punta de una lanza, y luego, rodeándole de todos sus libros, les prendieron fuego, y fue consumido en medio de las llamas.

En Hesse-Cassel, algunas de las tropas entraron en un hospital, donde había principalmente mujeres locas, y desnudando a aquellas pobres desgraciadas, las hicieron correr por la calle a modo de diversión, dando luego muerte a todas.

En Pomerania, algunas de las tropas imperiales que entraron en una ciudad pequeña tomaron a todas las mujeres jóvenes, y a todas las muchachas de más de diez años, y poniendo a sus padres en un círculo, les mandaron cantar Salmos, mientras violaban a sus niñas, diciéndoles que si no lo hacían, las despedazarían después. Luego tomaron a todas las mujeres casadas que tenían niños pequeños, y las amenazaron que si no consentían a gratificar sus deseos, quemarían a sus niños delante de ellas en un gran fuego, que habían encendido para ello.

Una banda de soldados del Conde Tilly se encontraron con un grupo de mercaderes de Basilea, que volvían del gran mercado de Estrasburgo, e intentaron rodearlos. Sin embargo, todos escaparon menos diez, dejando sus bienes tras ellos. Los diez que fueron tomados rogaron mucho por sus vidas, pero los soldados los asesinaron diciendo: «Habéis de morir, porque sois herejes, y no tenéis dinero.»

Los mismos soldados encontraron a dos condesas que, junto con algunas jóvenes damas, las hijas de una de ellas, estaban dando un paseo en un landau. Los soldados les perdonaron la vida, pero las trataron con la mayor indecencia, y, dejándolas totalmente desnudas, mandaron al cochero que prosiguiera.

Por la mediación de Gran Bretaña, se restauró finalmente la paz en Alemania, y los protestantes quedaron sin ser molestados durante varios años, hasta que se dieron nuevas perturbaciones en el Palatinado, que tuvieron estas causas.

La gran Iglesia del Espíritu Santo, en Heidelberg, había sido compartida durante muchos años por los protestantes y católicos romanos de esta manera: los protestantes celebraban el servicio divino en la nave o cuerpo de la iglesia; los católicos romanos celebraban Misa en el coro. Aunque ésta había sido la costumbre desde tiempos inmemoriales, el elector del Palatinado, finalmente, decidió no permitirlo más, declarando que como Heidelberg era su capital, y la Iglesia del Espíritu Santo la catedral de su capital, el servicio divino debía ser llevado a cabo sólo según los ritos de la Iglesia de la que él era miembro. Entonces prohibió a los protestantes entrar en la iglesia, y dio a los papistas su entera posesión.

El pueblo, agraviado, apeló a los poderes protestantes para que se les hiciera justicia, lo que exasperó de tal modo al elector que suprimió el catecismo de Heidelberg. Sin embargo, los poderes protestantes acordaron unánimes exigir satisfacciones, por cuanto el elector, con su conducta, había quebrantado un artículo del tratado de Westfalia; también las cortes de Gran Bretaña, Prusia, Holanda, etc., enviaron embajadores al elector, para exponerle la injusticia de su proceder, y para amenazarle que, a no ser que cambiara su conducta para con los protestantes del Palatinado, ellos tratarían también a sus súbditos católicos romanos con la mayor severidad. Tuvieron lugar muchas y violentas disputas entre los poderes protestantes y los del elector, y estas se vieron muy incrementadas por el siguiente incidente: estando el carruaje de un ministro holandés delante de la puerta del embajador residente enviado por el príncipe de Hesse, una compañía apareció llevando la hostia a casa de un enfermo; el cochero no le prestó la menor atención, lo que observaron los acompañantes de la hostia, y lo hicieron bajar de su asiento, obligándole a poner la rodilla en el suelo. Esta violencia contra la persona de un criado de un ministro público fue mal vista por todos los representantes protestantes; y para agudizar aún más las diferencias, los protestantes presentaron a los representantes tres artículos de queja:

1. Que se ordenaban ejecuciones militares contra todos los zapateros protestantes que rehusaban contribuir a las Misas de San Crispín.

2. Que a los protestantes se les prohibía trabajar en días santos de los papistas, incluso en la época de la cosecha, bajo penas muy severas, lo que ocasionaba graves inconvenientes y causaba graves perjuicios a las actividades públicas.

3. Que varios ministros protestantes habían sido desposeídos de sus iglesias, bajo la pretensión de haber sido fundadas y edificadas originalmente por católicos romanos.

Finalmente, los representantes protestantes se pusieron tan apremiantes como para insinuarle al elector que la fuerza de las armas le iba a obligar a hacer la justicia que había negado a su embajada. Esta amenaza lo volvió a la razón, porque bien conocía la imposibilidad de llevar a cabo una guerra contra los poderosos estados que le amenazaban. Por ello, accedió a que la nave de la Iglesia del Espíritu Santo le fuera devuelta a los protestantes. Restauró el catecismo de Heidelberg, volvió a dar a los ministros protestantes la posesión de las iglesias de las que habían sido desposeídos, permitió a los protestantes trabajar en días santos de los papistas, y ordenó que nadie fuera molestado por no arrodillarse cuando pasara la hostia por su lado.

Estas cosas las hizo por temor, pero para mostrar su resentimiento contra sus súbditos protestantes, en otras circunstancias en las que los poderes protestantes no tenían derecho a interferir, abandonó totalmente Heidelberg, traspasando todas las cortes de justicia a Mannheim, que estaba totalmente habitada por católicos romanos. Asimismo edificó allí un nuevo palacio, haciendo de él su lugar de residencia; y, siendo seguido por los católicos de Heidelberg, Mannheim se convirtió en un lugar floreciente.

Mientras tanto, los protestantes de Heidelberg quedaron sumidos en la pobreza, y muchos quedaron tan angustiados que abandonaron su país nativo, buscando asilo en estados protestantes. Un gran número de estos fueron a Inglaterra, en tiempos de la Reina Ana, donde fueron cordialmente recibidos, y hallaron la más humanitaria ayuda, tanto de donaciones públicas como privadas.

En 1732, más de treinta mil protestantes fueron echados del arzobispado de Salzburgo, en violación del tratado de Westfalia. Salieron en lo más crudo del invierno, con apenas las ropas suficientes para cubrirles, y sin provisiones, sin permiso para llevarse nada consigo. Al no ser acogida la causa de esta pobre gente por aquellos estados que hubieran podido obtener reparación, emigraron a varios países protestantes, y se asentaron en lugares donde pudieran gozar del libre ejercicio de su religión, sin daño a sus conciencias, y viviendo libres de las redes de la superstición papal, y de las cadenas de la tiranía papal.

CAPÍTULO XI

Historia de las persecuciones en los Países Bajos

Habiéndose extendido con éxito la luz del Evangelio por los Países Bajos, el Papa instigó al emperador a iniciar una persecución contra los protestantes; muchos cayeron entonces mártires bajo la malicia supersticiosa y el bárbaro fanatismo, entre los que los más notables fueron los siguientes.

Wendelinuta, una piadosa viuda protestante, fue prendida por causa de su religión, y varios monjes intentaron, sin éxito, que se retractara. Como no podían prevalecer, una dama católica romana conocida suya deseó ser admitida en la mazmorra donde ella estaba encerrada, prometiendo esforzarse por inducir a la prisionera a abjurar de la religión reformada. Cuando fue admitida a la mazmorra, hizo todo lo posible por llevar a cabo la tarea que había emprendido; pero al ver inútiles sus esfuerzos, dijo: «Querida Wendelinuta, si no abrazas nuestra fe, mantén al menos secretas las cosas que tú profesas, y trata de alargar tu vida.» A lo que la viuda le contestó: «Señora, usted no sabe lo que dice; porque con el corazón creemos para justicia, pero con la boca se hace confesión para salvación.» Como rehusó rotundamente retractarse, sus bienes fueron confiscados, y ella fue condenada a la hoguera. En el lugar de la ejecución, un monje le presentó una cruz, y la invitó a besarla y a adorar a Dios. A esto ella respondió: «No adoro yo a ningún dios de madera, sino al Dios eterno que está en el cielo.» Entonces fue ejecutada, pero por mediación de la dama católica romana antes mencionada, le fue concedido el favor de ser estrangulada antes de ponerse fuego a la leña.

Dos clérigos protestantes fueron quemados en Colen; un comerciante de Amberes, llamado Nicolás, fue atado en un saco, y echado al río y ahogado. Y Pistorius, un erudito estudiante, fue llevado al mercado de un pueblo holandés en una camisa de fuerza, y allí lanzado a la hoguera.

Dieciséis protestantes fueron sentenciados a decapitación y se ordenó a un ministro protestante que asistiera a la ejecución. Este hombre llevó a cabo la función de su oficio con gran propiedad, exhortándolos al arrepentimiento, y les dio consolación en las misericordias de su Redentor. Tan pronto los dieciséis fueron decapitados, el magistrado le gritó al verdugo: «Te falta aún dar un golpe, verdugo; debes decapitar al ministro; nunca podrá morir en mejor momento que éste, con tan buenos preceptos en su boca y unos ejemplos tan loables delante de él.» Fue entonces decapitado, aunque hasta muchos de los mismos católicos romanos reprobaron este gesto de crueldad pérfida e innecesaria.

Jorge Scherter, ministro de Salzburgo, fue prendido y encerrado en prisión por instruir a su grey en el conocimiento del Evangelio. Mientras estaba en su encierro, escribió una confesión de su fe. Poco después de ello fue condenado, primero a ser decapitado, y luego a ser quemado. De camino al lugar de la ejecución les dijo a los espectadores: «Para que sepáis que muero como cristiano, os daré una señal.» Y esto se verificó de una manera de lo más singular, porque después que le fuera cortada la cabeza, el cuerpo yació durante un cierto tiempo con el vientre abajo, pero se giró repentinamente sobre la espalda, con el pie derecho cruzado sobre el izquierdo, y también el brazo derecho sobre el izquierdo; y así quedó hasta que fue lanzado al fuego.

En Louviana, un erudito hombre llamado Percinal fue asesinado en prisión; Justus Insparg fue decapitado por tener en su poder los sermones de Lutero.

Giles Tilleman, un cuchillero de Bruselas, era un hombre de gran humanidad y piedad. Fue apresado entre otras cosas por ser protestante, y los monjes se esforzaron mucho por persuadirle a retractarse. Tuvo una vez, accidentalmente, una buena oportunidad para huir, y al preguntársele por qué no la había aprovechado, dijo: «No quería hacerle tanto daño a mis carceleros como les habría sucedido, si hubieran tenido que responder de mi ausencia si hubiera escapado.» Cuando fue sentenciado a la hoguera, dio fervientemente gracias a Dios por darle la oportunidad, por medio del martirio, de glorificar Su nombre. Viendo en el lugar de la ejecución una gran cantidad de leña, pidió que la mayor parte de la misma fuera dada a los pobres, diciendo: «Para quemarme a mí será suficiente con poco.» El verdugo se ofreció a estrangularle antes de encender el fuego, pero él no quiso consentir, diciéndole que desafiaba a las llamas, y desde luego expiró con tal compostura en medio de ellas que apenas si parecía sensible a sus efectos.»

En el año 1543 y 1544 la persecución se abatió por Flandes de la manera más violenta y cruel. Algunos fueron condenados a prisión perpetua, otros a destierro perpetuo; pero la mayoría eran muertos bien ahorcados, o bien ahogados, emparedados, quemados, mediante el potro, o enterrados vivos.

Juan de Boscane, un celoso protestante, fue prendido por su fe en la ciudad de Amberes. En su juicio profesó firmemente ser de la religión reformada, lo que llevó a su inmediata condena. Pero el magistrado temía ejecutarlo públicamente, porque era popular debido a su gran generosidad y casi universalmente querido por su vida pacífica y piedad ejemplar. Decidiéndose una ejecución privada, se dio orden de ejecutarlo en la prisión. Por ello, el verdugo lo puso en una gran bañera; pero debatiéndose Boscane, y sacando la cabeza fuera del agua, el verdugo lo apuñaló con una daga en varios lugares, hasta que expiró.

Juan de Buisons, otro protestante, fue prendido secretamente, por el mismo tiempo en Amberes, y ejecutado privadamente. Siendo grande el número de protestantes en aquella ciudad, y muy respetado el preso, los magistrados temían una insurrección, y por esta razón ordenaron su decapitación en la prisión.

En el año del Señor de 1568, tres personas fueron prendidas en Amberes, llamadas Scoblant, Hues y Coomans. Durante su encierro se comportaron con gran fortaleza y ánimo, confesando que la mano de Dios se manifestaba en lo que les había sucedido, e inclinándose ante el trono de Su providencia. En una epístola a algunos dignatarios protestantes, se expresaron con las siguientes palabras: «Por cuanto es la voluntad del Omnipotente que suframos por Su nombre y que seamos perseguidos por causa de Su Evangelio, nos sometemos pacientemente, y estamos gozosos por esta oportunidad; aunque la carne se rebele contra el espíritu, y oiga al consejo de la vieja serpiente, sin embargo las verdades del Evangelio impedirán que sea aceptado su consejo, y Cristo aplastará la cabeza de la serpiente. No estamos sin consuelo en el encierro, porque tenemos fe; no tememos a la aflicción, porque tenemos esperanza; y perdonamos a nuestros enemigos, porque tenemos caridad. No tengáis temor por nosotros; estamos felices en el encierro gracias a las promesas de Dios, nos gloriamos en nuestras cadenas, y exultamos por ser considerados dignos de sufrir por causa de Cristo. No deseamos ser libertados, sino bendecidos con fortaleza; no pedimos libertad, sino el poder de la perseverancia; y no deseamos cambio alguno en nuestra condición, sino aquel que ponga una corona de martirio sobre nuestras cabezas.»

Scoblant fue juzgado primero. Al persistir en la profesión de su fe, recibió la sentencia de muerte. Al volver a la cárcel, le pidió seriamente a su carcelero que no permitiera que le visitara ningún fraile. Dijo así: «Ningún bien me pueden hacer, sino que pueden perturbarme mucho. Espero que mi salvación ya está sellada en el cielo, y que la sangre de Cristo, en la que pongo mi firme confianza, me ha lavado de mis iniquidades. Voy ahora a echar de mí este ropaje de barro para ser revestido de un ropaje de gloria eterna, por cuyo celeste resplandor seré liberado de todos los errores. Espero ser el último mártir de la tiranía papal, y que la sangre ya derramada sea considerada suficiente para apagar la sed de la crueldad papal; que la Iglesia de Cristo tenga reposo aquí, como sus siervos lo tendrán en el más allá.» El día de su ejecución se despidió patéticamente de sus compañeros de prisión. Atado en la estaca oró fervientemente la Oración del Señor, y cantó el Salmo Cuarenta; luego encomendó su alma a Dios, y fue quemado vivo.

Poco después Hues murió en prisión, y por esta circunstancia Coomans escribió a sus amigos: «Estoy ahora privado de mis amigos y compañeros; Scoblant ha sufrido martirio, y Hues ha muerto por la visitación del Señor; pero no estoy solo: tengo conmigo al Dios de Abraham, de Isaac y de Jacob; Él es mi consuelo, y será mi galardón. Orad a Dios que me fortalezca hasta el fin, por cuanto espero a cada momento ser liberado de esta tienda de barro.»

En su juicio confesó abiertamente ser de la religión reformada, respondió con fortaleza varonil a cada una de las acusaciones que se le hacían, y demostró con el Evangelio lo Escriturario de sus respuestas. El juez le dijo que las únicas alternativas eran la retractación o la muerte, y terminó diciendo: «¿Morirás por la fe que profesas?» A esto Coomans replicó: «No sólo estoy dispuesto a morir, sino también a sufrir las torturas más crueles por ello; después, mi alma recibirá su confirmación de parte del mismo Dios, en medio de la gloria eterna.» Condenado, se dirigió lleno de ánimo al lugar de la ejecución, y murió con la más varonil fortaleza y resignación cristiana.

Guillermo de Nassau cayó víctima de la perfidia, asesinado a los cincuenta y un años de edad por Baltasar Gerard, natural del Franco Condado, en la provincia de Borgoña. Este asesino, con la esperanza de una recompensa aquí y en el más allá por matar a un enemigo del rey de España y de la religión católica, emprendió la acción de matar al Príncipe de Orange. Procurándose armas de fuego, lo vigiló mientras pasaba a través del gran vestíbulo de su palacio hacia la comida, y le pidió un pasaporte. La princesa de Orange, viendo que el asesino hablaba con una voz hueca y confusa, preguntó quién era, diciendo que no le gustaba su cara. El príncipe respondió que se trataba de alguien que pedía un pasaporte, que le sería dado pronto.

Nada más pasó antes de la comida, pero al volver el príncipe y la princesa por el mismo vestíbulo, terminada la comida, el asesino, oculto todo lo que podía tras uno de los pilares, disparó contra el príncipe, entrando las balas por el lado izquierdo y penetrando en el derecho, hiriendo en su trayectoria el estómago y órganos vitales. Al recibir las heridas, el príncipe sólo dijo: «Señor, ten misericordia de mi alma, y de esta pobre gente,» y luego expiró inmediatamente.

Las lamentaciones por la muerte del Príncipe de Orange fueron generales por todas las Provincias Unidas, y el asesino, que fue tomado de inmediato, recibió la sentencia de ser muerto de la manera más ejemplar, pero tal era su entusiasmo, o necedad, que cuando le desgarraban las carnes con tenazas al rojo vivo, decía fríamente: «Si estuviera en libertad, volvería a hacerlo.»

El funeral del Príncipe de Orange fue el más grande jamás visto en los Países

Bajos, y quizá el dolor por su muerte el más sincero, porque dejó tras de sí el carácter que honradamente merecía, el de padre de su pueblo.

Para concluir, multitudes fueron asesinadas en diferentes partes de Flandes; en la ciudad de Valence, en particular, cincuenta y siete de los principales habitantes fueron brutalmente muertos en un mismo día por rehusar abrazar la superstición romanista; y grandes números fueron dejados languidecer en prisión hasta morir por lo insano de sus mazmorras.

CAPÍTULO XII

La vida e historia del verdadero siervo y mártir de Dios, William Tyndale

DEBEMOS ahora pasar a la historia del buen mártir de Dios, William Tyndale, que fue un instrumento especial designado por el Señor, y como vara de Dios para sacudir las raíces interiores y los fundamentos de los soberbios prelados papales, de manera que el gran príncipe de las tinieblas, con sus impíos esbirros, teniendo una especial inquina contra él, no dejó nada sin remover para poderlo atrapar a traición y falsedad, y derramar su vida maliciosamente, como se verá por la historia que aquí damos de lo sucedido.

William Tyndale, el fiel ministro de Cristo, nació cerca de la frontera con Gales, y fue criado desde niño en la Universidad de Oxford, donde, por su larga estancia, creció tanto en el conocimiento de los idiomas y de otras artes liberales, como especialmente en el conocimiento de las Escrituras, a las que su mente estaba especialmente adicta; y esto hasta tal punto que él, encontrándose entonces en Magdalen Hall, leía en privado a ciertos estudiantes y miembros del Magdalen College algunas partes de teología, instruyéndolos en el conocimiento y en la verdad de las Escrituras. Correspondiéndose su manera de vivir y conversación con las mismas hasta tal punto, que todos los que le conocían le consideraban como un hombre de las más virtuosas inclinaciones y de una vida intachable.

Así que fue creciendo más y más en su conocimiento en la Universidad de Oxford, y acumulando grados académicos, viendo su oportunidad, pasó de allí a la Universidad de Cambridge, donde también se quedó un cierto tiempo. Habiendo ahora madurado adicionalmente en el conocimiento de la Palabra de Dios, dejando aquella universidad fue a un Maestro Welch, un caballero de Gloucestershire, y allí trabajó como tutor de sus hijos, estando en el favor de su señor. Como este caballero mantenía en su mesa un buen menú para el público, allí acudían muchas veces abades, deanes, arcedianos, con otros doctores y hombres de rentas; ellos, sentados a la misma mesa que el Maestro

Tyndale, solían muchas veces conversar y hablar acerca de hombres eruditos, como Lutero y Erasmo, y también de otras diversas controversias y cuestiones acerca de las Escrituras.

Entonces el Maestro Tyndale, que era erudito y buen conocedor de los asuntos de Dios, no ahorraba esfuerzos por mostrarles de manera sencilla y llana su juicio, y cuando ellos en algún punto no concordaban con Tyndale, él se lo mostraba claramente en el Libro, y ponía de manera llana delante de ellos los pasajes abiertos y manifiestos de la Escritura, para confutar los errores de sus oyentes y establecer lo que decía. Así continuaron por un cierto tiempo, razonando y discutiendo juntos en varias ocasiones, hasta que al final se cansaron, y comenzaron a sentir un secreto resentimiento contra él en sus corazones.

Al ir esto creciendo, los sacerdotes de la región, uniéndose, comenzaron a murmurar y a sembrar sentimientos en contra de Tyndale, calumniándolo en las tabernas y otros lugares, diciendo que sus palabras eran herejía, y le acusaron secretamente ante el canciller y ante otros de los oficiales del obispo.

Sucedió no mucho después que se concertó una sesión del canciller del obispo, y se dio aviso a los sacerdotes para que comparecieran, entre los que también fue llamado el Maestro Tyndale. Y no hay certeza de si él tenía temores debido a las amenazas de ellos, o si alguien le había avisado de que ellos iban a hacerle objeto de sus acusaciones, pero lo cierto es que (como él mismo declaró) dudaba del resultado de sus acusaciones; por lo que por el camino clamó intensamente a Dios en su mente, para que le diera fuerzas para mantenerse firme en la verdad de Su Palabra.

Cuando llegó el momento para comparecer delante del canciller, éste le amenazó gravemente, insultándole y tratándole como si fuera un perro, acusándolo de muchas cosas para las que no se podía hallar testigo alguno, a pesar de que los sacerdotes de la región estaban presentes. Así, el Maestro Tyndale, escapando de sus manos, partió para casa, y volvió de nuevo a su patrón.

No lejos de allí vivía un cierto doctor que había sido canciller de un obispo, y que hacia tiempo era conocido familiar del Maestro Tyndale y le favorecía; el Maestro Tyndale fue entonces a visitarle, y le abrió su corazón acerca de diversas cuestiones de la Escritura; porque con él se atrevía a hablar abiertamente. Y el doctor le dijo: «¿No sabéis que el Papa es el mismo Anticristo de quien habla la Escritura? Pero tened cuidado con lo que decís; porque si se llega a saber que mantenéis esta postura, os costará la vida.»

No mucho tiempo después de esto sucedió que el Maestro Tyndale estaba en compañía de un cierto teólogo, considerado como erudito, y al conversar y discutir con él, lo condujo a esta cuestión, hasta que el dicho gran doctor prorrumpió en estas palabras blasfemas: «Mejor estaríamos sin las leyes de Dios que sin las del Papa.» El Maestro Tyndale, al oír esto, lleno de celo piadoso y no soportando estas palabras blasfemas, replicó: «Yo desafío al Papa y todas sus leyes». Y añadió que si Dios le concedía vida, antes de muchos años haría que un chico que trabajara detrás del arado conociera más de las Escrituras que él.

El resentimiento de los sacerdotes fue creciendo más y más contra Tyndale, no cejando nunca en sus ladridos y acoso, acusándole acerbamente de muchas cosas, diciendo que era un hereje. Al verse tan molestado y hostigado, se vio obligado a irse del país, y a buscarse otro lugar; y acudiendo al Maestro Welch, le pidió que le dejara ir de buena voluntad, diciéndole estas palabras: «Señor, me doy cuenta que no se me permitirá quedarme mucho en esta región, y tampoco podréis vos, aunque quisierais, protegerme de las manos de los clérigos, cuyo desagrado podría extenderse a vos si me siguierais cobijando. Esto lo sabe Dios; y esto yo lo sentiría profundamente.»

De manera que el Maestro Tyndale partió, con el beneplácito de su patrón, y se dirigió inmediatamente a Londres, donde predicó por algún tiempo, como había hecho en el campo.

Acordándose de Cutberto Tonstal, entonces obispo de Londres, y especialmente de los grandes encomios que Erasmo hacía en sus notas de Tonstal por su erudición, Tyndale pensó para sí que si podía ponerse a su servicio, sería feliz. Acudiendo a Sir Enrique Guilford, controlador del rey, y llevando consigo una oración de Isócrates, que había traducido del griego al inglés, le pidió que hablara por él al mencionado obispo, lo que éste hizo; también le pidió que escribiera una carta al obispo y que fuera con él a verle. Lo hicieron, y entregaron la carta a un siervo del obispo, llamado William Hebilthwait, un viejo conocido. Pero Dios, que dispone secretamente el curso de las cosas, vio que no era lo mejor para el propósito de Tyndale, ni para provecho de Su Iglesia, y por ello le dio que hallara poco favor a los ojos del obispo, el cual respondió así: Que su casa estaba llena, que tenía más de lo que podía usar, y que le aconsejaba que buscara por otras partes de Londres, donde, le dijo, no carecería de ocupación.

Rechazado por el obispo, acudió a Humphrey Mummuth, magistrado de Londres, y le pidió que le ayudara; éste le dio hospitalidad en su casa, donde vivió Tyndale (como dijo Mummuth) como un buen sacerdote, estudiando día y noche. Sólo comía carne asada por su beneplácito, y tan sólo bebía una pequeña cerveza. Nunca se le vio vestido de lino en la casa en todo el tiempo que vivió en ella.

Y así se quedó el Maestro Tyndale en Londres casi un año, observando el curso del mundo, y especialmente la conducta de los predicadores, cómo se jactaban y establecían su autoridad; contemplando también la pompa de los prelados, con otras más cosas, lo que le disgustaba mucho; hasta el punto de que vio que no sólo no había lugar en la casa del obispo para que él pudiera traducir el Nuevo Testamento, sino también que no había lugar donde hacerlo en toda Inglaterra.

Por ello, y habiendo recibido por providencia de Dios alguna ayuda de parte de Humphrey Mummuth y de ciertos otros buenos hombres, se fue del reino, dirigiéndose a Alemania, donde el buen hombre, inflamado por solicitud y celo por su país, no rehusó trabajos ni diligencia alguna por llevar a sus hermanos y compatriotas ingleses al mismo gusto y comprensión de la Santa Palabra y verdad de Dios que le había concedido Dios a él. Así, meditando y también conferenciando con Juan Frith, Tyndale pensó que la mejor manera de alcanzar este fin sería que si la Escritura podía ser trasladada al habla del vulgo, que la gente pobre podría leer y ver la llana y simple Palabra de Dios. Se dio cuenta de que no sería posible establecer a los laicos en ninguna verdad excepto si las Escrituras eran puestas de manera tan llana ante sus ojos en su lengua materna que pudieran ver el sentido del texto; porque en caso contrario cualquier verdad que les fuera enseñada sería apagada por los enemigos de la verdad, bien con sofismas y tradiciones inventadas, carentes de toda base en la Escritura; o bien manipulando en texto, exponiéndolo en un sentido absurdo, ajeno al texto, si se veía el verdadero sentido del mismo.

El Maestro Tyndale consideraba que ésta era la única causa, o al menos la principal, de todos los males de la Iglesia que las Escrituras estaban escondidas de los ojos de la gente; porque por ello no se podía advertir lo abominable de las acciones e idolatrías practicadas por el farisaico clero; por ello estos dedicaban todos sus esfuerzos y poder a suprimir este conocimiento, de modo que o bien no fueran leídas en absoluto, o, que si se leían, su recto sentido pudiera quedar oscurecido por medio de sus sofismas, y así poner lazo a los que reprendían o menospreciaban sus abominaciones; torciendo las Escrituras con sus propios propósitos, en contra del sentido del texto, engañaban así a los laicos sin conocimientos de manera que aunque uno sintiera en su corazón y estuviera seguro de que todo lo que decían era falso, sin embargo no se podía dar respuesta a sus sútiles argumentos.

Por estas y otras semejantes consideraciones, este buen hombre fue llevado por Dios a traducir las Escrituras a su lengua materna, para el provecho de la gente sencilla de su país; primero sacó el Nuevo Testamento, que fue impreso el 1525 d.C. Cutberto Tonstal, obispo de Londres, junto con Sir Tomás More, muy agraviados, tramaron como destruir esta traducción falsa y errónea, como ellos la llamaban.

Sucedió que un tal Agustín Packington, que era sedero, estaba entonces en Amberes, donde se encontraba el obispo. Este hombre favorecía a Tyndale, pero simuló lo contrario ante el obispo, deseoso de llevar a cabo su propósito, le dijo que de buena gana compraría los Nuevos Testamentos. Al oír esto, Packington le dijo: «¡Señor!, ¡Yo puedo hacer más en esto que la mayoría de los mercaderes que hay aquí, si os place; porque conozco a los holandeses y extranjeros que los han comprado a Tyndale; si le place a vuestra señoría, tendré que desembolsar el dinero para pagarlos, o no podré obtenerlos, y esto os asegurará tener todos los libros impresos y no vendidos.» El obispo, que pensaba haber atrapado a Dios, le dijo: «Date prisa, buen maese Packington; consíguemelos, y te pagaré lo que valgan; porque es mi intención quemarlos y destruírlos en Paul's Cross.» Este Agustín Packington fue a William Tyndale, y le explicó lo sucedido, y así, por el arreglo hecho entre ellos, el obispo de Londres obtuvo los libros, Packington su agradecimiento, y Tyndale el dinero.

Después de esto, Tyndale corrigió de nuevo aquel mismo Nuevo Testamento, y lo hizo volver a imprimir, con lo que llegaron mucho más numerosos a Inglaterra. Cuando el obispo se dio cuenta de ello, envió a buscar a Packington, y le dijo: «¿Qué ha sucedido que hay tantos Nuevos Testamentos esparcidos? Me prometiste que los ibas a comprar todos.» Entonces Packington le repuso: «Sí, compré todos los que había, pero veo que desde entonces han imprimido más. Veo que esto nunca mejorará en tanto que tengan letras e imprentas; por ello, lo mejor será comprar las imprentas y entonces estaréis seguro». El obispo se sonrió ante esta respuesta, y así quedó la cosa.

Poco tiempo después sucedió que Jorge Constantino fue prendido, como sospechoso de ciertas herejías, por Sir Tomás More, que era entonces canciller de Inglaterra. Y More le preguntó diciéndole: «¡Constantino! Quisiera que me fueras claro en una cosa que te preguntaré; y te prometo que te mostraré favor en todas las otras cosas de que se te acusa. Más allá del mar están Tyndale, Joye, y muchos de vosotros. Sé que no pueden vivir sin ayuda. Los hay que los socorren con dinero, y que tú, estando con ellos, has tenido tu parte, y que por tanto sabes de donde viene. Te ruego que me digas: ¿de dónde proviene todo esto?» «Mi señor,» le contestó Constantino, «os diré la verdad; es el obispo de Londres que nos ha ayudado, por cuanto nos ha dado mucho dinero por Nuevos Testamentos para quemarlos; y esto es lo que ha sido, y sigue siendo, nuestro único auxilio y provisión.» «A fe,» dijo More, «que yo pienso como vos; porque de esto le advertí al obispo antes que emprendiera esta acción.»

Después de esto, Tyndale emprendió la traducción del Antiguo Testamento, acabando los cinco libros de Moisés, con varios de los más eruditos y piadosos prólogos más dignos de lectura una y otra vez por parte de todos los buenos cristianos. Enviados estos libros por toda Inglaterra, no se puede decir cuán grande fue la luz que se abrió a los ojos de toda la nación inglesa, que antes estaban cerrados en tinieblas.

La primera vez que se fue del reino, se dirigió a Alemania, donde conferenció con Lutero y otros eruditos; después de haber pasado allá un cierto tiempo, se dirigió a los Países Bajos, y vivió principalmente en la ciudad de Amberes.

Los piadosos libros de Tyndale, y especialmente el Nuevo Testamento que tradujo, tras comenzar a llegar a manos del pueblo, y a esparcirse, dieron un gran y singular provecho a los piadosos; pero los impíos (envidiando y desdeñando que el pueblo fuera a ser más sabio que ellos, y temiendo que los resplandecientes haces de la verdad descubrieran sus obras de maldad) comenzaron a agitarse con no poco ruído.

Después que Tyndale hubo traducido Deuteronomio, queriéndolo imprimir en Hamburgo, zarpó para allí; pero naufragó frente a la costa de Holanda, perdiendo todos sus libros, escritos, copias, dinero y tiempo, y se vio obligado a comenzar todo de nuevo. Llegó a Hamburgo en otra nave, donde, citado, le esperaba Coverdale, que le ayudó en la traducción de todos los cinco libros de Moisés, desde la Pascua hasta diciembre, en la casa de una piadosa viuda, la señora Margarita Van Emmerson, el año 1529 de nuestro Señor; en aquel tiempo se dio una gran epidemia de unas fiebres sudoríficas en aquella ciudad. Así que, acabada su actividad en Hamburgo, volvió a Amberes.

Cuando en la voluntad de Dios fue publicado el Nuevo Testamento en la lengua común, Tyndale, su traductor, añadió al final del mismo una epístola, en la que pedía que los eruditos corrigieran su traducción, si encontraban algún error. Por ello, si hubiera habido cualquier falta que mereciera ser corregida, hubiera sido una misión de cortesía y bondad que hombres conocedores y con criterio mostraran en ello su erudición, corrigiendo los errores que existieran. Pero el clero, que no querían que el libro prosperara, clamaron contra él que había mil herejías entre sus cubiertas, y que no debía ser corregido sino totalmente suprimido. Algunos decían que no era posible traducir las Escrituras al inglés; algunos que no era legítimo que los laicos las tuvieran; algunos que iba a hacer herejes de todos ellos. Y con el fin de inducir a los gobernantes temporales a llevar a cabo los designios de ellos, dijeron que llevaría al pueblo a rebelarse contra el rey.

Todo esto lo narra el mismo Tyndale, en su prólogo antes del primer libro de Moisés, mostrando además con qué cuidado fue examinada su traducción, y comparándola con sus propias imaginaciones, y supone que con mucho menos trabajo hubieran podido traducir una gran parte de la Biblia, mostrando además que repasaron y examinaron cada tilde y jota de tal manera, y con tal cuidado, que no había una sola *i* que, si carecía del punto, no lo observaran, y lo mostraran a gente ignorante como prueba de herejía.

Tantas y tan descaradas fueron las tretas del clero inglés (que debieran haber sido los guías a la luz para el pueblo), para impedir a la gente el conocimiento de las Escrituras, que ni las querían traducir ellos mismos, ni permitir que otros las tradujeran; ello con el fin (como dice Tyndale) de que manteniendo aún al mundo en tinieblas, pudieran dominar las conciencias de la gente por medio de vanas supersticiones y de falsas doctrinas, para satisfacer sus ambiciones y exaltar su propio honor por encima del rey y del emperador.

Los obispos y prelados jamás descansaron hasta lograr que el rey consintiera a sus deseos; en razón de lo cual se redactó una proclamación a toda prisa, y establecida bajo autoridad pública, en el sentido de que la traducción del Nuevo Testamento de Tyndale quedaba prohibida. Esto tuvo lugar alrededor del 1537 d.C. Y no contentos con ello, hicieron más aún, tratando de atrapar a Tyndale en sus redes y quitarle la vida; ahora queda por relatar como lograron llevar a cabo sus fines.

En los registros de Londres aparece de manera manifiesta cómo los obispos y Sir Tomás More, sabiendo lo que había sucedido en Amberes, decidieron investigar y examinar todas las cosas acerca de Tyndale, donde y con quién se alojaba, dónde estaba la casa, cuál era su estatura, cómo se vestía, de qué refugios disponía. Y cuando llegaron a saber todas estas cosas comenzaron a tramar sus planes.

Estando William Tyndale en la ciudad de Amberes, se alojó durante alrededor de un año en la casa de Thomas Pointz, un inglés que mantenía una casa de mercaderes ingleses. Allí fue un inglés que se llamaba Henry Philips, siendo su padre cliente de Poole, un hombre apuesto, como si fuera un caballero, con un siervo consigo. Pero nadie sabía la razón de su llegada o el propósito con que había sido enviado.

Tyndale era frecuentemente invitado a comer y a cenar con los mercaderes; por este medio este Henry Philips se familiarizó con él, de manera que al cabo de un breve espacio de tiempo Tyndale depositó gran confianza en él, y lo llevó a su alojamiento, a la casa de Thomas Pointz; también lo tuvo con él una o dos veces para comer y cenar, e hizo tal amistad con él que por su petición quedó en la misma casa del dicho Pointz, a quien además le mostró sus libros y otros secretos de su estudio. Tan poco desconfiaba Tyndale de este traidor.

Pero Pointz, que no tenía demasiada confianza en aquel sujeto, le preguntó a Tyndale cómo había llegado a conocerle. Tyndale le respondió que era un hombre honrado, bien instruido y muy agradable. Pointz, al ver que le tenía en tanta estima, no dijo más, pensando que le habría sido presentado por algún amigo. El dicho Philips, habiendo estado en la ciudad tres o cuatro días, le pidió a Pointz que viniera con él fuera de la ciudad para mostrarle unas mercaderías, y andando juntos fuera de la ciudad, conversaron acerca de diversas cosas, incluyendo algunos asuntos del rey. Con estas conversaciones, Pointz no sospechó nada. Pero después, habiendo transcurrido el tiempo, Pointz se dio cuenta de qué era lo que pensaba Philips: saber si él, por amor al dinero, querría ayudarle para sus propósitos, porque se había dado ya cuenta de que Philips era rico, y quería que Pointz lo supiera. Porque ya le había pedido antes a Pointz que le ayudara para diversas cuestiones, y lo que había pedido siempre lo había querido de la mejor calidad, porque, en sus palabras, «tengo el suficiente dinero.»

Philips fue luego de Amberes a la corte de Bruselas, que está a una distancia de allí como de veinticuatro millas inglesas, desde donde se llevó consigo a Amberes al procurador general, que es el fiscal del rey, con ciertos otros oficiales.

Al cabo de tres o cuatro días, Pointz fue a la ciudad de Barrois, a unas dieciocho millas inglesas de Amberes, donde le esperaban unos negocios que le iban a ocupar por espacio de un mes o de seis semanas; y durante su ausencia Henry Philips volvió de nuevo a Amberes, a la casa de Pointz, y entrando en ella habló con la esposa de éste, preguntándole si estaba dentro el señor Tyndale. Luego salió, y dispuso en la calle y cerca de la puerta a los oficiales que había traído de Bruselas. Alrededor del mediodía volvió a entrar y se dirigió a Tyndale, pidiéndole cuarenta chelines, diciéndole: «He perdido mi bolsa esta mañana, al hacer la travesía entre aquí y Mechlin.» Así que Tyndale le dió cuarenta chelines, lo que no le costaba dar si lo tenía, porque era simple e inexperto en las sutilezas malvadas de este mundo. Luego Philips le dijo: «Señor Tyndale, usted será mi invitado hoy.» «No,» le dijo Tyndale, «hoy salgo a comer, y usted me acompañará y será mi invitado en un lugar donde será bien acogido.»

Así que cuando fue la hora de comer, el señor Tyndale salió con Philips, y al salir de la casa de Pointz había un largo y angosto pasillo, por lo que ambos no podían ir juntos. El señor Tyndale hubiera querido que Philips pasara delante de él, pero éste pretendió mostrar gran cortesía. Así que el señor Tyndale, que no tenía mucha estatura, pasó primero, y Philips, hombre alto y apuesto, le siguió detrás; éste había dispuesto oficiales a cada lado de la puerta, sentados, que podían ver quienes pasaban por ella. Philip señaló con el dedo la cabeza de Tyndale, para que los oficiales vieran a quién debían apresar. Los oficiales le dijeron luego a Pointz, cuando ya lo habían encarcelado, cómo les había apenado ver su simplicidad. Lo llevaron al fiscal del emperador, donde comió. Luego el procurador general fue a casa de Pointz, y tomó todo lo que pertenecía al señor Tyndale, tanto sus libros como sus otras pertenencias; desde allí, Tyndale fue enviado al castillo de Vilvorde, a dieciocho millas inglesas de Amberes.

Estando ya el señor Tyndale en la cárcel, le ofrecieron un abogado y un procurador, lo cual rehusó, diciendo que él haría su propia defensa. Predicó de tal manera a los que estaban encargados de su custodia, y a los que estaban familiarizados con él en el castillo, que dijeron de él que si él no era un buen cristiano, que no sabían quién podría serlo.

Al final, tras muchos razonamientos, cuando ninguna razón podía servir, aunque no merecía la muerte, fue condenado en virtud del decreto del emperador, dado en la asamblea en Augsburgo. Llevado al lugar de la ejecución, fue atado a la estaca, estrangulado por el verdugo, y luego consumido por el fuego, en la ciudad de Vilvorde, el 1536 d.C. En la estaca, clamó con un ferviente celo y con gran clamor: «¡Señor, abre los ojos del rey de Inglaterra!»

Tal fue el poder de su doctrina y la sinceridad de su vida, que durante el tiempo de su encarcelamiento (que duró un año y medio), convirtió, según se dice, a su guarda, a la hija del guarda, y a otros de su familia.

Con respecto a su traducción del Nuevo Testamento, por cuanto sus enemigos clamaban tanto contra ella, pretendiendo que estaba llena de herejías, escribió a Juan Frith de la manera siguiente: «Invoco a Dios como testigo, para el día en que tenga que comparecer ante nuestro Señor Jesús, que nunca he alterado ni una sílaba de la Palabra de Dios contra mi conciencia, ni lo haría hoy, aunque se me entregara todo lo que está en la tierra, sea honra, placeres, o riquezas.»

CAPÍTULO XIII

Historia de la vida de Juan Calvino

ESTE reformador nación en Noyon, en Picardía, el 10 de julio de 1509. Fue instruido en gramática, aprendiendo en París bajo Maturino Corderius, y estudió filosofía en el College de Montaign bajo un profesor español.

Su padre, que descubrió muchas señales de su temprana piedad, particularmente en las reprensiones que hacía de los vicios de sus compañeros, lo designó primero para la Iglesia, y lo presentó el 21 de mayo de 1521 a la capilla de Notre Dame de la Gesine, en la Iglesia de Noyon. En 1527 le fue asignada el rectorado de Marseville, que cambió en 1529 por el rectorado de Pont l'Eveque, cerca de Noyon. Su padre cambió luego de pensamiento, y quiso que estudiara leyes, a lo que Calvino consintió bien dispuesto, por cuanto, por su lectura de las Escrituras, había adquirido una repugnancia por las supersticiones del papado, y dimitió de la capilla de Gesine y del rectorado de Pont l'Eveque, en 1534. Hizo grandes progresos en esta rama del conocimiento, y mejoró no menos en su conocimiento de la teología con sus estudios privados. En Bourges se aplicó al estudio del griego, bajo la dirección del profesor Wolmar.

Reclamándole de vuelta a Noyon la muerte de su padre, se quedó allí un breve tiempo, y luego pasó a París, donde aun habiendo causado gran desagrado en la Sorbona y al Parlamento un discurso de Nicolás Cop, rector de la Universidad de París, para el que Calvino preparó los materiales, se suscitó una persecución contra los protestantes, y Calvino, que apenas pudo escapar a ser arrestado en el College de Forteret, se vio obligado a escapar a Xaintogne, después de haber tenido el honor de ser presentado a la reina de Navarra, que había suscitado esta primera tormenta contra los protestantes.

Calvino volvió a París el 1534. Este año los reformados sufrieron malos tratos, lo que le decidió a abandonar Francia, después de publicar un tratado contra los que creían que las almas de los difuntos están en un estado de sueño. Se retiró a Basilea, donde estudió hebreo; en este tiempo publicó su *Institución de la Religión Cristiana*, obra que sirvió para esparcir su fama, aunque él mismo deseaba vivir en oscuridad. Está dedicada al rey de Francia, Francisco I. A continuación, Calvino escribió una apología por los protestantes que estaban siendo quemados por su religión en Francia. Después de la publicación de esta obra, Calvino fue a Italia a visitar a la duquesa de Ferara, una dama de gran piedad, por la que fue muy gentilmente recibido.

De Italia se dirigió a Francia, y habiendo arreglado sus asuntos privados, se propuso dirigirse a Estrasburgo o a Basilea, acompañado por su único hermano sobreviviente, Antonio Calvino; pero como los caminos no eran seguros debido a la guerra, excepto a través de los territorios del duque de Saboya, escogió aquella carretera. «Esto fue una dirección particular de la providencia,» dice Bayle: «Era su destino que se instalara en Ginebra, y cuando se mostró dispuesto a ir más allá, se vio detenido como por una orden del cielo, por así decirlo.»

En Ginebra, Calvino se vio por ello obligado a acceder a la elección que el consistorio y los magistrados hicieron recaer sobre su persona, con el consentimiento del pueblo, para que fuera uno de sus ministros y profesor de teología. Quería sólo asumir este último oficio, y no el otro, pero al final se vio forzado a tomar ambos, el agosto de 1536. Al año siguiente, hizo declarar a todo el pueblo, bajo juramento, el asentimiento de ellos a una confesión de fe que contenía una renuncia al papismo. Luego indicó que no podría someterse a una normativa que había establecido recientemente el cantón de Berna; por ello, los síndicos de Ginebra convocaron a una asamblea del pueblo, y se ordenó que Calvino, Farel y otro ministro abandonaran la ciudad en pocos días, por rehusar administrar los Sacramentos.

Calvino se retiró a Estrasburgo, y estableció allí una iglesia francesa, de la que fue su primer ministro; también fue designado para ser profesor de teología. Mientras tanto, el pueblo de Ginebra le rogó tan intensamente que volviera a ellos, que consintió, y llegó el 13 de septiembre de 1541, con gran satisfacción tanto del pueblo como de los magistrados. Lo primero que hizo, tras su llegada, fue establecer una forma de disciplina eclesiástica y una jurisdicción consistorial con el poder de infligir censuras y castigos canónicos, hasta incluir la excomunión.

Ha sido el regocijo tanto de los incrédulos como de algunos profesos cristianos, cuando quieren arrojar lodo sobre las opiniones de Calvino, referirse a su papel en la muerte de Miguel Servet. Esta ha sido la actitud que siempre adoptan los que han sido incapaces de refutar sus opiniones, como si fuera un argumento concluyente contra todo su sistema. «¡Calvino quemó a Servet, Calvino quemó a Servet!» es una buena prueba, para cierta clase de razonadores, de que la doctrina de la Trinidad no es cierta, que la soberanía divina es antiescrituraria, y que el cristianismo es una falsedad.

No tenemos deseo alguno de paliar ninguna acción de Calvino que sea manifiestamente errónea. Creemos que no se pueden defender todas sus acciones en relación con el desdichado asunto de Servet. Pero deberíamos comprender que los verdaderos principios de la tolerancia religiosa eran muy poco comprendidos en tiempos de Calvino. Todos los demás reformadores que entonces vivían aprobaron la conducta de Calvino. Incluso el gentil y amigable Melancton se expresó en relación a este asunto de la manera siguiente. Dice él en una carta dirigida a Bullinger: «He leído tu declaración acerca de la blasfemia de Servet, y encomio tu piedad y juicio; y estoy convencido de que el Consejo de Ginebra ha actuado rectamente al dar muerte a este hombre obstinado, que nunca habría cejado en sus blasfemias. Estoy atónito de que se encuentre a nadie que desapruebe esta acción.» Farel dice de manera expresa que «Servet merecía la pena capital.» Bucero no duda en declarar que «Servet merecía algo peor que la muerte.»

La verdad es que aunque Calvino tuvo cierta parte en el arresto y encarcelamiento de Servet, no deseaba en absoluto que fuera quemado. «Quiero,» dijo él, «que se remita la severidad del castigo.» «Intentamos mitigar la severidad del castigo, pero en vano.» «Al querer mitigar la severidad del castigo,» le dijo Farel a Calvino, «haces el oficio de amigo hacia tu más acerbo enemigo.» Dice Turritine: «Los historiadores no afirman en lugar alguno, ni se desprende de ninguna consideración, que Calvino instigara a los magistrados a que quemaran a Servet. No, sino que lo cierto es además que él, junto con el colegio de pastores, atacó esta clase de castigo.»

A menudo se ha dicho que Calvino tenía tal influencia sobre los magistrados de Ginebra que hubiera podido lograr la liberación de Servet, si no hubiera querido su destrucción. Pero esto es falso. Bien lejos de ello, Calvino mismo fue una vez desterrado de Ginebra por estos mismos magistrados, y a menudo se opuso en vano a sus arbitrarias medidas. Tan poco deseoso estaba Calvino de querer la muerte de Servet que le advirtió de su peligro, y lo dejó estar varias semanas en Ginebra, antes que fuera arrestado. Pero su lenguaje, que era entonces considerado blasfemo, fue la causa de su encarcelamiento. Mientras estaba en la cárcel, Calvino lo visitó y empleó todos los argumentos posibles porque se retractara de sus horribles blafemias, sin referencia alguna a sus peculiares creencias. Esta fue toda la participación de Calvino en este infeliz acontecimiento.

Sin embargo, no se puede negar que en este caso Calvino actuó de forma contraria al espíritu benigno del Evangelio. Es mejor derramar una lágrima por la inconsistencia de la naturaleza humana, y lamentar estas debilidades que no se pueden justificar. Él declaró que había actuado en conciencia, y en público justificó la acción.

La opinión era que *los principios religiosos erróneos son punibles por el magistrado civil*, y esto causó tantos males, fuera en Ginebra, en Transilvania o en Gran Bretaña; a esto debe imputarse, y no al Trinitarianismo, o al Unitarismo.

Después de la muerte de Lutero, Calvino ejerció una gran influencia sobre los hombres de aquel notable período. Irradió gran influencia sobre Francia, Italia, Alemania, Holanda, Inglaterra y Escocia. Se organizaron dos mil ciento cincuenta congregaciones reformadas que recibían sus predicadores de parte de él.

Calvino, triunfante sobre sus enemigos, sintió que la muerte se le aproximaba. Pero siguió esforzándose de todas las maneras posibles con energía juvenil. Cuando se vio a punto de ir a su reposo, redactó su testamento, diciendo: «Doy testimonio de que vivo y me propongo morir en esta fe que Dios me ha dado por medio de Su Evangelio, y que no dependo de nada más para la salvación que la libre elección que Él ha hecho de mí. De todo corazón abrazo Su misericordia, por medio de la cual todos mis pecados quedan cubiertos, por causa de Cristo, y por causa de Su muerte y padecimientos. Según la medida de la gracia que me ha sido dada, he enseñado esta Palabra pura y sencilla, mediante sermones, acciones y exposiciones de esta Escritura. En todas mis batallas con los enemigos de la verdad no he empleado sofismas, sino que he luchado la buena batalla de manera frontal y directa.»

El 27 de mayo de 1564 fue el día de su liberación y de su bendito viaje al hogar. Tenía entonces cincuenta y cinco años.

Que un hombre que había adquirido tal reputación y autoridad tuviera sólo un salario de cien coronas y que rehusara aceptar más, y que después de vivir cincuenta y cinco años con la mayor frugalidad dejara sólo trescientas coronas a sus herederos, incluyendo el valor de su biblioteca, que se vendió a gran precio, es algo tan heroico que uno debe haber perdido todos los sentimientos para no sentir admiración. Cuando Calvino abandonó Estrasburgo para volverse a Ginebra, ellos quisieron darle los privilegios de ciudadano libre de su ciudad y el salario de un prebendado, que le había sido asignado; él aceptó lo primero, pero rehusó rotundamente lo segundo. Llevó a uno de sus hermanos a Ginebra consigo, pero jamás se esforzó por que se le diera a él un puesto honorífico, como cualquiera que poseyera su posición habría hecho. Desde luego, se cuidó de la honra de la familia de su hermano, consiguiéndole la libertad de una mujer adúltera, y consiguiendo licencia para que pudiera volverse a casar; pero incluso sus enemigos cuentan que le hizo aprender el oficio de encuadernador de libros, en lo que trabajó luego toda su vida.

Calvino como amigo de la libertad civil.

El Rev. doctor Wisner dijo, en su reciente discurso en Plymouth, en el aniversario de la llegada de los Padres Peregrinos: «Por mucho que el nombre de Calvino haya sido escarnecido y cargado de vituperios por muchos de los hijos de la libertad, no hay proposición histórica más susceptible de una demostración plena que ésta: que *no ha vivido nadie a quien el mundo deba más por la libertad de que goza, que Juan Calvino.*

CAPÍTULO XIV

Historia de las persecuciones en Gran Bretaña e Irlanda, antes del reinado de la reina María I

GILDAS, el más antiguo escritor británico conocido, que vivió alrededor del tiempo en que los sajones llegaron a la isla de Gran Bretaña, ha dejado una narración terrible de la barbaridad de aquellas gentes.

Los sajones, al llegar, siendo paganos como los Escoceses y los Pictos, destruyeron las iglesias, asesinando al clero allá donde llegaban; pero no pudieron destruir el cristianismo, porque los que no quisieron someterse al yugo sajón, huyeron y se establecieron más allá del Severn. Los nombres de los cristianos que padecieron en aquellos tiempos, especialmente los del clero, no nos han sido transmitidos.

El ejemplo más terrible de barbarie bajo el gobierno sajón fue la matanza de los monjes de Bangor el 586 d.C. Estos monjes eran en todos los respectos distintos de los que llevan este mismo nombre en nuestros días.

En el siglo octavo, los daneses, que eran unas bandas errantes de piratas y bárbaros, arribaron a diversas partes de Gran Bretaña, tanto de Inglaterra como de Escocia.

Al principio fueron rechazados, pero en el 857 d.C. un grupo de ellos arribaron a algún lugar cerca de Southampton, y no sólo saquearon al pueblo, sino que quemaron las iglesias y asesinaron al clero.

El 868 d.C. estos bárbaros penetraron al centro de Inglaterra y se asentaron en Nottingham; pero los ingleses, bajo su rey Ethelred, los expulsaron de sus posiciones, y los obligaron a retirarse a Northumberland.

El 870 otro grupo de estos bárbaros desembarcó en Norfolk, y libró batalla contra los ingleses en Hertford. La victoria fue de los paganos, que tomaron prisionero a Edmundo, rey de los Ingleses Orientales, y después de haberle infligido mil indignidades, traspasaron su cuerpo con flechas, y luego lo decapitaron.

En Fifeshire, Escocia, quemaron muchas de las iglesias, entre estas la perteneciente a los Culdeos, en St. Andrews. La piedad de estos hombres los hacía objeto del aborrecimiento de los daneses, que allí donde iban señalaban a los sacerdotes cristianos para la destrucción, y no menos de doscientos fueron muertos en Escocia.

Sucedió algo muy semejante en la zona de Irlanda llamada Leinster, donde los daneses asesinaron y quemaron vivos a sacerdotes en sus propias iglesias; llevaban la destrucción a donde iban, sin perdonar edad ni sexo, pero el clero era para ellos lo más odioso, porque ridiculizaban sus idolatrías, persuadiendo a su pueblo a que no tuvieran nada que ver con ellos.

En el reinado de Eduardo III, la Iglesia de Inglaterra estaba sumamente corrompida con errores y superstición, y la luz del Evangelio de Cristo había quedado muy eclipsada y entenebrecida por los inventos humanos, ceremonias recargadas y una burda idolatría.

Los seguidores de Wickliffe, entonces llamados lolardos, se habían hecho muy numerosos, y el clero estaba muy agraviado ante su crecimiento. Pero fuera cual fuera el poder que tuvieran para molestarlos y hostigarlos, no tenían autoridad legal para darles muerte. Sin embargo, el clero aprovechó una oportunidad favorable, y prevalecieron sobre el rey para introducir una ley ante el parlamento por la que todos los lolardos que permanecieran obstinados pudieran ser entregados al brazo secular, y quemados como herejes. Esta ley fue la primera introducida en Gran Bretaña para quemar personas por sus creencias religiosas; fue introducida en el año 1401, y poco después se hicieron sentir sus efectos.

La primera persona en sufrir la consecuencia de esta cruel ley fue William Santree, o Sawtree, un sacerdote, que fue quemado vivo en Smithfield.

Poco después de esto, Sir John Oldcastle, Lord Cobham, fue acusado de herejía, por su adhesión a las doctrinas de Wickliffe, y fue condenado a ser colgado y quemado, lo que fue ejecutado en Lincoln's Inn Fields, en 1419 d.C. En su defensa escrita, Lord Cobham dijo:

«En cuanto a las imágenes, entiendo yo que no son objeto de fe, sino que fueron ordenadas desde que la fe de Cristo fue dada, por permisión de la Iglesia, para representar y traer a la mente la pasión de nuestro Señor Jesucristo, y el martirio y la vida piadosa de otros santos: y que todo aquel que dé culto a las imágenes muertas, culto que se debe a Dios, o que ponga su esperanza o confíe en su ayuda como debiera hacerlo en Dios, o que tenga afecto a unas más que a otras, en esto comete el gran pecado del culto idolátrico.

»También creo plenamente en esto, que cada hombre en esta tierra es un peregrino hacia la gloria o hacia el sufrimiento; y que el que no conoce y no cumple los santos mandamientos de Dios en su vida aquí (aunque vaya de peregrinación por todo el mundo, y muera así), será condenado; el que conoce los santos mandamientos de Dios y los guarda hasta el final, este será salvado,

230

aunque jamás en su vida vaya de peregrinación, como ahora suelen hacerlo los hombres, a Canterbury, a Roma, o a cualquier otro lugar.»

El día señalado, Lord Cobham fue sacado de la Torre con sus armas atadas tras él, mostrando un rostro radiante. Luego fue hecho yacer sobre un enlistonado con patines, como si hubiera sido el peor traidor a la corona, y arrastrado de esta guisa hasta el campo de St. Giles. Al llegar al lugar de la ejecución, y ser sacado de aquella especie de trineo, se arrodilló con devoción, pidiendo al Dios Omnipotente que perdonara a sus enemigos. Luego se levantó y contempló a la multitud, y los exhortó de la manera más piadosa a seguir las leyes de Dios escritas en las Escrituras, y a apartarse de aquellos maestros que vieran contrarios a Cristo en su manera de conversar y vivir. Luego fue colgado de los lomos con una cadena de hierro, y quemado vivo en el fuego, alabando el nombre de Dios mientras tuvo un hálito de vida. La muchedumbre presente dio grandes muestras de dolor. Esto tuvo lugar el 1418 d.C.

Sería prolijo explicar como se comportaron los sacerdotes en aquella ocasión, ordenando al pueblo que no orara por él, sino que lo consideraran condenado al infierno, porque había muerto en desobediencia a su Papa.

Así reposa este valiente caballero cristiano Sir John Oldcastle, bajo el altar de Dios, que es Jesucristo, entre aquella piadosa compañía que en el reino de la paciencia sufrieron gran tribulación con la muerte de sus cuerpos, por Su fiel palabra y testimonio.

En agosto de 1473 fue prendido uno llamado Thomas Granter en la ciudad de Londres; le acusaron de profesar las doctrinas de Wickliffe, por las que fue condenado como hereje obstinado. Este piadoso hombre, llevado a la casa del sheriff por la mañana del día designado para su ejecución, pidió algo que comer, y habiendo comido un poco, les dijo a la gente presente: «Como ahora bien, porque tengo que librar una extraña batalla antes de ir a cenar.» Habiendo terminado la comida, dio gracias a Dios por la abundancia de Su providencia llena de gracia, pidiendo que lo llevaran ya al lugar de la ejecución, para poder dar testimonio de la verdad de aquellos principios que había profesado. Por ello, fue encadenado a una estaca en Tower-hill, donde fue quemado vivo, profesando la verdad con su último aliento.

En el año 1499, uno llamado Badram, hombre piadoso, fue traído ante el obispo de Norwich, acusado por algunos de los sacerdotes de sostener las doctrinas de Wickliffe. Confesó entonces que creía todas aquellas cosas de que se le acusaba. Por esto fue condenado como hereje obstinado, y se libró una orden para su ejecución; fue conducido luego a la estaca en Norwich, donde sufrió con gran constancia.

En 1506 fue quemado vivo un hombre piadoso llamado William Tilfrey, en Amersham, en un lugar llamado Stoneyprat, y su hija, Joan Clarke, mujer casada, fue obligada a encender la leña con la que se iba a quemar a su padre.

Este año también un sacerdote, el Padre Roberts, fue declarado convicto delante del obispo de Lincoln de ser un lolardo, y fue quemado vivo en Buckingham.

En 1507, un hombre llamado Thomas Norris fue quemado vivo por el testimonio de la verdad del Evangelio, en Norwich. Este era un pobre hombre, inofensivo y pacífico, pero su párroco, hablando con él un día, conjeturó que era un lolardo. Como consecuencia de esta suposición lo denunció al obispo, y Norris fue prendido.

En 1508, Lawrence Guale, que había estado encarcelado durante dos años, fue quemado vivo en Salisbury, por negar la presencia real en el Sacramento. Parece que este hombre tenía tienda abierta en Salisbury, y dio hospitalidad en su casa a algunos lolardos, por lo que fue denunciado ante el obispo; pero él se mantuvo firme, y fue condenado a sufrir como hereje.

Una piadosa mujer fue quemada en Chippen Sudburne por orden del canciller doctor Wittenham. Después de haber sido consumida en las llamas y la gente volvía a sus casas, un toro escapó de una carnicería, y dirigiéndose de manera particular contra el canciller de entre el resto de la multitud, lo traspasó con sus astas, y le arrancó con ellas las entrañas, llevándolas luego en sus cuernos. Esto lo vieron todos los asistentes, y se debe destacar que la bestia no hizo amagos contra nadie más en absoluto.

El 18 de octubre de 1511, William Sucling y John Bannister, que se habían retractado, habiendo vuelto a la profesión de la fe, fueron quemados vivos en Smithfield.

En el año 1517, un hombre llamado John Brown (que se había retractado antes en el reinado de Enrique VII, y llevado un tronco de leña alrededor de la iglesia de San Pablo) fue condenado por el doctor Wonhaman, arzobispo de Canterbury, y fue quemado vivo en Ashford. Antes de ser encadenado a la estaca, el arzobispo Wonhaman, y Yester, arzobispo de Rochester, hicieron quemar sus pies en el fuego hasta que se desprendió toda la carne hasta los huesos. Esto lo hicieron para forzarlo a retractarse, pero él persistió en su adhesión a la verdad hasta el fin.

Por este tiempo fue prendido Richard Hunn, un sastre de la ciudad de Londres, por rehusar pagar al sacerdote sus honorarios por el funeral de un niño; fue llevado entonces a la Torre de los Lolardos, en el palacio de Lambeth, donde fue asesinado en privado por algunos de los criados del arzobispo.

El 24 de septiembre de 1518, John Stilincen, que antes se había retractado, fue prendido, hecho comparecer ante Richard Fitx-James, obispo de Londres, y condenado el veinticinco de octubre como hereje. Fue encadenado a la estaca en Smithfield entre una inmensa muchedumbre de espectadores, y selló con su sangre su testimonio de la verdad. Declaró que era un lolardo, y que siempre había creído las doctrinas de Wicliffe; y que aunque había sido tan débil como para retractarse de sus creencias, que ahora estaba dispuesto a convencer al mundo de que estaba listo para morir por la verdad.

En el año 1519, Thomas Mann fue quemado en Londres, como también lo fue Robert Celin, un hombre llano y honesto, por haber hablado contra el culto a las imágenes y contra las peregrinaciones.

Alrededor de este tiempo James Brewster, de Colchester, fue ejecutado en Smithfield, Londres. Sus creencias eran las mismas que las del resto de los lolardos, o aquellos que seguían las doctrinas de Wickliffe; pero a pesar de la inocencia de su vida y de su buena reputación, se vio obligado a soportar la ira papal.

Durante este año, un zapatero llamado Cristopher fue quemado vivo en Newbury, en Berkshire, por negar los artículos papistas que ya hemos mencionado. Este hombre poseía algunos libros en inglés que eran ya suficientes para hacerle odioso ante el clero romanista.

Robert Silks, que había sido condenado ante el tribunal del obispo como hereje y que logró huir de la cárcel, fue apresado sin embargo dos años más tarde, y devuelto a Coventry, donde fue quemado vivo. Los alguaciles siempre confiscaban los bienes de los mártires para su propio beneficio, de manera que sus mujeres e hijos eran dejados morir de hambre.

En 1532, Thomas Harding, acusado de herejía junto con su mujer, fue traído ante el obispo de Lincoln, y condenado por negar la presencia real en el sacramento. Luego fue atado a una estaca, levantada para ello en Chesham en el Pell, cerca de Botely, y, cuando hubieron encendido fuego a la pira, uno de los espectadores le rompió el cráneo con su cachiporra. Los sacerdotes habían dicho al pueblo que todo el que trajera leña para quemar herejes tendría una indulgencia para cometer pecados durante cuarenta días.

A finales de aquel año, Worham, arzobispo de Canterbury, prendió a un tal Hitten, sacerdote en Maidstone, y después de haber sido torturado durante largo tiempo en la cárcel y de haber sido varias veces interrogado por el arzobispo y por Fisher, obispo de Rochester, fue condenado como hereje y quemado vivo delante de la puerta de su propia iglesia parroquial.

Thomas Bilney, profesor de ley civil en Cambridge, fue hecho comparecer ante el obispo de Londres, y varios otros obispos, en la Casa del Capítulo en Westminster, y siendo amenazado varias veces con la estaca y las llamas, fue lo suficientemente débil como para retractarse; pero después se arrepintió seriamente.

Por esto fue hecho comparecer ante el obispo por segunda vez, y condenado a muerte. Antes de ir a la pira confesó su adhesión a las doctrinas que Lutero mantenía, y, cuando se vio en la hoguera, dijo: «He sufrido muchas tempestades en este mundo, pero ahora mi nave llegará segura a puerto.» Se mantuvo inamovible en las llamas, clamando: «¡Jesús, creo!» Estas fueron las últimas palabras que le oyeron decir.

Pocas semanas después del martirio de Bilney, Richard Byfield fue echado en la cárcel, y soportó azotes por su adhesión a las doctrinas de Lutero; Byfield había sido monje durante un tiempo, en Barnes, Surrey, pero se convirtió leyendo la traducción de Tyndale del Nuevo Testamento. Los sufrimientos que este hombre soportó por la verdad fueron tan grandes que se precisaría de un volumen para contarlos. A veces fue encerrado en una mazmorra, en la que casi quedó asfixiado por la horrorosa hedor de la inmundicia y del agua estancada. En otras ocasiones le ataban de los brazos, hasta que casi todas sus articulaciones quedaban dislocadas. Le azotaron amarrado a un poste en varias ocasiones, con tal brutalidad que casi no le quedó carne en la espalda; y todo esto lo hicieron para llevarlo a retractarse. Fue finalmente llevado a la Torre de los Lolardos en el palacio de Lambeth, donde fue encadenado por el cuello a la pared, y azotado otra vez de la manera más cruel por los criados del arzobispo. Finalmente fue condenado, degradado y quemado en Smithfield.

El siguiente en sufrir el martirio fue John Tewkesbury. Era un hombre sencillo que no se había hecho culpable de nada en contra de la llamada Santa Madre Iglesia que leer la traducción de Tyndale del Nuevo Testamento. Al principio tuvo la debilidad de abjurar, pero luego se arrepintió y reconoció la verdad. Por esto fue llevado ante el obispo de Londres, que lo condenó como hereje obstinado. Sufrió mucho durante el tiempo de su encarcelamiento, de manera que cuando lo llevaron a la ejecución estaba ya casi muerto. Lo llevaron a la hoguera en Smithfield, donde fue quemado, declarando él su total aborrecimiento del papado, y profesando una firme fe en que su causa era justa delante de Dios.

El siguiente en sufrir en este reinado fue James Baynham, un respetado ciudadano de Londres, que se había casado con una viuda de un caballero en el Temple. Cuando fue encadenado a la estaca abrazó las ascuas y dijo: «¡Mirad, papistas! buscáis milagros; aquí veréis vosotros un milagro; porque en este fuego no siento más dolor que si estuviera en una cama; me es tan dulce como un lecho de rosas.» Y así entregó su alma en manos de su Redentor.

Poco después de la muerte de este mártir, un tal Traxnal, un campesino inofensivo, fue quemado vivo en Bradford, en Wiltshire, porque no quería reconocer la presencia real en el Sacramento, ni admitir la supremacía papal sobre las conciencias de los hombres.

En el año 1533 murió por la verdad John Frith, un destacado mártir. Cuando fue llevado a la pira en Smithfield abrazó la leña, y exhortó a un joven llamado Andrew Hewit, que sufrió con él, a que confiara su alma al Dios que la había redimido. Estos dos sufrientes padecieron gran tormento, porque el viento apartaba las llamas de ellos, de manera que sufrieron una agonía de dos horas antes de expirar.

En el año 1538, un demente llamado Collins sufrió la muerte junto con su perro en Smithfield. Lo que había sucedido era lo siguiente: Collins estaba un día en la iglesia cuando el sacerdote hizo la elevación de la hostia; y Collins, ridiculizando el sacrificio de la Misa, levantó su perro por encima de su cabeza. Por este crimen, Collins, que debía haber sido enviado a un manicomio, o azotado tras un carro, fue hecho comparecer ante el obispo de Londres; y aunque realmente estaba loco, tal era el poder del papado, y tal la corrupción de la Iglesia y del estado, que el pobre loco y su perro fueron llevados a la pira en Smithfield, donde fueron quemados vivos, ante una gran multitud de espectadores.

También otras personas sufrieron aquel mismo año, y se mencionan a continuación:

Un tal Cowbridge sufrió en Oxford, y aunque se le consideraba loco, dio grandes muestras de piedad cuando le ataban a la estaca, y después que encendieran el fuego a su alrededor.

Por aquel mismo tiempo uno llamado Purdervue fue hecho morir por haberle dicho en privado a un sacerdote, después que éste hubo bebido el vino: «Bendijo al pueblo hambriento con el cáliz vacío.»

Al mismo tiempo fue condenado William Letton, un monje muy anciano, en el condado de Suffolk, que fue quemado en Norwich por hablar en contra de un ídolo que era llevado en procesión, y por decir que el Sacramento debía ser administrado bajo las dos especies.

Algún tiempo antes que fueran quemados los dos anteriores, Nicholas Peke fue ejecutado en Norwich, y cuando encendieron el fuego, quedó tan abrasado que quedó negro como el betún. El doctor Reading estaba delante de él, con el doctor Hearne y el doctor Spragwell, con una larga vara blanca en la mano; con ella le dio en el hombro derecho, y le dijo: «Peke, retráctate, y cree en el Sacramento.» A esto respondió él: «Te desprecio a tí, y también al sacramento;» y escupió sangre con gran violencia, debido al atroz dolor de sus sufrimientos. El doctor Reading concedió cuarenta días de indulgencia al sufriente, para que pudiera retractarse de sus opiniones, pero él persistió en su adhesión a la verdad, sin prestar atención alguna a la malicia de sus enemigos; finalmente fue quemado vivo, gozándose de que Cristo lo hubiera considerado digno de sufrir por causa de Su nombre.

El 28 de julio de 1540 o de 1541 (porque hay diferencias acerca del año), Thomas Cromwell, conde de Essex, fue llevado al cadalso en la Torre, donde fue ejecutado con algunos gestos destacables de crueldad. Hizo un breve discurso al pueblo, y luego se resignó mansamente al hacha.

Creemos que es muy propio que este noble sea puesto entre los mártires, porque aunque las acusaciones proferidas contra él no tenían que ver con la religión, si no hubiera sido por su celo por abatir el papismo, podría al menos haber retenido el favor del rey. A esto se debe añadir que los papistas tramaron su destrucción porque hizo más él por impulsar la Reforma que nadie en su época, con excepción del doctor Cranmer.

Poco después de la ejecución de Cromwell, el doctor Cuthbert Barnes, Thomas Garnet y William Jerome fueron hechos comparecer ante la corte eclesiástica del obispo de Londres, y fueron acusados de herejía.

Presente ante el obispo de Londres, le preguntaron al doctor Barnes si los santos oraban por nosotros. A esto respondió que esto «lo dejaba a Dios; pero (añadió), yo oraré por vos.»

El trece de julio de 1541 estos hombres fueron sacados de la Torre y llevados a Smithfield, donde fueron encadenados a una estaca, y sufrieron allí con una constancia que nada sino una firme fe en Jesucristo podía inspirarles.

Thomas Sommers, un honrado mercader, fue echado en prisión, en compañía de otros tres, por leer algunos de los libros de Lutero, y fueron condenados a llevar aquellos libros a un fuego en Cheapside; allí debían echarlos en las llamas; pero Sommers echó los suyos por encima, y por ello fue devuelto a la Torre, y allí apedreado hasta morir.

En este tiempo estaban llevándose a cabo unas terribles persecuciones en Lincoln, bajo el doctor Longland, obispo de aquella diócesis. En Buckingham, Thomas Bainard y James Moreton fueron condenados a ser quemados vivos, el primero por leer la Oración del Señor en inglés, y el otro por leer la Epístola de Santiago en inglés.

El sacerdote Anthony Parsons fue enviado, y con él otros dos, a Windsor, para ser allí interrogado acerca de una acusación de herejía, y les dieron allí varios artículos para que los suscribieran, los cuales rehusaron. Luego su causa fue seguida por el obispo de Salisbury, que fue el más violento perseguidor en aquel tiempo, con la excepción de Bonner. Cuando fueron traídos a la estaca, Parsons pidió de beber, y al dársele, brindó a sus compañeros de martirio, diciendo: «Gozaos, hermanos, y levantad vuestra mirada a Dios; porque después de este duro desayuno espero la buena comida que vamos a tener en el Reino de Cristo, nuestro Señor y Redentor.» Después de estas palabras, Eastwood, uno de los sufrientes, levantó los ojos y las manos al cielo, pidiendo al Señor en lo alto que recibiera su espíritu. Parsons se acercó la paja más hacia él, y luego les dijo a los espectadores: «¡Ésta es la armadura de Dios, y ahora soy un soldado cristiano listo para la batalla. No espero misericordia sino por los méritos de

Cristo; Él es mi único Salvador, en Él confío yo para mi salvación.» Poco después de esto se encendieron las hogueras, que quemaron sus cuerpos, pero que no pudieron dañar sus almas preciosas e inmortales. Su constancia triunfó sobre la crueldad, y sus sufrimientos serán tenidos en eterno recuerdo.

Así era entregado una y otra vez el pueblo de Cristo, y sus vidas compradas y vendidas. Porque, en el parlamento, el rey estableció esta ley cruel y blasfema como ley perpetua: que todo el que leyera las Escrituras en su lengua vernácula (lo que era entonces llamado «la ciencia de Wickliffe») debía perder su tierra, sus ganados, su cuerpo, su vida y sus bienes, por sí y por sus herederos para siempre, y ser condenados como herejes contra Dios, enemigos de la corona y culpables de alta traición contra la tierra.

CAPÍTULO XV

Historia de las persecuciones en Escocia durante el reinado de Enrique VIII

Así como no hubo lugar alguno, ni en Alemania, ni en Italia ni en Francia, donde no salieran algunas ramas de aquella fructífera raíz de Lutero, de la misma manera no quedó esta isla de Gran Bretaña sin su fruto y sin sus ramas. Entre ellos estaba Patrick Hamilton, un escocés de noble y alta cuna, y de sangre real, de excelente temperamento, de veintitrés años de edad, llamado abad de Ferne. Saliendo de su país con tres compañeros para hacerse con una piadosa educación, se llegó a la Universidad de Marburgo, en Alemania, universidad que era entonces de nueva fundación, por Felipe, Landgrave de Hesse.

Durante su residencia allí se familiarizó íntimamente con aquellas eminentes lumbreras del Evangelio que eran Martín Lutero y Felipe Melancton, y mediante cuyos escritos y doctrinas se adhirió tenazmente a la religión protestante.

Enterándose el arzobispo de St. Andrews (que era un rígido papista) de las actuaciones del señor Hamilton, lo hizo apresar, y haciéndolo comparecer delante suyo para interrogarlo brevemente acerca de sus principios religiosos, lo hizo encerrar en el castillo, con órdenes de que fuera echado a la mazmorra más inmunda de la prisión.

A la mañana siguiente, el señor Hamilton fue hecho comparecer delante del obispo, junto con otros, para ser interrogado, siendo las principales acusaciones contra él que desaprobaba en público las peregrinaciones, el purgatorio, las oraciones a los santos, por los muertos, etc.

Estos artículos fueron reconocidos como verdaderos por el señor Hamilton, en consecuencia de lo cual fue de inmediato condenado a la hoguera; y para que su condena tuviera tanta más autoridad, se hizo firmar a todas las personas destacadas allí presentes, y para hacer el número tan grande como fuera posible incluso se admitió la firma de los niños que fueran hijos de la nobleza.

Tan deseoso estaba este fanático y perseguidor prelado por destruir al señor Hamilton, que ordenó la ejecución de la sentencia en la misma tarde del día en que se pronunció. Por ello, fue llevado al lugar designado para la terrible tragedia, donde se apiñó un gran número de espectadores. La mayor parte de la multitud no creía que realmente le fueran a dar muerte, sino que sólo se hacía para espantarlo, y por ello llevarlo a abrazar los principios de la religión romanista. Pero pronto tuvieron que salir de su error.

Cuando llegó a la estaca, se arrodilló y oró durante un tiempo con gran fervor. Después fue encadenado a la estaca, y le pusieron la leña a su alrededor. Poniéndole una cantidad de pólvora debajo de los brazos, la encendieron primero, con lo que la mano izquierda y un lado de la cara quedaron abrasados, pero sin causarle daños mortales, ni prendiéndose el fuego a la leña. Entonces trajeron más pólvora y combustible, y esta vez prendió la leña. Con el fuego encendido, él clamó con voz audible, diciendo: «¡Señor Jesús, recibe mi espíritu! ¿Hasta cuándo reinarán las tinieblas sobre este reino? ¿Y hasta cuándo sufrirás Tú la tiranía de estos hombres?»

Ardiendo el fuego lentamente al principio, sufrió crueles tormentos; pero los sufrió con magnanimidad cristiana. Lo que más dolor le causó fue el clamor de algunos malvados azuzados por los frailes, que gritaban con frecuencia: «¡Conviértete, hereje; clama a nuestra Señora; di Salve Regina, etc.» Y a estos él replicaba: «Dejadme y parad de molestarme, mensajeros de Satanás.» Un fraile llamado Campbell, el cabecilla, siguió molestándole con un lenguaje insultante, y él le replicó: «¡Malvado, que Dios te perdone!» Después de ello, impedido ya de hablar por la violencia del humo y por la voracidad de las llamas, entregó su alma en manos de Aquel que se la había dado.

Este firme creyente en Cristo sufrió el martirio el año 1527.

Un joven e inofensivo benedictino llamado Henry Forest, acusado de hablar respetuosamente del anterior Patrick Hamilton, fue echado en la cárcel; al confesarse a un fraile, reconoció que consideraba a Hamilton como un hombre bueno, y que los artículos por los que había sido sentenciado a morir podían ser defendidos. Al ser revelado esto por el fraile, fue recibido como prueba, y el pobre benedictino fue sentenciado a ser quemado.

Mientras consultaban entre sí acerca de cómo ejecutarlo, John Lindsay, uno de los caballeros del arzobispo, dio su consejo de quemar al fraile Forest en alguna bodega subterránea, porque, dijo, «el humo de Patrick Hamilton ha infectado a todos aquellos sobre quienes ha caído.» Este consejo fue aceptado, y la pobre víctima murió más bien por asfixia que quemado.

Los siguientes en caer víctimas por profesar la verdad del Evangelio fueron David Stratton y Norman Gourlay.

Cuando llegaron al lugar fatal, ambos se arrodillaron, y oraron por un tiempo con gran fervor. Luego se levantaron, y Stratton, dirigiéndose a los espectadores, los exhortó a echar a un lado sus conceptos supersticiosos e idolátricos y a emplear su tiempo en buscar la verdadera luz del Evangelio. Habría dicho más, pero se vio impedido por los oficiales presentes.

Su sentencia fue puesta en ejecución, y entregaron animosos sus almas al Dios que se las había dado, esperando, por los méritos del gran Redentor, una gloriosa resurrección para vida inmortal. Sufrieron en el año 1534.

Los martirios de las dos personas mencionadas fueron pronto seguidos por el del señor Thomas Forret, que durante un tiempo considerable había sido deán de la Iglesia de Roma; dos herreros llamados Killor y Beverage; un sacerdote llamado Duncan Smith, y un gentilhombre llamado Robert Forrester. Todos ellos fueron quemados juntos, en el monte del Castillo, en Edinburgo, el último día de febrero de 1538.

Al año siguiente del martirio de los ya mencionados, esto es, el 1539, otros dos fueron prendidos por sospecha de herejía: Jerome Russell y Alexander Kennedy, un joven, de unos dieciocho años de edad.

Estas dos personas, después de haber estado encerradas en prisión un tiempo, fueron hechas comparecer ante el arzobispo para su interrogatorio. En el curso del mismo, Russell, que era hombre muy inteligente, razonó eruditamente contra sus acusadores, mientras estos empleaban contra él un lenguaje muy insultante.

Terminado el interrogatorio, y considerados ambos como herejes, el arzobispo pronunció la terrible sentencia de muerte, y fueron de inmediato entregados al brazo secular para su ejecución.

Al día siguiente fueron llevados al lugar designado para su suplicio; de camino hacia allí, Russell, al ver que su compañero de sufrimientos parecía mostrar temor en su rostro, se dirigió así a él: «Hermano, no temas; mayor es Aquel que está en nosotros que el que está en el mundo. El dolor que hemos de sufrir es breve, y será ligero; pero nuestro gozo y consolación nunca tendrán fin. Por ello, luchemos por entrar en el gozo de nuestro Amo y Salvador, por el mismo camino recto que Él tomó antes que nosotros. La muerte no nos puede dañar, porque ya está destruida por Él, por Aquel por causa de quien vamos ahora a sufrir.»

Cuando llegaron al lugar fatal, se arrodillaron ambos y oraron por un tiempo; después de ello fueron encadenados a la estaca y se prendió fuego a la leña, encomendando ellos con resignación sus almas a Aquel que se las había dado, en la plena esperanza de una recompensa eterna en las mansiones celestiales.

Una relación de la vida, sufrimientos y muerte de Sir George Wishart, que fue estrangulado y después quemado, en Escocia, por profesar la verdad del Evangelio.

Por el año de nuestro Señor 1543 había, en la Universidad de Cambridge, un Maestro George Wishart, comunmente llamado Maestro George del Benet's College, hombre de alta estatura, calvo, y con la cabeza cubierta con una gorra francesa de la mejor calidad; se juzgaba que era de carácter melancólico por su fisonomía; tenía el cabello negro en larga barba, apuesto, de buena reputación en su país, Escocia, cortés, humilde, amable y gentil, amante de su profesión de maestro, deseoso de aprender, y habiendo viajado mucho; se vestía de un ropaje hasta los pies, una capa negra, y medias negras, tejido burdo blanco para camisa, y bandas blancas y gemelos en sus puños.

Era hombre modesto, templado, temeroso de Dios, aborrecedor de la codicia; su caridad nunca se acababa, ni de noche ni de día; se saltaba una de cada tres comidas, un día de cada cuatro en general, excepto por algo para fortalecer el cuerpo. Dormía en un saco de paja y en burdos lienzos nuevos, que, cuando los cambiaba, daba a otros. Al lado de su cama tenía una bañera, en la que (cuando sus estudiantes estaban ya dormidos, y las luces apagadas y todo en silencio), solía bañarse. Él me tenía gran afecto, y yo a él. Enseñaba con gran modestia y gravedad, de manera que algunos de sus estudiantes lo consideraban severo, y hubieran querido matarle; pero el Señor era su defensa. Y él, después de una debida corrección por la malicia de ellos, los enmendaba con una exhortación buena, y se iba. ¡Oh, si el Señor me lo hubiera dejado a mí, su pobre chico, para terminar lo que había comenzado! Porque se fue a Escocia con varios de la nobleza que vinieron para formular un tratado con el Rey Enrique.

En 1543, el arzobispo de St. Andrews hizo una visitación en varias partes de la diócesis, durante la cual se denunciaron a varias personas en Perth, por herejía. Entre estas, las siguientes fueron condenadas a muerte: William Anderson, Robert Lamb, James Finlayson, James Hunter, James Raveleson y Helen Stark.

Las acusaciones contra estas personas fueron, respectivamente: Las primeras cuatro estaban acusadas de haber colgado la imagen de San Francisco, clavando en su cabeza cuernos de carnero, y de fijar una cola de vaca a su trasero; pero la razón principal de su condena fue por haberse permitido comer un ganso en día de ayuno.

James Ravelson fue acusado de haber adornado su casa con la diadema triplemente coronada de San Pedro, tallada en madera, lo que el arzobispo consideró hecho en escarnio de su capelo cardenalicio.

Helen Stark fue acusada de no haber tenido la costumbre de orar a la Virgen María, más especialmente durante el tiempo en que estaba recién parida.

Todos fueron hallados culpables de estos delitos de que se les acusaba, y de inmediato fueron sentenciados a muerte; los cuatro hombres a la horca, por comer el ganso; James Raveleson a ser quemado; y la mujer, que había acabado de dar a luz un bebé y lo criaba, a ser metida en un saco, y ahogada.

Los cuatro, con la mujer y el niño, fueron muertos el mismo día, pero James Raveleson no fue ejecutado hasta algunos días más tarde.

Los mártires fueron conducidos por una gran banda de hombres armados (porque temían una rebelión en la ciudad, lo que hubiera podido acontecer si los hombres no hubieran estado en la guerra) hacia el lugar de la ejecución, que era el común de los ladrones, y ello para hacer parecer su causa más odiosa ante el pueblo. Todos consolándose unos a otros, y asegurándose unos a otros que cenarían juntos en el Reino del Cielo aquella noche, se encomendaron a Dios, y murieron con constancia en el Señor.

La mujer deseaba anhelantemente morir con su marido, pero no le fue permitido; pero, siguiéndole al lugar de la ejecución, le dio consuelo, exhortándole a la perseverancia y paciencia por causa de Cristo, y, despidiéndose de él con un beso, le dijo: «Esposo, regocíjate, porque hemos vivido juntos durante muchos días gozosos; pero este día en el que tenemos que morir debería sernos aún más gozoso, porque tendremos gozo para siempre; por ello, no te diré que buenas noches, porque nos encontraremos de repente con gozo en el Reino de los Cielos.» Después de esto, la mujer fue llevada a ser ahogada, y aunque tenía un bebé mamando en su pecho, esto no movió para nada los implacables corazones de los enemigos. Así, después de haber encomendado a sus hijos a los vecinos de la ciudad por causa de Dios, y que el pequeño bebé fuera dado a la nodriza, ella selló la verdad con su muerte.

Deseoso de propagar el verdadero Evangelio en su propio país, George Wishart dejó Cambridge en 1544, y al llegar a Escocia predicó primero en Montrose, y después en Dundee. En este último lugar hizo una exposición pública de la Epístola a los Romanos, que hizo con tal unción y libertad que alarmó enormemente a los papistas.

Como consecuencia de ello (por instigación del Cardenal Beaton, arzobispo de St. Andrews), un tal Robert Miln, hombre principal en Dundee, fue a la iglesia donde predicaba Wishart, y en medio del discurso le dijo que no perturbara más a la ciudad, porque estaba decidido a no admitirlo.

Este repentino desaire sorprendió enormemente a Wishart, que, después de una breve pausa, mirando dolorido a quien le hablaba y a su audiencia, dijo: «Dios me es testigo de que jamás he intentado perturbar, sino confortar; sí, vuestra turbación me duele más a mí que a vosotros mismos; pero estoy seguro de que el rehusamiento de la Palabra de Dios y la expulsión de Su mensajero no os preservará de turbación, sino que os la atraerá; porque Dios os enviará ministros que no temerán ni al fuego ni al destierro. Yo os he ofrecido la Palabra de salvación. Con peligro de mi vida he permanecido entre vosotros. Ahora vosotros mismos me rechazáis; pero debo declarar mi inocencia delante de Dios. Si tenéis larga prosperidad, no soy guiado por el Espíritu de verdad; pero si caen sobre vosotros perturbaciones no buscadas, reconoced la causa y volveos a Dios, que es clemente y misericordioso. Pero si no os volvéis a la primera advertencia, Él os visitará con el fuego y la espada.» Al terminar este discurso, salió del púlpito y se retiró.

Después de esto se fue al oeste de Escocia, donde predicó la Palabra de Dios y fue bien acogido por muchos.

Poco tiempo después de esto el señor Wishart recibió noticias de que se había desatado la plaga en Dundee. Comenzó cuatro días después que le fuera prohibido predicar allá, y fue tan violenta que casi era increíble cuántos murieron en el espacio de veinticuatro horas. Al serle esto relatado, a pesar de la insistencia de sus amigos por detenerle, decidió volver allá, diciendo: «Ahora están turbados y necesitan consolación. Quizá esta mano de Dios les hará ahora exaltar y reverenciar la Palabra de Dios, que antes estimaron en poco.»

En Dundee fue recibido gozosamente por los piadosos. Escogió la puerta oriental como lugar de predicación, de manera que los sanos estaban dentro, y los enfermos fuera de la puerta. Tomó este texto como el tema de su sermón: «Envió Su palabra, y los sanó,» etc. En su sermón se extendió principalmente en la ventaja y la consolación de la Palabra de Dios, en los juicios que sobrevienen por el menosprecio o rechazo de la misma, la libertad de la gracia de Dios para con todo Su pueblo, y la felicidad de Sus elegidos, a los que Él mismo saca de este mundo miserable. Los corazones de los oyentes se elevaron tanto ante la fuerza divina de este discurso que vinieron a no considerar la muerte con temor, sino a tener por dichosos a los que serían entonces llamados, no sabiendo si volvería él a tener tal consolación para con ellos.

Después de esto, la peste se aplacó, aunque, en medio de ella, Wishart visitaba constantemente a los que yacían en la hora fatal, y los consolaba con sus exhortaciones.

Cuando se despidió de la gente de Dundee, les dijo que Dios casi había dado fin a aquella peste, y que ahora él era llamado a otro lugar. Fue de allí a Montrose, donde predicó algunas veces, pero pasó la mayor parte de su tiempo en meditación privada y oración.

Se dice que antes de salir de Dundee, y mientras estaba dedicado a la obra de amor para con los cuerpos y las almas de aquella pobre gente afligida, el Cardenal Beaton indujo a un sacerdote papista fanático, llamado John Weighton, para que le matara; y este intento fue como sigue: un día, después que Wishart hubo acabado su sermón y la gente se había ido, un sacerdote se quedó de pie esperando al pie de las escaleras, con una daga desenvainada en su mano bajo su sotana. Pero el señor Wishart, que tenía una mirada sagaz y penetrante, viendo al sacerdote cuando bajaba del púlpito, le dijo: «Amigo mío, ¿que querría usted?», y de inmediato, asiéndole de la mano, le quitó la daga. El sacerdote, aterrado, se puso de rodillas, confesó sus intenciones, y le rogó perdón. La noticia corrió, y llegando a oídos de los enfermos, estos dijeron: «Dadnos al traidor, o lo tomaremos por la fuerza; y se lanzaron a la puerta. Pero Wishart, tomando al sacerdote en sus brazos, les dijo: «El que le haga daño, me hará daño a mí, porque no me ha hecho mal alguno, sino un gran bien, enseñándome a ser más prudente para el futuro.» Con esta conducta, apaciguó al pueblo, y salvó la vida del malvado sacerdote.

Poco después de volver a Montrose, el cardenal de nuevo conspiró contra su vida, haciendo enviarle una carta como procedente de su amigo íntimo, el señor de Kennier, en la que se le pedía que acudiera a verle con toda premura, porque había caído en una repentina enfermedad. Mientras tanto, el cardenal había apostado sesenta hombres armados emboscados a una milla y media de Montrose, para asesinarlo cuando pasara por allí.

La carta fue entregada en mano a Wishart por un muchacho, que también le trajo un caballo para el viaje. Wishart, acompañado por algunos hombres honrados, amigos suyos, emprendió el viaje, pero viniéndole algo particular a la mente mientras iba de camino, volvió. Ellos se asombraron, y le preguntaron cuál era la causa de su proceder, y les respondió: «No iré; Dios me lo prohibe; estoy seguro de que es traición. Que algunos pasen adelante, y me digan lo que encuentran.» Haciéndolo, descubrieron la trampa, y volviendo a toda prisa, se lo dijeron al señor Wishart; éste dijo, entonces: «Sé que acabaré mi vida en manos de este hombre sanguinario, pero no de esta manera.»

Poco tiempo después salió de Montrose, y pasó a Edinburgo, para propagar el Evangelio en aquella ciudad. Por el camino se alojó con un fiel hermano, llamado James Watson de Inner-Goury. En medio de la noche se levantó y salió al patio, y oyéndole dos hombres, le siguieron sigilosamente. En el patio se puso de rodillas, y oró con el mayor fervor, después de lo que se levantó y volvió a la cama. Sus acompañantes, aparentando no saber nada, acudieron y le preguntaron dónde había estado, pero no quiso responderles. Al siguiente día le importunaron para que se lo dijera, diciendo: «Sea franco con nosotros, porque oímos sus lamentos y vimos sus gestos.»

A esto él dijo, con rostro abatido: «Ojalá que no hubierais salido de vuestras camas.» Pero apremiándole ellos por saber algo, les dijo: «Os lo diré; estoy seguro de que mi batalla está cerca de su fin, y por ello oro a Dios que esté conmigo, y que yo no me acobarde cuando la batalla ruja con mayor fuerza.»

Poco después, al enterarse el Cardenal Beaton, arzobispo de St. Andrews, de que el señor Wishart estaba en la casa del señor Cockburn, de Ormiston, en East Lothian, le pidió al regente que lo hiciera prender. A esto accedió el regente, tras mucha insistencia y muy en contra de su voluntad.

Como consecuencia de esto, el cardenal procedió de inmediato a juzgar a

Wishart, presentándose no menos de dieciocho artículos de acusación en contra suya. El señor Wishart respondió a los respectivos artículos con tal coherencia de mente y de una manera tan erudita y clara que sorprendió en gran manera a los que estaban presentes.

Acabado el interrogatorio, el arzobispo intentó convencer al señor Wishart para que se retractara; pero éste estaba demasiado firme y arraigado en sus principios religiosos y demasiado iluminado por la verdad del Evangelio, para que lo pudieran mover en lo más mínimo.

A la mañana de la ejecución le vinieron dos frailes de parte del cardenal; uno de ellos le vistió de una túnica de lino negro, y el otro traía varias bolsas de pólvora, que le ataron en diferentes partes del cuerpo.

Tan pronto como llegaron a la pira, el verdugo le puso una cuerda alrededor del cuello y una cadena en la cintura, con lo que él se puso de rodillas, exclamando:

«¡Oh, Salvador del mundo, ten misericordia de mí! ¡Padre del cielo, en tus santas manos encomiendo mi espíritu!»

Después de esto oró por sus acusadores, diciendo: «Te ruego, Padre celestial, perdona a los que, por ignorancia o por una mente perversa, han forjado mentiras contra mí; los perdono de todo corazón. Ruego a Cristo que perdone a todos los que ignorantemente me han condenado.»

Fue entonces encadenado a la estaca, y al encenderse la leña, se prendió de inmediato la pólvora que tenía atada por su cuerpo, que se encendió en una conflagración de llama y de humo.

El gobernador del castillo, que estaba tan cerca que quedó chamuscado por la llamarada, exhortó al mártir, en pocas palabras, a tener buen ánimo y a pedir a Dios perdón por sus culpas. A lo que él contestó: «Esta llama hace sufrir a mi cuerpo, ciertamente, mas no ha quebrantado mi espíritu. Pero el que ahora me mira de manera tan soberbia desde su exaltado solio (dijo, señalando al cardenal), será, antes que transcurra mucho tiempo, arrojado ignominiosamente, aunque ahora se huelga tan orgullosamente de su poder.» Esta predicción fue cumplida poco después.

El verdugo, que debía atormentarlo, se puso de rodillas, y le dijo: «Señor, os ruego que me perdonéis, porque no soy culpable de vuestra muerte.» Y él le dijo: «Ven aquí.» Cuando se hubo acercado, le besó en la mejilla, y le dijo: «Esto es una muestra de que te perdono. De corazón, cumple tu oficio.» Y entonces fue puesto en el patíbulo, y colgado y reducido a cenizas. Cuando la gente vio aquel gran suplicio, no pudieron reprimir algunas lastimeras lamentaciones y quejas por la matanza de aquel hombre inocente.

No pasó mucho tiempo tras el martirio de este bienaventurado hombre de Dios, el Maestro George Wishart, que fue muerto por David Beaton, el sanguinario arzobispo y cardenal de Escocia, el uno de marzo de 1546 d.C., que el dicho David Beaton, por justa retribución divina, fue muerto en su propio castillo de St. Andrews a manos de un hombre llamado Leslie y otros caballeros que, movido por Dios, se lanzó de súbito contra él y aquel mismo año, el último día de mayo, lo asesinó en su cama, mientras que él chillaba: «¡Ay, ay, no me matéis! ¡Soy un sacerdote!» Así, como carnicero vivió y como carnicero murió, y estuvo siete meses y más insepulto, y al final fue echado como carroña en un estercolero.

El último en sufrir martirio en Escocia por causa de Cristo fue un hombre llamado Walter Mill, que fue quemado en Edinburgo en el año 1558.

Este hombre había viajado por Alemania en sus años jóvenes, y al volver fue designado sacerdote de la iglesia de Lunan en Angus, pero, por una denuncia de herejía, en tiempos del Cardenal Beaton, se vio obligado a abandonar su puesto y a ocultarse. Sin embargo, pronto fue descubierto y apresado.

Interrogado por Sir Andrew Oliphant acerca de si se iba a retractar de sus opiniones, respondió en sentido negativo, diciendo que «antes perdería diez mil vidas que ceder una partícula de aquellos celestiales principios que había recibido por la palabra de su bendito Redentor.»

Como consecuencia de esto, se pronunció de inmediato su sentencia de muerte, y fue llevado a la cárcel para ser ejecutado al día siguiente.

Este valeroso creyente en Cristo tenía ochenta y dos años, y estaba sumamente debilitado, por lo que se suponía que apenas se le oiría. Sin embargo, cuando fue llevado al lugar de la ejecución, expresó sus creencias religiosas con tal valor y al mismo tiempo con tal coherencia lógica que dejó atónitos hasta a sus enemigos. Tan pronto como se vio atado a la estaca y la leña fue encendida, se dirigió así a los espectadores: «La causa por la que sufro hoy no es ningún crimen (aunque me reconozco un mísero pecador), sino sólo sufro por la defensa de la verdad según está en Jesucristo; y alabo al Dios que me ha llamado, por Su misericordia, a sellar la verdad con mi vida; la cual, así como la he recibido de él, la entrego voluntaria y gozosamente para Su gloria. Por ello, si queréis escapar a la condenación eterna, no os dejéis seducir más por las mentiras de la sede del Anticristo: depended sólo de Jesucristo y de Su misericordia, y podréis ser liberados de la condenación.» Luego añadió que esperaba ser el último en sufrir la muerte en Escocia por causas de religión.

Así entregó este piadoso cristiano animosamente su vida en defensa de la verdad del Evangelio de Cristo, con la certeza de que sería hecho partícipe de Su reinado celestial.

CAPÍTULO XVI

Persecuciones en Inglaterra durante el reinado de la reina María

LA prematura muerte del célebre y joven monarca Eduardo VI causó acontecimientos de lo más extraordinarios y terribles que jamás hubieran tenido lugar desde los tiempos de la encarnación de nuestro bendito Señor y Salvador en forma humana. Este triste acontecimiento se convirtió pronto en un tema de general lamentación. La sucesión al trono británico llegó pronto a ser objeto de disputa, y las escenas que se sucedieron fueron una demostración de la seria aflicción en la que estaba envuelto el reino. Conforme fueron desarrollándose más y más las consecuencias de esta pérdida para la nación, el recuerdo de su gobierno vino a ser más y más un motivo de gratitud generalizada. La terrible perspectiva que pronto se presentó a los amigos de la administración de Eduardo, bajo la dirección de sus consejeros y siervos, vino a ser algo que las mentes reflexivas se vieron obligadas a contemplar con la más alarmada aprensión. La rápida aproximación que se hizo a una total inversión de las actuaciones del reinado del joven rey mostraba los avances que de esta manera iban a una resolución total en la dirección de las cuestiones públicas tanto en la Iglesia como en el estado.

Alarmados por la condición en la que probablemente se iba a encontrar involucrado el reino por la muerte del rey, el intento por impedir las consecuencias, que se veían sobrevenir con mucha claridad, produjo los más serios y fatales efectos. El rey, en su larga y prolongada enfermedad, fue inducido a hacer testamento, en el que otorgaba la corona inglesa a Lady Jane, hija del duque de Suffolk, que se había casado con Lord Guilford, hijo del duque de Northumberland, y que era nieta de la segunda hermana del rey Enrique, casada con Carlos, duque de Suffolk. Por este testamento se pasó por alto la sucesión de María y Elisabet, sus dos hermanas, por el temor a la vuelta al sistema del papado; y el consejo del rey, con los jefes de la nobleza, el alcalde mayor de la ciudad de Londres, y casi todos los jueces y los principales legisladores del reino, firmaron sus nombres a este documento, como sanción a esta medida. El Lord principal de la Justicia, aunque verdadero protestante y recto juez, fue el único en negarse a poner su nombre en favor de Lady Jane, porque ya había expresado su opinión de que María tenía derecho a tomar las riendas del gobierno. Otros objetaban a que María fuera puesta en el trono, por los temores que tenían de que pudiera casarse con un extranjero, y con ello poner a la corona en considerable peligro. También la parcialidad que ella mostraba en favor del papismo dejaba bien pocas dudas en las mentes de muchos de que sería inducida a avivar los intereses del Papa y a cambiar la religión que había sido usada tanto en los días de su padre, el Rey Enrique, como en los de su hermano Eduardo; porque durante toda este tiempo había ella manifestado una gran terquedad e inflexibilidad, como ha de ser evidente en base de la carta que envió a los lores del consejo, por la que presentó sus derechos a la corona a la muerte de su hermano.

Cuando ésta tuvo lugar, los nobles, que se habían asociado para impedir la sucesión de María, y que habían sido instrumentos en promover y quizá aconsejar las medidas de Eduardo, pasaron rápidamente a proclamar a Lady Jane Gray como reina de Inglaterra, en la ciudad de Londres y en varias otras ciudades populosas del reino. Aunque era joven, poseía talentos de naturaleza superior, y su aprovechamiento bajo un muy excelente tutor le había dado grandes ventajas.

Su reinado sólo duró cinco días, porque María, consiguiendo la corona por medio de falsas promesas, emprendió rápidamente la ejecución de sus expresas intenciones de extirpar y quemar a cada protestante. Fue coronada en Westminster de la manera usual, y su accesión fue la señal para el inicio de la sangrienta persecución que tuvo lugar.

Habiendo obtenido la espada de la autoridad, no fue remisa en emplearla. Los partidarios de Lady Jane Gray estaban destinados a sentir su fuerza. El duque de Northumberland fue el primero en experimentar su salvaje resentimiento. Después de un mes de encierro en la Torre fue condenado, y llevado al cadalso para sufrir como traidor. Debido a la variedad de sus crímenes debidos a una sórdida y desmesurada ambición, murió sin que nadie se compadeciera de él ni lo lamentara.

Los cambios que se sucedieron con toda celeridad declararon de manera inequívoca que la reina era desafecta al actual estado de la religión. El doctor Poynet fue desplazado para dejar sitio a Gardiner como obispo de Winchester, el cual recibió también el importante puesto de Lord Canciller. El doctor Ridley fue echado de la sede de Londres, y Bonne puesto en su lugar. J. Story fue echado del obispado de Chichester, para poner allí al doctor Day. J. Hooper fue enviado preso a Fleet, y el doctor Heath instalado en la sede de Worcester.

Miles Coverdale fue también echado de Exeter, y el doctor Vesie tomó su lugar en aquella diócesis. El doctor Tonstall fue también ascendido a la sede de Durham. Al observarse y señalarse estas cosas, fueron oprimiéndose y turbándose más y más los corazones de los buenos hombres; pero los malvados se regocijaban. A los embusteros tanto les daba como fuera la cuestión; pero aquellos cuyas conciencias estaban ligadas a la verdad percibieron como se encendían las hogueras que después deberían servir para destrucción de tantos verdaderos cristianos.

Las palabras y la conducta de Lady Jane Gray en el cadalso

La siguiente víctima fue la gentil Lady Jane Gray, que, por su aceptación de la corona ante las insistentes peticiones de sus amigos, incurrió en el implacable resentimiento de María. Al subir al cadalso, se dirigió con estas palabras a los espectadores: «Buena gente, he venido aquí a morir, y por una ley he sido condenada a ello. El hecho contra la majestad de la reina era ilegítimo, y que yo accediera a ello; pero acerca de la toma de decisión y el deseo de lo mismo por mi parte o en mi favor, me lavó este día las manos en mi inocencia delante de Dios y delante de vosotros, buena gente cristiana.» E hizo entonces el movimiento de fregarse las manos, en las que tenía su libro. Luego les dijo: «Os pido a todos buena gente cristiana, que me seáis testigos de que muero como buena cristiana, y que espero ser salva sólo por la misericordia de Dios en la sangre de Su único Hijo Jesucristo, y no por otro medio alguno: y confieso que cuando conocí la Palabra de Dios, la descuidé, amándome a mí misma y al mundo, y por ello felizmente y con merecimiento me ha sobrevenido esta plaga y castigo; pero doy gracias a Dios que en Su bondad me ha dado de esta manera tiempo y descanso para arrepentirme. Y ahora, buena gente, mientras estoy viva, os ruego que me auxiliéis con vuestras oraciones.» Luego, arrodillándose, se dirigió a Feckenham, diciéndole: «¿Diré este Salmo?» y él le dijo: «Sí.» Entonces pronunció el Salmo *Miserere mei Deus*, en inglés, de la forma más devota hasta el final; luego se levantó, y le dio a su dama, la señora Ellen, sus guantes y su pañuelo, y su libro al señor Bruges; luego se desató su vestido, y el verdugo se acercó para ayudarla a sacárselo; pero ella, pidiéndole que la dejara sola, se volvió hacia sus dos damas, que la ayudaron a quitárselo, y también le dieron un hermoso pañuelo con el que vendarse los ojos.

Luego el verdugo se arrodilló, y le pidió perdón, dándoselo ella muy bien dispuesta. Luego le pidió que se pusiera de pie sobre la paja, y al hacerlo vio el tajo. Entonces le dijo: «Te ruego que acabes conmigo rápidamente.» Luego se arrodilló, diciendo: «¿Me descabezarás antes que le estire?» Y el verdugo le dijo: «No, señora.» Entonces se vendó los ojos, y buscando el tajo a tientas, dijo: «¿Qué voy a hacer? ¿Dónde está, dónde está?» Uno de los que estaban allí la condujo, y ella puso la cabeza sobre el tajo, y luego dijo: «Señor, en tus manos encomiendo mi espíritu.» Así acabó su vida, el año de nuestro Señor de 1554, el doce de febrero, teniendo alrededor de diecisiete años.

Así murió Lady Jane; y aquel mismo día fue decapitado Lord Guilford, su marido, uno de los hijos del duque de Northumberland; eran dos inocentes en comparación con aquellos que estaban sobre ellos. Porque eran muy jóvenes, y aceptaron ignorantemente aquello que otros habían tramado, consintiendo que por proclamación pública fuera arrebatado a otros para que les fuera dado a ellos.

Acerca de la condenación de esta piadosa dama, se debe recordar que el Juez Morgan, que pronunció la sentencia contra ella, cayó loco poco después de haberla condenado, y en sus delirios clamaba continuamente que le quitaran a Lady Jane de delante de él, y así acabó su vida.

El veintiuno del mismo mes, Enrique duque de Suffolk fue decapitado en la Torre, el cuarto día después de su condena; en aquel mismo tiempo muchos caballeros e hidalgos fueron condenados, de los que algunos fueron ejecutados en Londres, y otros en otros condados. Entre ellos se encontraba Lord Thomas Gray, hermano del duque de Suffolk, que fue apresado no mucho tiempo después en el norte de Gales, y ejecutado por la misma causa. Sir Nicholas Throgmorton escapó muy apuradamente.

John Rogers, vicario del Santo Sepulcro, y lector de San Pablo en Londres

John Rogers se educó en Cambridge, y fue después muchos años capellán de los mercaderes desplazados a Amberes, en Brabante. Allí conoció al célebre mártir William Tyndale, y a Miles Coverdale, ambos voluntariamente exiliados de su país por su aversión a la superstición e idolatría papal. Ellos fueron los instrumentos de su conversión, y se unió con ellos en la producción de aquella traducción de la Biblia al inglés conocida como «Traducción de Thomas Matthew.» Por las Escrituras supo que los votos ilegítimos podían ser legítimamente quebrantados; por ello contrajo matrimonio y se dirigió a Wittenberg, en Sajonia, para aumentar sus conocimientos; allí aprendió la lengua alemana, y recibió el encargo de una congregación, cargo que desempeñó fielmente durante muchos años. Al acceder el Rey Eduardo al trono, se fue de Sajonia para impulsar la obra de la Reforma en Inglaterra. Tras un tiempo, Nicholas Ridley, que era entonces obispo de Londres, le hizo canónigo de la Catedral de San Pablo, y el deán y el capítulo lo designaron lector allí de la lección de teología. Allí continuó hasta la accesión al trono de la Reina María, cuando fueron desterrados el Evangelio y la verdadera religión, e introducidos el Anticristo de Roma, con su superstición e idolatría.

La circunstancia de que el señor Rogers predicó en Paul's Cross, después que la Reina María llegara a la Torre, ya ha sido relatada. Confirmó él en sus sermones la doctrina enseñada en la época del Rey Eduardo, exhortando al pueblo a guardarse de la abominación del papismo, de la idolatría y de la superstición. Por esta razón fue llamado a dar cuenta, pero se defendió de manera tan capaz que fue por el momento libertado. Pero la proclamación de la reina prohibiendo la verdadera predicación dio a sus enemigos un nuevo asidero contra él. Por ello, fue llamado de nuevo ante el consejo, y se le ordenó el arresto domiciliario. Se quedó entonces en su casa, aunque hubiera podido escapar y fue cuando vio que el estado de la verdadera religión era desesperado. Sabía que no le faltaría un sueldo en Alemania; y no podía olvidar a su mujer y a sus diez hijos, ni dejar de tratar obtener los medios para suplir a sus necesidades. Pero todas estas cosas fueron insuficientes para inducirle a irse, y, cuando fue llamado a responder de la causa de Cristo, la defendió firmemente, y puso su vida en peligro por esta causa.

Después de un largo encarcelamiento en su propia casa, el agitado Bonner, obispo de Londres, lo hizo encerrar en Newgate, echándolo en compañía de ladrones y asesinos.

Después que el señor Rogers hubiera sufrido un estricto encarcelamiento durante largo tiempo, entre ladrones, y habiendo sufrido muchos interrogatorios y un trato muy poco caritativo, fue finalmente condenado de la manera más injusta y cruel por Stephen Gardiner, obispo de Winchester, el cuatro de febrero del año 1555 de nuestro Señor. Un lunes por la mañana, fue repentinamente advertido por el guarda de Newgate que se preparara para la hoguera. Estaba profundamente dormido, y les costó mucho despertarlo. Al final, despierto y levantado, al ser apremiado a que se apresurara, dijo: «Si es así, no hay necesidad de atarme las lazadas.» Así lo llevaron, primero al obispo Bonner, para que lo degradara. Hecho esto, le hizo un solo ruego al obispo Bonner, y Bonner le preguntó qué era. El señor Rogers le pidió poder hablar un breve tiempo con su mujer antes de ser quemado; pero el obispo se negó.

Cuando llegó el momento de ser llevado de Newgate a Smithfield, donde iba a ser ejecutado, un alguacil llamado Woodroofe se acercó al señor Rogers, y le preguntó si quería retractarse de su abominable doctrina y de la mala opinión acerca del Sacramento del altar. El señor Rogers respondió; «Lo que he predicado lo sellaré con mi sangre.» Entonces Woodroofe le dijo: «Eres un hereje.» «Esto se sabrá,» replicó el señor Rogers, «en el Día del Juicio.» «Bien,» le dijo Woodroofe, «nunca oraré por ti.» «Pero yo sí oraré por ti,» le dijo el señor Rogers; así fue sacado aquel mismo día, el cuatro de febrero, y llevado por los alguaciles hacia Smithfield, diciendo por el camino el Salmo *Miserere*, y dejando al pueblo asombrado con su entereza, dando a Dios alabanzas y gratitud por ello. Allí, en presencia del señor Rochester, controlador de la casa de la Reina, de Sir Richard Southwell, ambos alguaciles y una gran multitud, fue reducido a cenizas, lavándose las manos en la llama mientras ardía. Poco antes de ser quemado le trajeron el indulto si se retractaba; pero rehuso de manera total. Él fue el primer mártir de toda la bendita compañía que sufrió en tiempos de la Reina María que ardió en el fuego. Su mujer e hijos, once en total, diez que podían caminar, y un bebé de pecho, lo fueron a ver por el camino cuando se dirigía a Smithfield. El triste espectáculo de ver a su propia carne y sangre no le movió sin embargo a debilidad, sino que aceptó su muerte con constancia y ánimo, en defensa y en la batalla del Evangelio de Cristo.»

El Rev. Lawrence Saunders

El señor Saunders, después de pasar algún tiempo en la escuela de Eaton, fue escogido para ir a King's College, en Cambridge, donde estuvo durante tres años, creciendo en conocimientos y aprendiendo mucho por aquel breve espacio de tiempo. Poco después se fue de la universidad y volvió a casa de sus padres, pero pronto volvió a Cambridge para seguir estudiando, y comenzó a añadir al conocimiento del latín el estudio de las lenguas griega y hebrea, y se dio al estudio de las Sagradas Escrituras, para capacitarse mejor para el oficio de predicador.

Al comienzo del reinado de Eduardo, cuando fue introducida la verdadera religión de Dios, después de obtener licencia comenzó a predicar, y fue tan del agrado de los que entonces tenían autoridad, que lo designaron para leer una conferencia de teología en el College de Fothringham. Al disolverse el College de Fothringham, fue designado como lector de la catedral en Litchfield. Después de un cierto tiempo, se fue de Litchfield a una prebenda en Leicestershire llamada Church-langton, donde tuvo residencia, enseñó con diligencia, y mantuvo casa abierta. De allí fue llamado a tomar una prebenda en la ciudad de Londres llamada Todos Santos, en Bread Street. Después de esto predicó en Northhampton, nunca mezclándose con el estado, sino pronunciando abiertamente su conciencia contra las doctrinas papistas que podían pronto volver a levantar cabeza en Inglaterra, como una justa peste por el poco amor que mostraba la nación inglesa entonces por la bendita Palabra de Dios, que les había sido ofrecida de manera tan abundante.

El partido de la reina se encontraba allí, y al oírle se sintieron ofendidos por su sermón, y por ello lo tomaron preso. Pero en parte por amor a sus hermanos y amigos, que eran los principales agentes de la reina entre ellos, y en parte porque no había quebrantado ley alguna con su predicación, lo dejaron ir.

Algunos de sus amigos, al ver aquellas terribles amenazas, le aconsejaron que huyera del reino, lo que él rehusó hacer. Pero al ver que se le iba a privar por medios violentos hacer el bien en aquel lugar, volvió a Londres a visitar su grey.

En la tarde del domingo 15 de octubre de 1554, mientras leía en su iglesia para exhortar a su pueblo, el obispo de Londres le interrumpió, enviando a un alguacil para llevárselo.

Le dijo el obispo que en su caridad se complacía en dejar pasar su traición y sedición por entonces, pero que estaba dispuesto a demostrarlo hereje a él y a todos los que enseñaban que la administración de los Sacramentos y todos los órdenes de la Iglesia son más puros cuanto más se aproximen al orden de la Iglesia primitiva.

Después de una larga conversación acerca de esta cuestión, el obispo le pidió que escribiera lo que creía acerca de la transubstanciación. Lawrence Saunders lo hizo, diciendo: «Mi señor, vos buscáis mi sangre, y la tendréis; ruego a Dios que seáis bautizado en ella de tal manera que desde entonces abominéis el derramamiento de sangre y os volváis un hombre mejor.» Acusado de contumacia, las severas réplicas del señor Saunders al obispo (que en tiempos pasados, para obtener el favor de Enrique VIII había escrito y hecho imprimir un libro de verdadera obediencia, en el que había declarado abiertamente que María era una bastarda) lo irritaron de tal manera que exclamó: «Llevaos a este frenético insensato a la prisión.»

Después que este bueno y fiel mártir hubo estado encarcelado un año y tres meses, los obispos finalmente lo llamaron, a él y a sus compañeros de prisión, para ser interrogados ante el consejo de la reina.

Acabado su interrogatorio, los oficiales lo sacaron del lugar, y se quedaron fuera hasta que el resto de sus compañeros fueran igualmente interrogados, para llevarlos todos juntos de nuevo a la cárcel.

Después de su excomunión y entrega al brazo secular, fue llevado por el alguacil de Londres al Compter, una cárcel en su propia parroquia de Bread Street, con lo que se regocijó grandemente, porque allí encontró a un compañero de cárcel, el señor Cardmaker, con quien tuvo muchas consoladoras conversaciones cristianas; y porque cuando saliera de aquella cárcel, como antes en su púlpito, podría tener la oportunidad de predicar a sus fieles. El cuatro de febrero, Bonner, obispo de Londres, acudió a la cárcel para degradarlo; al día siguiente, por la mañana, el alguacil de Londres lo entregó a ciertos miembros de la guardia de la reina, que tenían orden de llevarlo a la ciudad de Coventry, para ser allí quemado.

Cuando hubieron llegado a Coventry, un pobre zapatero, que solía servirle con zapatos, acudió a él, y le dijo: «Oh mi buen señor, que Dios le fortaleza y consuele.» «Buen zapatero,» le contestó el señor Saunders, «te pido que ores por mí, porque soy el hombre más inapropiado que jamás haya sido designado para esta elevada misión; pero mi Dios y Padre amante y lleno de gracia es suficiente para hacerme tan fuerte como sea necesario.» Al día siguiente, el ocho de febrero de 1555, fue llevado al lugar de la ejecución, en el parque a las afueras de la ciudad. Fue en una vieja túnica y camisa, descalzo, y a menudo se postraba en tierra para orar. Cuando llegaron cerca del lugar, el oficial designado para cuidarse de la ejecución le dijo al señor Saunders que él era uno de los que hacían mal al reino de la reina, pero que si se retractaba habría perdón para él. «No seré yo,» respondió el santo mártir, «sino vosotros los que hacéis daño al reino. Lo que yo sostengo es el bendito Evangelio de Cristo; lo creo, lo he enseñado, y jamás lo revocaré.» Luego el señor Saunders se dirigió lentamente hacia el fuego, se puso de rodillas en tierra y oró. Luego se levantó, abrazó la estaca, y dijo varias veces: «¡Bienvenida, cruz de Cristo! ¡Bienvenida, vida eterna!» Aplicaron entonces fuego a la pira, y él, abrumado por las terribles llamas, cayó dormido en brazos del Señor Jesús.

La historia, el encarcelamiento e interrogatorio del señor John Hooper, obispo de Worcester y Gloucester

John Hooper, estudiante y graduado de la Universidad de Oxford, se sintió tan movido con tan ferviente deseo a amar y conocer las Escrituras que se vio obligado a irse de allí, y quedó en casa de Sir Thomas Arundel como mayordomo, hasta que Sir Thomas se enteró de sus opiniones y religión, que él no favorecía en manera alguna, aunque favorecía cordialmente su persona y condición y anhelaba ser su amigo. El señor Hooper tuvo ahora la prudencia de abandonar la casa de Sir Thomas y se fue a París, pero poco tiempo después volvió a Inglaterra, y fue acogido por el señor Sentlow, hasta el momento en que de nuevo fue hostigado y perseguido, con lo que volvió a pasar a Francia, y hacia las tierras altas de Alemania; allí, entrando en contacto con hombres eruditos, recibió de ellos libre y afectuosa hospitalidad, tanto en Basilea como especialmente en Zurich por el señor Bullinger, que fue especialmente amigo suyo; allí también contrajo matrimonio con su mujer, que era de Borgoña, y se aplicó diligentemente al estudio de la lengua hebrea.

Al final, cuando Dios tuvo el beneplácito de dar fin al sangriento tiempo de los seis artículos y darnos al Rey Eduardo para reinar sobre este reino, con alguna paz y reposo para la Iglesia, entre los muchos otros exiliados que volvieron a la patria se encontraba también el señor Hooper, que volvió conscientemente, no para ausentarse de nuevo, sino buscando el momento y la oportunidad, ofreciéndose para impulsar la obra del Señor hasta los límites de su capacidad.

Cuando el señor Hooper se hubo despedido del señor Bullinger y de sus amigos en Zurich, se dirigió de vuelta a Inglaterra en el reinado del Rey Eduardo VI, y llegando a Londres, empezó a predicar, la mayoría de los días dos veces, o al menos una vez al día.

En sus sermones, conforme a su costumbre, corregía el pecado y hablaba severamente contra la iniquidad del mundo y los abusos corrompidos de la Iglesia. El pueblo iba en grandes multitudes y grupos a oír su voz a diario, como si fuera el sonido más melodioso y la música del arpa de Orfeo, de modo que a veces, cuando predicaba, la iglesia estaba tan llena que no cabía ni una aguja. Era ferviente en su enseñanza, elocuente en su palabra, perfecto en las Escrituras, infatigable en su tarea, ejemplar en su vida.

Habiendo predicado ante la majestar real, pronto fue designado obispo de Gloucester. Prosiguió dos años en aquel cargo, y se comportó tan bien que sus enemigos no pudieron hallar ocasión contra él, y después fue hecho obispo de Worcester.

El doctor Hooper cumplió la función del más solícito y vigilante pastor por espacio de dos años y algo más, mientras el estado de la religión, en el reinado del Rey Eduardo, fue sano y floreciente.

Después de haber sido citado a comparecer ante Bonner y el doctor Heath, fue llevado al Consejo, acusado en falso de deber dinero a la reina, y en el año siguiente, 1554, escribió un relato de los duros tratos recibidos durante un confinamiento de dieciocho meses en el Fleet, y después de su tercer interrogatorio, el 28 de enero de 1555, en St. Mary Overy's, él, y el Rev. señor Rogers, fueron llevados al Compter en Southwark, donde fueron dejados hasta el día siguiente a las nueve de la mañana, para ver si se retractaban. «Venga, hermano Rogers,» le dijo el doctor Hooper, «¿tenemos que tomar esta cuestión por nosotros, y comenzar a ser asados en estas piras?» «Sí, doctor.» dijo el señor Rogers, «por la gracia de Dios.» «No tengas duda alguna,» contestó el doctor Hooper, «de que Dios nos dará fuerzas;» y el pueblo aplaudía tanto su tenacidad que apenas si podían pasar.

El 29 de enero, el obispo Hooper fue degradado y condenado, y el Rev. señor Rogers fue tratado de manera igual. Al oscurecer, el doctor Hooper fue llevado a Newgate por medio de la ciudad; a pesar de este sigilo, mucha gente salió a sus puertas con luces, saludándole y dando gracias a Dios por su constancia.

Durante los pocos días que estuvo en Newgate fue frecuentemente visitado por Bonner y otros, pero sin éxito alguno. Tal como Cristo fue tentado, así le tentaron a él, y luego informaron maliciosamente que se había retractado. El lugar de su martirio fue fijado en Gloucester, con lo que se regocijó mucho, levantando los ojos al cielo, y alabando a Dios que lo mandaba entre aquella gente de la que era pastor, para confirmar allí con su muerte la verdad que antes les había enseñado.

El 7 de febrero llegó a Gloucester, alrededor de las cinco de la tarde, y se alojó en la casa de uno llamado Ingram. Después de dormir algo, se mantuvo en oración hasta la mañana; y todo el día lo dedicó asimismo a la oración, excepto un poco de tiempo en las comidas y cuando conversaba con aquellos que el guarda gentilmente le permitía.

Sir Anthony Kingston, que antes había sido un buen amigo del doctor Hooper, fue designado por una carta de la reina para que presidiera la ejecución. Tan pronto como vio al obispo prorrumpió en lágrimas. Con entrañables ruegos le exhortó a vivir. «Cierto es que la muerte es amarga, y que la vida es dulce,» le dijo el obispo, «pero, ¡ay!, considera que la muerte venidera es más amarga, y que la vida venidera es más dulce.»

Aquel mismo día un chico ciego recibió permiso para ser llevado a la presencia del doctor Hooper. Aquel mismo chico había sufrido prisión en Gloucester, no hacía mucho, por confesar la verdad. «¡Ah, pobre chico!», le dijo el obispo: «aunque Dios te haya quitado la vista externa, por la razón que Él sabrá mejor, sin embargo ha dotado tu alma con la visión del conocimiento y de la fe. Que Dios te dé gracia para que ores a Él continuadamente, para que no pierdas la vista, porque entonces serías ciertamente ciego de cuerpo y alma.»

Mientras el alcaide esperaba que se preparara para la ejecución, él expresó su total obediencia, y sólo pidió que fuera un fuego rápido que diera fin a sus tormentos. Después de levantarse por la mañana, pidió que no dejaran entrar a nadie en la cámara, para poder estar a solas hasta la hora de la ejecución.

Hacia las ocho de la mañana del 9 de febrero de 1555 fue sacado, y había miles de personas congregadas, porque era día de mercado. A todo lo largo del camino, teniendo órdenes estrictas de no hablar, y viendo al pueblo, que se lamentaba amargamente por él, levantaba a veces los ojos al cielo, y miraba alegremente a los que conocía; nunca le habían visto, durante todo el tiempo que había estado entre ellos antes, con un semblante tan alegre e iluminado como en aquella ocasión. Cuando llegó al lugar designado para le ejecución, contempló sonriente la estaca y los preparativos hechos para él, cerca del gran olmo delante del colegio de sacerdotes, donde solía predicar antes.

Ahora, después de haber entrado en oración, trajeron una caja, y la pusieron sobre un tamburete. En la caja había el perdón de la reina si se retractaba. Al verla, clamó: «¡Si amáis mi alma, quitad esto de ahí!» Al ser quitada la caja, dijo Lord Chandois: «Ya veis que no hay remedio; terminad con él rápidamente.»

Ahora dieron orden para que se encendiera el fuego. Pero debido a que no había más leña verde que la que podían traer dos caballos, no se encendió rápidamente, y también pasó bastante tiempo antes que prendieran las cañas sobre la leña. Al final se prendió el fuego a su alrededor, pero habiendo mucho viento en aquel lugar, y siendo una mañana glacial, apartaba la llama de su alrededor, por lo que quedó poco más que tocado por el fuego. Al cabo de un rato se trajo leña seca, y se encendió un nuevo fuego con ascuas (porque no había más cañas), y sólo se quemó la parte de abajo, pero no tenía mucha llama por arriba, debido al viento, aunque le quemó el cabello y le abrasó un poco la piel. Durante el tiempo de este fuego, ya desde la primera llama, oró, diciendo mansamente, y no muy fuerte, como alguien sin dolor: «¡Oh Jesús, Hijo de David, ten misericordia de mí y recibe mi alma!» Cuando se hubo apagado el segundo fuego, se frotó ambos ojos con las manos, y mirando a la gente, les dijo con voz calmada y fuerte: «Por amor de Dios, buena gente, poned más fuego!»; mientras tanto sus miembros inferiores ardían, pero las ascuas eran tan pocas que la llama sólo chamuscaba sus partes superiores.

Encendieron el tercer fuego al cabo de un rato, que era más intenso que los otros dos. En este fuego él oró con voz alta: «¡Señor Jesús, ten misericordia de mí! ¡Señor Jesús, recibe mi espíritu!» Y estas fueron las últimas voces que se le oyeron. Pero cuando tenía la boca ennegrecida y su lengua estaba tan hinchada que no podía hablar, sin embargo se movieron sus labios hasta que quedaron encogidos sobre las encías, y se golpeaba el pecho con sus manos hasta que uno de sus brazos se desprendió, y luego siguió golpeando con la otra, mientras que salía la grasa, agua y sangre de los extremos de sus dedos; finalmente, al renovarse el fuego, desaparecieron sus energías, y su mano se quedó fija tras golpear la cadena sobre su pecho. Luego, inclinándose hacia adelante, entregó su espíritu.

Así estuvo tres cuartos de hora o más en el fuego. Como un cordero, paciente, soportó esta atroz tortura, ni moviéndose adelante ni atrás ni a ningún lado, sino que murió tan apaciblemente como un niño en su cama. Y ahora reina, no tengo duda alguna, como bendito mártir en los gozos del cielo, preparados para los fieles en Cristo desde antes de la fundación del mundo, y por la constancia de los cuales todos los cristianos deben alabar a Dios.

La vida y conducta del doctor Rowland Taylor de Hadley

El doctor Rowland Taylor, vicario de Hadley, en Suffolk, era hombre de eminente erudición, y había sido admitido al grado de doctor de ley civil y canónica.

Su adhesión a los principios puros e incorrompidos del cristianismo lo recomendaron al favor y a la amistad del doctor Cranmer, arzobispo de

Canterbury, con quien vivió mucho tiempo, hasta que por medio de su interés obtuvo la vicaría de Hadley.

No sólo su palabra les predicaba, sino que toda su vida y conversación era un ejemplo de vida cristiana no fingida y de verdadera santidad. Estaba exento de soberbia; era humilde y gentil como un niño, de modo que nadie era tan pobre que no pudiera recurrir a él como a un padre, con toda libertad; y su humildad no era infantil o cobarde, sino que, cuando la ocasión lo demandaba y el lugar lo precisaba, era firme en reprender el pecado y a los pecadores. Nadie era demasiado rico para que él no fuera a reprenderles claramente por sus faltas, con reprensiones tan solemnes y graves como convenían a un buen cura y pastor. Era un hombre muy gentil, sin rencor ni resentimientos ni mala voluntad hacia nadie; estaba siempre dispuesto a hacer el bien a todos; perdonaba bien dispuesto a sus enemigos, y nunca intentó hacer a nadie daño alguno.

Era, para los pobres que eran ciegos, cojos, que estaban enfermos, echados en el lecho de dolor, o que tenían muchos hijos, un verdadero padre, un protector solícito, y un proveedor diligente, de manera que hizo que los fieles hicieran un fondo general para ellos; y él mismo (además del alivio continuo que siempre encontraban en su casa) daba una porción digna cada año al cepillo de las ofrendas comunes. Su mujer era también una matrona honrada, discreta y sobria, y sus hijos estaban bien educados, criados en el temor de Dios y en una buena instrucción.

Era buena sal de la tierra, con un sano mordiente para las formas corrompidas de los malvados; luz en la casa de Dios, puesta en un candelero para que lo imitaran y siguieran todos los hombres buenos.

Así continuó este buen pastor entre su grey, gobernándolos y conduciéndolos a través del desierto de este malvado mundo, todos los días de aquel santo e inocente rey de bendita memoria, Eduardo VI. Pero a su muerte, y a la accesión de la Reina María al trono, no escapó a la negra nube que se abatió también sobre tantos; porque dos miembros de su parroquia, un abogado llamado Foster, y un comerciante llamado Clark, guiados por un ciego celo, decidieron que se celebrara la Misa, con todas sus formas de superstición, en la iglesia parroquial de Hadley, el lunes antes de la Pascua. El doctor Taylor, entrando en la iglesia, lo prohibió estrictamente; pero Clark echó al Doctor fuera de la iglesia, celebró la Misa e inmediatamente informó al Lord Canciller, obispo de Winchester, de su conducta, el cual lo llamó a comparecer y a dar respuesta a las acusaciones que se hacían contra él.

El doctor, al recibir el llamamiento, se preparó bien dispuesto para obedecerlo, rechazando el consejo de sus amigos para que huyera al otro lado del mar. Cuando Gardiner vio al doctor Taylor, lo injurió, según era su hábito. El doctor Taylor escuchó los insultos con paciencia, y cuando el obispo le dijo:

«¿Cómo te atreves a mirarme a la cara? ¿No sabes quien soy yo?», el doctor Taylor le contestó: «Sois Stephen Gardiner, obispo de Winchester, y Lord Canciller, pero sois sólo un hombre mortal. Pero si yo hubiera de temer vuestra señorial apariencia, ¿por qué no teméis vosotros a Dios, el Señor de todos nosotros? ¿Con qué rostro apareceréis ante el tribunal de Cristo, y responderéis del juramento que hicisteis primero al Rey Enrique VIII, y después a su hijo el Rey Eduardo VI?»

Siguió una larga conversación, en la que el doctor Taylor habló tan mesurada y severamente a su antagonista que éste exclamó: «¡Eres un blasfemo hereje! ¡En verdad blasfemas contra el bendito Sacramento (y aquí se quitó el capelo) y hablas en contra de la santa Misa, que es constituida sacrificio por los vivos y los muertos!» Después, el obispo lo entregó al tribunal real.

Cuando el doctor Taylor llegó allí, encontró al virtuoso y diligente predicador de la Palabra de Dios que era el señor Bradford, el cual igualmente dio gracias a Dios por darle tal buen compañero de prisión; y ambos juntos alabaron a Dios, y persistieron en oración, en la lectura, y en exhortarse mutuamente.

Después que el doctor Taylor estuvo un tiempo en la cárcel, fue citado para comparecer bajo las arcadas de la iglesia de Bow.

Condenado, el doctor Taylor fue enviado a Clink, y los guardas de aquella cárcel recibieron orden de tratarlo mal. Por la noche fue llevado a Poultry Compter.

Cuando el doctor Taylor hubo permanecido en Compter alrededor de una semana, el cuatro de febrero llegó Bonner para degradarlo, llevando consigo ornamentos pertenecientes a la comedia de la misa; pero el Doctor rehusó aquellos disfraces, que finalmente le fueron puestos a la fuerza.

La noche después de ser degradado, su mujer lo visitó con su siervo John Hull y con su hijo Thomas, y por la bondad de los carceleros pudieron cenar con él.

Después de cenar, andando arriba y abajo, dio gracias a Dios por Su gracia, que le había dado fortaleza para mantenerse en Su santa Palabra. Con lágrimas oraron juntos, y se besaron. A su hijo Thomas le dio un libro latino que contenía los dichos notables de los antiguos mártires, y al final del mismo escribió su testamento: «Digo a mi esposa y a mis hijos: El Señor me dio a vosotros, y el Señor me ha quitado de vosotros y a vosotros de mí: ¡Bendito sea el nombre del Señor! Creo que son bienaventurados los que mueren en el Señor. Dios se cuida de los pajarillos, y cuenta los cabellos de nuestras cabezas. Le he encontrado a Él más fiel y favorable que pueda serlo ningún padre o marido. Por ello, confiad en Él por medio de los méritos de nuestro amado Salvador Cristo; creed en El, amadle, temedle y obedecedle. Orad a Él, porque Él ha prometido ayudar. No me consideréis muerto, porque ciertamente viviré y nunca moriré. Voy delante, y vosotros me seguiréis después, a nuestro eterno hogar.»

Por la mañana, el alguacil de Londres y sus oficiales fue a Compter a las dos de la madrugada, y se llevó al doctor Taylor, y sin luz alguna lo llevó a Woolsack, un mesón fuera de las murallas cerca de Aldgate. La mujer del doctor Taylor, que sospechaba que aquella noche se llevarían a su marido, había estado vigilando en el porche de la iglesia de St. Botolph, junto a Aldgate, teniendo a sus dos hijas consigo, una, Elisabet, que tenía trece años (la cual, dejada huérfana de padre y madre, la había adoptado el doctor Taylor desde los tres años de edad), y la otra, María, hija carnal del doctor Taylor.

Ahora, cuando el alguacil y su grupo llegaron frente a la iglesia de St. Botolph, Elisabet gritó, diciendo: «¡Padre querido! ¡Madre, madre, allí se estan llevado a mi padre!» Entonces la mujer gritó: «Rowland, Rowland, ¿dónde estás?»—porque era una mañana sumamente oscura, y no podían verse bien unos a otros. El doctor Taylor contestó: «Querida esposa, estoy aquí», y se detuvo. Los hombres del alguacil lo habrían empujado para hacerle proseguir el camino, pero el alguacil dijo: «Deteneos un poco, señores, os ruego, y dejadle hablar con su mujer»; entonces se detuvieron.

Entonces ella se acercó a él, y él tomó a su hija María en sus brazos; y él, su mujer y Elisabet se arrodillaron y oraron la Oración del Señor, ante lo que el alguacil lloró abiertamente, como también varios otros de la compañía. Después de haber orado, se levantó y besó a su mujer, y le dio la mano, diciéndole: «Adios, mi querida esposa; aliéntate, porque tengo la conciencia en paz. Dios suscitará un padre para mis hijas.»

A todo lo largo del camino, el doctor Taylor estuvo gozoso y feliz, como disponiéndose a ir al banquete o fiesta de bodas más esplendorosa. Les dijo cosas muy notables al alguacil y a los caballeros de la guardia que le llevaban, y a menudo los movió a lágrimas, con sus fervientes llamamientos al arrepentimiento y a enmendar sus vidas malas y perversas. Otras varias veces los hizo asombrar y gozarse, al verlo tan constante y firme, carente de temor, gozoso de corazón, y feliz de morir.

Cuando llegó a Aldham Common, el lugar donde debía sufrir, al ver tanta multitud reunida, preguntó: «¿Cuál es este lugar, y para qué se ha reunido tanta gente aquí?» Le respondieron: «Éste lugar se llama Aldham Common, el lugar donde debes sufrir; y esta gente ha venido a contemplarte.» Entonces él dijo: «¡Gracias a Dios, ya casi estoy en casa», y desmontó de su caballo, y con ambas manos se arrancó el capuchón de la cabeza.

Su cabello había sido rapado y recortado como se cortaba el cabello a los locos, y el costo de esto lo había sufragado el buen obispo Bonner de su propio bolsillo. Pero cuando el pueblo vio su reverendo y anciano rostro, con una larga barba blanca, prorrumpieron todos en lágrimas, llorando y clamando: «¡Dios te salve, buen doctor Taylor! ¡Que Jesucristo te fortalezca y te ayude! ¡Que el Espíritu Santo te conforte!», y otros buenos deseos parecidos.

Cuando hubo orado, fue a la estaca y la besó, y entró en un barril de brea que habían puesto para que se metiera en él, y se puso de pie dándole la espalda a la estaca, con las manos plegadas juntas, y los ojos al cielo, y orando de continuo.

Luego le ataron con las cadenas, y habiendo puesto la leña, uno llamado Warwick le echó cruelmente una gavilla de leña encima que le golpeó en la cabeza y le cortó el rostro, de manera que le manó la sangre. Entonces le dijo el doctor Taylor: «Amigo, ya tengo suficiente daño; ¿para qué esto?»

Sir John Shelton estaba cerca mientras el doctor Taylor hablaba, y al decir el Salmo *Miserere* en latín, le golpeó en los labios: «Granuja,» le dijo, «habla en latín: te obligaré.» Al final encendieron el fuego, y el doctor Taylor, levantando ambas manos, clamando a Dios, dijo: «¡Misericordioso Padre del cielo! ¡Por causa de Jesucristo, mi Salvador, recibe mi alma en tus manos!» Así se quedó entonces sin gritar ni moverse, con las manos juntas, hasta que Soyce le hirió en la cabeza con una alabarda hasta que se derramaron sus sesos y el cadáver cayó dentro del fuego.

Así entregó este hombre de Dios su bendita alma en manos de su misericordioso Padre, y a su amadísimo Salvador Jesucristo, a quien amó tan enteramente, y había predicado tan fiel y fervorosamente, siguiéndole obedientemente en su vida, y glorificándole constantemente en su muerte.

El martirio de William Hunter

William Hunter había sido instruido en las doctrinas de la Reforma desde su más tierna infancia, descendiendo de padres religiosos que le instruyeron solícitamente en los principios de la verdadera religión.

Hunter, que tenía entonces diecinueve años, rehusó recibir la comunión en la Misa, y fue amenazado con ser llevado delante del obispo, ante quien este valiente joven mártir fue llevado por un policía.

Bonner hizo llevar a William a una sala, y allí comenzó a razonar con él, prometiéndole seguridad y perdón si se retractaba. Incluso se habría contentado con que fuera sólo a recibir la comunión y a la confesión, pero William no estaba dispuesto a ello ni por todo el mundo.

Por esto, el obispo ordenó a sus hombres que pusieran a William en el cepo en su casa en la puerta, donde quedó dos días y dos noches, con sólo una corteza de pan negro y un vaso de agua, que él ni tocó.

Al final de los dos días, el obispo fue a él, y hallándolo firme en su fe, lo envió a la cárcel de convictos, ordenando al carcelero que le cargara de tantas cadenas como pudiera llevar. Quedó en la prisión por nueve meses, durante los que compareció cinco veces ante el obispo, además de la ocasión en que fue condenado en el consistorio en San Pablo, el 9 de febrero, ocasión en la que estuvo presente su hermano Robert Hunter.

Entonces el obispo llamó a William, y le preguntó si estaba dispuesto a retractarse, y al ver que permanecía inamovible, pronunció sentencia contra él de que debía ir desde aquel lugar a Newgate por un tiempo, y luego a Brentwood, para ser quemado allí.

Al cabo de un mes, William fue enviado a Brentwood, donde iba a ser ejecutado. Al llegar a la estaca, se arrodilló y leyó el Salmo Cincuenta y Uno, hasta que llegó a estas palabras: «Los sacrificios de Dios son el espíritu quebrantado: Al corazón contrito y humillado no despreciarás tú, oh Dios.» Firme en rehusar el perdón de la reina si apostataba, finalmente un alguacil llamado Richard Ponde acudió y le apretó una cadena alrededor de él.

William echó ahora su salterio en manos de su hermano, que le dijo: «William, medita en la santa pasión de Cristo, y no temas a la muerte.» «He aquí,» respondió William, «no tengo miedo.» Luego levantó sus manos al cielo, y dijo: «Señor, Señor, Señor, recibe mi espíritu», e inclinando la cabeza hacia el asfixiante humo, entregó su vida por la verdad, sellándola con su sangre para alabanza de Dios.

El doctor Robert Farrar

Este digno y erudito prelado, obispo de St. David's en Gales, se había mostrado muy celoso en el anterior reino, como también desde la accesión de María, en impulsar las doctrinas reformadas y en denunciar los errores de la idolatría papista, y fue llamado, entre otros, para comparecer ante el perseguidor obispo de Winchester y otros comisionados designados para esta abominable obra de devastación y matanza.

Sus principales acusadores y perseguidores, sobre una acusación de traición a la corona durante el reinado de Eduardo VI, fueron su criado George Constantine Walter, Thomas Young, chantre de la catedral y después obispo de Bangor, etc. el doctor Farrar respondió capazmente a las copias de la denuncia que le dieron, consistente en cincuenta y seis artículos. Todo el proceso judicial fue largo y tedioso. Hubo retraso tras retraso, y después que el doctor Farrar hubiera estado injustamente detenido en custodia, bajo el reinado del Rey Eduardo, porque había sido ascendido por el duque de Somerset, por lo que después de su caída encontró menos amigos para apoyarle en contra de los que querían su obispado al llegar la Reina María, fue acusado e interrogado no por cuestión alguna de traición, sino por su fe y doctrina; por este motivo fue hecho comparecer ante el obispo de Winchester con el Obispo Hooper, y los señores Rogers, Bradford, Saunders, y otros el 4 de febrero de 1555; aquel mismo día también habría sido condenado con ellos, pero su condena fue aplazada, y fue enviado de nuevo a la cárcel, donde continuó hasta el 14 de febrero, siendo después enviado a Gales a recibir la sentencia. Fue seis veces hecho comparecer delante de Henry Morgan, obispo de St. David's, que le pidió que abjurara; esto lo rechazó lleno de celo, apelando al cardenal Pole; a pesar de esto, el obispo, lleno de ira, lo declaró hereje incomunicado, y lo entregó al brazo secular.

El doctor Farrar, condenado y degradado, fue no mucho tiempo después llevado al lugar de ejecución en la ciudad de Carmathen, en cuyo mercado, al sur de la cruz del mercado, sufrió con gran entereza los tormentos del fuego el 30 de marzo de 1555, que era el sábado antes del Domingo de Pasión.

Acerca de su constancia, se dice que un tal Richard Jones, hijo de un caballero del rey, se acercó al doctor Farrar poco antes de su muerte, pareciendo lamentar el dolor de la muerte que iba a sufrir; el obispo le respondió que si le veía una vez agitarse en los dolores de su suplicio, podría entonces no dar crédito a su doctrina; y lo que dijo lo mantuvo, quedándose imperturbable, hasta que un tal Richard Gravell lo abatió con un garrote.

El martirio de Rawlins White

Rawlins White era pescador de vocación y ocupación, y vivió y se mantuvo de esta profesión por espacio de veinte años al menos, en la ciudad de Cardiff, donde tenía buena reputación entre sus vecinos.

Aunque este buen hombre carecía de instrucción, y era además muy sencillo, le plugo a Dios quitarlo del error de la idolatría y llevarlo al conocimiento de la verdad, por medio de la bendita Reforma en el reinado de Eduardo. Hizo que enseñaran a su hijo a leer el inglés, y después que el pequeño pudo leer bastante bien, su padre le hacía leer cada día una porción de las Sagradas Escrituras, y de vez en cuando alguna parte de un buen libro.

Tras haberse mantenido en esta confesión por cinco años, murió el Rey Eduardo, y a su muerte accedió la Reina María, y con ella se introdujeron toda clase de supersticiones. White fue apresado por los oficiales de la ciudad como sospechoso de herejía, llevado ante el obispo Llandaff, y encarcelado en Chepstow, y al final llevado al castillo de Cardiff, donde estuvo por espacio de un año entero. Llevado ante el obispo en su capilla, le aconsejó a que se retractara, combinando promesas y amenazas. Pero como Rawlins no estaba dispuesto a retractarse de sus creencias, el obispo le dijo llanamente que debería proceder contra él por ley, y condenarlo como hereje.

Antes de pasar a esta extremidad, el obispo propuso que se hiciera oración por su conversión. «Ésta es,» dijo White, «una actuación digna de un obispo digno, y si vuestra petición es piadosa y recta, y oráis como debéis, es indudable que Dios os oirá; orad, pues, a vuestro Dios, y yo oraré a mi Dios.» Cuando el obispo y su grupo terminaron sus oraciones, le preguntó ahora a Rawlins si estaba dispuesto a retractarse. «Veréis,» dijo él, «que vuestra oración no os ha sido concedida, porque yo permanezco igual que antes; y Dios me fortalecerá en apoyo de Su verdad.» Después el obispo probó cómo iría diciendo Misa, pero Rawlins llamó a toda la gente como testigos de que él no se inclinaba ante la hostia. Terminada la Misa, Rawlins fue llamado de nuevo, y el obispo empleó muchas persuasiones, pero el bienaventurado hombre se mantuvo tan firme en su anterior confesión que de nada sirvieron los razonamientos del obispo. Entonces el obispo hizo que se leyera su sentencia definitiva, y al acabarse la lectura Rawlins fue llevado de nuevo a Cardiff, a una abominable cárcel de la ciudad llamada Cockmarel, donde pasó el tiempo en oración y cantando salmos. Al cabo de unas tres semanas llegó la orden desde la ciudad para que fuera ejecutado.

Cuando llegó al lugar, donde su pobre mujer e hijos estaban de pie llorando, la súbita contemplación de ellos traspasó de tal manera su corazón que las lágrimas bañaron su rostro. Llegando al altar de su sacrificio, yendo hacia la estaca se arrodilló, y besó la tierra; levantándose de nuevo le había quedado algo de tierra pegada a la cara, y dijo estas palabras: «Tierra a la tierra, y polvo al polvo; tú eres mi madre, y a ti volveré.»

Cuando todas las cosas estuvieron dispuestas levantaron una tarima frente a Rawlins White, directamente delante de la estaca, a la que subió un sacerdote, que se dirigió al pueblo, pero, mientras hablaba de la doctrina romanista de los Sacramentos, Rawlins gritó: «¡Ah, hipócrita blanqueado! ¿presumes tú de demostrar tu falsa doctrina por la Escritura? Mira lo que dice el texto que sigue: ¿Acaso no dijo Cristo, «Haced esto en memoria de mí»?»

Entonces algunos de los que estaban junto a él gritaron: «¡Prended el fuego, prended el fuego!» Hecho esto, la paja y las cañas dieron una grande y súbita llamarada. En esta llama este buen hombre bañó durante largo tiempo su mano, hasta que los tendones se encogieron y la grasa se deshizo, excepto por un momento en que hizo como si se enjugara la cara con una de ellas. Todo este tiempo, que se prolongó bastante, clamó con fuerte voz: «¡Oh Señor, recibe mi espíritu!» hasta que ya no pudo abrir la boca. Finalmente, la violencia del fuego fue tal contra sus piernas que quedaron consumidas casi antes que el resto de su cuerpo fuera dañado, lo que hizo que todo el cuerpo cayera sobre las cadenas al fuego antes de lo que hubiera sido normal. Así murió este buen hombre por su testimonio de la verdad de Dios, y ahora está indudablemente recompensado con la corona de la vida eterna.

El Rev. George Marsh

George Marsh nació en la parroquia de Deane, en el condado de Lancaster, recibiendo una buena educación y oficio de sus padres; a los veinticinco años contrajo matrimonio, y vivió en su granja, con la bendición de varios hijos, hasta que su mujer murió. Luego fue a estudiar a Cambridge, y vino a ser capellán del Rev. Lawrence Saunders, y en este puesto expuso de manera constante y llena de celo la verdad de la Palabra de Dios y las falsas doctrinas del moderno Anticristo.

Encerrado por el doctor Coles, obispo de Chester, bajo arresto domiciliario, quedó impedido de la relación con sus amigos durante cuatro meses. Sus amigos y su madre le rogaban insistentemente que huyera «de la ira venidera»; pero el señor Marsh pensaba que un pasó así no sería coherente con la profesión de fe que había mantenido abiertamente durante nueve años. Sin embargo, al final huyó ocultándose, pero tuvo muchas luchas, y en oración secreta rogó que Dios lo condujera, por medio del consejo de sus mejores amigos, para Su propia gloria y para hacer lo que mejor fuera. Al final, decidido, por una carta que había recibido, a confesar abiertamente la fe de Cristo, se despidió de su suegra y otros amigos, encomendando sus hijos a los cuidados de ellos, y se dirigió a Smethehills, desde donde fue llevado, junto con otros, a Lathum, para sufrir interrogatorio ante el conde de Derby, Sir William Nores, el señor Sherburn, el párroco de Grapnal y otros. Contestó con buena conciencia las varias preguntas que le hicieron, pero cuando el señor Sherburn le interrogó acerca de su creencia en el Sacramento del altar, el señor Marsh respondió como un verdadero protestante que la esencia del pan y del vino no cambiaba en absoluto; así, después de recibir terribles amenazas de parte de unos y buenas palabras de parte de otros por sus opiniones, fue llevado bajo custodia, durmiendo dos noches sin cama alguna.

El Domingo de Ramos sufrió un segundo interrogatorio, y el señor Marsh lamentó mucho que su temor le hubiera inducido a prevaricar y a buscar su seguridad mientras no negara abiertamente a Cristo; y otra vez clamó con más fervor a Dios pidiéndole fuerzas para no ser abrumado por las sutilezas de aquellos que trataban de derribar la pureza de su fe. Sufrió tres interrogatorios delante del doctor Coles, quien, hallándolo firme en la fe protestante, comenzó a leer su sentencia; pero éste fue interrumpido por el canciller, que le rogó al obispo que se detuviera antes que fuera demasiado tarde. El sacerdote oró entonces por el señor Marsh, pero éste, al pedírsele otra vez que se retractara, dijo que no osaba negar a su Salvador Cristo, para no perder Su misericordia eterna y sufrir así la muerte sempiterna. Entonces el obispo pasó a leer la sentencia. Fue enviado a una tenebrosa mazmorra, y se vió privado de toda consolación (porque todos temían aliviarlo o comunicarse con él) hasta el día señalado en el que debía sufrir. Los alguaciles de la ciudad, Amry y Couper, con sus oficiales, acudieron a la puerta del norte, y se llevaron al señor George Marsh, que anduvo todo el camino con el Libro en su mano, mirando al mismo, por lo que la gente decía: «Este hombre no va a su muerte como ladrón, ni como alguien que merezca morir.»

Cuando llegó al lugar de la ejecución fuera de la ciudad, cerca de Spittal-Boughton, el señor Cawdry, chambelán diputado de Chester, le mostró al señor Marsh un escrito bajo un gran sello, diciéndole que era un perdón para él si se retractaba. Él respondió que lo aceptaría gustoso si no era su intención apartarlo de Dios.

Después de esto comenzó a hablar a la gente, mostrando cuál era la causa de su muerte, y hubiera querido exhortar a la gente a adherirse a Cristo, pero uno de los alguaciles se lo impidió. Arrodillándose entonces, dijo sus oraciones, se quitó la ropa hasta quedar en la camisa, y fue encadenado al poste, teniendo varios haces de leña bajo él, y algo hecho a modo de un barrilete, con brea y alquitrán, para echar sobre su cabeza. Al haberse preparado mal la hoguera, y barriéndolo el aire en círculos, sufrió atrozmente, pero lo soportó con entereza cristiana.

Después de haber estado largo tiempo atormentado en el fuego sin moverse, con su carne tan asada e hinchada que los que estaban delante de él no podían ver la cadena con que había sido atado, suponiendo por ello que ya estaba muerto, de repente extendió sus brazos, diciendo: «¡Padre celestial, ten misericordia de mí!» y así entregó su espíritu en manos del Señor. Con esto, muchos de entre la gente decían que era un mártir y que había muerto con una gloriosa paciencia. Esto llevó poco despues al obispo a dar un sermón en la catedral, en el que afirmaba que el dicho «Marsh era un hereje, quemado como tal, y es un ascua en el infierno.» El señor Marsh sufrió el 24 de abril de 1555.

William Flower

William Flower, también conocido como Branch, nació en Snow-hill, en el condado de Cambridge, donde fue a la escuela durante algunos años, y luego fue a la abadía de Ely. Después de haber permanecido allí un tiempo, profesó como monje, fue hecho sacerdote en la misma casa, y allí celebró y cantó la Misa. Después de ello, por acción de una visitación, y por ciertas órdenes emanadas de la autoridad de Enrique VIII, adoptó el hábito de un sacerdote secular, y volvió a Snow-hill, donde había nacido, y enseñó a niños durante medio año.

Luego se fue a Ludgate, en Suffolk, donde sirvió como sacerdote secular durante unos tres meses; de allí se dirigió a Stoniland, luego a Tewksbury, donde contrajo matrimonio, continuando luego siempre de manera fiel y honesta con aquella mujer. Después de casarse permaneció en Tewksbury unos dos años, y de allí se fue a Brosley, donde practicó la medicina y la cirugía; pero apartándose de aquellos lugares se fue a Londres, y finalmente se instaló en Lambeth, donde él y su mujer convivieron. Sin embargo, estaba generalmente fuera, excepto una o dos veces al mes para visitar y ver a su mujer. Estando en su casa un domingo de pascua por la mañana, pasó el río desde Lambeth a la Iglesia de St. Margaret en Westminster; al ver allí a un sacerdote llamado John Celtham que administraba y daba el Sacramento del altar al pueblo, y sintiéndose grandemente ofendido en su conciencia contra el sacerdote por aquello, lo golpeó e hirió en la cabeza, y también en el brazo y en la mano, con su cuchillo para madera, teniendo en aquel momento el sacerdote un cáliz con la hostia consagrada en él, que quedó rociada con sangre.

Por su atolondrado celo, el señor Flower fue pesadamente encadenado y puesto en la casa de la puerta de Westminster, y luego hecho comparecer ante el obispo Bonner y su ordinario; el obispo, tras haberle juramentado sobre un Libro, lo sometió a acusaciones e interrogatorio.

Después del interrogatorio, el obispo comenzó a exhortarle a volver a la unidad de su madre la Iglesia Católica, con muchas buenas promesas. Pero al rechazarlas firmemente el señor Flower, el obispo le ordenó que compareciera en aquel mismo lugar por la tarde, y que entre tanto meditara bien su anterior respuesta; pero al no excusarse él por haber golpeado al sacerdote ni vacilar en su fe, el obispo le asignó el día siguiente, 20 de abril, para recibir la sentencia, si no se retractaba. A la mañana siguiente, el obispo pasó entonces a leerle la sentencia, condenándolo y excomulgándolo como hereje, y después de pronunciarlo degradado, lo entregó al brazo secular.

El 24 de abril, en la víspera de San Marcos, fue llevado al lugar de su martirio, en el patio de la iglesia de St. Margaret, en Westminster, donde había sido cometido el hecho; llegando a la estaca, oró al Dios Omnipotente, hizo confesión de su fe, y perdonó a todo el mundo.

Hecho esto, sostuvieron su mano contra la estaca, y fue cortada de un golpe, y le ataron la mano izquierda detrás. Luego le prendieron fuego, y quemándose en él, clamó con voz fuerte: «¡Oh, Tú, Hijo de Dios, recibe mi alma!» tres veces. Quedando sin voz, dejó de hablar, pero levantó su brazo mutilado con el otro todo el tiempo que pudo.

Así soportó el tormento del fuego, siendo cruelmente torturado, porque habían puesto pocos haces, y siendo insuficientes para quemarlo, tuvieron que abatirlo tendiéndolo en el fuego, donde, echado sobre tierra, su parte inferior fue consumida en el fuego, mientras que su parte superior quedaba poco dañada, y su lengua se movió en su boca durante un tiempo considerable.

El Rev. John Cardmaker y John Warne

El 30 de mayo de 1555, el Rev. John Cardmaker, también llamado Taylor, prebendado de la Iglesia de Wells, y John Warne, tapicero, de St. John's, Walbrook, padecieron juntos en Smithfield. El señor Cardmaker, que fue primero un fraile observante antes de la disolución de las abadías, fue después un ministro casado, y en el tiempo del Rey Eduardo fue designado lector en San Pablo; prendido a comienzos del reinado de la Reina María, junto con el doctor Barlow, obispo de Bath, fue llevado a Londres y echado a la cárcel de Fleet, estando todavía en vigor las leyes del Rey Eduardo. En el reinado de María, cuando fue hecho comparecer ante el obispo de Winchester, éste le ofreció la misericordia de la reina si se retractaba.

Habiéndose presentado artículos de acusación contra el señor John Warne, fue interrogado por Bonner, que le exhortó ardientemente a que se retractara de sus opiniones, pero éste le respondió: «Estoy persuadido de que estoy en la recta opinión, y no veo causa alguna para retractarme; porque toda la inmundicia e idolatría se encuentran en la Iglesia de Roma.»

Entonces, el obispo, al ver que no podía prevalecer con todas sus buenas promesas y sus terribles amenazas, pronunció la sentencia definitiva de condenación, y ordenó el 30 de mayo de 1555 para la ejecución de John Cardmaker y John Warne, que fueron llevados por los alguaciles a Smithfield. Llegados a la estaca, los alguaciles llamaron aparte al señor Cardmaker, y hablaron con él en secreto, mientras el señor Warne oró, fue encadenado a la estaca, y le pusieron leña y cañas alrededor de él.

Los espectadores estaban muy afligidos pensando que el señor Cardmaker se retractaría ante la quema del señor Warne. Al final, el señor Cardmaker se apartó de los alguaciles, se dirigió a la estaca, se arrodilló, e hizo larga oración en silencio. Luego se levantó, se quitó las ropas hasta la camisa, y fue con valentía a la estaca, besándola; y tomando de la mano al señor Warne, lo consoló cordialmente, y fue atado a la estaca, regocijándose. La gente, al ver como esto sucedía tan rápidamente y en contra de las anteriores expectativas, clamó: «¡Dios sea alabado! ¡Dios te fortalezca, Cardmaker! ¡Que el Señor Jesús reciba tu espíritu!» Y esto prosiguió mientras el verdugo les prendía fuego y hasta que ambos pasaron a través del fuego a su bendito reposo y paz entre los santos y mártires de Dios, para gozar de la corona del triunfo y de la victoria preparada para los soldados y guerreros escogidos de Cristo Jesús en Su bendito reino, a quien sea la gloria y la majestad para siempre. Amén.

John Simpson y John Ardeley

John Simpson y John Ardeley fueron condenados el mismo día que el señor Cardmaker y John Warne, que era el veinticinco de mayo. Fueron poco después enviados desde Londres a Essex, donde fueron quemados el mismo día, John Simpson en Rochford, y John Ardeley en Railey, glorificando a Dios en Su amado Hijo, y regocijándose de que eran considerados dignos de padecer por Él.

Thomas Haukes, Thomas Watts y Anne Askew

Thomas Haukes fue condenado, junto con otros seis, el nueve de febrero de 1555. Era erudito en su educación, y apuesto de presencia personal, y alto; en sus maneras era un caballero, y un cristiano sincero. Poco antes de su muerte, varios de los amigos del señor Hauke, aterrorizados ante la dureza del castigo que debía sufrir, pidieron en privado que en medio de las llamas les mostrara de alguna manera si los dolores del fuego eran demasiado grandes que uno no pudiera sufrirlos con compostura. Esto se lo prometió, y se acordó que si la atrocidad del dolor podía ser sufrido, que levantara las manos sobre su cabeza hacia el cielo, antes de expirar.

No mucho después, el señor Haukes fue conducido al lugar señalado para su muerte por el Lord Rich, y llegando a la estaca, se preparó mansa y pacientemente para el fuego; le pusieron una pesada cadena por la cintura, rodeándole una multitud de espectadores, y después de haberles hablado largamente, y derramado su alma a Dios, se encendió el fuego.

Cuando hubo estado mucho tiempo en el fuego, y se quedó sin poder hablar, con la piel encogida y los dedos consumidos por el fuego, de manera que se pensaba que ya había muerto, súbitamente y en contra de todas las expectativas, este buen hombre, recordando su promesa, alzó sus manos, que estaban quemando en las llamas, y las levantó hacia el Dios viviente, y con gran regocijo, por lo que parece, las golpeó o palmeó tres veces seguidas. Siguió un gran clamor ante esta maravillosa circunstancia, y luego este bendito mártir de Cristo, cayendo sobre el fuego, entregó su espíritu, el 10 de junio de 1555.

Thomas Watts, de Billericay, en Essex, de la diócesis de Londres, era un tejedor de lino. Esperaba a diario ser tomado por los adversarios de Dios, y esto le sucedió el cinco de abril de 1555, cuando fue llevado delante del Lord Rich, y los otros comisionados de Chelmsford, acusado de no acudir a la iglesia.

Entregado al sanguinario adversario, que le llamó a varios interrogatorios, y, como era usual, muchos argumentos, con muchos ruegos de que se hiciera discípulo del Anticristo, pero sus prédicas de nada le sirvieron, y recurrió entonces a su última venganza, la de la condenación.

En la estaca, tras haberla besado, habló al Lord Rich, exhortándole a que se arrepintiera, porque el Señor vengaría su muerte. Así ofreció este buen mártir su cuerpo al fuego, en defensa del verdadero Evangelio del Salvador.

Thomas Osmond, William Bamford y Nicholas Chamberlain, todos de la ciudad de Coxhall, fueron mandados a un interrogatorio, y Bonner, tras varias audiencias, los declaró herejes obstinados, y los entregó a los alguaciles, permaneciendo en custodia de ellos hasta que fueron entregados al alguacil del condado de Essex, siendo ejecutados por él: Chamberlain en Colchester, el catorce de junio; Thomas Osmond en Maningtree, y William Bamford, alias Butler, en Harwich, el quince de junio de 1555; todos ellos murieron plenos de la esperanza gloriosa de la inmortalidad.

Luego Wriotheseley, Lord Canciller, le ofreció a Anne Askew el perdón del rey si se retractaba; ella le dio esta respuesta: que no había ido allá a negar a su Señor y Maestro. Y así la buena Anne Askew, rodeada de llamas como bendito sacrificio para Dios, durmió en el Señor el 1546 d.C., dejando tras sí un singular ejemplo de constancia cristiana para seguimiento de todos los hombres.

Rev. John Bradford y John Leaf, un aprendiz

El Rev. John Bradford nació en Manchester, Lancashire; llegó a ser un gran erudito en latín, y después vino a ser siervo de Sir John Harrington, caballero del rey.

Continuó por varios años de una manera honrada y provechosa, pero el Señor lo había escogido para mejores funciones. Por ello, se apartó de su patrón, abandonando el Temple, en Londres, dirigiéndose a la Universidad de Cambridge, para aprender, mediante la Ley de Dios, cómo impulsar la edificación del templo del Señor. Pocos años después, la universidad le concedió el grado de maestro en artes, y fue elegido compañero de Pembroke Hall.

Martín Bucero le apremió a que predicara, y cuando con modestia puso en duda su capacidad, Bucero le replicó: «Si no tienes un fino pan de harina de trigo, dale entonces a los pobres pan de cebada, o lo que el Señor te haya encomendado.» El doctor Ridley, aquel digno obispo de Londres y glorioso mártir de Cristo, lo llamó primero para darle el grado de diácono y una prebenda en su iglesia catedral de San Pablo.

En este oficio de predicación, el señor Bradford se dedicó a una diligente actividad por espacio de tres años. Reprendio severamente el pecado, predicó dulcemente a Cristo crucificado, refutó con gran capacidad los errores y las herejías, persuadiendo fervorosamente a vivir piadosamente. Después de la muerte del bienaventurado Rey Eduardo VI, el señor Bradford siguió predicando diligentemente, hasta que fue suprimido por la Reina María.

Siguió ahora una acción de la más negra ingratitud, ante el que se sonrojaría un pagano. Se ha dicho que el señor Bourne (entonces obispo de Bath) suscitó un tumulto predicando en St. Paul's Cross; la indignación de la gente puso su vida en inminente peligro; incluso le lanzaron una daga. En esta situación, le rogó al señor Bradford, que estaba detrás de él, para que hablara en su lugar y apaciguara los ánimos. La gente acogió bien al señor Bradford, y éste se mantuvo desde entonces cerca de Bourne, para con su presencia impedir que el populacho renovara sus ataques.

El mismo domingo, por la tarde, el señor Bradford predicaba en la Iglesia de Bow en Cheapside, y reprobó duramente al pueblo por su conducta sediciosa. A pesar de su conducta, al cabo de tres días fue enviado a la Torre de Londres, donde estaba entonces la reina, para comparecer ante el Consejo. Allí fue acusado por este acto de salvar al señor Bourne, que fue considerado como sedicioso, y también objetaron contra él por su predicación. Fue entonces enviado primero a la Torre, luego a otras cárceles, y, después de su condena, a Poultry Compter, donde predicó dos veces al día de manera continua, hasta que se lo impidió una enfermedad. Tal era su crédito para con el guarda de la cárcel real que le permitió una noche visitar a una persona pobre y enferma cerca del depósito de acero, bajo su promesa de volver a tiempo; y en esto jamás fallo.

La noche antes de ser enviado a Newgate, se vio turbado en su descanso por sueños presagiadores, en el sentido de que al siguiente lunes iba a ser quemado en Smithfield. Por la tarde, la mujer del guarda fue a verlo, y le anunció la terrible noticia, pero en él sólo suscitó agradecimiento a Dios. Por la noche fueron a visitarlo media docena de amigos, con los que pasó toda la víspera en oración y piadosas actividades.

Cuando fue llevado a Newgate, le acompañó una multitud que lloraba, y habiéndose extendido un rumor de que iba a sufrir el suplicio a las cuatro del siguiente día, apareció una inmensa multitud. A las nueve de la mañana el señor Bradford fue llevado a Smithfield. La crueldad del alguacil merece ser destacada; porque el cuñado del señor Bradford, Roger Beswick, le dio la mano al pasar, y Woodroffe, el alguacil, le abrió la cabeza con su garrote.

Habiendo llegado el señor Bradford al lugar, cayó postrado en el suelo. Luego, quitándose la ropa hasta quedar en mangas de camisa, fue a la estaca, y allí padeció junto a un joven de veinte años de edad, llamado John Leaf, un aprendiz del señor Humphrey Gaudy, un velero de Christ-church, en Londres. Había sido apresado el viernes antes del Domingo de Ramos, y encerrado en Compter en Bread Street, y luego interrogado y condenado por el sanguinario obispo.

Se informa acerca de él que cuando se le leyó el acta de confesión, en lugar de una pluma, tomó una aguja, y pinchándose en la mano, roció su sangre sobre la dicha acta, diciéndole al lector de la misma que le mostrara al obispo que ya había sellado el acta con su sangre.

Ambos terminaron esta vida mortal el 12 de julio de 1555 como dos corderos, sin alteración alguna en sus rostros, esperando obtener aquel premio por el que habían corrido tanto tiempo ¡Quiera conducirnos al mismo el Dios Omnipotente, por los méritos de Cristo nuestro Salvador!

Concluiremos este artículo mencionando que el señor alguacil Woodroffe cayó al cabo de medio año paralítico del lado derecho, y que por espacio de ocho años después (hasta el día de su muerte) no pudo volverse en la cama por sí mismo; así llegó a ser al final un espectáculo terrible.

El día después que el señor Bradford y John Leaf sufrieron en Smithfield, William Minge, un sacerdote, murió en la cárcel en Maidstone. Con una constancia y valor igual de grande entregó su vida en la cárcel, como si le hubiera placido a Dios llamarlo a sufrir en el fuego, como otros buenos hombres habían sufrido antes en la estaca, y como él mismo estaba dispuesto a sufrir, si Dios hubiera querido llamarlo a esta prueba.

El Rev. John Bland, el Rev. John Frankesh, Nicholas Shetterden, y Humphrey Middleton

Estos cristianos fueron todos quemados en Canterbury por la misma causa. Frankesh y Bland eran ministros y predicadores de la Palabra de Dios, siendo uno párroco de Adesham, y el otro vicario de Rolvenden. El señor Bland fue citado a responder por su oposición al anticristianismo, y sufrió varios interrogatorios ante el doctor Harpsfield, arcediano de Canterbury, y finalmente fue condenado el veinticinco de junio de 1555, por oponerse al poder del Papa, y entregado al brazo secular. El mismo día fueron condenados John Frankesh, Nicholas Shetterden, Humphrey Middleton, Thacker y Crocker, de los que sólo Thacker se retractó.

Entregado al brazo secular, el señor Bland y los tres anteriores fueron quemados en Canterbury el 12 de julio de 1555, en dos distintas estacas, pero en un mismo fuego, donde ellos, a la vista de Dios y de Sus ángeles, y delante de los hombres, dieron, como verdaderos soldados de Jesucristo, un testimonio firme de la verdad de Su santo Evangelio.

Dirick Carver y John Launder

El veintidós de julio de 1555, Dirick Carver, cervecero, de Brightthelmstone, de cuarenta años de edad, fue quemado en Lewes. Al día siguiente, John Launder, labrador, de veinticinco años, de Godstone, Surrey, fue quemado en Stening.

Dirick Carver era un hombre a quien el Señor había bendecido tanto con riquezas temporales como con tesoros espirituales. Al llegar a la ciudad de Lewes para ser quemado, la gente se dirigió a él, rogando a Dios que fortaleciera en él la fe de Jesucristo; al acercarse él a la estaca, se arrodilló y oró fervientemente. Luego echaron su Libro en el barril, y cuando se hubo él quitado la ropa, él también fue echado en el mismo barril. Tan pronto como estuvo dentro, tomó el Libro, y lo echó entre la gente, con lo que el alguacil ordenó, en nombre del rey y de la reina, que le volvieran a dar el Libro. E inmediatamente el santo mártir comenzó a hablar a la gente. Después de haber orado un tiempo, dijo: «¡Oh Señor mi Dios, Tú has escrito que el que no deje mujer, hijos, casa y todo lo que tenga, para tomar tu cruz y seguirte, que no es digno de ti! Pero Tú, Señor, sabes que todo lo he dejado para venir a ti. ¡Señor, ten misericordia de mí, porque a ti encomiendo mi espíritu, y mi alma se regocija en ti!» Éstas fueron las últimas palabras de este fiel siervo de Cristo antes de padecer el fuego. Y cuando el fuego le vino, clamó: «¡Oh, Señor, ten misericordia de mí!», y se retorció en el fuego, invocando el nombre de Jesús, hasta que entregó el espíritu.

James Abbes. Este joven se lanzó a los caminos para evitar ser prendido, pero al final fue denunciado y llevado ante el obispo de Norwich, que lo influenció para que se retractara. Para asegurarlo luego en su apostasía, el obispo le dio luego una cantidad de dinero. Pero la interferencia de la Providencia es aquí notable. Este soborno pesó tanto en su conciencia que volvió, echó el dinero al suelo, y se arrepintió de su conducta. Como Pedro, estuvo arrepentido, se mantuvo firme en la fe, sellándola con su sangre en Bury, el 2 de agosto de 1555, alabando y glorificando a Dios.

John Denley, John Newman y Patrick Pakingham

Iban los señores Denley y Newman de vuelta un día a Maidstone, lugar donde residían, cuando se encontraron con E. Tyrrel, Esq., un fanático juez de paz en Essex y cruel perseguidor de los protestantes. Los prendió por unas meras sospechas. El cinco de julio de 1555 fueron condenados y entregados a los alguaciles, que enviaron al señor Denley a Uxbridge, donde murió el ocho de agosto de 1555. Mientras sufría su agonía y cantaba un salmo, el doctor Story ordenó inhumanamente que uno de los verdugos le lanzara un haz de leña, que le cortó la cara severamente y le hizo parar de cantar y llevarse las manos a la cara. Mientras el doctor Story decía chanceándose que había estropeado una buena canción, el piadoso mártir volvió de nuevo a cantar, extendió sus manos sobre las llamas, y por medio de Cristo Jesús entregó su alma en manos de su Hacedor.

El señor Packingham sufrió en la misma ciudad el veintiocho del mismo mes.

El señor Newman, estañador, fue quemado en Saffron Waldon, Essex, el 31 de agosto, por la misma causa, y Richard Hook pereció por alrededor del mismo tiempo en Chichester.

W. Coker, W. Hooper, H. Laurence, R. Colliar, R. Wright y W. Stere

Estas personas eran todas de Kent, y fueron interrogadas al mismo tiempo que el señor Bland y Shetterden, por Thornton, obispo de Dover, el doctor Harpsfield, y otros. Estos seis mártires y testigos de la verdad fueron echados a las llamas en Canterbury a finales de agosto de 1555.

Elizabeth Warne, viuda de John Warne, tapicero y mártir, fue quemada en Stratford-le-bow, cerca de Londres, a finales de agosto, en 1555.

George Tankerfield, de Londres, cocinero, nacido en York, y de veintisiete años de edad, había sido papista durante el reinado de Eduardo VI; pero la crueldad de la sanguinaria María le hizo sospechar en contra de la veracidad de unas doctrinas que eran impuestas por el fuego y la tortura. Tankerfield fue encarcelado en Newgate hacia finales de febrero de 1555, y el 26 de agosto, en St. Alban's, se enfrentó valientemente al atormentador fuego, y murió gozosamente por la gloria de su Redentor.

El Rev. Robert Smith entró primero al servicio de Sir T. Smith, proboste de Eton; luego pasó a Windsor, donde estuvo como escribiente por un sueldo de diez libras anuales.

Fue condenado, el 12 de julio de 1555, y sufrió el suplicio en Uxbridge el 8 de agosto. No tenía duda alguna de que Dios daría a los espectadores alguna prenda en apoyo de su causa; y así sucedió, porque cuando estaba medio quemado, y se suponía que estaba muerto, se levantó repentinamente, movió las partes que le quedaban de sus brazos, y alabó a Dios; luego, inclinándose sobre el fuego, durmió dulcemente en el Señor Jesús.

El señor Stephen Harwood y el señor Thomas Fust sufrieron el suplicio alrededor del mismo tiempo que Smith y Tankerfield, con quienes fueron condenados. También el señor William Hale, de Thorp, en Essex, fue enviado a Barnet, donde alrededor del mismo tiempo se unió a esta bendita compañía de mártires.

George King, Thomas Leyes y John Wade cayeron enfermos en la Torre de los Lolardos, y fueron enviados a diferentes casas, donde murieron. Sus cuerpos fueron echados en los campos comunes, como indignos de una digna sepultura, y allí se quedaron hasta que los fieles los recogieron de noche.

El señor William Andrew, de Horseley, Essex, fue encarcelado en Newgate por herejía; pero Dios escogió llamarlo a Sí por el duro trato recibido en Newgate, y así burlar las sanguinarias expectativas de sus perseguidores católicos. Su cuerpo fue echado al aire libre, pero su alma fue recibida en las mansiones eternas de su eterno Creador.

El Rev. Robert Samuel

Este caballero era ministro de Bradford, en Suffolk, donde enseñó diligentemente a la grey cuyo cuidado le había sido encomendado mientras tuvo permitido ejercer su deber de manera abierta. Fue primero perseguido por un señor Foster, de Copdock, cerca de Ipswich, un severo y fanático perseguidor de los seguidores de Cristo según la verdad del Evangelio. A pesar de que el señor Samuel fue echado de su puesto, siguió exhortando e instruyendo en privado; tampoco quiso obedecer la orden de repudiar a su mujer, con la que se había casado durante el reinado del Rey Eduardo, sino que la guardó en Ipswich, donde Foster, con una orden judicial, lo sorprendió con ella una noche. Después de ser encarcelado en un calabozo de Ipswich, fue llevado ante el doctor Hopton, obispo de Norwich, y del doctor Dunnings, su canciller, dos de los más sanguinarios entre los fanáticos de aquellos días. Para intimidar al digno pastor, fue encadenado en la cárcel a un poste de tal manera que apoyaba todo el peso de su cuerpo sobre las puntas de los dedos de los pies. A esto se añadió que su ración fue reducida a una cantidad tan insuficiente para sustentarlo que tuvo impulsos de devorar su propia carne. Tan atroces fueron sus sufrimientos que incluso fue una especie de misericordia que lo condenaran al fuego. El señor Samuel sufrió el suplicio el 31 de agosto de 1555.

El obispo Ridley y el obispo Latimer

Estos reverendos prelados sufrieron el suplicio el 17 de octubre de 1555 en Oxford, el mismo día en que Wolsey y Pygot murieron en Ely. Columnas de la Iglesia y ornamentos consumados de la naturaleza humana, eran la admiración del reino, gentilmente notables en sus vidas y gloriosos en sus muertes.

El doctor Ridley nació en Northumberland, aprendió gramática en

Newcastle, y luego pasó a Cambridge, donde su aptitud para la educación lo fue elevando gradualmente, hasta que llegó a ser director del Pembroke College, donde recibió el título de Doctor en Teología. Habiendo regresado de un viaje a París, fue designado capellán y obispo de Rochester por Enrique VIII, y fue después trasladado a la sede de Londres en tiempos de Eduardo VI.

La gente se apiñaba cuando él pronunciaba sermones, como enjambres de abejas codiciando las dulces flores y el sano jugo de la fructífera doctrina, que no sólo predicaba, sino que exhibía con su vida, como resplandeciente lámpara a los ojos y sentidos de los ciegos, con una vida tan limpia que ni sus mismos enemigos podían reprenderlo en nada.

Su gentil trato hacia el doctor Heath, que fue preso con él durante un año, en el reinado de Eduardo, demuestra que evidentemente no manifestaba ninguna católica crueldad en su temperamento. Su aspecto era erguido y bien proporcionado; de temperamento perdonador; severo en su auto-disciplina. Su primer deber por la mañana era la oración privada; se quedaba en su estudio hasta las diez, y luego asistía a la oración diaria que se hacía en su casa. Acabado el almuerzo, se sentaba por una hora, conversando placenteramente o jugando al ajedrez. Luego su estudio llamaba su atención, a no ser que tuviera lugar algún asunto o visita; hacia las cinco seguían oraciones, y después se recreaba en el ajedrez por alrededor de una hora, retirándose luego a su estudio hasta las once de la noche, orando de rodillas como en la mañana. En resumen, era un ejemplo de piedad y virtud, y así intentaba que fueran los hombres doquiera iba.

Su atenta bondad se exhibió de manera particular hacia la anciana señora Bonner, madre del doctor Bonner, el cruel obispo de Londres. El doctor Ridley, cuando estaba en su mansión de Fulham, siempre la invitaba a su casa, poniéndola a la cabeza de su mesa, y tratándola como a su propia madre; lo mismo hacía con la hermana de Bonner y otros parientes; pero cuando el doctor Ridley se vio bajo persecución, Bonner adoptó un curso diametralmente opuesto en su conducta, y hubiera querido dar muerte a la hermana del doctor Ridley y al marido de la misma, el señor George Shipside, si la providencia no lo hubiera librado por medio del doctor Heath, obispo de Worcester.

El doctor Ridley fue convertido primero en parte mediante la lectura del libro de Bertram sobre el Sacramento, y mediante sus conversaciones con el arzobispo Cranmer y Peter Martyr.

Cuando Eduardo VI murió y le sucedió María la Sanguinaria, el obispo Ridley fue de inmediato señalado para la matanza. Fue primero enviado a la Torre, y después fue llevado a la cárcel común de Bocardo, en Oxford, junto con el arzobispo Cranmer y el señor Latimer. Separado de ellos, fue llevado a la casa de un tal señor Irish, donde se quedó hasta el día de su martirio, desde 1554 hasta el 16 de octubre de 1555.

Se supondrá fácilmente que las conversaciones de estos principales entre los mártires era elaborada, erudita e instructiva. Y así lo eran, efectivamente, e igualmente beneficiosas para todas sus consolaciones espirituales. Las cartas del obispo Ridley a varios hermanos cristianos encarcelados en diversos lugares, y sus discusiones con los mitrados enemigos de Cristo, demostraron a una la claridad de su mente y la integridad de su corazón. En una carta al señor Grindal (que fue después arzobispo de Canterbury) menciona con afecto a los que le habían precedido en morir por la fe y aquellos que se esperaba que padeciesen; lamenta el restablecimiento del papismo en todas sus abominaciones, lo cual atribuye a la ira de Dios, manifestada como retribución por la tibieza del clero y del pueblo en apreciar de manera justa la bendita luz de la Reforma.

Aquel viejo y adiestrado soldado de Cristo que era el señor Hugh Latimer, era hijo de un granjero llamado Hugh Latimer, de Thurkesson en el condado de Leicester, hombre rico y de buena reputación; allí nació y fue criado hasta la edad de cuatro años o así; para aquel tiempo, sus padres, que lo tenían entonces como su único hijo, con seis hijas, viendo su ingenio e inteligencia aguda, se propusieron educarlo de manera esmerada en la erudición y en el conocimiento de la buena literatura; en ella tuvo este joven tanto aprovechamiento en las escuelas comunes de su país que a la edad de catorce años fue enviado a la Universidad de Cambridge, donde se inició en el estudio de la teología escolástica de aquellos tiempos, y fue desde el principio un celoso observante de las supersticiones romanistas de la época. En su conferencia, cuando se graduó como bachiller de teología, se pronunció en contra del reformador Melancton, y habló en público contra el buen señor Stafford, profesor de teología en Cambridge.

El señor Thomas Bilney, movido a compasión fraternal por el señor Latimer, le rogó poder hablar con él en su estudio, para explicarle la base de su fe (esto es, del señor Bilney). Esta bendita entrevista produjo su conversión; el perseguidor de Cristo se transformó en su celoso abogado, y antes que el doctor Stafford muriera, se reconcilió con él.

Una vez convertido, se volvió anhelante por la conversión de otros, y comenzó a predicar públicamente, y a enseñar en privado en la universidad. Sus sermones eran tan aguzados contra el absurdo de orar en lengua latina y de retener las palabras de salvación del pueblo que debía ser salvo por la fe en ellas, que se atrajo las animadversiones de varios de los frailes residentes y directores de residencias desde los respectivos púlpitos, a los que posteriormente silenció mediante sus severas críticas y elocuentes argumentos. Esto tuvo lugar en la Navidad de 1529. Finalmente, el doctor West predicó contra el señor Latimer en la Abadía de Barwell, y le prohibió volver a predicar en las iglesias de la universidad, a pesar de lo cual siguió durante tres años abogando abiertamente por la causa de Cristo, e incluso sus enemigos confesaron el poder de los talentos que poseía. El señor Bilney quedó algún tiempo con el señor Latimer, y así el lugar donde frecuentemente paseaban juntos recibió el nombre de Monte de los Herejes.

En este tiempo, el señor Latimer demostró la inocencia de una pobre mujer a la que su marido había acusado del asesinato de su hijo. Habiendo predicado delante del Rey Enrique VIII en Windsor, obtuvo el perdón para la desafortunada madre. Éste y otros actos de benevolencia sirvieron tan sólo para excitar la bilis de sus adversarios. Fue llamado delante del Cardenal Wolsey acusado de herejía, pero, al ser un enérgico defensor de la supremacía del rey, en oposición a la del Papa, obtuvo, por el favor de Lord Cromwell y del doctor Buts (el médico del rey) la rectoría de West Kingston, en Wiltshire. Por sus sermones aquí contra el purgatorio, contra la idea de que la Virgen fuera sin mancha de pecado, y contra el culto a las imágenes, fue citado para comparecer ante Warham, arzobispo de Canterbury, y John, obispo de Londres. Se le exigió que suscribiera ciertos artículos que expresarían su conformidad a los usos establecidos; y hay razón para pensar que los suscribió, después de repetidos interrogatorios semanales, por cuanto no parecían involucrar ningún importante artículo de fe.

Conducido por la Providencia, escapó de las sutiles redes de sus perseguidores, y al final, por medio de los poderosos amigos antes mencionados, fue nombrado obispo de Worcester, función en la que cualificó o desvirtuó la mayoría de las ceremonias papales que por causa de mantener las formas se vio bajo la necesidad de mantener. Continuó durante varios años en este activo y digno empleo.

Comenzando de nuevo a poner la mano en el arado, trabajó en la mies del Señor dando mucho fruto, aplicando su talento también en diversos lugares de este reino, como delante del rey en la corte. En el mismo lugar de este patio interior que antes se empleaba para pasatiempos lascivos y cortesanos, dispensó la fructífera Palabra del glorioso Evangelio de Jesucristo, predicando allí delante del rey y de toda la corte, para edificación de muchos.

Enviado dos veces a la Torre de Londres durante el reinado de Enrique VIII, la segunda vez estuvo detenido hasta la coronación de Eduardo VI, cuando fue llamado de nuevo a la mies del Señor en Stamford, y a muchos otros lugares; predicó también en Londres en la casa de convocación, y delante del joven rey; lo cierto es que predicaba dos veces cada domingo, a pesar de su avanzada edad (tenía entonces sesenta y siete años), y su debilidad por un golpe recibido por una caída de un árbol. Infatigable en sus estudios privados, se levantaba para ello en invierno y en verano a las dos de la madrugada.

Por la penetración de su propia mente, o por alguna luz interna de lo alto, tenía una visión profética de lo que iba a sucederle a la Iglesia en el reinado de María, afirmando que estaba destinado a sufrir por la verdad, y que Winchester, entonces en la Torre, estaba preservado para aquel propósito. Poco después de la proclamación de la Reina María fue enviado un mensajero para llamar al señor Latimer a la ciudad, y hay razón para creer que se deseaba que huyera.

Así el Maestro Latimer llegó a Londres pasando por Smithfield (donde dijo alegremente que Smithfield había deseado tenerlo durante mucho tiempo), fue llevado delante del Consejo, donde soportó con paciencia todos los escarnios y las chanzas que le dirigieron los burlones papistas. Fue llevado a la Torre, donde él, ayudado por la celestial gracia de Cristo, soportó el encarcelamiento durante mucho tiempo, a pesar de los tratos crueles e implacables que le dispensaban los altaneros papistas, que pensaban que el reino nunca se les iría de las manos; se mostró no sólo paciente, sino también alegre y por encima de todo lo que pudieran o quisieran hacerle. El Señor le dio un ánimo tan valeroso que pudo no sólo menospreciar lo terrible de las cárceles y de los tormentos, sino que también pudo escarnecer las acciones de sus enemigos.

Después de permanecer mucho tiempo en la Torre, el señor Latimer fue llevado a Oxford, con Cranmer y Ridley, donde las conversaciones que tuvieron lugar ya han sido mencionadas en una sección anterior del libro. Quedó encarcelado hasta octubre, y los principales temas de sus oraciones eran estos tres: que pudiera mantenerse fiel a la doctrina que había profesado; que Dios restaurara otra vez el Evangelio a Inglaterra, y que preservara a Lady Elisabet para que fuera reina; todo esto sucedió. Cuando estuvo en la estaca fuera de la puerta de Bocardo, en Oxford, con el doctor Ridley, y estaba prendiéndose el fuego en la pila de haces de leña, levantó los ojos benignamente al cielo, y dijo: «Dios es fiel, que no dejará que seáis tentados más que lo que podáis sobrellevar.» Su cuerpo fue penetrado profundamente por el fuego, y brotó abundantemente la sangre de su pecho, como para verificar su constante deseo de que la sangre de su corazón pudiera ser derramada en defensa del Evangelio. Sus cartas polémicas y amistosas son monumentos permanentes a su integridad y talentos. Se ha dicho antes que la disputa pública tuvo lugar en octubre de 1555, antes de la degradación de Cranmer, Ridley y Latimer. Ahora llegamos al final de las vidas de estos dos últimos.

El doctor Ridley estuvo muy chistoso la noche antes de su ejecución, se hizo afeitar, y llamó a su cena un banquete de bodas; al ver llorar a la señora Irish (la mujer del carcelero), dijo: «Aunque mi desayuno sea un tanto duro, mi cena será más placentera y dulce.»

El lugar de la ejecución estaba al lado norte de la ciudad, enfrente de Baliol College. El doctor Ridley iba vestido de una túnica negra cubierta de piel, y el señor Latimer llevaba una larga mortaja que le llegaba hasta los pies. El doctor Ridley, al pasar Bocardo, dirigió su mirada al doctor Cranmer, pero éste estaba entonces discutiendo con un fraile. Cuando llegaron a la estaca, el señor Ridley abrazó fervientemente a Latimer, y le dijo: «Ten ánimo, hermano, porque Dios o bien aminorará el furor de la llama, o bien nos fortalecerá para soportarlo.» Luego se arrodilló delante de la estaca, y después de haber orado los dos juntos, tuvieron una corta conversación privada. Luego el doctor Smith predicó un breve sermón en contra de los mártires, que le hubieran contestado si no se hubieran visto impedidos a ello por el doctor Marshall, el vicecanciller. Entonces el doctor Ridley se quitó su túnica y esclavina, dándoselas a su cuñado, el señor Shipside. También dio muchas fruslerías a sus doloridos amigos, y el populacho estaba deseoso de tener al menos un fragmento de sus ropas. El señor Latimer no dio nada, y de su pobre vestimenta pronto quedó reducido a su mortaja, y se mantuvo venerable y erguido, sin temor a la muerte.

El doctor Ridley quedó reducido a su camisa, y el herrero le puso una cadena de hierro alrededor de la cintura, diciéndole el doctor Ridley que se la fijara fuerte. Habiéndole atado su hermano una bolsa de pólvora alrededor del cuello, le dio alguna también al señor Latimer.

Entonces el doctor Ridley le pidió a Lord Williams, de Fame, que defendiera ante la reina la causa de algunos hombres pobres a los que cuando él era obispo había concedido unas tierras en alquiler, pero que el actual obispo se negaba a renovar. Echaron ahora un haz de leña encendido a los pies del doctor Ridley, lo que hizo decir al señor Latimer: «Anímate, Ridley, y compórtate varonil-mente. Por la gracia de Dios, vamos hoy a encender tal vela en Inglaterra, que espero que no será jamás apagada.»

Cuando el doctor Ridley vio el fuego llameando hacia él, clamó con una voz maravillosamente potente: «¡Señor, Señor, recibe mi espíritu.» El Maestro Latimer, clamando igual de vehemente al otro lado, «¡Oh Padre del cielo, recibe mi alma!», recibió la llamarada como si la estuviera abrazando. Después de haberse llevado las manos a la cara, y por así decirlo, bañarlas un poco en el fuego, pronto murió (por lo que parece) con poco o ningún sufrimiento.

¡Bien!, pues muertos están, y la recompensa de este mundo ya la recibieron. ¡La recompensa que queda para ellos en el cielo, lo declarará el día de la gloria del Señor, cuando Él venga con Sus santos!

Al mes siguiente murió Stephen Gardiner, obispo de Winchester y Lord Canciller de Inglaterra. Este monstruo papista había nacido en Bury, Suffolk, y se había educado en parte en Cambridge. Ambicioso, cruel y fanático, servía la causa que fuera. Primero se puso de parte del rey en la cuestión de Ana Bolena; al establecerse la Reforma, declaró que la supremacía del Papa era un artículo abominable; cuando la Reina María accedió a la corona, adoptó todas las fanáticas posturas papistas de la reina y fue nombrado por segunda vez obispo de Winchester. Se conjetura que su intención era lograr la muerte de Lady Elisabet, pero cuando llegó a este punto le plugo a Dios quitarlo de la escena. Fue en la tarde del mismo día en que aquellos fieles soldados de Cristo, Ridley y Latimer, habían muerto, que Gardiner se sentó con un corazón gozoso a comer. Apenas si había tomado unos pocos bocados que cayó enfermo y llevado a la cama, donde quedó quince días presa de un gran sufrimiento, incapaz de poder evacuar, y ardiendo con una terrible fiebre que terminó con su muerte. Execreado por todos los buenos cristianos, rogamos al Padre de misericordia que él pueda haber recibido aquella misericordia en lo alto que él jamás impartió abajo.

El señor John Philpot

Este mártir era hijo de un hidalgo, y nació en Hampshire, y y fue educado en New College, Oxford, donde por varios años estudió ley civil, destacando también en la lengua hebrea. Era un erudito y un caballero, celoso en la religión, de carácter arrojado, y aborrecedor de las adulaciones. Después de visitar Italia, volvió a Inglaterra, siendo que los asuntos en el los días del Rey Eduardo ofrecían un aspecto mucho más prometedor. Durante este reinado fue arcediano de Winchester bajo el doctor Poinet, que sucedió a Gardiner. Con la accesión de María, se convocó una conferencia, en la que el señor Philpot defendió la Reforma contra su ordinario, Gardiner, que de nuevo era obispo de Winchester, y luego fue llevado ante Bonner y otros comisionados para ser interrogado, el 2 de octubre de 1555, después de haber estado encarcelado durante dieciocho meses. Al pedir ver a la comisión, el doctor Story le dijo cruelmente: «¡Me gastaré mi toga y mi manto, pero te quemaré! ¡Que lo echen a la torre de los Lolardos (una mísera prisión), porque voy a limpiar la cárcel real y todas las otras prisiones de estos herejes!»

En el segundo interrogatorio del señor Philpot, se le insinuó que el doctor Story había dicho que el Lord Canciller había dado orden de que debía ser eliminado. Es fácil deducir el resultado de esta indagación. Fue echado a la carbonera del doctor Bonner, donde se encontró en compañía de un celoso ministro de Essex, que había sido inducido a firmar un documento de retractación, pero que después, remordido en su conciencia, le pidió al obispo poder ver otra vez el documento, que rompió en pedazos. Esto llevó a Bonner, en un ataque de cólera, a golpearle repetidas veces y a arrancarle parte de la barba. El señor Philpot tuvo luego una entrevista privada con Bonner aquella misma noche, y fue luego mandado a su lecho de paja como otros presos, en la carbonera. Después de siete interrogatorios, Bonner ordenó que lo pusieran en el cepo, y al siguiente domingo lo separó de sus compañeros de prisión como sembrador de herejías, mandándolo a una estancia cerca de las almenas de St. Paul's, de ocho por trece pies, al otro lado de la torre de los Lolardos, y que podía ser vista por todos en la galería exterior del obispo. Aquí registraron al señor Philpot, pero felizmente consiguió pasar secretamente algunas cartas conteniendo sus interrogatorios.

En su undécimo interrogatorio delante de varios obispos y del señor Morgan, de Oxford, este último quedó tan arrinconado por la fuerte presión de los argumentos de Philpot, que le dijo: «En lugar del espíritu del Evangelio que os jactáis de poseer, me parece que es el espíritu de la bodega el que han tenido tus compañeros, y salieron, creo yo, borrachos del mismo.» Ante esta infundada y brutal afirmación, el señor Philpot replicó indignado: «Parece por tus palabras que estás más familiarizado con este espíritu que con el de Dios; ¡por ello te digo a ti, pared blanqueada e hipócrita, en el nombre del Dios viviente, la verdad del cual te he manifestado, que Dios hará llover fuego y azufre sobre blasfemos como tú!» Luego fue enviado al calabozo por Bonner, con la orden de que no se le permitiera ni su Biblia ni luz de candela.

El 4 de diciembre sufrió el señor Philpot otro interrogatorio, y éste se vio seguido de otros dos, con lo que mantuvo un total de catorce conferencias, antes de la última en la que fue condenado; tal era la perseverancia y ansiedad de los católicos, ayudados por las capacidades persuasivas de los más distinguidos obispos papales, por llevarlo bajo el palio de su iglesia. Estos interrogatorios, que fueron muy prolongados y eruditos, fueron redactados por el señor Philpot, y no se puede exhibir, ante ninguna mente libre de prejuicios, ninguna prueba más poderosa de la insensatez de los doctores católicos.

El 16 de diciembre, en el consistorio de San Pablo, el Obispo Bonner, tras haber presentado algunas acusaciones triviales contra él, como introducir secretamente polvos para hacer tinta, escribir algunas cartas privadas, etc., procedió a pronunciar la terrible pena contra él, después que él y los otros obispos hubieran intentado, por todos los medios, lograr su retractación. Fue luego llevado a Newgate, donde el avaricioso guarda católico lo cargó de pesadas cadenas, que por humanidad del señor Marcham recibió orden de quitarle. El 17 de diciembre, el señor Philpot recibió la noticia de que iba a morir al día siguiente, y a la mañana siguiente se encontró gozoso con los alguaciles, que debían llevarlo al lugar de la ejecución.

Al entrar en Smithfield, el terreno estaba tan fangoso que dos oficiales se ofrecieron a llevarlo a la estaca, pero él contestó: «¿Querríais hacerme un Papa? Me siento satisfecho de acabar mi viaje a pie.» Al llegar a la estaca, dijo: «¿Desdeñaré sufrir en la estaca, cuando mi Redentor no rehusó padecer la más vil muerte en la cruz por mí?» Luego recitó mansamente los salmos Ciento Siete y Ciento Ocho, y, cuando hubo finalizado sus oraciones, fue atado al poste, poniéndose fuego a la pira. El 18 de diciembre de 1555 moría este ilustre mártir, reverenciado por los hombres, y glorificado en el cielo.

John Lomas, Agnes Snoth, Anne Wright, Joan Sole y Joan Catmer

Estos cinco mártires sufrieron juntos el 31 de enero de 1556. Juan Lomas era un joven de Tenterden. Fue citado a comparecer en Canterbury, y fue interrogado el 17 de enero. Al ser sus respuestas adversas a la idolatría papista, fue condenado al día siguiente, y sufrió el 31 de enero.

Agnes Snoth, viuda, de la Parroquia de Smarden, fue hecha comparecer varias veces delante de los farisaicos católicos, y, al rechazar la absolución, las indulgencias, la transubstanciación y la confesión auricular, fue considerada digna de muerte, y soportó el martirio el 31 de enero, con Anne Wright y Joan Sole, que se encontraban en las mismas circunstancias y que murieron al mismo tiempo y con idéntica resignación. Joan Catmer, la última de esta celestial compañía, de la Parroquia de Hithe, era mujer del mártir George Catmer.

Pocas veces se ha dado en país alguno que por controversias políticas cuatro mujeres hayan sido llevadas a la ejecución cuyas vidas fueran irreprochables, y a las que la compasión de los salvajes habría perdonado. No podemos dejar de observar aquí que cuando el poder protestante alcanzó al principio el dominio sobre la superstición católica, y fue necesario algún grado de fuerza en las leyes para dar imponer uniformidad, por las que algunas personas tenaces sufrieron privaciones en sus personas y bienes, leemos de pocas quemas, crueldades salvajes o de pobres mujeres llevadas a la estaca; pero está en la naturaleza del error recurrir a la fuerza en lugar de a la argumentación, y silenciar la verdad arrebatando la vida, y el caso del mismo Redentor es un ejemplo de ello.

Las anteriores cinco personas fueron quemadas en dos estacas en una misma pira, cantando hosanas al glorificado Salvador, hasta que quedó extinguido el aliento de vida. Sir John Norton, que estaba presente, lloró amargamente ante sus inmerecidos sufrimientos.

El Arzobispo Cranmer

El doctor Thomas Cranmer descendía de una antigua familia, y nació en el pueblo de Arselacton, en el condado de Northampton. Después de la usual educación escolar, fue enviado a Cambridge, y fue escogido compañero del Jesus College. Allí contrajo matrimonio con la hija de un caballero, por lo que perdió su condición de compañero, y pasó a ser lector en Buckingham College, instalando a su mujer en Dolphin Inn, siendo la patrona una parienta de ella, de donde se suscitó el falso rumor de que él era un mozo de cuadra. Al morir su mujer poco después de parto, fue escogido, para su crédito, de nuevo como compañero del colegio antes mencionado. Pocos años después fue elevado a Profesor de Teología, y designado como uno de los examinadores de aquellos que estaban ya listos para ser Bachilleres o Doctores en Divinidad. Era principio suyo juzgar de sus cualificaciones por el conocimiento que poseían de las Escrituras, más que de los antiguos padres, y por esto muchos sacerdotes papistas fueron rechazados, y otros tuvieron grandes ventajas.

Fue intensamente solicitado por el doctor Capon para que fuera uno de los compañeros en la fundación del colegio del cardenal Wolsey, en Oxford, a lo que se aventuró a rehusar. Mientras siguió en Cambridge, se suscitó la cuestión del divorcio de Enrique VIII de Catalina. En aquel tiempo, por causa de la peste, el doctor Cranmer se fue a vivir a la casa de un tal señor Cressy, en Waltham Abbey, cuyos dos hijos fueron entonces educados bajo su supervisión. La cuestión del divorcio, en contra de la aprobación del rey, había quedado indecisa por más de dos o tres años, debido a las intrigas de los canónigos y civiles, y aunque los cardenales Campeius y Wolsey fueron comisionados por Roma para decidir acerca de esta cuestión, retardaron la sentencia a propósito.

Sucedió que el doctor Gardiner (secretario) y el doctor Fox, defensores del rey en este pleito, fueron a la casa del señor Cressy para alojarse allí, mientras el rey se alojaba en Greenwich. Durante la cena, se entabló una conversación con el doctor Cranmer, que sugirió que la cuestión de si un hombre podía casarse con la mujer de su hermano o no podía resolverse de manera rápida recurriendo a la Palabra de Dios, y esto tanto en los tribunales ingleses como en los de cualquier nación extranjera. El rey, inquieto ante la tardanza, envió a buscar al doctor Gardiner y al doctor Fox para consultarlos, lamentando tener que enviar otra comisión a Roma y que la cuestión siguiera así dilatada sin fin. Al contarle al rey la conversación tenida la noche anterior con el doctor Cranmer, su majestad envió a buscarlo, y le comunicó sus escrúpulos de conciencia acerca de su próximo parentesco con la reina. El doctor Cranmer aconsejó que la cuestión fuera remitida a los más eruditos teólogos de Cambridge y Oxford, por cuanto se sentía remiso a mezclarse con una cuestión tan importante; pero el rey le ordenó que le diera su parecer por escrito, y dirigirse para ello al conde de Wiltshire, que le proveería de libros y de todo lo necesario para ello.

Esto lo hizo el doctor Cranmer de inmediato, y en su declaración citó no sólo la autoridad de las Escrituras, de los concilios generales y de los antiguos escritores, sino que mantuvo que el obispo de Roma no tenía autoridad alguna para dejar a un lado la Palabra de Dios. El rey le preguntó si se mantendría en esta atrevida declaración, y al contestar en sentido afirmativo, fue enviado como embajador a Roma, junto con el duque de Wiltshire, el doctor Stokesley, el doctor Carne, el doctor Bennet y otros, antes de lo cual se trató acerca de aquel matrimonio en la mayor parte de las universidades de la cristiandad y dentro del reino.

Cuando el Papa presentó el pulgar de su pie para ser besado, según era la costumbre, el conde de Wiltshire y su compañía rehusaron hacerlo. Incluso se afirma que el perro spaniel del conde, atraído por el relucir del pulgar del Papa, lo mordió, con lo que su santidad retiró su sagrado pie, dándole una patada al ofensor con el otro.

Al demandar el Papa la causa de esta embajada, el conde presentó el libro del doctor Cranmer, declarando que sus eruditos amigos habían venido a defenderlo. El Papa trató honrosamente la embajada, y señaló un día para la discusión, que luego retrasó, como temiendo el resultado de la investigación. El conde volvió, y el doctor Cranmer, por deseo del rey, visitó al emperador, y logró atraérselo a su opinión. Al volver el doctor a Inglaterra y morir el doctor Warham, arzobispo de Canterbury, el doctor Cranmer fue merecidamente elevado, por deseo del doctor Warham, a aquella eminente posición.

En esta función se puede decir que cumplió diligentemente el encargo de San Pablo. Diligente en el cumplimiento de sus deberes, se levantaba a las cinco de la mañana y proseguía en el estudio y oración hasta las nueve; entre entonces y la comida se dedicaba a cuestiones temporales. Después de la comida, si alguien deseaba una audiencia, decidía sus cuestiones con tal afabilidad que incluso los que recibían decisiones contrarias no se sentían totalmente frustrados. Luego jugaba a ajedrez por una hora, o contemplaba como otros jugaban, y a las cinco oía la Oración Común, y desde entonces hasta la cena se recreaba paseando. Durante la cena su conversación era vivaz y entretenida; de nuevo paseaba o se entretenía hasta las nueve, y luego se dirigía a su estudio.

Tuvo la más alta estima y favor del Rey Enrique, y siempre tuvo dentro de su corazón la pureza y los intereses de la Iglesia de Inglaterra. Su temperamento manso y perdonador se registra con el siguiente ejemplo: Un sacerdote ignorante, en el campo, había llamado a Cranmer mozo de cuadra, y se había referido de manera muy despreciativa a su cultura. Al saberlo Lord Cromwell, aquel hombre fue enviado a la cárcel de Fleet, y su caeso fue presentado delante del arzobispo por un tal señor Chertsey, un tendero, pariente del sacerdote. Su gracia, haciendo llamar al ofensor, razonó con él y le pidió al sacerdote que le preguntara sobre cualquier cuestión de erudición. A esto se negó el hombre, vencido por la cordialidad del arzobispo y sabiendo su propia y patente incapacidad, y le pidió perdón, que le fue concedido de inmediato, con la orden de que empleara mejor su tiempo cuando volvera a su parroquia. Cromwell se sintió muy ofendido por la indulgencia mostrada, pero el obispo estaba más dispuesto a recibir insultos que a vengarse de cualquier otra manera que con buenos consejos y buenos oficios.

Para el tiempo en que Cranmer fue ascendido a ser arzobispo era capellán del rey y arcediano de Taunton; fue también constituido por el Papa penitenciario general de Inglaterra. El rey consideró que Cranmer sería obsequioso, y por ello éste casó al rey con Ana Bolena, celebró la coronación de ella, fue padrino de Elisabet, el primer fruto del matrimonio, y divorció al rey de Catalina. Aunque Cranmer fue confirmado en su dignidad por el Papa, siempre protestó contra reconocer cualquier otra autoridad que la del rey, y persistió en los mismos sentimientos de independencia cuando fue hecho comparecer ante los comisionados de María en 1555.

Uno de los primeros pasos tras el divorcio fue impedir la predicación en toda su diócesis, pero esta estrecha medida tenía un fin más político que religioso, por cuanto habían muchos que denostaban la conducta del rey. En su nueva dignidad, Cranmer suscitó la cuestión de la supremacía, y con sus argumentos poderosos y justos indujo al parlamento a «dar a César lo que es de César.» Durante la residencia de Cranmer en Alemania en 1531 conoció a Osiandro en Nuremberg, y se casó con su sobrina, pero la dejó con él al volver a Inglaterra. Después de un tiempo la hizo venir privadamente, y se quedó con él hasta el año 1539, cuando los Seis Artículos le obligaron a devolverla a sus amigos por un tiempo.

Se debería recordar que Osiandro, habiendo logrado la aprobación de su amigo Cranmer, publicó la laboriosa obra de la Armonía de los Evangelios en 1537. En 1534, el arzobispo alcanzó el más querido objetivo de su corazón, la eliminación de todos los obstáculos para la consumación de la Reforma, mediante la suscripción por parte de los nobles y de los obispos de la sola supremacía del rey. Sólo se opusieron el Obispo Fisher y Sir Thomas More. Cranmer estaba dispuesto a considerar suficiente el acuerdo de ellos a no oponerse a la sucesión, pero el monarca quería una concesión total.

No mucho tiempo después, Gardiner, en una conversación privada con el rey, habló mal de Cranmer (a quien odiaba malignamente) por haber aceptado el título de primado de toda Inglaterra, como despreciativo de la supremacía del rey. Esto suscitó fuertes celos contra Cranmer, y su traducción de la Biblia fue fuertemente opuesta por Stokesley, obispo de Londres. Se dice que al ser despedida la Reina Catalina que su sucesora Ana Bolena se gozó. Esto es una lección de cuán superficial es el juicio humano, por cuanto la ejecución de esta última tuvo lugar en la primavera del año siguiente, y el rey, al día siguiente de la decapitación de esta dama sacrificada, se casó con la hermosa Jane Seymour, dama de honor de la difunta reina. Cranmer fue siempre amigo de

Ana Bolena, pero era peligroso oponerse a la voluntad de aquel tiránico y carnal monarca.

En 1538 se expusieron públicamente las Sagradas Escrituras para la venta, y los lugares de culto se llenaban de multitudes para escuchar la exposición de sus santas doctrinas. Al pasar el rey como ley los famosos Seis Artículos, que volvían de nuevo casi a establecer los artículos esenciales del credo romanista, Cranmer resplandeció con todo el brillo de un patriota cristiano, resistiendo las doctrinas contenidas en ellos, en lo que fue apoyado por los obispos de Sarum, Worcester, Ely y Rochester, dimitiendo los dos primeros de sus obispados. El rey, aunque ahora opuesto a Cranmer, seguía reverenciando la sinceridad que marcaba su conducta. La muerte del buen amigo de Cranmer, Lord Cromwell, en la Torre en 1540, fue un fuerte golpe para la vacilante causa protestante, pero incluso ahora, aunque viendo la marea contraria totalmente a la causa de la verdad, Cranmer se presentó personalmente ante el rey, y logró, con sus varoniles y cordiales argumentos, que el Libro de los Artículos fuera puesto de su lado, para confusión de sus enemigos, que habían considerado su caída como inevitable.

Cranmer vivió ahora de una manera tan oscura como le fue posible, hasta que el rencor de Winchester le llevó a la presentación de unas denuncias contra él, con respecto a las peligrosas opiniones enseñadas en su familia, junto con otras acusaciones de traición. Estas las presentó el mismo rey a Cranmer, y creyendo firmemente en la fidelidad y en las protestas de inocencia del acusado prelado, hizo investigar a fondo la cuestión, y se descubrió que Winchester, el doctor Lenden, junto con Thornton y Barber, de los domésticos del obispo, resultaron por papeles obtenidos ser los verdaderos conspiradores. El gentil y perdonador Cranmer hubiera querido interceder por toda remisión de castigo si Enrique, complacido con el subsidio votado por el Parlamento, no los hubiera dejado libres. Pero estos nefastos hombres volvieron a iniciar sus tramas contra Cranmer, cayeron víctimas del resentimiento del rey, y Gardiner perdió para siempre su confianza. Sir G. Gostwick presentó poco después acusaciones contra el arzobispo, que Enrique aplastó, y que el primado estuvo dispuesto a perdonar.

En 1544 fue quemado el palacio arzobispal de Canterbury, y su cuñado y otros murieron en el incendio. Estas varias aflicciones pueden servirnos para reconciliarnos con un humilde estado, porque ¿de qué dicha podía jactarse este hombre, por cuanto su vida estaba siendo constantemente cargada, bien por cruces políticas, religiosas o naturales? Otra vez el implacable Gardiner presentó graves acusaciones contra el manso arzobispo, y hubiera querido mandarlo a la Torre; pero el rey era su amigo, le dio su sello para defenderse, y en el Consejo no sólo declaró al obispo uno de los hombres de mejor carácter del reino, sino que reprendió acerbamente a los acusadores por su calumnia.

Habiéndose firmado una paz, Enrique y el rey frances Enrique el Grande mostraron unanimidad en la abolición de la Misa en sus reinos, y Cranmer se lanzó a esta gran tarea; pero la muerte del monarca inglés en 1546 llevó a la suspensión de esta acción, y el Rey Eduardo VI, el sucesor, confirmó a Cranmer en las mismas funciones; en su coronación le encomendó una tarea que siempre honrará su memoria, por su pureza, libertad y verdad. Durante este reinado siguió efectuando la gloriosa Reforma con un celo incansable, hasta en el años 1552, cuando se vio azotado por unas severas fiebres, aflicción de la que le plugo a Dios restaurarlo, para que pudiera testificar con su muerte de la verdad de aquella semilla que había sembrado tan diligentemente.

La muerte de Eduardo, en 1553, expuso a Cranmer a toda la furia de sus enemigos. Aunque el arzobispo estaba entre los que habían apoyado la accesión de María, fue arrestado al reunirse el parlamento, y en noviembre fue declarado culpable de alta traición en Guildhall, y degradado de sus dignidades. Envió una humilde carta a María, explicando la causa de su firma del testamento en favor de Eduardo, y en 1554 escribió al Consejo, a quienes apremió a pedir el perdón de la reina, mediante una carta entregada al doctor Weston,, pero que éste abrió y, al leer su contenido, cometió la bajeza de devolver.

La traición era una acusación totalmente inaplicable contra Cranmer, que había apoyado el derecho de la reina, mientras que otros, que habían favorecido a Lady Jane fueron liberados mediante el pago de una pequeña multa. Ahora se esparció contra Cranmer una calumnia de que había accedido a ciertas ceremonias papistas para congraciarse con la reina, lo que osó rechazar en público, justificando sus artículos de fe. La activa parte que el prelado había tenido en el divorcio de la madre de María siempre había estado profundamente clavada en el corazón de la reina, y la venganza fue un rasgo destacado en la muerte de Cranmer.

En esta obra hemos mencionado las disputas públicas en Oxford, en las que los talentos de Cranmer, Ridley y Latimer se mostraron de manera tan patente, y que llevaron a su condena. La primera sentencia fue ilegal, por cuanto el poder usurpado del Papa no había sido restablecido de manera legal.

Dejados en la cárcel hasta que esto último tuvo lugar, se envió una comisión desde Roma, designando al doctor Brooks como representante de Su Santidad, y a los doctores Story y Martin como los de la reina. Cranmer estaba dispuesto a someterse a la autoridad de los doctores Story y Martin, pero objetó a la del doctor Brooks. Tales fueron las observaciones y contestaciones de Cranmer, tras un largo interrogatorio, que el doctor Brooks comentó: «Venimos a interrogaros a vos, y parece que vos nos interrogáis a nosotros.»

Enviado de nuevo a su encierro, recibió una citación para comparecer en Roma al cabo de dieciocho días; pero esto era imposible, por cuanto estaba encarcelado en Inglaterra, y, como dijo, incluso si hubiera estado libre era demasiado pobre para pagar a un abogado. Por absurdo que parezca, Cranmer fue condenado en Roma, y el 14 de febrero de 1556 se designó una nueva comisión por la que fueron establecidos Thirlby, obispo de Ely, y Bonner, de Londres, para actuar en juicio en Christ-church, Oxford. En virtud de este tribunal, Cranmer fue degradado gradualmente, poniéndole unos meros harapos para representar las vestiduras de un arzobispo. Quitándole luego este atuendo, le sacaron su propia toga, y le pusieron encima una de vieja; esto lo soportó imperturbable, y sus enemigos, al ver que la severidad sólo lo hacía más decidido, intentaron el camino opuesto, y lo alojaron en la casa del arcediano de Christ-church, donde fue tratado con todos los miramientos.

Esto constituyó tal contraste con los tres años de duro encierro que había sufrido que le hizo bajar la guardia. Su naturaleza abierta y generosa era más susceptible de ser seducida por una conducta liberal que por amenazas y cadenas. Cuando Satanás ve a un cristiano a prueba contra un modo de ataque, intenta otro. ¿Y qué manera hay más seductora que las sonrisas, las recompensas y el poder, después de un encarcelamiento largo y penoso? Así le sucedió a Cranmer; sus enemigos le prometieron su anterior grandeza si se retractaba, y también el favor de la reina, y esto cuando ya sabían que su muerte había sido decidida en el Consejo. Para suavizar el camino hacia la apostasía, el primer documento que le presentaron para firmar estaba redactado en términos generales; una vez firmado, otros cinco le fueron sucesivamente presentados como explicativos del primero, hasta que al final firmó el siguiente detestable documento:

«Yo, Thomas Cranmer, anterior arzobispo de Canterbury, renuncio, aborrezco y detesto toda forma de herejías y errores de Lutero y Zuinglio, y todas las otras enseñanzas contrarias a la sana y verdadera doctrina. Y creo con toda constancia en mi corazón, y confeso con mi boca una iglesia santa y Católica visible, fuera de la cual no hay salvación; y por ello reconozco al Obispo de Roma como el supremo cabeza en la tierra, a quien reconozco como el más alto obispo y Papa, y vicario de Cristo, a quién debieran sujetarse todas las personas cristianas.

»Por lo que respecta a los sacramentos, reo y adoro en el sacramento del altar el cuerpo y la sangre de Cristo, contenidos bien verdaderamente bajo las formas de pan y vino; siendo el pan, por el infinito poder de Dios, transformado en el cuerpo de nuestro Salvador Jesucristo, y el vino en su sangre.

»Y en los otros seis sacramentos también (como en éste) creo y mantengo como lo mantiene la Iglesia universal, y como lo juzga y determina la Iglesia de Roma.

»Creo además que hay un lugar de purgación, donde las almas de los difuntos son desterradas por un tiempo, por las cuales la Iglesia ora piadosa y sanamente, como también honra a los santos y hace oraciones a los mismos.

»Finalmente, en todas las cosas profeso que no creo de otra manera que lo que mantiene y enseña la Iglesia Católica y la Iglesia de Roma. Siento haber jamás mantenido o pensado cosa diferente. Y ruego al Dios Omnipotente que en Su misericordia me otorgue el perdón por todo lo que he ofendido contra Dios o Su Iglesia, y también deseo y ruego a todos los cristianos que oren por mí.

»Y que todos los que han sido engañados ya por mi ejemplo, ya por mi doctrina, les demando por la sangre de Jesucristo que vuelvan a la unidad de la Iglesia, para que todos seamos de un pensar, sin cismas ni divisiones.

»Y para concluir, tal como me someto a la Católica Iglesia de Cristo, y a su suprema cabeza, del mismo modo me someto a sus más excelentes majestades Felipe y María, rey y reina de este reino de Inglaterra, etc., y a todas sus otras leyes y decretos, estando siempre como fiel súbdito listo a obedecerles. Y Dios es testigo que he hecho esto no por el favor o temor de nadie, sino voluntariamente y por mi propia conciencia, en cuanto a instrucciones de otros.»

«El que piensa estar firme, mire que no caiga» dijo el apóstol, ¡y ésta fue ciertamente una caída! Los papistas habían ahora triunfado a su vez, obteniendo de él todo lo que querían aparte de su vida. Su retractación fue inmediatamente impresa y dispersada, para que surtiera su efecto sobre los atónitos protestantes. Pero Dios predominó sobre todos los designios de los católicos por la saña con la que llevaron a cabo implacables la persecución de su presa. Es indudable que el amor a la vida es lo que indujo a Cranmer a firmar la anterior declaración; pero se puede decir que la muerte hubiera sido preferible para él que la vida, estando bajo el aguijón de una conciencia violada y del menosprecio de cada cristiano evangélico; y esta acción la sintió con toda su fuerza y angustia.

La venganza de la reina sólo podía quedar satisfecha con la sangre de Cranmer, y por ello ella escribió una orden al doctor Pole para que preparara un sermón que debía ser predicado el 21 de marzo, directamente antes del martirio, en St. Mary's, Oxford. El doctor Pole le visitó el día antes, y le indujo a creer que proclamaría públicamente sus crencias como confirmación de los artículos que había firmado. Hacia las nueve de la mañana del día de la inmolación, los comisionados de la reina, acompañados por los magistrados, llevaron al gentil e infortunado hombre a la Iglesia de St. Mary's. Su hábito desgarrado y sucio, el mismo con el que le habían vestido cuando le degradaron, excitó la compasión de la gente. En la iglesia encontró una pobre y mísera tarima, levantada justo delante del púlpito, donde le dejaron, y allí volvió el rostro y oró fervientemente a Dios.

La iglesia estaba repleta de personas de ambas convicciones, esperando oír una justificación de su reciente apostasía; los católicos regocijándose, y los protestantes profundamente heridos en su espíritu ante el engaño del corazón humano. El doctor Pole denunció en su sermón a Cranmer como culpable de los más atroces crímenes; alentó al engañado sufriente a no temer la muerte, ni a dudar del apoyo de Dios en sus tormentos, ni de que se dirían Misas por él en todas las iglesias de Oxford por el descanso de su alma. Luego el doctor observó su conversión, la cual adscribió a la evidente operación del poder del Omnipotente, y a fin de que la gente se convenciera de su realidad, pidió al preso que les diera una señal. Y Cranmer lo hizo, rogando a la congregación que oraran por él, porque había cometido muchos y graves pecados; pero de todos ellos había uno que gravitaba pesadamente sobre él, del que les hablaría en breve.

Durante el sermón, Cranmer lloró amargas lágrimas: levantando las manos y la mirada al cielo, y dejándolas caer, como si indigno de vivir; su dolor encontró ahora su alivio en las palabras; antes de su confesión cayó de rodillas, y con las siguientes palabras desveló la profunda convicción y agitación que movían su alma.

«¡Oh Padre del cielo! ¡Oh Hijo de Dios, Redentor del mundo! ¡Oh Espíritu Santo, tres personas en un Dios! Ten misericordia de mí, el más miserable de los cobardes y pecadores. He pecado tanto contra el cielo como contra la tierra, más de lo que mi lengua pueda expresarlo. ¿A dónde puedo ir, o dónde puedo escapar? Al cielo puedo estar avergonzado de levantar mis ojos, y en la tierra no encuentro lugar donde refugiarme ni quien me socorra. A ti, pues, corro, Señor; ante tí me humillo, diciendo, oh Señor, mi Dios, mis pecados son grandes, pero ten misericordia Tú de mí por tu gran misericordia. El gran misterio de que Dios se hiciera hombre no tuvo lugar por pequeñas o pocas ofensas. Tú no diste a tu Hijo, o Padre Celestial, a la muerte sólo por pequeños pecados, sino por los más grandes pecados del mundo, para que el pecador pueda volver a ti de todo corazón, como yo lo hago ahora. Por ello, ten misericordia de mí, oh Dios, cuya cualidad es siempre tener misericordia, ten misericordia de mí, oh Señor, por tu gran misericordia. Nada anhelo por mis propios méritos, sino por causa de tu nombre, para que sea por ello santificado, y por causa de tu amado Hijo, Jesucristo. Y ahora, pues, Padre nuestro que estás en el cielo, santificado sea tu nombre», etc.

Luego, levantándose, dijo que deseaba antes de su muerte hacerles algunas piadosas observaciones por las que Dios pudiera ser glorificado, y ellos mismos edificados. Luego hablo acerca del peligro del amor por el mundo, del deber de la obediencia a sus majestades, del amor unos por otros, y de la necesidad de que los ricos ministraran a las necesidades de los pobres. Citó los tres versículos del quinto capítulo de Santiago, y luego prosiguió: «Que los ricos ponderen bien estas tres sentencias: porque si jamás tuvieron ocasión de mostrar su caridad, la tienen ahora en este tiempo presente, habiendo tantos pobres, y siendo tan caros los alimentos.

»Y ahora, por cuanto he llegado al fin de mi vida, en el que pende toda mi vida pasada y mi vida venidera, bien para vivir con mi Señor Cristo para siempre con gozo, o bien estar en penas sempiternas con los malvados en el infierno, y veo ahora con mis ojos en este momento o bien al cielo listo para recibirme, o bien al infierno dispuesto para tragarme; por ello os expondré mi propia fe que creo, sin coloración ni engaño alguno; porque no es ahora el momento de engañar, sea lo que sea que haya escrito en tiempos pasados.

»Primero, creo en Dios el Padre Omnipotente, Hacedor de los cielos y de la tierra, etc. Y creo cada uno de los artículos de la fe católica, cada palabra y frase enseñada por nuestro Salvador Jesucristo, Sus apóstoles y profetas, en el Nuevo y Antiguo Testamento.

»Y ahora llego a lo que tanto perturba mi conciencia, más que nada de lo que haya hecho o dicho en toda mi vida, y es la difusión de un escrito contrario a la verdad que aquí ahora renuncio y rehuso como cosas escritas por mi mano en contra de la verdad que pensaba en mi corazón, y escritas por temor a la muerte, y para salvar mi vida si ello era posible; y se trata de todos aquellos documentos y papeles escritos o firmados por mi mano desde mi degradación en los que he escrito muchas cosas falsas. Y por cuanto mi mano ha ofendido, escribiendo en contra de mi corazón, por ello mi mano será la primera en ser castigada; porque cuando llegue al fuego será la primero en ser quemada.

»Y en cuanto al Papa, lo rechazo como enemigo de Cristo y Anticristo, con todas sus falsas doctrinas.»

Al concluir esta inesperada declaración, se respiraba asombro e indignación en todos los rincones de la iglesia. Los católicos estaban totalmente confundidos, frustrados totalmente en su intento, habiendo Cranmer, a semejanza de Sansón, causado una mayor ruína sobre sus enemigos en la hora de la muerte que en su vida.

Cranmer hubiera querido proseguir en su denuncia de las doctrinas papistas, pero los murmullos de los idólatras ahogaron su voz, y el predicador dio orden de «¡llevaos el hereje!» La salvaje orden fue obedecida directamente, y el cordero a punto de sufrir fue arrancado de su tarima para ser llevado al matadero, insultado a todo lo largo del camino, injuriado y escarnecido por aquella plaga de monjes y frailes.

Con los pensamientos centrados en un objeto mucho más elevado que las vacías amenazas de los hombres, llegó al lugar manchado con la sangre de Ridley y Latimer. Allí se arrodilló para un breve tiempo de fervorosa devoción, y luego se levantó, para quitarse la ropa y prepararse para el fuego. Dos frailes que habían participado en la operación de lograr su abjuración trataron ahora de volverlo a apartar de la verdad, pero él se mostró firme e inamovible en lo que acababa de profesar y de enseñar en público. Le pusieron una cadena para atarlo a la estaca, y después de haberle rodeado ferreamente con ella, prendieron fuego a la pira, y las llamas pronto comenzaron a subir.

Entonces se hicieron manifiestos los gloriosos sentimientos del mártir: quien, extendiendo su mano derecha, la mantuvo tenazmente sobre el fuego hasta que quedó reducida a cenizas, incluso antes que su cuerpo fuera dañado, exclamando con frecuencia: «¡Esta indigna mano derecha!»

Su cuerpo soportó la quema con tal firmeza que pareció no moverse más que la estaca a la que estaba atado. Sus ojos estaban fijos en el cielo, mientras repetía: «esta indigna mano derecha», mientras su voz se lo permitió; y empleando muchas veces las palabras de Esteban, «Señor Jesús, recibe mi espíritu», entregó el espíritu en medio de una gran llama.

La visión de las tres escaleras de mano

Cuando Robert Samuel fue llevado a ser quemado, varios de los que estaban cerca de él le oyeron contar extrañas cosas que le habían sucedido durante el tiempo de su encarcelamiento; como que después de haber estado desfallecido de hambre por dos o tres días, cayó luego en un sueño como medio adormecido, en el que le pareció ver a uno todo vestido de blanco delante de él, que le confortó con estas palabras: «Samuel, Samuel, ten ánimo, y alienta tu corazón; porque después de este día no estarás ni hambriento ni sediento.»

No menos memorables ni menos dignos de mención son las tres escaleras que contó a varios que vio en su sueño, que subían al cielo; una de ellas era algo más largo que las otras dos, pero al final se transformaron en una sola, uniéndose las tres en una.

Mientras este piadoso mártir iba al fuego, se le acercó una cierta doncella, que lo abrazó y lo besó; ésta, observada por los que estaban cerca, fue buscada al siguiente día, para echarla en la cárcel y quemarla, como la misma muchacha me informó; sin embargo, tal como Dios lo ordenó en Su bondad, ella escapó de sus manos feroces, y se mantuvo oculta en la ciudad durante bastante tiempo después.

Pero así como esta muchacha, llamada Rose Nottingham, fue maravillosamente preservada por la providencia de Dios, hubo sin embargo dos honradas mujeres que cayeron bajo la furia desatada de aquel tiempo. La primera era la mujer de un cervecero, y la otra la mujer de un zapatero, pero ambas estaban ahora desposadas a un nuevo marido, a Cristo.

Con estas dos tenía esta muchacha ya mencionada una gran amistad; al aconsejar ella a una de las casadas, diciéndole que debía ocultarse mientras tuviera tiempo y oportunidad, recibió esta respuesta: «Sé muy bien que para ti es legítimo huir; éste es un remedio que puedes emplear si quieres. Pero mi caso es distinto. Estoy ligada a mi marido, y además tengo niños pequeños en casa; por ello, estoy decidida, por amor a Cristo, a mantenerme firme hasta el final.»

Así, al día siguiente que padeciera Samuel, estas piadosas mujeres, una llamada Anne Potten, y la otra Joan Trunchfield, mujer de Michael Trunchfield, zapatero de Ipswich, fueron encarceladas y echadas juntas en prisión. Como eran ambas, por su sexo y constitución, más bien débiles, fueron por ello menos capaces al principio de resistir la dureza de la prisión; y de manera especial la mujer del cervecero se vio echada a unas agonías y angustias de mente por ello. Pero Cristo, contemplando la debilidad de Su sierva, no dejó de ayudarla en esta necesidad; y así las dos sufrieron después de Samuel, el 19 de febrero de 1556. Y ellas eran indudablemente las dos escaleras que, unidas a la tercera, vio Samuel subiendo hacia el cielo. Este bienaventurado Samuel, siervo de Cristo, había sufrido el treinta y uno de agosto de 1555.

Se cuenta entre los que estuvieron presentes y que le vieron ser quemado, que al quemar su cuerpo, resplandeció en los ojos de los que estaban junto a él, tan brillante y blanco como plata de ley.

Cuando Agnes Bongeor se vio separada de sus compañeros de prisión se lamentó y se puso a gemir de tal manera, le sobrevinieron tales extraños pensamientos a la cabeza, se vio tan desasistida y desolada y se hundió en tal profundidad de desesperación y de angustia, que fue un espectáculo lastimero y penoso; todo ello porque ella no pudo ir con ellos a dar su vida en defensa de su Cristo; porque la vida era lo que menos valoraba de todas las cosas de este mundo.

Ello se debía a que aquella mañana en la que no fue llevada al quemadero se había puesto un vestido que había preparado sólo para aquel propósito. Tenía también un hijo pequeño, de pecho, a quien había guardado tiernamente todo el tiempo que estaba en la cárcel, hasta aquel día en que también lo entregó a una nodriza, preparándose ella para entregarse para el testimonio del glorioso Evangelio de Jesucristo. Tan poco deseaba la vida, y tan grandemente obraban en ella los dones de Dios por sobre de la naturaleza, que la muerte le parecía mucho más bienvenida que la vida. Después de esto comenzó a estabilizarse y a ejercitarse en la lectura y en la oración, lo que le dio no poco consuelo.

Poco tiempo después llegó la orden de Londres para que fuera quemada, que fue ejecutada.

Hugh Laverick y John Aprice

Aquí vemos que ni la impotencia de la edad ni la aflicción de la ceguera podían desviar las fauces asesinas de estos monstruos babilónicos. El primero de estos desafortunados era de la parroquia de Barking, de sesenta y ocho años de edad, pintor y paralítico. El otro era ciego, entenebrecido ciertamente en cuanto a sus facultades visuales, pero intelectualmente iluminado con la radiancia del Evangelio eterno de la verdad. Personas inofensivas que eran, fueron denunciados por algunos hijos del fanatismo, y arrastrados ante el sanguinario prelado de Londres, donde sufrieron un interrogatorio, y replicaron a los artículos que se les propusieron, como habían hechco otros mártires cristianos. El nueve de mayo, en el consistorio de San Pablo, se les conminó a que se retractaran, y al rehusar fueron enviados a Fulham, donde Bonner, después de haber comido, como postre los condenó a las agonías del fuego. Entregados al brazo secular el 15 de mayo de 1556, fueron llevados en carro desde Newgate a Stratford-le-Bow, donde fueron atados a la estaca. Cuando Hugh Laverick quedó atado con la cadena, sin necesitar ya la muleta, la echó lejos de sí, diciéndole a su compañero de martirio, mientras le consolaba: «Alégrate, hermano mío, porque el Lord de Londres es un buen médico; pronto nos curará; a ti de tu ceguera, y a mi de mi cojera.» Y fueron pasto de las llamas, para levantarse a la inmortalidad.

El día después de los anteriores martirios, Catherine Hut, de Bocking, una viuda; Joan Horns, soltera, de Billericay; Elizabeth Thackwel, soltera, de Great Burstead, sufrieron la muerte en Smithfield.

Thomas Dowry. Otra vez tenemos que registrar un acto de crueldad implacable, cometido contra este muchacho, a quien el Obispo Hooper había confirmado en el Señor y en el conocimiento de su Palabra.

No se sabe con certeza cuánto tiempo estuvo este pobre sufriente en la cárcel. Por el testimonio de John Paylor, actuario de Gloucester, sabemos que cuando Dowry fue hecho comparecer ante el doctor Williams, entonces canciller de Gloucester, le fueron presentados los artículos usuales para que los firmara; al disentir de los mismos, y al exigirle el doctor que le dijera de quién y dónde había aprendido sus herejías, el joven le contestó: «Señor canciller, las aprendí de vuestra parte en aquel mismo púlpito. En tal día (mencionando el día) vos dijisteis, al predicar sobre el Sacramento, que debía ser ejercido espiritualmente por la fe, y no carnalmente, como lo enseñan los papistas.» Entonces el doctor Williams le invitó a que se retractara, como él mismo lo había hecho; pero

Dowry no había aprendido las cosas de esta manera. «Aunque vos podáis burlaros tan fácilmente de Dios, del mundo y de vuestra propia conciencia, y no lo voy a hacer así.»

La preservación de George Crow y de su Nuevo Testamento

Este pobre hombre, de Malden, zarpó el 26 de mayo de 1556 para cargar en Lent tierra de batanero, pero el barco encalló en un banco de arena, se llenó de agua, y perdió todo el cargamento; sin embargo, Crow salvó su Nuevo Testamento, y no codiciaba nada más. Con Crow estaban un hombre y un chico, y su terrible situación se hizo más y más alarmante con el paso de los minutos, y la embarcación era inútil. Estaban a diez millas de tierra, esperando que la marea comenzara pronto a subir sobre ellos. Despues de orar a Dios, subieron al mástil, y se aferraron a él por espacio de diez horas, hasta que el pobre muchacho, vencido por el frío y el agotamiento, cayó y se ahogó. Al bajar la marea, Crow propuso bajar los mástiles y flotar sobre ellos, y así lo hicieron; y a las diez de la noche se entregaron a las olas. El miércoles por la noche, el compañero de Crow murió de fatiga y hambre, y él se quedó sólo, clamando a Dios que le socorriera. Al final fue recogido por el capitán Morse, rumbo a Amberes, que casi había pasado de largo, tomándolo por una boya de pescador flotando en la mar. Tan pronto como Crow estuvo a bordo, puso la mano en el bolsillo, y sacó su Nuevo Testamento, que estaba desde luego mojado, pero sin mayores daños. En Amberes fue bien recibido, y el dinero que había perdido le fue más que compensado.

Ejecuciones en Stratford-le-Bow

En este sacrificio que vamos a detallar, no menos de trece fueron condenados a la hoguera.

Al rehusar cada uno de ellos afirmar cosas contrarias a su conciencia, fueron condenados, y el veintisiete de junio de 1556 fue señalado como el día de su ejecución en Stratford-le-Bow. Su constancia y fe glorificaron a su Redentor, lo mismo en vida que en muerte.

El Rev. Julius Palmer

La vida de este caballero muestra un singular ejemplo de error y de conversión. En tiempos de Eduardo fue un rígido y obstinado papista, tan adverso a la piadosa y sincera predicación que incluso era menospreciado por su propio partido; que su mentalidad cambiara, y sufriera persecución en tiempos de la

Reina María, constituye uno de aquellos acontecimientos de la omnipotencia ante los que nos maravillamos y quedamos llenos de admiración.

El señor Palmer nació en Coventry, donde su padre había sido alcalde. Al trasladarse posteriormente a Oxford, llegó a ser, bajo el señor Harley, de Magdalen College, un elegante erudito de latín y griego. Le encantaban las conversaciones interesantes, poseía un gran ingenio y una poderosa memoria. Infatigable en el estudio privado, se levantaba a las cuatro de la mañana, y con esta práctica se calificó para llegar a ser lector de lógica en el Magdalen College. Pero al favorecer a la Reforma el reinado de Eduardo, se vio frecuentemente castigado por su menosprecio a la oración y a la conducta ordenada, y fue al final expulsado de la institución.

Después abrazó las doctrinas de la Reforma, lo cual llevó a su arresto y final condena.

Un cierto noble le ofreció la vida si se retractaba. «Si lo haces,» le dijo, «vivirás conmigo. Y si piensas casarte, te conseguiré una esposa y una granja, y os ayudaré a equiparla. ¿Qué dices a esto?»

Palmer le dio las gracias con mucha cortesía, pero de manera muy modesta y respetuosa le observó que ya había renunciado a vivir en dos lugares por causa de Cristo, por lo que por la gracia de Dios estaría dispuesto también a dar su vida por la misma causa, cuando Dios lo dispusiera.

Cuando Sir Richard vio que su interlocutor no estaba dispuesto a ceder en absoluto, le dijo: «Bien, Palmer, veo que uno de nosotros dos va a condenarse; porque somos de dos fes distintas, y estoy bien seguro de que hay una sola fe que lleva a la vida y a la salvación.»

Palmer: «Bien, señor, yo espero que ambos nos salvemos.»

Sir Richard: «¿Y cómo podrá ser esto?»

Palmer: «De manera muy clara. Porque a nuestro misericordioso Dios le plugo llamarme, en conformidad a la parábola del Evangelio, en la hora tercera del día, en mi florecimiento, a la edad de veinticuatro años, así como espero que os haya llamado, y os llamará a vos, en la hora undécima de esta vuestra ancianidad, para daros vida eterna como vuestra porción.»

Sir Richard: «¿Esto dices? Bien, Palmer, bien, me gustaría tenerte un solo mes en mi casa; no dudo de que o yo te convertiría, o que tú me convertirías.»

Entonces dijo el Master Winchcomb: «Apiádate de estos años dorados, y de las placenteras flores de la frondosa juventud, antes que sea demasiado tarde.»

Palmer: «Señor, anhelo aquellas flores primaverales que jamás se marchitarán.»

Fue juzgado el quince de julio de 1556, junto con un compañero de prisión llamado Thomas Askin. Askin y un tal John Guin habían sido sentenciados el día antes, y el señor Palmer fue llevado el quince para oír su sentencia definitiva. Se ordenó que la ejecución siguiera a la sentencia, y a las cinco de aquella misma tarde estos mártires fueron atados a la estaca en un lugar llamado Sand-pits. Después de haber orado devotamente juntos, cantaron el Salmo Treinta y uno.

Cuando fue encendido el fuego y hubo prendido en sus cuerpos, continuaron clamando, sin dar apariencia alguna de sufrir dolor: «¡Señor Jesús, fortalécenos! ¡Señor Jesús, recibe nuestras almas!» hasta que quedó suspendida su vida y desapareció el sufrimiento humano. Es de destacar que cuando sus cabezas hubieron caído juntas como en una masa por la fuerza de las llamas, y los espectadores pensaban que Palmer estaba ya sin vida, de nuevo se movieron su lengua y labios, y se les oyó pronunciar el nombre de Jesús, a quien sea gloria y honra para siempre.

Joan Waste y otros

Esta pobre y honrada mujer, ciega de nacimiento y soltera, de veintidos años de edad, era de la parroquia de Todos los Santos, Derby. Su padre era barbero, y también fabricaba cuerdas para ganarse mejor la vida. En esta tarea ella le ayudaba, y también aprendió a tejer varios artículos de vestir. Rehusando comunicar con aquellos que mantenían doctrinas contrarias a las que ella había aprendido en los días del piadoso Eduardo, fue hecha comparecer ante el doctor Draicot, el canciller del obispo Blaine, y ante Peter Finch, oficial de Derby.

Intentaron confundir a la pobre muchacha con sofismas y amenazas, pero ella ofreció ceder a la doctrina del obispo si él estaba dispuesto a responder por ella en el Día del Juicio (como lo había hecho el piadoso doctor Taylor en sus sermones) de que su creencia en la presencia real del Sacramento era verdadera. Al principio, el obispo contestó que lo haría, pero al recordarle el doctor Draicot que no podía en manera ninguna responder por un hereje, retiró su confirmación de sus propias creencias; ella entonces les contestó que si sus conciencias no les permitían responder ante el tribunal de Dios por la verdad que ellos querían que ella aceptara, que ella no contestaría a ninguna otra de sus preguntas. Entonces se pronunció sentencia, y el doctor Draicot fue encomendado para predicar el sermón de la condena de la muchacha, lo que tuvo lugar el 1 de agosto de 1556, el día de su martirio. Al terminar su fulminador discurso, la pobre ciega fue luego llevada a un lugar llamado Windmill Pit, cerca de la ciudad, donde por un tiempo sostuvo la mano de su hermano, y luego se preparó para el fuego, pidiendo a la compadecida multitud que orara con ella, y a Cristo que tuviera misericordia de ella, hasta que la gloriosa luz del eterno Sol de justicia resplandeció sobre su espíritu fuera del cuerpo.

En noviembre, quince mártires fueron apresados en el castillo de Canterbury, los cuales fueron todos o quemados o dejados morir de hambre. Entre estos últimos estaban J. Clark, D. Chittenden, W. Foster de Stonc, Alice Potkins, y J. Archer, de Cranbrooke, tejedor. Los dos primeros no habían sido condenados, pero los otros habían sido sentenciados al fuego. Foster, en su interrogatorio, comentó acerca de la utilidad de llevar cirios encendidos el día de la Candelaria, que igual valdría llevar una horca; y que un patíbulo tendría tanto efecto como una cruz.

Hemos ahora llevado a su fin las sanguinarias actuaciones de la inmisericorde María, en el año 1556, cuyo número se elevó por encima de OCHENTA Y CUATRO.

El comienzo del año 1557 fue notable por la visita del Cardenal Pole a la Universidad de Cambridge, que parecía tener gran necesidad de ser limpiada de predicadores herejes y de doctrinas reformadas. Un objeto era también llevar a cabo la farsa papista de juzgar a Martín Bucero y a Paulus Phagius, que habían estado enterrados ya durante tres o cuatro años. Con este propósito, las iglesias de Santa María y de San Miguel fueron puestas en interdicto como lugares viles e impíos, indignos del culto de Dios, hasta que fueran perfumadas y lavadas con el agua bendita papista, etc. El burdo acto de citar a comparecer a estos difuntos reformadores no tuvo el más mínimo efecto sobre ellos, y el 26 enero se pronunció sentencia de condenación, parte de la cual rezaba así, y puede servir como muestra de los procesos de esta naturaleza: «Por ello pronunciamos al dicho Martín Bucero y a Paulus Phagius excomulgado y anatematizado, tanto por las leyes comunes como por cartas procesales; y para que su memoria sea condenada, condenamos también que sus cuerpos y huesos (que en el malvado tiempo del cisma, y floreciendo otras herejías en este reino, fueron precipitadamente sepultados en tierra sagrada) sean exhumados y echados lejos de los cuerpos y huesos de los fieles, según los santos cánones, y mandamos que ellos y sus escritos, si se encuentran aquí cualesquiera de ellos, sean públicamente quemados; y prohibimos a todas las personas de esta universidad, ciudad o lugares colindantes, que lean o escondan sus heréticos libros, tanto por la ley común como por nuestras cartas procesales.»

Después que la sentencia fuera leída, el obispo mandó que sus cuerpos fueran exhumados de sus sepulcros, y, degradados de sus sagrados órdenes, entregados en manos del brazo secular; porque no les era legítimo a personas tan inocentes, y odiando todo derramamiento de sangre y detestando todo ánimo de homicidio, dar muerte a nadie.

El 6 de febrero, sus cuerpos, dentro de sus ataúdes, fueron llevados al medio de la plaza del mercado den Cambridge, acompañados por una vasta multitud. Se hincó un gran poste en el suelo, al que se ataron los ataúdes con grandes cadenas, fijados por el centro, como si los cadáveres hubieran estado vivos. Cuando el fuego comenzó a ascender y prendió en los ataúdes, se echaron también varios libros condenados a las llamas, para quemarlos. Sin embargo, en el reinado de Elisabet se hizo justicia a la memoria de estos piadosos y eruditos hombres, cuando el señor Ackworth, orador de la universidad, y el señor J. Pilkington, pronunciaron discursos en honor de su memoria, y reprobando a sus perseguidores católicos.

El Cardenal Pole inflingió también su impotente furia contra el cadáver de la mujer de Peter Martyr, que, por orden suya, fue exhumado de su sepultura, y enterrado en un distante estercolero, en parte porque sus huesos estaban cerca de las reliquias de San Fridewide, que había sido anteriormente muy estimado en aquel colegio, y en parte porque quería purificar Oxford de restos heréticos, lo mismo que a Cambridge. Pero en el reinado que siguió, sus restos fueron restaurados a su anterior cementerio, e incluso entremezclados con los del santo católico, para asombro y mortificación absolutos de los discípulos de Su Santidad el Papa.

El Cardenal Pole publicó una lista de cincuenta y cuatro artículos conteniendo instrucciones para el clero de su diócesis de Canterbury, algunos de los cuales son demasiado ridículos y pueriles para excitar en nuestros días otra cosa que la risa.

Persecuciones en la diócesis de Canterbury

En el mes de febrero fueron encerradas en prisión las siguientes personas: R. Coleman, de Waldon, un obrero; Joan Winseley, mujer soltera de Horsley Magna; S. Glover, de Rayley; R. Clerk, de Much Holland, marinero; W. Munt, de Much Bentley, aserrador; Margaret Field, de Ramsey, mujer soltera; R. Bongeor, curtidor; R. Jolley, marinero; Allen Simpson, Helen Ewire, C. Pepper, viuda; Alice Walley (que se retractó); W. Bongeor, vidriero, todos ellos de Colchester; R. Atkin, de Halstead, tejedor; R. Barbock, de Wilton, carpintero; R. George, de Westbarhonlt, obrero; R. Debnam de Debenham, tejedor; C. Warren, de Cocksall, soltera; Agnes Whitlock, de Dover-court, soltera; Rose Allen, soltera; y T. Feresannes, menor, ambos de Colchester.

Estas personas fueron hechas comparecer ante Bonner, que las hubiera hecho ejecutar inmediatamente, pero el Cardenal Pole era partidario de medidas mucho más misericordiosas, y Bonner, en una de sus cartas al cardenal, parece estar consciente de que le había desagradado, porque emplea esta expresión: «Pensé en mandarlos a todos a Fulham, y pronunciar allí sentencia contra ellos; sin embargo, dándome cuenta que en mi última actuación vuestra gracia se ofendió, creí mi deber, antes de proseguir, informar a vuestra gracia.» Esta circunstancia confirma el relato de que el cardenal era una persona con humanidad; y aunque un católico celoso, nosotros, como protestantes, estamos dispuestos a rendirle la honra que merece su carácter misericordioso. Algunos de los acerbos perseguidores lo denunciaron ante el Papa como favorecedor de herejes, y fue llamado a Roma, pero la Reina María, por un ruego particular, logró su permanencia en Inglaterra. Sin embargo, antes del fin de su vida, y poco antes de su último viaje de Roma a Inglaterra, estuvo bajo graves sospechas de favorecer la doctrina de Lutero.

Así como en el último sacrificio cuatro mujeres honraron la verdad, así en el siguiente *auto da fe* tenemos un número semejante de mujeres y de varones que sufrieron el 30 de junio de 1557 en Canterbury, y que se llamaban J. Fishcock, F. White, N. Pardue, Barbary Final, que era viuda, la viuda de Barbridge, la esposa de Wilson y la esposa de Benden.

De este grupo observaremos más particularmente a Alice Benden, mujer de Edward Benden, de Staplehurst, en Kent. Había sido apresada en octubre de 1556 por no asistencia, y liberada con estrictas órdenes de enmendar su conducta. Su marido era un fanático católico, y al hablar en público de la contumacia de su mujer, fue enviada al castillo de Canterbury, donde sabiendo que cuando fuera enviada a la cárcel del obispo sería matada de hambre con una misérrima cantidad de alimentos al día, comenzó a prepararse para este sufrimiento tomando una pequeña cantidad de alimentos al día.

El 22 de enero de 1557, su marido escribió al obispo que si se impidiera que el hermano de su mujer, Roger Hall, la siguiera confortando y ayudando, quizá ella se volvería; por esto fue trasladada a la cárcel llamada Monday's Hole. Su hermano la buscó con diligencia, y al final de cinco semanas, de manera providencial, oyó su voz en una mazmorra, pero no pudo darle otro alivio que poner algo de dinero en una hogaza, y pasándola por medio de un largo palo. Debe haber sido terrible la situación de esta pobre víctima, yaciendo en paja, entre paredes de piedra, ¡sin cambio de vestido ni los más mínimos requisitos de limpieza durante nueve semanas!

El 25 de marzo fue llamada delante del obispo, que le ofreció la libertad y recompensas si volvía a casa y se sometía. Pero la señora Benden se había habituado al sufrimiento, y mostrándole sus brazos contraídos y su semblante famélico, rehusó apartarse de la verdad. Sin embargo, fue sacada de este negro agujero y llevada a West Gate, de donde fue sacada al final de abril para ser condenada y luego echada en la prisión del castillo hasta el diecinueve de junio, el día en que debía ser quemada. En la estaca dio su pañuelo a un hombre llamado John Banks como memoria; y de la cintura se sacó una puntilla blanca, pidiéndole que se la diera a su hermana, diciéndole que era la última atadura que había llevado, excepto por la cadena; y a su padre le devolvió un chelín que le había enviado.

Estos siete mártires se quitaron la ropa con presteza, y ya preparados se arrodillaron, y oraron con tal fervor y espíritu cristiano que hasta los enemigos de la cruz se sintieron afectados. Después de haber hecho una invocación conjunta, fueron atados a la estaca, y, rodeados de implacables llamas, entregaron sus almas en manos del Señor viviente.

Matthew Plaise, un tejedor y cristiano sincero y agudo, fue llevado delante de Thomas, obispo de Dover, y de otros inquisidores, a los que embromó ingeniosamente con sus respuestas indirectas, de las que lo que sigue es una muestra:

Doctor Harpsfield. Cristo llamó al pan Su cuerpo; ¿qué dices tú que es?

Plaise. Creo que es lo que les dio.

Dr. H. ¿Y qué era?

P. Lo que Él partió.

Dr. H. ¿Y qué partió?

P. Lo que tomó.

Dr. H. ¿Qué tomó?

P. Digo yo que lo que les dio, lo que ciertamente comieron.

Dr. H. Bien, entonces tú dices que era solamente pan lo que los discípulos comieron.

P. Yo digo que lo que él les dio, y que ellos verdaderamente comieron.

Siguió una discusión muy prolongada, en la que le pidieron a Plaise que se humillara ante el obispo; pero a esto rehusó. No se sabe si este valeroso hombre murió en la cárcel, o si fue ejecutado o liberado.

El Rev. John Hullier

El Rev. John Hullier se educó en Eton College, y con el tiempo vino a ser vicario de Babram, a tres millas de Cambridge, y luego fue a Lynn, donde, al oponerse a la superstición de los papistas, fue llevado ante el doctor Thirlby, obispo de Ely, y enviado al castillo de Cambridge; aquí estuvo un tiempo, y luego fue enviado a la prisión de Tolbooth, donde, después de tres meses, fue llevado a la Iglesia de Santa María, y allí condenado por el doctor Fuller. En Jueves Santo fue llevado a la hoguera; mientras se quitaba la ropa, le dijo a la gente que estaba a punto de sufrir por una causa justa, y los exhortó a creer que no había otra roca que Jesucristo sobre la que edificar. Un sacerdote llamado Boyes le pidió entonces al alcaide que lo silenciara. Después de orar, se fue mansamente a la pira, y atado entonces con una cadena y metido en un barril de brea, prendieron fuego a las cañas y a la leña. Pero el viento arrastró el fuego directamente detrás suyo, lo que le hizo orar tanto más fervientemente bajo una severa agonía. Sus amigos pidieron al verdugo que prendiera fuego a los haces con el viento a su cara, lo que fue hecho de inmediato.

Echaron ahora una cantidad de libros al fuego, uno de los cuales (el Servicio de Comunión) atrapó él, lo abrió, y gozosamente lo estuvo leyendo, hasta que el fuego y el humo le privaron de la visión; pero incluso entonces, en ferviente oración, apretó el libro contra su corazón, dando gracias a Dios por darle, en sus últimos momentos, este don tan precioso.

Siendo cálido el día, el fuego ardió violentamente; en un momento determinado, cuando los espectadores pensaban que ya había dejado de existir, exclamó repentinamente: «Señor Jesús, recibe mi espíritu», y con mansedumbre entregó su vida. Fue quemado en Jesus Green, no lejos de Jesus College. Le habían dado pólvora, pero había muerto ya antes que se encendiera. Este piadoso mártir constituyó un singular espectáculo, porque su carne quedó tan quemada desde los huesos, que siguieron erguidos, que presentó la idea de una figura esquelética encadenada a una estaca. Sus restos fueron anhelantemente tomados por la multitud, y venerados por todos los que admiraban su piedad o detestaban el inhumano fanatismo.

Simon Miller y Elizabeth Cooper

En el siguiente mes de julio estos dos recibieron la corona del martirio. Miller vivía en Lynn, y acudió a Norwich, donde, poniéndose a la puerta de una de las iglesias, mientras la gente salía, pidió saber a dónde podría ir para recibir la Comunión. Por esta causa, un sacerdote lo hizo llevar delante del doctor Dunning, que lo hizo encerrar; pero luego le dejaron volver a su casa para que arreglara sus asuntos; después de ello volvió a la casa del obispo, y a su cárcel, donde se quedó hasta el trece de julio, el día en que fue quemado.

Elizabeth Cooper, mujer de un peltrero, de St. Andrews, Norwich, se había retractado; pero atormentada por lo que había hecho por el gusano que nunca muere, poco después se dirigió voluntariamente a su iglesia parroquial durante el tiempo del culto papista, y, puesta en pie, proclamó audiblemente que revocaba su anterior retractación, y advirtió a la gente que evitara su indigno ejemplo. Fue sacada de su casa por el señor Sutton, el alguacil mayor, que muy a regañadientes cumplió la letra de la ley, por cuanto habían sido siervos y amigos en el pasado. En la estaca, la pobre sufriente, sintiendo el fuego, gritó: «¡Oh!», a lo cual el señor Miller, pasando la mano detrás de él hacia ella, la animó a alentarse, «porque (le dijo) buena hermana, tendremos una gozosa y feliz cena.» Alentada por este ejemplo y exhortación, se mantuvo inamovible en la terrible prueba, y demostró, junto a él, el poder de la fe sobre la carne.

Ejecuciones en Colchester

Ya se ha mencionado antes que veintidós personas habían sido enviadas desde Colchester, las cuales, con un ligero sometimiento, habían sido después liberadas. De ellas, William Munt, de Much Bentley, granjero, con su mujer Alice, y Rose Allin, su hija, tras volver a casa, se abstuvieron de ir a la iglesia, lo que indujo al fanático sacerdote a escribir secretamente a Bonner. Durante un cierto tiempo se ocultaron, pero al volver el 7 de marzo, un tal Edmund Tyrrel (pariente del Tyrrel que dio muerte al Rey Eduardo V y a su hermano) entró con oficiales en la casa mientras Munt y su mujer estaban en cama, informándoles que debían ir al castillo de Colchester. La señora Munt estaba entonces muy enferma, y pidió que su hija pudiera darle algo de beber. Rose recibió permiso para ello, y tomó una vela y una jarra; al volver a la casa se encontró con Tyrrel, que le ordenó que aconsejara a sus padres que se volvieran buenos católicos. Rose le informó en pocas palabras que tenían al Espíritu Santo como consejero, y que ella estaba dispuesta a dar su vida por la misma causa. Volviéndose hacia su compañía, les declaró que estaba lista para ser quemada; entonces uno de ellos le dijo que la pusiera a prueba, para ver de qué sería ella capaz en el futuro. El insensible desalmado ejecutó en el acto esta propuesta; tomando a la muchacha por la muñeca, sostuvo la vela encendida bajo su mano, quemándola transversalmente por el dorso, hasta que los tendones se separaron de la carne, durante lo cual la insultó con muchos calificativos denigrantes. Ella soportó imperturbable esta furia, y luego, cuando él hubo terminado la tortura, ella le dijo que comenzara por sus pies o por su cabeza, porque no tenía que temer que su cruel patrono fuera algún día a castigarlo por ello. Después, llevó la bebida a su madre.

Este cruel acto de tortura no está aislado. Bonner había tratado a un pobre arpista de una manera muy semejante, por haber mantenido firmemente la esperanza de que aunque le quemaran todas las articulaciones, no se apartaría de la fe. Con esto, Bonner hizo una señal en secreto a sus hombres para que le trajeran un ascua encendida, que pusieron en la mano de aquel pobre hombre, cerrándosela por la fuerza, hasta que le quemó profundamente en la carne.

George Eagles, un sastre, fue acusado de haber orado que «Dios cambiara el corazón de la Reina María, o que la arrebatara»; la causa ostensible de su muerte fue su religión, porque difícilmente se le podría haber acusado de traición por haber orado por la reforma de un alma tan execrable como la de María. Condenado por este crimen, fue arrastrado sobre un patín al lugar de la ejecución, junto a dos bandidos, que fueron ejecutados con él. Después que Eagles subiera a la escalerilla y hubiera estado colgado por un cierto tiempo, fue despedazado antes de haber quedado en absoluto inconsciente; un alguacil llamado William Swallow lo arrastró entonces al patín, y con un hacha común desafilada le cortó la cabeza torpemente y con varios golpes; de una manera igual de torpe y cruel le abrió el cuerpo en canal y le desgarró el corazón. En medio de todos estos sufrimientos, el pobre mártir no se quejó, sino que clamó a su Salvador. La furia de estos fanáticos no terminó aquí. Sus intestinos fueron quemados, y el cuerpo despedazado, enviándose los cuatro cuartos a Colchester, Harwich, Chelmsford y St. Rouse's. Chelmsford tuvo el honor de retener su cabeza, que fue clavada en una picota en la plaza del mercado. Al cabo de un tiempo fue echada abajo por el viento, y quedó varios días en la calle, hasta que fue sepultada de noche en el patio de la iglesia. El juicio de Dios cayó poco tiempo después sobre Swallow, que en su ancianidad quedó reducido a la mendicidad, y que quedó azotado por una lepra que lo hizo horroroso incluso para los animales; y tampoco escapó a la mano vengadora de Dios Richard Potts, que angustió a Eagles en sus momentos finales.

La señora Lewes

Esta señora era mujer del señor T. Lewes, de Manchester. Había recibido como verdadera la religión romanista, hasta la quema de aquel piadoso mártir que había sido el señor Saunders, de Coventry. Al saber que su muerte surgía de un rechazo a recibir la Misa, comenzó a inquirir en la base de este rechazo, y su conciencia, al comenzar a ser iluminada, comenzó a agitarse y a alarmarse. En esta inquietud, recurrió al señor John Glover, que vivía cerca, y le pidió que le desvelara aquellas ricas fuentes que poseía de conocimiento de los Evangelios, particularmente acerca de la cuestión de la transubstanciación. Consiguió convencerla fácilmente de que la mascarada del papado y de la Misa estaban en contra de la santísima Palabra de Dios, y la reprendió fielmente por seguir excesivamente las vanidades de un mundo malvado. Para ella fue en verdad una palabra oportuna, porque pronto se cansó de su anterior vida de pecado, y resolvió abandonar la Misa y el culto idolátrico. Aunque obligada por la fuerza por su marido a ir a la iglesia, su menosprecio por el agua bendita y por otras ceremonias era tan evidente que fue acusada ante el obispo por menosprecio de los sacramentos.

De inmediato siguió una citación, dirigida a ella, que fue dada al señor Lewes, que, en un arrebato de pasión, puso una daga en el cuello del oficial, y se la hizo comer, después de lo cual le obligó a beber agua para hacerla bajar, y luego lo hizo salir. Pero por esta acción el obispo citó al señor Lewes ante él lo mismo que a su mujer; éste se sometió con presteza, pero ella afirmó resueltamente que al rehusar el agua bendita ni ofendía a Dios ni quebrantaba ninguna de Sus leyes. Fue enviada a casa durante un mes, siendo su marido fiador pecuniario por la comparecencia de ella; durante este tiempo el señor Glover la convenció de la necesidad de hacer lo que hacía no por vanidad, sino por la honra y la gloria de Dios.

El señor Glover y otros exhortaron seriamente a Lewes a perder el dinero que había pagado de fianza antes que mandar a su mujer a una muerte cierta; pero se hizo sordo a la voz de la humanidad, y la entregó al obispo, que pronto halló causa suficiente para enviarla a una inmunda prisión, de donde fue algunas veces sacada para ser sometida a interrogatorios. En el último, el obispo razonó con ella acerca de lo justo que era para ella ir a Misa y recibir como sagrado el Sacramento y los otros sacramentos del Espíritu Santo. «Si estas cosas estuvieran en la Palabra de Dios», le dijo la señora Lewes, «las recibiría de todo corazón, creyéndolas y apreciándolas.» El obispo le contestó con la más ignorante e impía insolencia: «¡Si no quieres creer más que lo que está justificado por las Escrituras, estás en estado de condenación!» Atónita ante esta declaración, esta digna sufriente le replicó con razón que sus palabras eran tan impuras como blasfemas.

Después de ser sentenciada, quedó doce meses encarcelada, no estando dispuesto el alguacil mayor a ejecutarla durante el ejercicio de su cargo, aunque lo acababan de escoger para el mismo. Cuando llegó la orden para su ejecución desde Londres, ella envió a buscar unos amigos, a los que consultó acerca de en qué manera su muerte pudiera ser gloriosa para el nombre de Dios, y perjudicial para la causa de sus enemigos. Sonriendo, dijo: «En cuanto a la muerte, me es poca cosa. Cuando sé que contemplaré la amante faz de Cristo, mi amado salvador, el feo rostro de la muerte no me preocupa demasiado.» La víspera antes de sufrir, dos sacerdotes deseaban vivamente visitarla, pero ella rehusó tanto confesarse a ellos como su absolución, por cuanto podía mantener mejor comunicación con el Sumo Sacerdote de las almas. Hacia las tres de la madrugada, Satanás comenzó a lanzar sus dardos encendidos, poniéndole dudas en su mente acerca de si había sido escogida para vida eterna, y si Cristo había muerto por ella. Sus amigos le señalaron con presteza aquellos pasajes consoladores de la Escritura que consuelan al corazón fatigado, y que tratan del Redentor que quita los pecados del mundo.

Hacia las ocho, el alguacil mayor le anunció que tenía sólo una hora de vida; al principio se sintió abatida, pero pronto se repuso, y le dio gracias a Dios de que su vida pronto iba a ser dedicada en Su servicio. El alguacil mayor dio permiso a dos amigos para que la acompañaran a la estaca, indulgencia ésta por la que luego fue severamente tratado; al ir hacia el lugar casi se desmayó, debido a la distancia, su gran debilidad y la multitud que se apiñaba. Tres veces oró fervientemente que Dios librara a la tierra del papismo y de la idolátrica Misa; y la mayoría de la gente, así como el alguacil mayor, dijeron Amén.

Cuando hubo orado, tomó una copa (que había sido llenada con agua para refrescarla), y dijo: «Bebo para todos aquellos que sin fingimiento aman el Evangelio de Cristo, y brindo por la abolición del papado.» Sus amigos, y muchas mujeres del lugar, bebieron con ella, por lo que a la mayoría de ellas se les impusieron penitencias.

Cuando fue encadenada a la estaca, su rostro estaba alegre, y el rubor de sus mejillas no se desvaneció. Sus manos estuvieron extendidas hacia el cielo hasta que el fuego las dejó sin fuerzas, cuando su alma fue recibida en los brazos del Creador. La duración de su agonía fue breve, porque el alguacil, por petición de sus amigos, había preparado una leña tan buena que en pocos minutos quedó abrumada por el humo y las llamas. El caso de esta mujer hizo brotar lágrimas de compasión de todos aquellos cuyo corazón no estaba encallecido.

Ejecuciones en Islington

Hacia el diecisiete de septiembre sufrieron en Islington los siguientes cuatro confesores de Cristo: Ralph Allerton, James Austoo, Margery Austoo, y Richard Roth.

James Austoo y su mujer, de Allhallows, en Barking, Londres, fueron sentenciados por no creer en la presencia. Richard Roth rechazó los siete sacramentos, y fue acusado de ayudar a los herejes por la siguiente carta, escrita con su propia sangre, y que había querido enviar a sus amigos en Colchester:

«Queridos hermanos y hermanas:

»¡Cuánta más razón tenéis para regocijaros en Dios por haberos dado tal fe para sobreponeros hasta ahora a este sanguinario tirano! Y es indudable que Aquel que ha comenzado la buena obra en vosotros, la llevará a su consumación hasta el fin. Oh queridos corazones en Cristo, ¡qué corona de gloria recibiréis con Cristo en el reino de Dios! ¡Pluguiera a Dios que hubiera estado listo para ir con vosotros; porque estoy de día en incomodidad, suministrada por el alcaide; y de noche yazco en la carbonera, apartado de Ralph Allerton o de cualquier otro; y esperamos cada día cuándo seremos condenados; porque él dijo que sería quemado en el período de diez días antes de la Pascua; sigo estando en el borde del estanque, y cada uno entra antes que yo; pero esperamos pacientemente la voluntad del Señor, con muchas cadenas, en hierros y cepos, por los que hemos recibido gran gozo de Dios. Y ahora que os vaya bien, queridos hermanos y hermanas, en este mundo, pero espero veros en el cielo cara a cara.

»¡Oh, hermano Munt, con tu mujer y tu hermana Rose, cuán bienaventurados sois en el Señor, que os haya encontrado dignos de padecer por Su causa!, y ello con todo el resto mis queridos hermanos y hermanas, conocidos o desconocidos. Gozaos hasta la muerte. No temáis, dijo Cristo, porque yo he vencido a la muerte. Oh, querido corazón, viendo que Jesucristo será nuestra ayuda, espera hasta que a Él le plazca. Sed fuertes, que se alienten vuestros corazones, y esperad quedos al Señor. Él está cerca. Sí, el ángel del Señor planta Su tienda alrededor de los que le temen, y los libra de la manera que mejor le parece. Porque nuestras vidas están en manos del Señor, y no nos pueden hacer nada si el Señor no se lo permite. Por ello dad todos gracias a Dios.

»Oh, queridos corazones, seréis revestidos de largos ropajes blancos en el monte Sión, con la multitud de los santos, y con Jesucristo nuestro Salvador, que jamás os desamparará. O bienaventuradas vírgenes, habéis jugado el papel de vírgenes prudentes al haber tomado aceite en vuestras lámparas, para poder entrar con el Esposo, cuando venga, para el gozo eterno con Él. Pero en cuanto a las insensatas, les será cerrada la puerta, porque no se dispusieron a sufrir con Cristo, ni a llevar Su cruz. Oh queridos corazones, ¡cuán preciosa será vuestra muerte a los ojos del Señor!, porque preciosa le es la muerte de Sus santos. Que os vaya bien, y seguid orando. Sea con vosotros la gracia de nuestro Señor Jesucristo. Amén, Amén. ¡Orad, orad, orad!

»Escrito por mí, con mi propia sangre,

»RICHARD ROTH.»

Esta carta, en la que se denominaba con tanta justicia a Bonner como «sanguinario tirano», no era probable que excitara su compasión. Roth le acusó de llevarlo a interrogar secretamente y de noche, porque tenía miedo de día a la gente. Resistiéndose a todas las tentaciones de retractarse, fue condenado, y el 17 de septiembre de 1557 estos cuatro mártires murieron en Islington, por el testimonio del Cordero, que fue inmolado para que ellos pudieran ser de los redimidos de Dios.

John Noyes, un zapatero, de Laxfield, Suffolk, fue llevado a Eye, y a la medianoche del 21 de septiembre de 1557 fue llevado de Eye a Laxfield para ser quemado. A la mañana siguiente fue llevado a la estaca, preparada para el horrendo sacrificio. El señor Noyes, al llegar al lugar fatal, se arrodilló, oró y recitó el Salmo Cincuenta. Cuando la cadena le rodeó, dijo: «¡No temáis a los que matan el cuerpo, sino temed a aquel que puede matar cuerpo y alma, y echarlos en fuego eterno!» Mientras un tal Cadman le ponía un haz de leña sobre él, bendijo la hora en que había nacido para morir por la verdad; y mientras se confiaba sólo en los méritos todosuficientes del Redentor, prendieron fuego a la pira, y en poco tiempo el fuego devorador apagó sus últimas palabras: «¡Señor, ten misericordia de mí! ¡Cristo, ten misericordia de mí!» Las cenizas de su cuerpo fueron sepultadas en un hoyo, y con ellas uno de sus pies, entero hasta el tobillo, con el calcetín puesto.

La señora Cicely Ormes

Esta joven mártir, de veintidós años de edad, estaba casada con el señor Edmund Ormes, tejedor de estambre de St. Lawrence, Norwich. Al morir Miller y Elizabeth Cooper, antes mencionados, ella dijo que quería compartir la misma copa de la que ellos habían bebido. Por estas palabras, fue llevada al canciller, que la habría liberado bajo su promesa de ir a la iglesia y de guardarse sus creencias para sí misma. Como ella no estaba dispuesta a consentir en esto, el canciller la apremió diciendo que le había mostrado más indulgencia a ella que a nadie porque era una mujer ignorante e insensata; a estas palabras contestó ella (quizá con mayor agudeza de la que él esperaba) que por grande que fuera el deseo de él de dar perdón a su pecaminosa carne, que no podría igualarse al deseo de ella de ofrecerla en una pelea de tanta importancia. El canciller pronunció entonces la sentencia condenatoria, y el 23 de septiembre de 1557 fue llevada a la estaca, a las ocho de la mañana.

Después de proclamar su fe ante la gente, puso la mano sobre la estaca, y dijo: «Bienvenida, cruz de Cristo.» Su mano quedó llena de hollín al hacer esto (porque era la misma estaca en la que habían sido quemados Miller y Cooper), y al principio se la limpió; pero inmediatamente después la volvió a acoger y se abrazó a ella como la «dulce cruz de Cristo.» Después que los verdugos hubieran encendido el fuego, dijo: «Engrandece mi alma al Señor; y mi espíritu se alegró en Dios mi Salvador.» Luego, cruzando sus manos sobre su pecho, y mirando arriba con la mayor serenidad, soportó el ardiente fuego. Sus manos siguieron levantándose gradualmente hasta que quedaron secos los tendones, y luego cayeron. No pronunció exclamación alguna de dolor, sino que entregó su vida, un emblema de aquel paraíso celestial en el que está la presencia de Dios, bendito por los siglos.

Se podría mantener que esta mártir buscó voluntariamente su propia muerte, por cuanto el canciller apenas si le exigió otra penitencia que la de guardarse sus creencias para sí; pero parece en este caso como si Dios la hubiera escogido como luz resplandeciente, porque doce meses antes de ser apresada se había retractado; pero se sintió muy desgraciada hasta que el canciller fue informado, por medio de una carta, que se arrepentía de su retractación desde lo más hondo de su corazón. Como si para compensar por su anterior apostasía y para convencer a los católicos de que no tenía ya más intención de entrar en componendas por su seguridad personal, rehusó abiertamente su amistoso ofrecimiento de permitirla contemporizar. Su valor en tal causa merece encomio; era la causa de Aquel que dijo: «El que se avergonzare de mí en la tierra, de él me avergonzaré yo en el cielo.»

El Rev. John Rough

Este piadoso mártir era escocés. A los diecisiete años entró a formar parte de la orden de los Frailes Negros en Stirling, en Escocia. Había sido excluido de una herencia por sus amigos, y tomó este paso como venganza por la conducta de ellos. Después de haber estado allá dieciséis años, sintiendo simpatía por él Lord Hamilton, conde de Arran, el arzobispo de St. Andrews indujo al provincial de la casa a que dispensara de su hábito y orden; y así vino a ser el capellán del conde. Permaneció en este empleo espiritual durante un año, y en aquel tiempo Dios lo llevó al conocimiento salvador de la verdad; por esta razón el conde lo envió a predicar en la libertad de Ayr, donde quedó por cuatro años; pero al ver que se cernía el peligro debido a las características religiosas de la época, y sabiendo que había mucha libertad para el Evangelio en Inglaterra, se dirigió al duque de Somerset, entonces Lord Protector de Inglaterra, que le concedió un salario anual de veinte libras, y le autorizó a predicar en Carlisle, Berwick, y en Newcastle, donde se casó. Fue luego enviado a una rectoría en Hull, donde permaneció hasta la muerte de Eduardo VI.

Como consecuencia de la marea de persecución que entonces se abatía, huyó con su mujer a Frisia, y a Nordon, donde se ocuparon en tejer medias, gorros, etc., para ganarse la vida. Estorbados en esta actividad por falta de materiales, se llegó a Inglaterra para procurarse una cantidad, y el 10 de noviembre llegó a Londres, donde pronto supo de una sociedad secreta de fieles, a la que se unió, y de la que pronto fue escogido ministro, ocupación en la que los fortaleció en toda buena resolución.

El 12 de diciembre, por denuncia de uno llamado Taylor, miembro de la sociedad, fue apresado un miembro de la sociedad, llamado Rough, con Cuthbert Symson y otros, en Saracen's Head, Islington, donde celebraban sus servicios religiosos bajo la cubierta de ir a ver una función. El vice-chambelán de la reina llevó a Rough y a Symson ante el Consejo, en presencia del cual fueron acusados de reunirse para celebrar la Comunión. El Consejo escribió a Bonner, y éste no perdió el tiempo en este sanguinario asunto. En tres días lo tuvo delante de él, y al siguiente (el veinte) decidió condenarlo. Las acusaciones en contra de él era que siendo sacerdote estaba casado, y que había rechazado el servicio en lengua latina. Rough no carecía de argumentos para contestar a estas endebles acusaciones. En resumen, fue degradado y condenado.

Se debería observar que el señor Rough, cuando estaba en el norte, había salvado la vida al doctor Watson durante el reinado de Eduardo, y éste estaba sentado con el Obispo Bonner en el tribunal. Este ingrato prelado, como recompensa por la bondad recibida, acusó abiertamente al señor Rough de ser el más pernicioso hereje del país. El piadoso ministro lo reprendió por mostrar un espíritu tan malicioso; afirmó que durante sus treinta años de vida nunca había doblegado la rodilla ante Baal; y que dos veces en Roma había visto al Papa llevado a hombros de hombres con el falsamente llamado Sacramento delante de él, presentando una verdadera imagen del mismísimo Anticristo; y que sin embargo le mostraban más reverencia a él que a la hostia, que ellos consideraban su Dios. «¡Ah!», le dijo Bonner, levantándose y dirigiéndose a él, como si le quisiera desgarrar las ropas. «¿Has estado en Roma, y visto a nuestro santo padre el Papa, y le blasfemas de esta manera?» Dicho esto, se lanzó sobre él, le desgarró un trozo de la barba, y para que el día comenzara para satisfacción suya, ordenó que el objeto de su ira fuera quemado a las cinco media de la siguiente mañana.

Cuthbert Symson

Pocos confesores de Cristo exhibieron más actividad y celo que esta excelente persona. No sólo trabajó por preservar a sus amigos del contagio del papismo, sino que también se esforzó por guardarlos de los terrores de la persecución. Era diácono de la pequeña congregación sobre la que presidía como ministro el señor Rough.

El señor Symson ha escrito una narración de sus propios sufrimientos, que no puede detallar mejor que en sus propias palabras.

«El trece de diciembre de 1557 fue enviado por el Consejo a la Torre de Londres. Al siguiente jueves fui llamado al cuerpo de guardia delante del alcaide de la Torre y del archivero de Londres, el señor Cholmly, que me mandaron que les diera los nombres de los que acudían al servicio en inglés. Les contesté que no iba a declarar nada, y como consecuencia de mi rechazo me pusieron sobre un potro de tormento de hierro, me parece que por espacio de tres horas.

»Luego me preguntaron si estaba dispuesto a confesar; les respondí como antes. Después de desatarme, me devolvieron a mi celda. El domingo después fui llevado de nuevo al mismo lugar, ante el teniente y archivero de Londres, y me sometieron a interrogatorio. Y les respondí ahora como antes. Entonces el teniente juró por Dios que yo confesaría; después de ello me ataron juntos mis dos dedos índices, y pusieron entre ambos una pequeña flecha, y la arrancaron tan rápidamente que manó la sangre, y se rompió la flecha.

»Después de aguantar dos veces más el potro del tormento, fui vuelto a llevar a mi celda, y diez días después el teniente me preguntó si estaba dispuesto ahora a confesar lo que antes me había preguntado. Le respondí que ya había dicho todo lo que iba a decir. Tres semanas después fui enviado al sacerdote, donde fui gravemente asaltado, y de manos de quien recibí la maldición del Papa, por dar testimonio de la resurrección de Cristo. Y así os encomiendo a Dios y a la Palabra de Su gracia, con todos aquellos que invocan sin fingimientos el nombre de Jesús; pidiendo a Dios por Su misericordia infinita, por los méritos de Su amado Hijo Jesucristo, que nos dé entrada en Su Reino eterno. Amén. Alabo a Dios por Su gran misericordia que nos ha mostrado. Cantad Hosana al Altísimo junto a mí, Cuthbert Symson. ¡Que Dios perdone mis pecados! ¡Pido perdón a todo el mundo, y a todo el mundo perdono, y así abandono el mundo, en la esperanza de una gozosa resurrección!»

Si se considera atentamente esta narración, ¡qué imagen tenemos de repetidas torturas! Pero incluso la crueldad de la narración queda excedida por la paciente mansedumbre con la que fueron soportadas. No aparecen expresiones maliciosas, ni invocaciones siquiera a la justicia retributiva de Dios, ni una queja por sufrir sin causa. Al contrario, lo que pone fin a esta narración es la alabanza a Dios, perdón de pecado, y un perdón a todo el mundo.

La firme frialdad de este mártir llevó a Bonner a la admiración. Hablando de Symson en el consistorio, dijo: «Veis que persona más apacible es, y luego, hablando de su paciencia, yo diría, si no fuera un hereje, que es la persona de la más grande paciencia que jamás he tenido delante de mí. Tres veces en un día ha sido puesto en la Torre al potro del tormento; también ha sufrido en mi casa, y todavía no he visto rota su paciencia.»

El día antes que fuera condenado este piadoso diácono, encontrándose en el cepo en la carbonera del obispo, tuvo una visión de una forma glorificada, que le fue de gran aliento. De esto testificó a su mujer, a la señora Austen, y a otros, antes de su muerte.

Junto a este adorno de la Reforma Cristiana fueron prendidos el señor Hugh Foxe y John Devinish; los tres fueron traídos ante Bonner el 19 de marzo de 1558, y se les pusieron delante los artículos papistas. Los rechazaron, y fueron por ello condenados. Así como adoraban juntos en la misma sociedad, en Islington, así sufrieron juntos en Smithfield, el 28 de marzo; en la muerte de ellos fue glorificado el Dios de Gracia, y confirmados los verdaderos creyentes.

Thomas Hudson, Thomas Carman y William Seamen

Estos fueron condenados por un fanático vicario de Aylesbury llamado Berry. El lugar de la ejecución se llamaba Lollard's Pit, fuera de Bishopsgate, en Norwich. Después de unirse en humilde ruego ante el trono de la gracia, se levantaron, fueron a la estaca, y fueron rodeados con sus cadenas. Para gran sorpresa de los espectadores, Hudson se deslizó de debajo de sus cadenas y se dirigió al frente. Prevaleció la idea entre la multitud de que estaba a punto de retractarse; otros pensaron que quería pedir más tiempo. Mientras tanto, sus compañeros en la estaca le apremiaron todas las promesas de Dios y con exhortaciones para sostenerlo. Pero las esperanzas de los enemigos de la cruz se vieron frustradas; aquel buen hombre, lejos de temer el más pequeño terror ante las fauces cada vez más cercanas de la muerte, estaba sólo alarmado por el hecho de que parecía que la faz de su Señor se le ocultaba. Cayendo sobre sus rodillas, su espíritu luchó con Dios, y Dios verificó las palabras de Su Hijo: «Pedid, y recibiréis.» El mártir se levantó con un gozo extasiado, y exclamó: «¡Ahora, gracias doy a Dios, estoy fuerte; y no temo lo que me haga el hombre!» Con un rostro sereno se volvió a poner bajo la cadena, uniéndose a sus compañeros de suplicio, y con ellos sufrió la muerte, para consolación de los piadosos y confusión del Anticristo.

Berry, sin sentirse saciado por su diabólica acción, convocó a doscientas personas en la ciudad de Aylesham, a las que obligó a arrodillarse en Pentecostés ante la cruz, e inflingió otros castigos. Golpeó a un pobre hombre por una palabra sin importancia, empleando un mayal, golpe que fue mortal. También le dio un puñetazo tal a una mujer llamada Alice Oxes, al verla entrar en el vestíbulo en un momento en que él estaba irritado, que la mató. Este sacerdote era rico, y tenía gran autoridad. Era un réprobo, y, como sacerdote, se abstenía del matrimonio, para gozarse tanto más de una vida corrompida y licenciosa. El domingo después de la muerte de la Reina María estaba de orgía con una de sus concubinas, antes de las vísperas; luego fue a la iglesia, administró un bautismo, y se dirigía de vuelta a su lascivo pasatiempo, cuando fue golpeado por la mano de Dios. Sin tener un momento de oportunidad para arrepentirse, cayó al suelo, y sólo se le permitió exhalar un gemido. En él podemos ver la diferencia entre el fin de un mártir y el de un perseguidor.

La historia de Roger Holland

En un cercado retirado cerca de un campo en Islington se había reunido un grupo de alrededor de cuarenta personas honradas. Mientras se dedicaban religiosamente a la lectura y exposición de las Escrituras, veintisiete de ellas fueron llevadas ante Sir Roger Cholmly. Algunas de las mujeres escaparon, y veintidós fueron llevados a Newgate, quedando en cárcel siete semanas. Antes de ser interrogados fueron informados por el guarda, Alexander, que lo único que precisaban para ser liberados era oír Misa. Por fácil que pueda parecer esta condición, estos mártires valoraban más la pureza de sus conciencias que la pérdida de la vida o de sus propiedades; por ello, trece fueron quemados, siete en Smithfield y seis en Brentwood; dos murieron en prisión, y los otros siete fueron preservados providencialmente. Los nombres de los siete que sufrieron en Smithfield eran H. Pond, R. Estland, R. Southain, M. Ricarby, J. Floyd, J. Holiday, y Roger Holland. Fueron enviados a Newgate el 16 de julio de 1558, y ejecutados el veintisiete.

Este Roger Holland, un mercader y sastre de Londres, fue primero aprendiz de un tal maestro Kempton, en Black Boy en Watling St., dándose a la danza, esgrima, el juego, los banqueteos y las malas compañías. Una vez recibió para su patrón una cierta cantidad de dinero, treinta libras, y lo perdió todo jugando a los dados. Por ello se propuso fugarse al otro lado del mar, bien a Francia, o a Flandes.

Con esta decisión, llamó temprano por la mañana a una discreta criada de la casa que se llamaba Elizabeth, que profesaba el Evangelio, y que vivía una vida digna de esta profesión. A ella le reveló la pérdida que había sufrido por su insensatez, lamentando no haber seguido su consejos, y rogándole que le diera a su amo una nota autógrafa en la que reconocía su deuda, que pagaría si le era alguna vez posible; también le rogaba que mantuviera secreta su vergonzosa conducta, para no llevar los cabellos canos de su padre con dolor a una sepultura prematura.

La criada, con una generosidad y unos principios cristianos raramente sobrepasados, consciente de que su imprudencia podría ser su ruina, le dio treinta libras, que era parte de una suma que recientemente había recibido por un testamento. «Aquí tienes el dinero que necesitas: toma tú el dinero, y yo me quedo con la nota; pero con esta expresa condición: que abandones tu vida lasciva y llena de vicio; que ni jures ni hables obscenamente, y que dejes de jugar; porque si haces tal cosa, enseñaré de inmediato esta nota a tu patrón. También quiero que me prometas asistir a la prédica diaria en Todos Santos, y el sermón en San Pablo cada domingo; que tires todos tus libros papistas, y que en lugar de ellos pongas el Nuevo Testamento y el Libro de Culto, y que leas las Escrituras con reverencia y temor, pidiendo a Dios Su gracia para que te dirija en su verdad. Ora también fervientemente a Dios que perdone tus anteriores pecados, y que no recuerde los pecados de tu juventud; y que de Su favor recibas el temor de quebrantar Sus leyes o de ofender Su majestad. Así te guardará Dios y te concederá el deseo de tu corazón.» Tenemos que honrar la memoria de esta excelente criada, cuyos piadosos esfuerzos estaban igualmente dirigidos a beneficiar al irreflexivo joven en este vida y en la venidera. Dios no permitió que el deseo de esta excelente criada se perdiera en un suelo estéril; al cabo de medio año el licencioso Holland se transformó en un celoso confesor del Evangelio, y fue instrumento para la conversión de su padre y de otros a los que visitó en Lancashire, para consuelo espiritual de ellos y reforma y salida del papismo.

Su padre, complacido con su cambio de conducta, le dio cuarenta libras para que comenzara su negocio en Londres.

Luego Roger volvió a Londres, y fue a la criada que le había dejado el dinero para pagar a su patrón, y le dijo: «Elizabeth, aquí está el dinero que me prestaste;

y por la amistad, buena voluntad y buen consejo que he recibido de ti no puedo pagarte más que haciendo de ti mi esposa.» Y poco después se casaron, lo que tuvo lugar en el primer año de la Reina María.

Después de esto permaneció en las congregaciones de los fieles, hasta que fue apresado, junto con los otros seis mencionados.

Y después de Roger Holland, nadie más sufrió en Smithfield por el testimonio del Evangelio; gracias sean dadas a Dios.

Flagelaciones administradas por Bonner

Cuando este cruel católico vio que ni las persuasiones, ni las amenazas y la prisión podían producir alteración alguna en la mente de un joven llamado Thomas Hinshaw, lo mandó a Fulham, y durante la primera noche lo puso en el cepo, sin otro alimento que pan y agua. A la mañana siguiente fue a ver si este castigo había llevado a cabo algún cambio en su mente, pero al ver que no, envió a su arcediano, el doctor Harpsfield, para conversar con él. El doctor pronto perdió el humor ante sus contestaciones, lo tildó de rencilloso, y le preguntó si se daba cuenta de que con tal actitud iba a condenar su alma. «De lo que estoy seguro,» le dijo Thomas, «es de que os dedicáis a promover el tenebroso reino del mal, no el amor a la verdad.» Estas palabras las transmitió el doctor al obispo, que con una pasión que casi le impedía articular las palabras, le dijo: «¿¡Así contestas tú a mi arcediano, chico perverso!? ¡Pues sabe que voy a domeñarte!» Le trajeron entonces dos ramas de sauce, y haciendo que el chico, que no opuso resistencia alguna, se arrodillara frente a un largo banco en una enramada de su jardín, lo azotó hasta que se vio obligado a cesar por faltarle el aliento y estar agotado. Una de las varas quedó totalmente destrozada.

Muchos otros sufrimientos conflictos padeció Hinshaw a manos del obispo; éste, al final, para eliminarlo, se consiguió falsos testigos que presentaran falsas acusaciones contra él, todas las cuales el joven negó, y, en resumen, se negó a responder a ningún interrogatorio que le hicieran. Quince días después de esto, el joven fue atacado por unas fiebres ardientes, y a petición de su patrón, el señor Pugson, del patio de la iglesia de San Pablo, fue sacado, no dudando el obispo que le había procurado la muerte de manera natural; sin embargo, permaneció enfermo durante más de un año, y durante este tiempo murió la Reina María, por el cual acto de la Providencia escapó a la furia de Bonner.

John Willes fue otra fiel persona sobre la que cayeron los azotes de Bonner. Era hermano de Richard Willes, ya mencionado, que fue quemado en Brentford. Hinshaw y Willes fueron encerrados juntos en la carbonera de Bonner, y luego llevados a Fulham, donde él y Hinshaw permanecieron durante ocho o diez días en cepos. El espíritu perseguidor de Bonner se manifestó en el trato que le propinó a Willes durante sus interrogatorios, golpeándole frecuentemente en la cabeza con un palo, agarrándolo por las orejas y golpeándolo debajo del mentón, diciendo que bajaba la cabeza como un bandido. Al no conseguir con esto ningún indicio de retractación, lo llevó a su arboleda, y allí, bajo una enramada, lo azotó hasta que quedó agotado. Esta cruel ferocidad la suscitó una respuesta del pobre sufriente, que al preguntársele cuanto tiempo hacía que no había acudido de rodillas ante el crucifijo, dijo que «no lo he hecho desde la edad de la razón, ni lo haré aunque me despedacen con caballos indómitos.» Bonner entonces le mandó que se hiciera la señal de la cruz sobre la frente, lo cual rehusó hacer, y entonces lo llevó a la arboleda.

Un día, mientras Willes estaba en el cepo, Bonner le preguntó que tal le gustaba su alojamiento y comida. «Bien me iría,» repuso él, «tener algo de paja sobre la que sentarme o echarme.» Justo entonces entró la mujer de Willes, entonces en avanzado estado de gestación, rogándole al obispo por su marido, y diciéndole valientemente que pariría allí si no se le permitía a su marido acompañarla a su propia casa. Para librarse de la importunidad de la buena mujer, y de los problemas de una parturienta en su palacio, le dijo a Willes que hiciera la señal de la cruz y que dijera: *In nomine Patris, et Filii, et Spiritus Sancti*, Amén. Willes omitió la señal, y repitió las palabras: «En nombre del Padre, y del Hijo, y del Espíritu Santo, Amén.» Bonner quiso que repitiera las palabras en latín, a lo que Willes no puso objeción, al conocer el significado de las palabras. Luego le permitió que se fuera a su casa con su mujer, estando encargado su pariente Robert Rouze de llevarlo a San Pablo al día siguiente, a donde fue por sí mismo, y firmando un intrascendente documento latino, fue dejado en libertad. Él era el último de los veintidós apresados en Islington.

El Rev. Richard Yeoman

Este devoto anciano era vicario del doctor Taylor, en Hadley, y estaba sumamente calificado para su sagrada función. El doctor Taylor le dejó la vicaría al irse, pero tan pronto como el señor Newall recibió el cargo depuso al señor Yeoman, poniendo en su lugar a un sacerdote romanista. Después de esto, el señor Yeoman fue de lugar en lugar, exhortando a todos los hombres a mantenerse firmes en la Palabra de Dios, a darse fervorosamente a la oración, con paciencia para sobrellevar la cruz que ahora se ponía sobre ellos para su prueba, con valor para confesar la verdad delante de sus adversarios, y con una esperanza firme para esperar la corona y la recompensa de la dicha eterna. Pero cuando vio que sus adversarios estaban acosándole, se dirigió a Kent, y con un pequeño paquete de encajes, agujas, corchetes y otras piezas fue de pueblo en pueblo, vendiendo estos artículos, y subsistiendo de esta manera y manteniendo a su mujer y a sus hijos.

Finalmente, el juez Moile, de Kent, apresó al señor Yeoman, y lo puso en el cepo un día y una noche; pero, no teniendo nada concreto de qué acusarlo, lo dejó libre. Volviendo él en secreto a Hadley, se quedó con su pobre mujer, que lo ocultó en una cámara del ayuntamiento, llamado el Guildhall, durante más de un año. Durante este tiempo el buen anciano padre pasaba los días encerrado en una estancia todo el día, pasando su tiempo en devota oración, en la lectura de las Escrituras y en cardar la lana que su mujer hilaba. Su mujer también pedía pan para ella y sus hijos, y con estos precarios medios se sustentaban. Así, los santos de Dios padecían hambre y miseria, mientras que los profetas de Baal vivían en banqueteos y eran costosamente agasajados a la mesa de Jezabel.

Al ser dada información a Newall finalmente de que Yeoman estaba siendo escondido por su mujer, éste acudió, asistido por soldados, y violentó la estancia donde estaba el objeto de su búsqueda, en cama con su mujer. Reprochó a la pobre mujer de ser una ramera, y hubiera arrancado las ropas de la cama de manera indecente, pero Yeoman resistió tanto este acto de violencia como el ataque contra el buen carácter de su mujer, añadiendo que desafiaba al Papa y al papismo. Fue luego sacado fuera y puesto en el cepo hasta que se hizo de día.

En la jaula en que fue puesto estaba también un anciano llamado John Dale, que había estado allí tres o cuatro días, por haber exhortado al pueblo durante el tiempo en que Newall y su vicario estaban celebrando la liturgia. Sus palabras fueron: «¡Oh guías ciegos y miserables! ¿Vais a ser siempre ciegos guías de ciegos? ¿No vais a corregiros nunca? ¿No querréis ver la verdad de la Palabra de Dios? ¿No entrarán en vuestros corazones ni las amenazas ni las promesas de Dios? ¿No suavizará la sangre de los mártires vuestras pétreas entrañas? ¡Ah, generación endurecida, de duro corazón, perversa y torcida, a la que nada puede hacer bien!»

Estas palabras las pronunció en el fervor de su espíritu contra la supersticiosa religión de Roma; por ello, Newall lo hizo apresar en el acto, y puesto en el cepo en una jaula, donde fue guardado hasta que llegó el juez Sir Henry Doile, a Hadley.

Cuando Yeoman fue tomado, el párroco le pidió apremiantemente a Sir Henry Doile que enviara a ambos a prisión. Sir Henry Doile le pidió igual de apremiante que considerara la edad de los hombres, y su mísera condición; no eran ni personas destacadas, ni predicadores; por ello le propuso que los dejara castigados uno o dos días, y soltarlos, al menos a John Dale, que no era sacerdote, y que por ello, como había estado ya tanto tiempo en la jaula, consideraba que era ya un castigo suficiente para su edad. Cuando el párroco oyó esto, montó en cólera, y fuera de sí de rabia los llamó herejes pestíferos, indignos de vivir en un estado cristiano.

Temiendo Sir Henry mostrarse demasiado misericordioso, Yeoman y Dale fueron maniatados, atados como bandidos con sus piernas bajo los vientres de caballos, y llevados a la cárcel de Bury, donde fueron cargados de hierros; y debido a que de continuo reprendían el papismo, fueron metidos en la mazmorra más profunda, donde John Dale, por la enfermedad carcelaria y los malos tratos, murió poco tiempo después. Su cadáver fue echado fuera y sepultado en los campos. Murió a los sesenta y seis años. Su profesión era tejedor, y era buen conocedor de las Sagradas Escrituras, y firme en su confesión de las verdaderas doctrinas de Cristo tal como habían sido expuestas en tiempos del Rey Eduardo. Por ellas padeció prisión y cadenas, y desde esta cárcel terrena partió para estar con Cristo en la gloria eterna, y el bendito paraíso de la felicidad que no conoce fin.

Después de la muerte de Dale, Yeoman fue llevado a la cárcel de Norwich, donde, tras sufrir un tratamiento muy duro, fue interrogado acerca de su fe, y se le exigió que se sometiera al santo padre el Papa. «Lo reto (dijo él), y desafío todas sus detestables abominaciones; no voy a tener nada que ver con él en absoluto.» Las principales acusaciones de que fue objeto fueron su matrimonio y su rechazo del sacrificio de la Misa. Al verlo que continuaba firme en la verdad, fue condenado, degradado y no sólo quemado, sino también muy cruelmente atormentado en el fuego. Así terminó él esta pobre y mísera vida, y entró en el bienaventurado seno de Abraham, gozando con Lázaro de aquel reposo que Dios ha dispuesto para Sus elegidos.

Thomas Bendridge

El señor Benbridge era un caballero soltero, en la diócesis de Winchester. Hubiera podido vivir una vida desahogada, en las ricas posesiones de este mundo; pero prefirió antes entrar por la estrecha puerta de la persecución a la posesión celestial de la vida en el Reino del Señor, que gozar de placeres presentes con la conciencia agitada. Manteniéndose valerosamente frente a los papistas por la defensa de la sincera doctrina del Evangelio de Cristo, fue prendido como adversario de la religión romanista, y llevado a ser interrogado ante el obispo de Winchester, donde sufrió varios conflictos por la verdad contra el obispo y su colega. Fue por ello condenado, y algún tiempo después conducido al lugar del martirio por Sir Richard Pecksal, alguacil mayor.

Cuando llegó a la estaca comenzó a desatarse las lazadas de su ropa y a prepararse; luego le dio su capa al guarda, a modo de pago. Su justillo llevaba encaje de oro, y lo dio a Sir Richard Pecksal, el alguacil mayor. Se quitó el gorro de terciopelo de la cabeza, y lo echó lejos. Luego, elevando su mente al Señor, se dedicó a la oración.

Cuando fue encadenado a la estaca, el doctor Seaton le rogó que se retractara, y que tendría el perdón; pero cuando vio que nada lo movía, le dijo a la gente que no oraran por él a no ser que quisiera retractarse, como tampoco orarían por un perro.

Estando el señor Benbridge, de pie junto a la estaca y con las manos juntas a la manera en que los sacerdotes las sostienen en el *Memento*, volvió a dirigirse a él, exhortándole a que se retractara, y a él le respondió: «¡Fuera, fuera, Babilonia!» Uno que estaba cerca dijo: «¡Señor, cortadle la lengua!» Otro, un seglar, lo maldijo peor que lo había hecho el doctor Seaton.

Cuando vieron que no estaba dispuesto a ceder, mandaron a los atormentadores que encendieran la pira, antes que quedara cubierta del todo con haces de leña. El fuego prendió primero en un trozo de su barba, ante lo que no se inmutó. Luego pasó al otro lado, y prendió en sus piernas y siendo de cuero las medias interiores, hicieron que sintiera el fuego tanto más intensamente, con lo que el intolerable dolor le hizo exclamar: «¡Me retracto!, y echó repentinamente el fuego fuera de él. Dos o tres de sus amigos, que estaban al lado, querían salvarlo; se lanzaron al fuego para ayudar a apagarlo, y por esta bondad fueron encarcelados. El alguacil, también, de su autoridad, lo sacó de la estaca, y mandó llevarlo a la cárcel, por lo que lo que fue mandado a Fleet, y allí estuvo un tiempo. Sin embargo, antes de ser sacado de la estaca, el doctor Seaton escribió unos artículos para que los firmara. Pero el señor Benbridge hizo tales objeciones que el doctor Seaton ordenó que volvieran a poner fuego a la pira. Entonces, con mucho dolor y tristeza de corazón, firmó los mismos sobre la espalda de un hombre.

Hecho esto, le devolvieron su capa, y fue devuelto a la cárcel. Mientras estaba allí, escribió una carta al doctor Seaton, retractándose de aquellas palabras que había dicho en la estaca y de los artículos que había firmado, porque se sentía dolido de haberlos firmado jamás. ¡Que el Señor les de arrepentimiento a sus enemigos!

La señora Prest

Por la cantidad de personas condenadas en este fanático reinado, es casi imposible obtener el nombre de cada mártir, ni detallar la historia de cada uno de ellos con anécdotas y ejemplos de la conducta cristiana. Gracias sean dadas a la Providencia, nuestra cruel tarea comienza a llegar a su fin, con el fin de este reinado de terror papal y de derramamiento de sangre. Los monarcas que se sientan en tronos poseídos por derecho hereditario deberían, más que nadie, considerar que las leyes de la naturaleza son las leyes de Dios, y que por ello la primera ley de la naturaleza es la preservación de sus súbditos. Las tácticas de persecución, de tortura y de muerte deberían dejarlas a aquellos que han alcanzado la soberanía por el fraude o la espada; pero, ¿dónde, excepto entre unos pocos locos emperadores de Roma y los pontífices romanos, encontraremos a nadie cuya memoria esté tan «maldita a una fama eterna» como la de la Reina María? Las naciones lloran la hora que los separa para siempre de un gobernante amado, pero, por lo que respecta al María, fue la hora más bendita de todo su reinado. El cielo ha ordenado tres grandes azotes por pecados nacionales: la plaga, la pestilencia y el hambre. Fue voluntad de Dios en el reinado de María de lanzar un cuarto azote sobre este reino, bajo la forma de persecuciones papistas. Fue un tiempo angustioso, pero glorioso; el fuego que consumió a los mártires ha minado el papado; y los estados católicos, actualmente los más fanáticos y entenebrecidos, son los que se encuentran más bajos en la escala de la dignidad moral y de la relevancia política. ¡Que así permanezcan, hasta que la pura luz del Evangelio disipe las tinieblas del fanatismo y de la superstición! Pero volvamos a nuestro relato.

La señora Prest vivió durante un tiempo en Cornualles, donde tenía a su marido e hijos, cuyo fanatismo la obligaba a frecuentar las abominaciones de la Iglesia de Roma. Resolviendo actuar conforme le dictaba su conciencia, los abandonó y comenzó a ganarse la vida hilando. Después de un tiempo, volviendo a su casa, fue denunciada por sus vecinos, y llevada a Exeter, para ser interrogada ante el doctor Troubleville y por su canciller Blackston. Por cuanto esta mártir era considerada de inferior inteligencia, la pondremos en competición con el obispo, para ver quién tenía un mejor conocimiento conducente a la vida eterna. Al llevar el obispo el interrogatorio a su desenlace acerca del pan y el vino, que él afirmaba eran carne y sangre, la señora Prest dijo: «Os preguntaré yo a vos si podéis negar vuestro credo, que dice que Cristo está perpetuamente sentado a la diestra de Su Padre, en cuerpo y alma, hasta que vuelva; o que Él está en el cielo como nuestro Abogado, para interceder por nosotros ante Dios Su Padre. Si es así, Él no está en la tierra en un trozo de pan. Si Él no está aquí, y si no mora en templos hechos con manos, sino en el cielo, ¿qué?, ¿le buscaremos aquí? Si Él no ofreció Su cuerpo una vez para siempre, ¿por qué hacéis otra nueva ofrenda? Si con una ofrenda lo hizo todo a la perfección, ¿por qué vosotros con una falsa ofrenda lo hacéis todo imperfecto? Si él debe ser adorado en espíritu y en verdad, ¿por qué adoráis un trozo de pan? Si Él es comido y bebido en fe y verdad; si Su carne no es provechosa para estar entre nosotros, ¿por qué decís vosotros que hacéis que Su carne y sangre, diciendo que es provechosa tanto para el cuerpo como para el alma? ¡Ay! Yo soy una pobre mujer, pero antes que hacer lo que decís, prefiero no vivir más. He acabado, señor.»

Obispo. Tengo que decir que eres una protestante a carta cabal. ¿Puedo preguntarte en qué escuela te has educado?

Señora Prest. Los domingos he atendido a los sermones, y en ellos he aprendido las cosas que están tan dentro de mi pecho que la muerte no las separará.

Ob. ¡Ah, mujer insensata! ¿Quién malgastará el aliento contigo, o con las que son como tú? ¿Pero por qué te alejaste de tu marido? Si fueras una mujer honrada, no habrías dejado a tu marido y a tus hijos, para merodear así por el país como una fugitiva.

Sra. P. Señor, he trabajado para vivir; y mi Señor, Cristo, me aconseja que cuando me persigan en una ciudad, huya a la otra.

Ob. ¿Quién te perseguía?

Sra. P. Mi marido y mis hijos. Porque cuando hubiera querido que abandonasen la idolatría y adoraran al Dios del cielo, no me quisieron escuchar, sino que él y sus hijos me reprendieron y me angustiaron. No huí para hacer de ramera, ni para robar, sino porque no quería tener parte con él y los suyos del abominable ídolo de la Misa; y allá donde yo fuera, y tan frecuentemente como pude, en domingos y festividades, daba excusas por no ir a la iglesia papista.

Ob. Pues buena mujer eras, huyendo de tu marido y de la Iglesia.

Sra. P. Quizá no seré una excelente ama de casa; pero Dios me ha dado la gracia de ir a la verdadera Iglesia.

Ob. La verdadera Iglesia: ¿qué quieres decir con eso?

Sra. P. No tu Iglesia papista, llena de ídolos y de abominaciones, sino allí donde hay dos o tres reunidos en el nombre de Dios, a esta Iglesia iré yo mientras viva.

Ob. Parece que quieras tener tu propia iglesia. Bien, que esta mujer sea puesta en prisión hasta que llamemos a su marido.

Sra. P. No, yo sólo tengo un marido, que está ya en esta cárcel y en la cárcel conmigo, y de quien nunca me separaré.

Algunas personas trataron de convencer al obispo de que ella no estaba en sus cabales, y se le permitió irse. El guarda de las cárceles del obispo la acogió en su casa, donde o bien hilaba, trabajando como criada, o bien deambulaba por la calle, hablando acerca del sacramento del altar. Enviaron a buscar a su marido para que se la llevara a casa, pero ella rehusó mientras pudiera servir a la causa de la religión. Era demasiado activa para estar mano sobre mano, y su conversación, que ellos pensaban era de una simplona, atrajo la atención de varios sacerdotes y frailes católicos. La acosaron con preguntas, hasta que ella les respondió con ira, y esto excitó la risa de ellos ante su seriedad.

«No», dijo ella, «tenéis más necesidad de llorar que de reír, y de sentiros tristes de haber nacido, para ser capellanes de esta ramera que es Babilonia. La desafío a ella y a todas sus falsedades; y apartaos de mí, que sólo hacéis que turbar mi conciencia. Querríais que siguiera vuestras acciones; antes perderé mi vida. Os ruego que os vayáis.»

«¿Por qué, insensata?», dijeron ellos, «Venimos para tu provecho y para salud de tu alma.» Ella contestó: «¿Qué provecho dais vosotros, que no enseñáis nada más que mentiras por verdades? ¿Cómo salváis vosotros almas, cuando no enseñáis nada sino mentiras y destruís almas?»

«¿Cómo demuestras tú esto?» le dijeron ellos.

«¿Acaso no destruís vosotros almas cuando enseñáis a la gente a dar culto a ídolos, palos y piedras, las obras de las manos de los hombres? ¿Y a adorar un dios falso de vuestra factura, hecho con un trozo de pan, enseñando que el Papa es vicario de Dios, y que tiene poder para perdonar pecados? ¿Y que hay un purgatorio, cuando el Hijo de Dios lo ha purificado todo mediante Su sacrificio una vez para siempre? ¿No enseñáis a la gente a contar sus pecados en vuestros oídos, y decís que se condenarán si no los confiesan todos, cuando la Palabra de Dios dice: ¿Quien puede contar sus pecados? ¿No les prometéis treintenas, y requiems, y Misas por sus almas, y vendéis vuestras oraciones por dinero, y hacéis que compren perdones, y confiáis en estos insentatos inventos de vuestras imaginaciones? ¿No actuáis totalmente contra Dios? ¿No nos enseñáis a orar con rosarios, y a orar a santos, y a decir que ellos pueden orar por nosotros? ¿No hacéis agua bendita y pan bendito para ahuyentar a los demonios? ¿Y no hacéis millares más de abominaciones? ¿Y aún decís que venís para provecho mío, para salvar mi alma. No, no, hay uno que me ha salvado. Adios, vosotros y vuestra salvación.»

Durante la libertad que le había sido concedida por el ya mencionado obispo, fue a la Iglesia de San Pedro, y allí vio a un perito holandés que estaba poniendo narices nuevas a ciertas bellas imágenes que habían sido desfiguradas durante el reinado del Rey Eduardo. Entonces le dijo: «¡Qué loco estás, para hacerles narices nuevas, cuando dentro de pocos días todas perderán la cabeza!» El holandés la maldijo, y la maltrató duramente de palabra. Y ella le replicó: «Tú eres maldito, y así también tus imágenes.» Él la llamó ramera. «No,» dijo ella, «sino que tus imágenes son rameras, y vas de ramería; porque ¿no dice Dios: «vosotros os prostituís tras dioses extraños, figuras de vuestras propias manos?» y tú eres uno de ellos.» Después de esto se dio orden que fuera encerrada, y ya no pudo gozar más de la libertad.

Durante el tiempo de su encarcelamiento, muchos la visitaron, algunos enviados por el obispo, y otros de su propia voluntad. Entre estos estaba un tal Daniel, un gran predicador del Evangelio, en los tiempos del Rey Eduardo, por los lugares de Cornualles y Devonshire, pero que, por la dura persecución sufrida, había recaído. Ella lo exhortó apremiantemente a que se arrepintiera como Pedro, y a que fuera más firme en su confesión.

La señora Walter Rauley y los señores William y John Kede, personas muy respetables, dieron abundante testimonio de su piadosa conversación, diciendo que a no ser que Dios hubiera estado con ella, sería imposible que hubiera podido defender con tanta capacidad la causa de Cristo. La verdad es que, para recapitular el carácter de esta mujer, unía la serpiente y la paloma, abundando en la más alta sabiduría con la mayor sencillez. Soportó encarcelamientos, amenazas, escarnios, y los más viles insultos, pero nada pudo inducirla a desviarse; su corazón estaba fijo; había echado su ancla; y no podían todas las heridas de la persecución sacarla de la roca en la que estaban erigidas todas sus esperanzas de dicha.

Tal era su memoria que, sin haber hecho estudios, podía decir en qué capítulo estaba cualquier texto de la Escritura; debido a esta singular capacidad, un tal Gregorio Basset, extremado papista, dijo que estaba loca, y que hablaba como una cotorra, sin sentido alguno. Al final, tras haber probado sin éxito todos los medios para hacerla nominalmente católica, la condenaron. Después de esto, alguien la exhortó a abandonar sus opiniones y a volverse a su casa, a su familia, por cuanto era pobre y analfabeta. «Cierto es (dijo ella), y aunque no tengo cultura estoy feliz de ser testigo de la muerte de Cristo, y espero que no os retardéis ya más conmigo, porque mi corazón está fijado, y nunca diré nada distinto, ni me volveré a vuestros caminos de superstición.»

Para oprobio del señor Blackston, tesorero de la iglesia, éste hombre solía mandar a buscar de la cárcel con frecuencia a esta pobre mártir, para divertirse con ella tanto él como una mujer que mantenía; le hacía preguntas religiosas, y ridiculizaba sus respuestas. Hecho esto, la volvía a mandar a su mísera mazmorra, mientras que él se solazaba con las cosas buenas de este mundo.

Quizá había algo sencillamente ridículo en la forma de la señora Prest, porque era baja, gruesa y de unos cincuenta y cuatro años de edad; pero su rostro era alegre y vivaz, como si preparada para el día de su matrimonio con el Cordero. Burlarse de su forma era una acusación indirecta contra su Creador, que le dio la forma que Él consideró más idónea, y que le dio una mente muy trascendente a las dotes fugaces de la carne que perece. Cuando le ofrecieron dinero, lo rechazó, diciendo: «voy a una ciudad donde el dinero no tiene poder, y mientras esté aquí, Dios ha prometido alimentarme.»

Cuando se leyó la sentencia condenándola a las llamas, ella levantó su voz y alabó a Dios, añadiendo: «Este día he hallado aquello que tanto tiempo había buscado.» Cuando la tentaron para que se retractara, dijo: «No lo haré; Dios no quiera que yo pierda la vida eterna por esta vida carnal y breve. Nunca me apartaré de mi esposo celestial a mi esposo terrenal; de la comunión de los ángeles a la de hijos mortales; y si mi marido e hijos son fieles, entonces yo soy de ellos. Dios es mi padre, Dios es mi madre, Dios es mi hermana, mi hermano, mi pariente; Dios es mi amigo, el más fiel.»

Entregada al alguacil mayor, fue llevada por el oficial al lugar de ejecución, fuera de las murallas de Exeter, llamado Sothenhey, donde de nuevo los supersticiosos sacerdotes la asaltaron. Mientras estaban atándola a la estaca, ella exclamaba de continuo: «¡Dios, ten piedad de mi, pecadora!» Soportando pacientemente el fuego devorador, quedó reducida a cenizas, y así acabó una vida que no fue superada en cuanto a una inmutable fidelidad a la causa de Cristo por ningún mártir precedente.

Richard Sharpe, Thomas Banion y Thomas Hale

El señor Sharpe, tejedor, fue llevado el nueve de marzo de 1556 delante del doctor Dalby, canciller de la ciudad de Briston, y después de un interrogatorio referente al Sacramento del altar, fue persuadido para que se retractara; y en el veintinueve se le ordenó que pronunciara su retractación en la iglesia parroquial. Pero apenas si había reconocido su recaída en público que comenzó a sentir en su conciencia tal tormento que no se sintió capaz de trabajar en su profesión; por ello, poco tiempo después, un domingo, entró en la iglesia parroquial, llamada Temple, y después de la Misa mayor se puso en la puerta del coro, y dijo en voz alta: «¡Vecinos, sed testigos de que este ídolo aquí (señalando al altar) es el más grande y abominable que jamás haya existido; y siento haber jamás negado a mi Señor y Dios!» A pesar de que los policías recibieron orden de detenerle, se le permitió salir de la iglesia; pero por la noche fue prendido y llevado a Newgate. Poco después, negando delante del canciller que el Sacramento del altar fuera el cuerpo y la sangre de Cristo, fue condenado por el señor Dalby a ser quemado. Y quemado fue el siete de mayo de 1558, muriendo piadosa y pacientemente, firme en su confesión de los artículos de fe protestantes.

Con él sufrió Thomas Hale, un zapatero de Bristol, que fue condenado por el Canciller Dalby. Estos mártires fueron atados espalda a espalda.

Thomas Banion, tejedor, fue quemado el 27 de agosto de aquel mismo año, muriendo por la causa evangélica de su Salvador.

J. Corneford, de Wortham; C. browne, de Maidstone; J. Herst, de Ashford; Alice Snoth y Catherine Knight, una anciana mujer.

Es con placer que observamos que estos cinco mártires fueron los últimos en padecer en el reinado de María por la causa protestante; pero la malicia de los papistas se manifestó en el apresuramiento del martirio de los mismos, que pudo haberse retardado hasta que se hubiera dado el desenlace de la enfermedad de la reina. Se informa que el arcediano de Canterbury, pensando que la repentina muerte de la reina suspendería la ejecución, viajó por la posta desde Londres, para tener la satisfacción de añadir otra página a la negra lista de los sacrificios papistas.

Las acusaciones contra ellos eran, como generalmente, los elementos sacramentales y la idolatría de inclinarse ante imágenes. Ellos citaban las palabras de San Juan, «Guardaos de los ídolos», y, con respecto a la presencia real, apremiaban, según San Pablo, que «las cosas que se ven son temporales.» Cuando estaba para leerse la sentencia en contra de ellos, y tener lugar la excomunión en la forma regular, John Corneford, iluminado por el Espíritu Santo, volvió terriblemente este procedimiento contra ellos, y de una manera solemne e impresionante, recriminó su excomunión con las siguientes palabras: «En el nombre de nuestro Señor Jesucristo, el Hijo del Dios Omnipotente, y por el poder de Su Espíritu Santo, y la autoridad de Su santa Iglesia Católica y Apostólica, entregamos aquí en manos de Satanás para su destrucción, los cuerpos de todos estos blasfemos y herejes que mantengan error alguno contra Su santísima Palabra, o que condenen Su santísima verdad como herejía, para mantener cualquier falsa o extraña religión, para que por este tu santo juicio, oh poderosísimo Dios, contra tus adversarios, tu verdadera religión pueda ser conocida para tu gran gloria y nuestra consolación y la edificación de toda nuestra nación. Buen Señor, que así sea. Amén.»

Esta sentencia fue pronunciada en público y registrada, y, como si la Providencia hubiera decretado que no fuera dada en vano, al cabo de seis días murió la Reina María, detestada por todos los buenos hombres, y maldecida por Dios.

Aunque familiarizado con estas circunstancias, la implacabilidad del arcediano excedió a la de su gran ejemplo, Bonner, que, aunque tenía a varias personas en aquel tiempo en su poder, no apremió que fueran muertas con premura, dándoles con este retardo la oportunidad de escapar. Al morir la reina, muchos estaban encarcelados; otros estaban acabados de apresar; algunos, interrogados, y otros ya condenados. Lo cierto es que ya había órdenes emitidas para varias quemas, pero por la muerte de los tres instigadores de los asesinatos de protestantes, el canciller, el obispo y la reina, que murieron casi al mismo tiempo, las ovejas condenadas fueron liberadas, y vivieron muchos años para alabar al Señor por su feliz liberación.

Estos cinco mártires, en la estaca, oraron fervorosamente que su sangre fuera la última derramada, y no fue vana su oración. Murieron gloriosamente, y consumaron el número que Dios había seleccionado para dar testimonio a la verdad en aquel terrible reinado, y sus nombres están escritos en el Libro de la Vida. Aunque fueron los últimos, no estuvieron entre los menores de los santos hechos aptos para la inmortalidad por medio de la sangre redentora del Cordero.

Catharine Finlay, alias Knight, fue convertida por su hijo, que le expuso las Escrituras, lo que obró en ella una gran obra que se consumó con su martirio. Alice Snoth, en la estaca, envió a buscar a su abuela y a su padrino, y les proclamó los artículos de su fe y los Mandamientos de Dios, convenciendo así al mundo de que conocía su deber. Murió clamando a los espectadores que fueran testigos de que era cristiana, y padeció gozosa por el testimonio del Evangelio de Cristo.

William Fetty, azotado hasta morir

Entre las innumerables atrocidades cometidas por el inmisericorde e insensible Bonner, se puede poner el asesinato de este inocente niño como el más horrendo. Su padre, John Fetty, de la parroquia de Clerkenwell, sastre de profesión, tenía sólo veinticuatro años, y había hecho una bienaventurada elección; se había fijado de manera segura en una esperanza eterna, y se confió a Aquel que edifica de tal manera Su Iglesia que las puertas del infierno no prevalecerán contra ella. Pero ¡ay!, la misma esposa de su seno, cuyo corazón se había endurecido contra la verdad, y cuya mente estaba influenciada por los maestros de la falsa doctrina, se volvió en su acusadora. Brokenbery, papista y párroco de aquella parroquia, recibió la información de esta traidora Dalila, y como resultado de ello el pobre hombre fue apresado. Pero entonces cayó el terrible juicio de un Dios siempre justo, que es «muy limpio de ojos ... para ver el mal», cayó sobre esta endurecida y pérfida mujer, porque tan pronto fue arrestado su traicionado marido por su malvada acción, que repentinamente cayó en un ataque de locura, exhibiendo un ejemplo terrible y despertador del poder de Dios para castigar a los malvados. Esta terrible circunstancia tuvo algún efecto sobre los corazones de los impíos cazadores que habían buscado anhelantes su presa; en un momento de aplacamiento le permitieron quedarse con su indigna mujer, devolverle bien por mal, y sostener a dos hijos, que, si él hubiera sido enviado a la cárcel, se habrían quedado sin protector, o habrían llegado a ser una carga para la parroquia. Como los malos hombres actúan por motivos mezquinos, podemos atribuir la indulgencia mostrada a esta última razón.

Hemos visto en la primera parte de nuestra narración acerca de los mártires a algunas mujeres cuyo afecto para con sus maridos las llevó incluso a sacrificar sus propias vidas para preservar a sus maridos; pero aquí, en conformidad con el lenguaje de las Escrituras, una madre resulta ser en verdad un monstruo de la naturaleza. Ni el afecto conyugal ni el materno podía ejercer efecto alguno en el corazón de esta indigna mujer.

Aunque nuestro alfligido cristiano había experimentado tal crueldad y falsedad de parte de aquella mujer que le estaba sujeta por todos los vínculos humanos y divinos, sin embargo, con un espíritu manso y paciente le soportó sus malas acciones, tratando durante su calamidad aliviar su dolencia, y calmándola con todas las posibles expresiones de ternura. Así, en pocas semanas quedó casi restaurada a su sano juicio. Pero ¡ay!, volvió de nuevo a su pecado, «como un perro vuelve a su vómito.» La malignidad contra los santos del Altísimo estaba arraigada en su corazón demasiado fuertemente para poder ser eliminada; y al volver sus fuerzas, también con ellas volvió su inclinación a cometer maldad. Su corazón estaba endurecido por el príncipe de las tinieblas, y a ella se pueden aplicar estas palabras tan entristecedoras y desalentadoras: «¿Mudará el etíope su piel, y el leopardo sus manchas? Así también podréis vosotros hacer el bien, estando habituados a hacer el mal.» Ponderando este texto de manera debida con otro: «Tendré misericordia del que tendré misericordia», ¿cómo pretendremos desvirtuar la soberanía de Dios llamando a Jehová ante el tribunal de la razón humana, que, en cuestiones religiosas, está demasiado a menudo opuesta por la sabiduría infinita? «Ancha es la puerta, y espacioso el camino que lleva perdición, y muchos son los que entran por ella. ... Estrecha es la puerta, y angosto el camino que lleva a la vida, y pocos son los que la hallan.» Los caminos del cielo son verdaderamente inescrutables, y es nuestro deber inexcusable caminar siempre en dependencia de Dios, mirándole en humilde confianza, esperando en Su bondad, y confesando siempre Su justicia; y allí donde «no podamos comprender, allí aprendamos a confiar». Esta desgraciada mujer, siguiendo los horrendos dictados de un corazón endurecido y depravado, apenas si quedó confirmada en su recuperación, que, ahogando los dictados del honor, de la gratitud y de todo afecto natural, de nuevo volvió a denunciar a su marido, que fue una vez más apresado, y llevado ante Sir John Mordant, caballero y uno de los comisionados de la Reina María.

Tras su interrogatorio, encontrándolo su juez firme en sus opiniones, que militaban contra las abrigadas por la superstición y sustentadas por la crueldad, lo sentenció a encierro y tortura en la Torre de los Lolardos. Allí lo pusieron en un doloroso cepo, y junto a él pusieron un plato de agua con una piedra dentro, sólo Dios sabiendo con qué propósito, a no ser que fuera para mostrar que no debía esperar otro alimento, cosa bien creíble si consideramos sus prácticas semejantes contra otros antes mencionados en esta narración; como, entre otros, contra Richard Smith, que murió bajo su cruel encarcelamiento; entre otros detalles de crueldad se da que cuando una mujer piadosa fue a pedirle al doctor Story permiso para enterrarlo, éste le pregunto a la mujer si había alguna paja o sangre en el cadáver de Smith; pero dejo a juicio de los sabios qué era lo que quería decir con esto.

El primer día de la tercera semana de los sufrimientos de nuestro mártir, se le presentó algo ante su vista que le hizo ciertamente sentir sus tormentos con toda su intensidad, y excecrar, con una amargura justo deteniéndose para no maldecir, a la autora de su desgracia. Observar y castigar los procedimientos de sus atormentadores queda para el Altísimo, que ve la caída de un pajarillo, y en cuya santa Palabra está escrito: «Mía es la venganza; yo daré el pago.» Esto que vio fue su propio hijo, un niño a la tierna edad de ocho años. Durante quince días su impotente padre había estado suspendido por su atormentador por el brazo derecho y la pierna izquierda, y a veces por ambos miembros, cambiándole la posición con el propósito de darle fuerzas para soportar y alargar sus sufrimientos. Cuando el inocente chiquillo, deseoso de ver a su padre y de hablar con él, le pidió ver a Bonner para pedirle permiso, al preguntarle el capellán del obispo cuál era el propósito de su visita, dijo que quería ver a su padre. «¿Quién es tu padre?» le preguntó el capellán. «John Fetty», contestó el chiquillo, señalando al mismo tiempo el lugar en el que estaba encerrado. «¡Pero tu padre es un hereje!» Este pequeño, con gran valor, le contestó, con una energía suficiente para despertar admiración en cualquier pecho, excepto en el de este miserable insensible y carente de principios, y tan bien dispuesto a ejecutar los caprichos de una reina sin conciencia: «Mi padre no es un hereje: Tú tienes la marca de Balaam.»

Irritado por un reproche tan correctamente aplicado, el indignado y mortificado sacerdote ocultó su resentimiento por un momento, y se llevó al atrevido chico a la casa, donde, teniéndolo seguro, lo entregó a otros, que, tan bajos y crueles como él, lo desnudaron y le azotaron con sus látigos con tanta violencia que, desmayando él bajo los azotes infligidos a su tierno cuerpo, y cubierto por la sangre que manaba de sus llagas, estaba a punto de expirar víctima de este duro e inmerecido castigo.

En este estado, sangrando y desmayado, fue llevado delante de su padre este sufriente niño, cubierto sólo con una larga camisa, por uno de los actores de la horrenda tragedia, el cual, mientras exhibía aquel espectáculo que partía el corazón, empleaba los más viles escarnios, y se gozaba en lo que había hecho. El leal pequeño, como recuperando fuerzas ante la vista de su padre, le imploró de rodillas su bendición. «¡Ah, Will,» le dijo el afligido padre, temblando de horror, «¡Quién te ha hecho esto, a ti!» El inocente muchacho le contó las circunstancias que lo llevaron al implacable correctivo que le había sido infligido con tanta bajeza; pero cuando repitió la reprensión que le había dicho al capellán, y que fue ocasionada por su indómito espíritu, fue arrancado de su padre, que estaba desecho en llanto, y vuelto a llevar a la casa, donde quedó preso y estrechamente vigilado.

Bonner, sintiendo un cierto temor de que lo que había hecho no podría ser justificado ni entre los más sangrientos mastines de su voraz manada, concluyó en su tenebrosa y malvada mente liberar a John Fetty, al menos por un tiempo, de los rigores que estaba sufriendo en la gloriosa causa de la eterna verdad. Sí, su brillante recompensa está fijada más allá de los límites del tiempo, dentro de los confines de la eternidad, allí donde la saeta del malvado no puede herir, allí «donde no habrá más dolores para los bienaventurados, que, en la mansión de gloria eterna, al Cordero para siempre glorificarán.» Por ello, fue liberado por orden de Bonner (¡qué desgracia para toda dignidad, decirle obispo!) de sus dolorosas cadenas, y llevado de la Torre de los Lolardos a la estancia de aquel impío e infame carnicero, donde encontró al obispo calentándose delante de un gran fuego. Al entrar en la estancia, Fetty dijo: «¡Dios sea aquí y paz!» «Dios sea aquí y paz (dijo Bonner), ¡esto no es ni Dios os guarde, ni buenos días!» «Si echáis coces contra esta paz (dijo Fetty), no es éste el lugar que busco.»

Un capellán del obispo, que estaba junto a él, le dio la vuelta al pobre hombre, y pensando escarnecerle, dijo, con tono burlón: «¡Qué tenemos aquí: un bufón!» Estando así Fetty en la estancia del obispo, observó, colgando cerca de la cama del obispo, un par de grandes rosarios de cuentas negras, por lo que dijo: «¡Señor, creo que el verdugo no está muy lejos, porque la soga (dijo, señalando a los rosarios) ya está aquí!» Al oír estas palabras, el obispo se enfureció de manera inexpresable. De inmediato observó también, de pie en la estancia del obispo, un pequeño crucifijo. Le preguntó al obispo qué era, y le contestó que era Cristo. «¿Y fue maltratado tan cruelmente como aparece aquí?», le preguntó Fetty. «Sí, así fue», le dijo el obispo. «¡Y así de cruelmente vos trataréis a los que caigan en vuestras manos, porque vos sois para el pueblo de Dios como Caifás fue para Cristo!» El obispo, montando en cólera, le dijo: «¡Tú eres un vil hereje, y te quemaré, o perderé todo lo que tengo, hasta mi casulla.» «No, señor (le dijo Fetty), más bien haríais en dársela a algún pobre, para que ore por vos.» Bonner, a pesar de la ira que sentía, que fue tanto más intensificada por la calma y por las agudas observaciones de este sagaz cristiano, consideró más prudente despedir al padre, por causa del niño casi asesinado. Su cobarde alma temblaba por las consecuencias que pudieran desprenderse de ello; el miedo es inseparable de las mentes mezquinas, y este sacerdote rollizo y cobarde experimentó los efectos de este medio hasta tal punto que le indujo a asumir la apariencia de aquello a lo que era totalmente ajeno: de MISERICORDIA.

El padre, despedido por el tirano Bonner, fue a su casa con el corazón oprimido, con su hijo moribundo, que no sobrevivió muchos días a los crueles tratos sufridos.

¡Cuán contraria a la voluntad del gran Rey y Profeta, que enseñó con mansedumbre a Sus seguidores, era la conducta de este maestro falso y sanguinario, de este vil apóstata de su Dios a Satanás! Pero el diablo se había apoderado de su corazón, y conducía cada acción de aquel pecador a quien había endurecido; éste, entregado a una terrible destrucción, corría la carrera de los malvados, marcando sus pasos con la sangre de los santos, como si anhelara alcanzar la meta de la muerte eterna.

La liberación del doctor Sands

Este eminente prelado, vicecanciller de Cambridge, aceptó predicar, con muy pocas horas de aviso, delante del duque y de la universidad, a petición del duque de Northumberland, cuando éste vino a Cambridge en apoyo de la pretensión de Lady Jane Gray. El texto que tomó fue el que se le presentó al abrir la Biblia, y no hubiera podido escoger uno más apropiado, los tres últimos versículos de Josué. Así como Dios le dio el texto, así también le dio tan orden y poder de palabra que suscitó las más vivas emociones en sus oyentes. El sermón estaba a punto de ser enviado a Londres para ser impreso, cuando llegaron noticias de que el duque había vuelto y que había sido proclamada la Reina María.

El duque fue inmediatamente arrestado, y el doctor Sands fue obligado por la universidad a dimitir de su cargo. Fue arrestado por orden de la reina, y cuando el señor Mildmay se preguntó cómo era que un hombre tan erudito se atrevía a ponerse voluntariamente en peligro y a hablar contra una princesa tan buena como María, el doctor contestó: «Si yo fuera a hacer como ha hecho el señor Mildmay, no tendría que temer ninguna cárcecl. Él vino armado contra la Reina María; antes, un traidor, ahora un gran amigo de ella. No puedo yo con la misma boca soplar frío y caliente de esta manera.» Siguió un saqueo general de las propiedades del doctor Sand, y fue llevado luego a Londres montado en un jamelgo. Tuvo que soportar varios insultos por el camino, provinientes de católicos fanáticos, y al pasar por la calle de Bishopsgate, cayó al suelo por una pedrada que le lanzaron. Fue el primer prisionero que entró en la Torre, en aquellos tiempos, por causas religiosas. Le admitieron que entrara su Biblia, pero le quitaron sus camisas y otros artículos.

El día de la coronación de María, las puertas de la cárcel estaban tan mal guardadas que era fácil escapar. Un verdadero amigo, el señor Mitchell, fue a verlo, le dio sus propios vestidos como disfraz, y se mostró dispuesto a quedarse en su lugar. Éste era un ejemplo extraordinario de amistad; pero él rehusó esta oferta, diciéndole: «No tengo conocimiento de ninguna causa por la que tenga que estar en la cárcel. Hacer esto me haría doblemente culpable. Esperaré el beneplácito de Dios, pero me considero un gran deudor vuestro»; así se fue el señor Mitchell.

Con el doctor Sands estaba encarcelado el señor Bradford; fueron custodiados en la cárcel, estrechamente, durante veintinueve semanas. El guardián, John Fowler, era un perverso papista, y sin embargo, tanto le persuadieron, que al final comenzó a favorecer el Evangelio, y quedó tan persuadido de la verdadera religión que un domingo, cuando celebraban Misa en la capilla, el doctor Sands administró la Comunión a Bradford y a Fowler. Así, Fowler devino el hijo de ellos engendrado en prisiones. Para hacer sitio Wyat y a sus cómplices, el doctor Sands y otros nueve predicadores fueron enviados a Marshalsea.

El guarda de Marshalsea designó a un hombre para cada predicador, para que lo condujera por la calle; les hizo ir delante, y él y el doctor Sands siguieron, conversando juntamente. Para este tiempo, el papismo comenzaba a ser impopular. Después de haber pasado el puente, el guarda le dijo al doctor Sands. «Veo que gentes vanas quisieran echaros al fuego. Vos sois tan vano como ellos si, siendo joven, os mantenéis en vuestra propia arrogancia, y preferís vuestra propia opinión a la de tantos dignos prelados, ancianos, eruditos y serios hombres como hay en este reino. Si es así, veréis que soy un guarda severo, y que aborrece totalmente vuestra religión.» El doctor Sands contestó: «Sé que soy joven, y que mi conocimiento es pequeño; me basta con conocer a Cristo crucificado, y nada ha aprendido el que no ve la gran blasfemia que hay en el papismo. A Dios me rendiré, y no a los hombres; en las Escrituras he leído acerca de muchos guardas piadosos y corteses: ¡que Dios te haga uno de ellos! Y si no, espero que Él me dé fuerza y paciencia para soportar vuestros malos tratos.» Luego le dijo el guarda: «¿Estáis resuelto a manteneros en vuestra religión?» «Sí,» dijo el doctor, «¡por la gracia de Dios!» «La verdad,» dijo el guarda, «me gustáis tanto más por esto; sólo os probaba; contad con todo favor de que os pueda hacer objeto; y me consideraré feliz si puedo morir en la estaca con vosotros.»

Y cumplió su palabra, porque confió en el doctor, dejándole pasear sólo por los campos, donde se encontró con el señor Bradford, que también estaba preso a disposición del tribunal real, y que había conseguido el mismo favor de su guarda. Por su petición, puso al señor Saunders junto con él, para ser su compañero de celda, y la Comunión fue administrada a un gran número de comunicantes.

Cuando Wyat llegó con su ejército a Southwark, ofreció liberar a todos los protestantes encarcelados, pero el doctor Sands y el resto de los predicadores rehusaron aceptar la libertad bajo tales condiciones.

Después que el doctor Sands hubo estado preso nueve meses en la cárcel de Marshalsea, fue puesto en libertad por mediacicón de Sir Thomas Holcroft, caballero mariscal. Aunque el señor Holcroft tenía la orden de la reina, el obispo le había mandado que no pusiera en libertad al doctor Sands hasta que hubiera recibido fianza de dos caballeros con él, obligándose cada uno de ellos por 500 libras esterlinas, de que el doctor Sands no se ausentaría del reino sin permiso para ello. El señor Holcroft se vio de inmediato con dos caballeros del norte, amigos y primos del doctor Sands, que ofrecieron pagarle la fianza.

Después de comer, aquel mismo día, Sir Thomas Holcroft mandó que trajeran al doctor Sands a su casa en Westminster, para decirle todo lo que había hecho. El doctor Sands le respondió: «Doy gracias a Dios, que ha movido vuestro corazón a tenerme tal consideración, por lo que me considero obligado a vos. Dios os lo pagará, y yo mismo no os seré ingrato. Pero como me habéis tratado amistosamente, yo también os seré franco. Vine libre a la cárcel; no saldré ligado. Como no puedo ser de beneficio alguno a mis amigos, tampoco les seré para daño. Y si soy puesto en libertad, no me quedaré seis días en este reino, si puedo irme. Por ello, si no puedo irme libre, enviadme de nuevo a Marshalsea, y allí estaréis seguro de mí.»

Esta respuesta disgustó mucho al señor Holcroft; pero le contestó como un verdadero amigo: «Siendo que no podéis ser cambiado de postura, yo cambiaré mi propósito, y cederé ante vos. Pase lo que pase, os pondré en libertad; y viendo que tenéis deseo de atravesar el mar, id tan rápido como podáis. Una cosa os pido, que mientras estéis allí, no me escribáis nada, porque esto podría ser mi destrucción.»

El doctor Sands, despidiéndose afectuosamente de él y de sus otros amigos encarcelados, se fue. Se fue por la casa de Winchester, y desde allí tomó una barca y se dirigió a casa de un amigo en Londres, llamado William Banks, quedándose allí una noche. A la noche siguiente fue a casa de otro amigo, y allí supo que estaba siendo intensamente buscado, por orden expresa de Gardiner.

El doctor Sands se dirigió entonces de noche a casa de un hombre llamado Berty, un extraño que estuvo con él en la cárcel de Marshalsea por un tiempo. Era un buen protestante, y vivía en Mark-lane. Allí estuvo seis días, y luego se fue a casa de uno de sus conocidos en Corn-hill. Hizo que este conocido, Quinton, le suministrara dos caballos, habiendo decidido irse, por la mañana, a Essex, a casa de su suegro el señor Sands, donde estaba su mujer, lo que llevó a cabo tras haber escapado con dificultad a ser apresado. No había estado allí dos horas antes que le fuera dicho al señor Sands que dos guardas arrestarían aquella noche al doctor Sands.

Aquella noche el doctor Sands fue llevado a la granja de un honrado granjero, cerca del mar, donde se quedó dos días y dos noches en una estancia sin compañía alguna. Después de haber pasado a casa de un tal James Mower, patrón de barco que vivía en Milton-Shore, donde esperó un viento favorable para ir a Flandes. Mientras estaba allí, James Mower le trajo cuarenta o cincuenta marineros, a los que les dio una exhortación; le tomaron tanto aprecio, que prometieron morir antes que permitir que fuera apresado.

El sexto de mayo, domingo, el viento fue favorable. Al despedirse de su hospedadora, que había estado casada ocho años sin tener ningún niño, le dio un hermoso pañuelo y un viejo real de oro, y le dijo: «Consuélate; antes que haya pasado un año entero, Dios te dará un hijo, un niño.» Y esto se cumplió, porque doce meses menos un día después, Dios le dio un hijo.

Apenas si había llegado a Amberes que supo que el Rey Felipe había dado orden que fuera prendido. Huyó entonces a Augsburgo, en Cleveland, donde el doctor Sands se quedó catorce días, viajando a continuación a Estrasburgo, donde, tras haber vivido allí un año, su mujer llegó para estar con él. Estuvo enfermo de un flujo durante nueve meses, y tuvo un hijo que murió de la peste. Su amante esposa finalmente cayó enferma de una consunción, y murió en sus brazos. Cuando su mujer estuvo muerta, fue a Zurich, y estuvo en casa de Peter Martyr por espacio de cinco semanas.

Sentados un día comiendo, les llevaron de repente la noticia de que la Reina María había muerto, y el doctor Sands fue llamado por sus amigos en Estrasburgo, donde predicó. El señor Grindal y él se dirigieron a Inglaterra, y llegaron a Londres el mismo día de la coronación de la Reina Elisabet. Este fiel siervo de Cristo ascendió, bajo la reina Elisabet, a la más alta distinción en la Iglesia, siendo sucesivamente obispo de Worcester, obispo de Londres y arzobispo de York.

El trato dispensado por la Reina María a su hermana, la Princesa Elisabet

La preservación de la Princesa Elisabet puede ser considerada como un ejemplo notable de la vigilante mirada de Cristo sobre Su Iglesia. El fanatismo de María no tenía consideración para con los lazos de consanguinidad, de los afectos naturales ni de la sucesión nacional. Su mente, físicamente lenta, estaba bajo el dominio de hombres que no poseían bondad humana, y cuyos principios estaban sancionados y mandados por los dogmas idolátricos del romano pontífice. Si hubieran podido prever la corta duración del reinado de María, habrían teñido sus manos con la sangre protestante de Elisabet, y, como *sine qua non* de la salvación de la reina, la habrían obligado a ceder el reino a algún príncipe católico. La resistencia ante tal cosa habría ido acompañada de todos los horrores de una guerra civil religiosa, y se habrían sentido en Inglaterra calamidades similares a las de Francia bajo Enrique el Grande, a quien la Reina Elisabet ayudó en su oposición a sus súbditos católicos dominados por los sacerdotes. Como si la Providencia tuviera a la vista el establecimiento perpetuo de la fe protestante, debe observarse la diferencia de la duración de los dos reinados. María podría haber reinado muchos años en el curso de la naturaleza, pero el curso de la gracia lo dispuso de manera distinta. Cinco años y cuatro meses fue el tiempo dado a este débil y desgraciado reinado, mientras que el reinado de Elisabet está entre los más duraderos de todos los que jamás haya visto el trono inglés: casí nueve veces el de su inmisericorde hermana.

Antes que María llegara a la corona, trató a Elisabet con bondad fraternal, pero desde aquel momento se alteró su conducta, y se estableció la distancia más imperiosa. Aunque Elisabet no tuvo parte alguna en la rebelión de Sir Thomas Wyat, fue sin embargo prendida y tratada como culpable de aquella rebelión. La forma en que tuvo lugar su arresto fue semejante a la mente que la había dictado; los tres ministros del gabinete a los que ella designó para que tuvieran cuidado del arresto entraron descortesmente en su dormitorio a las diez de la noche, y, aunque estaba sumamente enferma, a duras penas se les pudo convencer para que la dejaran descansar hasta la siguiente mañana. Su debilitado estado la permitió ser llevada sólo en cortas etapas en su largo viaje a Londres, pero la princesa, aunque afligida en su persona, tuvo un consuelo que su hermana jamás podría comprar: las gentes por en medio de las que pasaba por el camino se compadecían de ella, y oraban por su preservación.

Al llegar a la corte, fue constituída presa durante dos semanas, vigilada estrechamente, sin saber quién era su acusador, ni ver a nadie que pudiera consolarla o aconsejarla. Sin embargo, la acusación fue finalmente desvelada por Gardiner, que, con diecinueve miembros del Consejo, la acusó de instigar la conspiración de Wyat, lo que ella afirmó religiosamente ser falso. Al fracasar en esto, presentaron contra ella sus tratos con Sir Peter Carew en el oeste, en lo que tampoco tuvieron éxito. La reina intervino ahora manifestando que era su voluntad que fuera encerrada en la Torre, paso éste que abrumó a la princesa con el mayor temor e inquietud. En vano abrigó la esperanza de que su majestad la reina no la enviara a tal lugar; pero no podía esperar indulgencia alguna; el número de sus asistentes sus asistentes quedó limitado, y se designaron cien soldados norteños para guardarla día y noche.

El Domingo de Ramos fue llevada a la Torre. Cuando llegó al jardín del palacio, miró arriba hacia las ventanas, esperando ver los de la reina, pero se vio desengañada. Se dio estricta orden en Londres de que todos fueran a la iglesia y llevaran palmas, para que pudiera ser conducida a su prisión sin protestas ni muestras de compasión.

Al pasar bajo el Puente de Londres, la bajada de la marea hizo muy peligrosa la travesía, y la barcaza se trabó durante un tiempo con un espolón del puente. Para mortificarla aún más, la hicieron desembarcar en la Escalera de los Traidores. Como llovía intensamente, y se veía obligada a poner los pies en el agua para llegar a la ribera, vaciló; pero ello no suscitó ninguna cortesía en el caballero que la atendía. Cuando puso sus pies en los escalones, exclamó: «Aquí, aunque presa, desembarco como la más leal súbdita que jamás llegó a estos escalones; ¡y lo digo ante Ti, oh Dios, no teniendo otro amigo que Tú!»

Un gran número de guardianes y siervos de la Torre fueron dispuestos en orden, para que la princesa pasara entre ellos. Al preguntar para qué era aquella parada, se le informó que era la costumbre. Ella dijo: «Si están aquí por mí, os ruego que sean excusados.» Al oír esto, los pobres hombres se arrodillaron, y oraron que Dios preservara a su Gracia, por lo cual fueron al día siguiente expulsados de sus cargos. Esta trágica escena debe haber sido profundamente interesante: ver una princesa amable e irreprochable enviada como un cordero, para languidecer en la expectativa de crueles tratos y muerte, y contra la que no había otros motivos que su superioridad en virtudes cristianas y capacidades adquiridas. Sus acompañantes lloraban abiertamente mientras ella se dirigía con un andar digno hacia las trágicas almenas de su destino. «¿Qué queréis decir con estas lágrimas?», dijo Elisabet: «Os he traído para consolarme, no para desalentarme; porque mi verdad es tal que nadie tendrá motivos para llorar por mí.»

El siguiente paso de sus enemigos fue procurarse evidencias por medios que en nuestros días se consideran execrables. Muchos pobres presos fueron sometidos al potro de tormento para extraerles, si fuera posible, cualquier tipo de acusación que pudiera ser susceptible de condenarla a muerte, y con ello satisfacer la sanguinaria disposición de Gardiner. Él mismo fue a interrogarla, acerca de su mudanza desde su casa en Ashbridge al castillo de Dunnington hacia ya mucho tiempo. La princesa había olvidado totalmente este insignficante acontecimiento, y Lord Arundel, después del interrogatorio, arrodillándose, se excusó por haberla molestado en cuestión tan trivial. «Me ponéis estrechamente a prueba», contestó la princesa, «pero de esto estoy segura: que Dios ha puesto límite a vuestros procedimientos; que Dios os perdone a todos.»

Sus propios caballeros, que debieran haber sido sus administradores y haberla provisto de sus cosas necesarias, fueron obligados a ceder sus puestos a los soldados comunes, a las órdenes del alcaide de la Torre, que era en todos los respectos un servil instrumento de Gardiner; sin embargo, los amigos de su Gracia obtuvieron una orden del Consejo que reguló esta mezquina tiranía más a satisfacción de ella.

Después de haber pasado un mes entero en prisión estricta, envió una comunicación al lord chambelán y a Lord Chandois, a quienes les informó del mal estado de su salud por falta de aire libre y de ejercicio. Hecha la solicitud al Consejo, se le permitió a regañadientes a Elisabet poder pasearse por las estancias de la reina, y luego en el jardín, momento en el que los prisioneros en aquel lado eran acompañados por sus guardas, sin permitírseles contemplarla. También se excitaron sus celos por un niño de cuatro años, que a diario le llevaba flores a la princesa. El niño fue amenazado con recibir azotes, y se ordenó al padre que lo tuviera alejado de las estancias de la princesa.

El día cinco de mayo, el alcaide fue depuesto de su cargo, y Sir Henry Benifield fue designado en su lugar, acompañado de cien soldados vestidos de azul, de torva apariencia. Esta medida suscitó gran alarma en la mente de la princesa, que se imaginó que estos eran preparativos conducentes a sufrir la misma suerte que Lady Jane Gray y en el mismo tajo. Recibiendo seguridades de que no había tal proyecto en marcha, le vino a la mente el pensamiento de que el nuevo alcaide de la Torre estaba encargado de acabar con ella secretamente, por cuanto su carácter equívoco armonizaba con la feroz inclinación de aquellos por los que había sido designado.

Luego se rumoreó que su Gracia iba a ser llevada fuera de allí por el alcaide y sus soldados, lo que finalmente resultó cierto. Vino una orden del Consejo para que fuera trasladada a la casa señorial Woodstock, lo que tuvo lugar el Domingo de Trinidad, 13 de mayo, bajo la autoridad de Sir Henry Benifield y de Lord Tame. La causa ostensible de su traslado fue dar lugar a otros presos. Richmond fue el primer lugar donde se detuvieron, y aquí durmió la princesa, aunque no sin mucho temor al principio, porque sus propios criados fueron sustituidos por los soldados, que fueron puestos como guardas a la puerta de su estancia. Por las quejas presentadas, Lord Tame anuló este indecoroso abuso de autoridad, y le concedió perfecta seguridad mientras estuvo bajo su custodia.

Al pasar por Windsor vio a varios de sus pobres y abatidos siervos que esperaban verla. «Ve a ellos,» le dijo a uno de sus asistentes, «y diles de mi parte estas palabras: *tanquim ovis*, esto es, como oveja al matadero.»

A la mañana siguiente, su Gracia se alojó en casa de un hombre llamado Mr. Dormer, y encaminándose a ella, la gente le hizo tales muestras de leal afecto que Sir Henry se sintió indignado, y los trató abiertamente de rebeldes y traidores. En algunos pueblos lanzaban las campanas al vuelo, imaginando que la llegada de la princesa entre ellos era por causas muy distintas; pero esta inocente demostración de alegría fue suficiente para que el perseguidor

Benifield ordenara a sus soldados que apresaran a estas gentes humildes y las pusieran en el cepo.

Al día siguiente, su Gracia llegó a casa de Lord Tame, donde se quedó toda la noche, y fue muy noblemente agasajada. Esto excitó la indignación de Sir Henry, y le llevó a advertir a Lord Tame que considerara bien su manera de actuar; pero la humanidad de Lord Tame no era de las que se dejaban atemorizar, y le dio una réplica adecuada. En otra ocasión, este oficial pródigo, para mostrar su mala catadura y su menosprecio de la cortesía, fue a una estancia que había sido preparada para su Gracia con una silla, dos cojines y una alfombra, sentándose allí presuntuosamente, y llamando a uno de sus hombres para que le quitara las botas. Tan pronto como lo supieron las damas y los caballeros de la princesa, lo ridiculizaron escarneciéndole. Cuando terminó la cena, él llamó al señor de la casa, y ordenó que todos los caballeros y las damas se fueran a sus casas, asombrándose mucho de que permitiera una tan gran compañía, considerando el grave encargo que le había sido encomendado. «Sir Henry,» dijo su señoría, «daos por satisfecho; evitaremos tanta compañía, incluyendo la de vuestros hombres.» «No,» dijo Sir Henry, «sino que mis soldados vigilarán toda la noche.» Lord Tame replicó: «No hay necesidad.» «Bueno,» dijo el otro, «haya necesidad o no, lo harán.»

Al siguiente día, su Gracia emprendió viaje desde allí a Woodstock, donde fue encerrada, como antes en la Torre de Londres, guardándola los soldados dentro y fuera de las murallas, cada día, en número de sesenta; y durante las noches hubo cuarenta durante todo el tiempo de su encarcelamiento.

Al final se le permitió pasear por los jardines, pero bajo las más severas restricciones, guardando las llaves el mismo Sir Henry, guardándola siempre bajo muchas cerraduras y cerrojos, lo que la indujo a llamarlo su carcelero, a lo que se sintió él ofendido, y le rogó que usara la palabra oficial. Después de muchos ruegos al Consejo, obtuvo permiso para escribir a la reina; pero el carcelero que le trajo pluma, tinta y papel se quedó junto a ella mientras escribía, y, al irse, se volvió a llevar estos artículos hasta que volvieran a ser necesarios. También insistió en llevar la carta él mismo a la reina, pero Elisabet no admitió que él fuera el portador, y fue presentada por uno de sus caballeros.

Después de la carta, los doctores Owen y Wendy visitaron a la princesa, porque su estado de salud hacía precisa la asistencia médica. Se quedaron con ella cinco o seis días, tiempo en el que ella mejoró mucho; luego volvieron a la reina, y hablaron aduladoramente de la sumisión y humildad de la princesa, ante lo que la reina pareció conmoverse; pero los obispos exigían una admisión de que había ofendido a su majestad. Elisabet rechazó esta forma indirecta de reconocerse culpable. «Si he delinquido,» dijo ella, «y soy culpable, no pido misericordia, sino la ley, que estoy segura que ya habría sufrido hace tiempo si se hubiera podido probar nada contra mí; desearía estar igual de libre del peligro de mis enemigos; entonces no estaría encerrada y encerrojada tras murallas y puertas.»

En aquel tiempo se habló mucho de la idoneidad de unir la princesa con algún extranjero, para que pudiera irse del reino con una porción apropiada. Uno de los del Consejo tuvo la brutalidad de proponer la necesidad de decapitarla si es que el rey (Felipe) quería tener el reino en paz; pero los españoles, aborreciendo una idea tan mezquina, contestaron: «¡Dios no quiera que nuestro rey y señor consienta a tan infame proceder!» Estimulados por un principio de nobleza, los españoles apremiaron desde entonces al rey en el sentido de que sería para más honra suya liberar a Lady Elisabet, y el rey no fue insensible a tal petición. La sacó de prisión, y poco después fue enviada a Hampton Court. Se puede observar aquí, de pasada, que la falacia de los razonamientos humanos se hace evidente a cada paso. El bárbaro que propuso la acción política de decapitar a Elisabet poco se esperaba el cambio de condición que sus palabras iban a propiciar. En su viaje desde Woodstock, Benifield la trató con la misma dureza que antes, haciéndola viajar un día de tempestad, y no permitiendo que su vieja criada, que había venido a Colnbrook, donde durmió una noche, pudiera hablar con ella.

Quedó guardada y vigilada durante dos semanas de manera estricta antes que nadie osara hablar con ella; al final, el vil Gardiner acudió, con tres más del Consejo, con gran sumisión. Elisabet lo saludó con la observación de que había estado mantenida durante mucho tiempo en prisión incomunicada, y le rogó que intercediera delante del rey y de la reina para que la libraran de este encierro. La visita de Gardiner tenía el propósito de obtener de la princesa una confesión de culpabilidad; pero ella se guardó contra sus sutilezas, añadiendo que antes de admitir haber hecho nada malo se quedaría en prisión el resto de su vida. Al día siguiente, Gardiner volvió a verla, y arrodillándose, declaró que la reina se sentía atónita de que persistiera en afirmar que era sin culpa, de lo que se inferiría que la reina había encarcelado injustamente a su Gracia. Gardiner la informó además de que la reina había declarado que debería hablar de manera diferente antes de poder ser dejada en libertad. «Entonces,» replicó la noble Elisabet, «prefiero estar en prisión con honor y verdad antes que tener mi libertad y estar bajo las sospechas de su majestad. Y me mantendré en lo que he dicho; ¡no voy a mentir!» Entonces, el obispo y sus amigos partieron, dejándola encerrada como antes.

Siete días después la reina envió a buscar a Elisabet a las diez de la noche; dos años habían pasado desde que se habían visto por última vez. Esto creó terror en la mente de la princesa, que, al salir, pidió a sus caballeros y damas que oraran por ella, porque no era seguro que fuera a volver a ellos.

Llevada al dormitorio de la reina, al entrar la princesa se arrodilló, y habiendo rogado a Dios que guardara a su majestad, le dio seguridades de que su majestad no tenía un súbdito más leal en todo el reino, fueran cuales fueran los rumores que se hicieran circular en sentido contrario. Con un altanero desdén, la imperiosa reina contestó: «No vas a confesar tu delito, sino que te mantienes férrea en tu verdad. Pido a Dios que así sea.»

«Si no es así,» dijo Elisabet, «no pido ni favor ni perdón de manos de vuestra majestad.» «Bueno,» dijo la reina, «sigues perseverando terca en tu verdad. Además, no quieres confesar que no has sido castigada injustamente.»

«No debo decíroslo, si así le place a vuestra majestad.»

«Entonces se lo dirás a otros,» dijo la reina.

«No, si su majestad no quiere; he llevado la carga, y debo llevarla. Ruego humildemente a vuestra majestad que tenga buena opinión de mí y que me considere su súbdita, no sólo desde el comienzo hasta ahora, sino para siempre, mientras haya vida.» Se despidieron sin ninguna satisfacción cordial por parte de ninguna; y no podemos decir que la conducta de Elisabet exhibiera aquella independencia y fortaleza que acompaña a la perfecta inocencia. La admisión de Elisabet de que no iba a decir, ni a la reina ni a otros, que había sido castigada injustamente, estaba en total contradicción con lo que le había dicho a Gardiner, y debe haber surgido de algún motivo por ahora inexplicable. Se supone que el Rey Felipe estaba escondido durante la entrevista, y que se había mostrado favorable a la princesa.

Al cabo de siete días del regreso de la princesa a su encarcelamiento, su severo carcelero y sus hombres fueron despedidos, y fue dejada en libertad, bajo la limitación de estar siempre acompañada y vigilada por alguien del Consejo de la reina. Cuatro de sus caballeros fueron enviados a la Torre sin otra acusación contra ellos de haber sido celosos siervos de su señora. Este acontecimiento fue pronto seguido por la feliz noticia de la muerte de Gardiner, por la que todos los hombres buenos y clementes glorificaron a Dios, por haber sacado al principal tigre de la guarida, y haber asegurado más la vida de la sucesora protestante de María.

Este infame, mientras la princesa estaba encarcelada en la Torre, envió un documento secreto, firmado por algunos del Consejo, ordenando su ejecución privada, y si el señor Bridges, teniente de la Torre, hubiera sido tan poco escrupuloso ante un tenebroso asesinato como este impío prelado, hubiera sido muerta. Al no haber la firma de la reina en el documento, el señor Bridges se dirigió apresuradamente a su majestad para informarla y para saber su parecer. Ésta había sido una treta de Gardiner, que intentando demostrarla culpable de actividades traicioneras había hecho torturar a varios presos. También ofreció grandes sumas en soborno al señor Edmund Tremaine y Smithwicke para que acusaran a la inocente princesa.

Su vida estuvo varias veces en peligro. Mientras estaba en Woodstock, se prendió fuego, aparentemente de manera intencionada, entre las vigas y el techo bajo el cual dormía. También corre el intenso rumor de que un tal Paul Penny, guarda de Woodstock, y notorio bandido, fue designado para asesinarla, pero, fuera como fuera, Dios contrarrestó en este punto los designios de los enemigos de la Reforma. James Basset fue otro designado para ejecutar la misma acción; era un peculiar favorito de Gardiner, y había llegado a una milla de Woodstock, queriendo hablar con Benifield acerca de esto. Quiso Dios en su bondad que mientras Basset se dirigía a Woodstock, Benifield, por orden del Consejo, se dirigía a Londres; debido a esto, dejó orden firme a su hermano de que nadie fuera admitido en presencia de la princesa durante su ausencia, ni siquiera si llevaba una nota de la reina. Su hermano vio al asesino, pero la intención de este quedó frustrada, porque no pudo conseguir ser admitido en presencia de la princesa.

Cuando Elisabet salió de Woodstock, dejó estas líneas escritas con un diamante en la ventana:

Muchas sospechas puede haber, Nada demostrado puede ser. Dijo Elisabet, presa.

Al acabar la vida de Winchester, acabó el extremado peligro de la princesa, porque muchos de sus secretos enemigos pronto le siguieron, y, finalmente, su cruel hermana, que sobrevivió a Gardiner sólo tres años.

La muerte de María ha sido adscrita a varias causas. Los miembros del Consejo trataron de consolarla en sus últimos momentos, pensando que era la ausencia de su marido lo que tanto le pesaba en el corazón, pero aunque esto tuvo una cierta influencia, la verdadera razón de su dolor era la pérdida de Calais, la última fortaleza poseída por los ingleses en Francia. «Abrid mi corazón,» dijo María, «cuando esté muerta, y encontraréis allí escrita la palabra Calais.» La religión no le causaba temores; los sacerdotes habían adormecido en ella toda inquietud de conciencia que pudiera haber existido por causa de los espíritus acusadores de los mártires asesinados. No era la sangre que había derramado, sino la pérdida de una ciudad, lo que movió sus emociones al morir, y este golpe último pareció ser infligido para que sus fanáticas persecuciones pudieran ser puestas en paralelo con su insensatez política.

¡Rogamos fervorosamente que ningunos anales de ningún país, católico o pagano, vuelvan a ser jamás manchados con tal repetición de sacrificios humanos al poder papal, y que el aborrecimiento que se tiene contra el carácter de María pueda ser un faro para los posteriores monarcas para que eviten los arrecifes del fanatismo!

El castigo de Dios contra algunos de los perseguidores de Su pueblo en el reinado de María

Después de la muerte de aquel archiperseguidor, Gardiner, otros siguieron, entre los que debe destacarse al doctor Morgan, obispo de St. David's, que había sucedido al Obispo Farrar. No mucho tiempo después que fuera designado para este obispado, cayó bajo la visitación de Dios: sus alimentos, una vez habían descendido por la garganta, retrocedían con gran violencia. De esta manera acabó su existencia, literamente muerto de hambre.

El Obispo Thornton, sufragáneo de Dover, fue un infatigable perseguidor de la verdadera Iglesia. Un día, después de haber ejercido su cruel tiranía sobre un número de piadosas personas en Canterbury, se dirigió de la casa capitular a Borne, donde, mientras estaba un domingo contemplando a sus hombres jugando a los bolos, cayó bajo un ataque de parálisis, y no sobrevivió durante mucho tiempo.

Después le sucedió otro obispo o sufragáneo, ordenado por Gardiner, que no mucho después de haber sido elevado a la sede de Dover, cayó por unas escaleras en la estancia del cardenal en Greenwich, rompiéndose el cuello. Acababa de recibir la bendición del cardenal: no había podido recibir nada peor.

John Cooper, de Watsam, Suffolk, sufrió a causa de un perjurio; por malignidad privada fue perseguido por un tal Fenning, que sobornó a otros dos que juraran que habían oído decir a Cooper: «Si Dios no sacara de aquí a la Reina María, lo haría el diablo.» Cooper negó haber dicho tal cosa, pero Cooper era protestante y hereje, por lo que fue colgado, arrastrado y descuartizado, sus bienes fueron confiscados, y su mujer y nueve hijos reducidos a la mendicidad. Pero durante la siguiente cosecha, Grimwood de Hitcham, uno de los testigos antes mencionado, fue visitado por su infamia; mientras trabajaba, apilando trigo, sus entrañas reventaron repentinamente, y murió antes de poder conseguir ayuda alguna. ¡Así fue retribuido un perjurio deliberado con una muerte súbita!

Ya hemos observado la dureza del alguacil mayor Woodroffe en el caso del mártir señor Bradford. Se regocijaba aquel alguacil en la muerte de los santos, y en la ejecución del señor Roger le partió la cabeza al arriero, porque detuvo el carro para permitir que los hijos del mártir le dieran un último adiós. Apenas si hacía una semana que el señor Woodroffe había dejado de ser alguacil mayor que fue azotado por una parálisis, y languideció varios días en una condición de lo más lastimosa e impotente, presentando un gran contraste con su anterior actividad en aquella sanguinaria causa.

Se cree que Ralph Lardyn, que entregó al mártir George Eagles, fue posteriormente juzgado y colgado como consecuencia de una autoacusación. Ante el tribunal, se acusó con estas palabras: «Esto me ha sobrevenido con toda justicia, por entregar la sangre inocente de aquel hombre justo y bueno, George Eagles, que fue aquí condenado en tiempos de la Reina María por mi acción, cuando vendí su sangre por un poco de dinero.»

Mientras James Abbes se dirigía a su ejecución, exhortando a los apenados espectadores a que se mantuvieran firmes en la verdad, y que como él sellaran la causa de Cristo con su sangre, un siervo del alguacil mayor lo interrumpió, llamando blasfemamente herejía a su religión, y al buen hombre lunático. Pero apenas si las llamas habían alcanzado al mártir que el terrible golpe de Dios cayó sobre aquel endurecido miserable, en presencia de aquel a quien había ridiculizado tan cruelmente. Aquel hombre se vio repentinamente atacado de locura, y, lunático perdido, se despojó de sus ropas y se quitó los zapatos delante de todos (como Abbes había acabado de hacer, para distribuirlo entre algunas personas pobres), gritando al mismo tiempo: «¡Así ha hecho James Abbes, el verdero siervo de Dios, que está salvo, pero yo condenado!» Repitiendo esto varias veces, el alguacil le hizo asegurar y mandó que le vistieran de su ropa; pero tan pronto volvió a estar solo volvió a arrancárselas, gritando como antes. Atado a un carro, fue llevado a casa de su amo, y al cabo de medio año murió. Justo antes de ello, vino a asistirle un sacerdote con un crucifijo, etc., pero el desgraciado hombre le dijo que se fuera con sus engaños, y que él y otros sacerdotes eran la causa de su condenación, pero que Abbes estaba salvado.

Un tal Clark, enemigo jurado de los protestantes en el reinado del Rey Eduardo, se colgó en la Torre de Londres.

Froling, sacerdote de mucha celebridad, cayó en la calle y murió en el acto.

Dale, un infatigable informador, murió comido por gusanos, constituyendo un horrendo espectáculo.

Alexander, el severo guarda de Newgate, murió miserablemente, hinchándose hasta un tamaño prodigioso, y se pudrió de tal manera por dentro que nadie se le quería acercar. Este cruel ministro de la ley solía acudir a Bonner, a Story y a otros pidiéndoles que vaciaran su prisión, ¡se sentía demasiado acosado por los herejes! El hijo de este guarda, tres años después de la muerte de su padre, disipó sus grandes propiedades, y murió repentinamente en el mercado de Newgate. «Los pecados del padre,» dice el decálogo, «serán visitados sobre los hijos.» John Peter, yerno de Alexander, un horroroso blasfemador y perseguidor, murió miserablemente. Cuando afirmaba cualquier cosa, decía: «Si no es cierto, que me pudra antes de morir.» Y esta terrible condición le visitó en todo su horror.

Sir Ralph Ellerker había estado anhelantemente deseoso de que a Adam Damlip, ejecutado tan injustamente, le fuera arrancado el corazón. Poco después, Sir Ralph fue muerto por los franceses, que lo mutilaron cruelmente, le cortaron los miembros, y le arrancaron el corazón.

Cuando Gardiner supo del mísero fin del Juez Hales, llamó a la profesión del Evangelio una doctrina de desesperación; pero olvidó que la desesperación del juez surgió después de haber asentido al papismo. Con más razón se puede decir esto de los principios católicos, si consideramos el mísero fin del doctor Pendleton, de Gardiner y de la mayoría de los perseguidores principales. Un obispo le recordó a Gardiner, cuando éste estaba en su lecho de muerte, a Pedro negando a su maestro. «¡Ah!» dijo Gardiner, «he negado como Pedro, pero nunca me he arrepentido como Pedro.»

Tras la accesión de Elisabet, la mayoría de los prelados católicos fueron encarcelados en la Torre o en Fleet. Bonner fue encerrado en Marshalsea.

De los blasfemadores de la Palabra de Dios, detallaremos, entre muchos otros, el siguiente suceso. Un tal William Maldon, que vivía en Greenwich como criado, estaba un anochecer instruyéndose provechosamente leyendo un libro de lectura elemental. Otro criado, llamado John Powell, estaba sentado cerca, y ridiculizaba todo lo que decía Maldon, que le advirtió que no hiciera escarnios con la Palabra de Dios. Pero Powell prosiguió, hasta que Maldon llegó a ciertas oraciones inglesas, y leyó en voz alta: «Señor, ten piedad de nosotros, Cristo ten piedad de nosotros,» etc. De repente, el escarnecedor se sobresaltó y exclamó: «¡Señor, ten misericordia de nosotros!» Se sintió sobrecogido del más atroz terror en su mente, dijo que el espíritu malo no podía permitir que Cristo tuviera misericordia alguna de él, y se hundió en la locura. Fue enviado a Bedlam, y se convirtió en un terrible ejemplo de que Dios no siempre será ultrajado impunemente.

Henry Smith, estudiante de leyes, tenía un piadoso padre protestante, de Camden, en Gloucestershire, y fue piadosamente educado por él. Mientras estudiaba leyes en el Temple, fue inducido a profesar el catolicismo, y dirigiéndose a Lovaina, en Francia, volvió cargado de eprdones, crucifijos y otros juguetes papistas. No satisfecho con esto, empezó a injuriar públicamente la religión evangélica en la que había sido criado; pero una noche la conciencia lo reprendió con tal violencia que en un arrebato de desesperación se colgó con sus propias ligas. Fue sepultado en un camino, sin que fuera leído el servicio cristiano.

El doctor Story, cuyo nombre ha sido mencionado tantas veces en las páginas anteriores, fue reservado para ser cortado mediante ejecución pública, práctica en la que tanto se había deleitado cuando estaba en el poder. Se supone que intervino en la mayoría de las acciones de los tiempos de María, y que desplegó su ingenio inventando nuevas formas de infligir torturas. Cuando Elisabet accedió al trono, fue encarcelado, pero inexplicablemente huyó al continente, para llevar el fuego y la espada allí contra los hermanos protestantes. Del Duque de Alba recibió en Amberes una especial comisión para registrar todos los barcos en busca de contrabando, especialmente de libros heréticos ingleses.

El doctor Story se gloriaba en un encargo que fue ordenado por la Providencia para obrar su ruina, y para preservar a los fieles de su sanguinaria crueldad. Se decidió que un mercader llamado Parker navegara a Amberes, y que se le diera información al doctor Story de que tenía una cantidad de libros heréticos a bordo. Apenas oyó esto, éste se apresuró a ir al barco, buscó por todas partes en cubierta, y luego bajo a la bodega, y le cerraron las escotillas. Una oportuna galerna llevó la nave a Inglaterra, y este traidor y perseguidor rebelde fue enviado a prisión, donde estuvo un tiempo considerable, negándose obstinadamente a renunciar a su espíritu anticristiano, y a admitir la supremacía de la Reina Elisabet. Aducía que era súbdito jurado del rey de España, a cuyo servicio estaba el famoso Duque de Alba, aunque de nacimiento y por educación era inglés. Condenado, el doctor fue puesto sobre un remolque de emparrillado y arrastrado desde la Torre a Tyburn, donde después de haber estado colgado durante media hora, fue cortado, despedazado, y el verdugo exhibió el corazón de un traidor.

Así terminó la existencia de este Nimrod de Inglaterra.

CAPÍTULO XVII

Surgimiento y progreso de la religión protestante en Irlanda; con un relato de las bárbaras matanzas de 1641

LAS tinieblas del papado habían entenebrecido Irlanda desde su primer establecimiento hasta el reinado de Enrique VIII, cuando los rayos de luz del Evangelio comenzaron a disipar las tinieblas y a proveer aquella luz que hasta entonces había sido desconocida en la isla. La abyecta ignorancia en la que se mantenía al pueblo, con los absurdos y supersticiosos conceptos que sustentaban, eran cosa bien evidente para muchos; y los artificios de sus sacerdotes eran tan patentes, que varias personas distinguidas, que habían sido hasta entonces fervorosos papistas, se hubieran sacudido el yugo de buena gana y abrazado la religión protestante; pero la ferocidad natural de aquella gente, y su intensa adhesión a las ridículas doctrinas que les habían sido enseñadas, hacía peligroso este intento. Sin embargo, se emprendió esto más adelante, lo que fue acompañado de las consecuencias más horribles y desastrosas.

La introducción de la religión protestante en Irlanda se puede atribuir principalmente a George Browne, un inglés, que fue consagrado arzobispo de Dublín el diecinueve de marzo de 1535. Había sido con anterioridad fraile agustino, y fue elevado a la mitra por sus méritos.

Después de haber estado en esta dignidad durante cinco años, en la época en que Enrique VIII estaba suprimiendo las casas religiosas en Inglaterra, hizo que se quitaran todas las reliquias e imágenes de las dos catedrales en Dublín, y de las otras iglesias en su diócesis; en lugar de ellas hizo poner la Oración del Señor, el Credo, y los Diez Mandamientos.

Poco tiempo después recibió una carta de Thomas Cromwell, Lord del Sello Privado, informándole de que habiendo Enrique VIII anulado la supremacía papal en Inglaterra, estaba decidido a hacer lo mismo en Irlanda, y que por ello lo había designado a él (al Arzobispo Browne) como uno de los comisionados para poner esta orden en práctica. El arzobispo respondió que había hecho todo lo que estaba en su mano, arriesgando su vida, para hacer que la nobleza y los caballeros irlandeses reconocieran la supremacía de Enrique, tanto en cuestiones espirituales como temporales; pero se había encontrado con la más violenta oposición, especialmente de parte de George, arzobispo de Armagh; que este prelado, en un discurso al clero, había lanzado una maldición sobre todos los que reconocieran la supremacía de su majestad, añadiendo además que su isla, llamada en las Crónicas *Insula Sacra*, o la Isla Santa, no pertenecía a nadie más que al Obispo de Roma, y que los progenitores del rey la habían recibido del Papa. Observó asimismo que el arzobispo y el clero de Armagh habían mandado sus respectivos correos a Roma, y que sería necesario convocar un parlamento en Irlanda, para aprobar la ley de la supremacía, siendo que el pueblo no aceptaría la comisión del rey sin la sanción de la asamblea legislativa. Concluyó diciendo que los Papas habían mantenido al pueblo sumido en la más profunda ignorancia; que el clero era mayormente analfabeto; que el común de la gente eran más celosos en su ceguera que lo habían sido los santos y mártires en la defensa de la verdad al comienzo del Evangelio; y que debía temerse que Shan O'Neal, un caudillo muy poderoso en la zona norte de la isla, estaba decidido a oponerse a la comisión regia.

Siguiendo este consejo, al año siguiente se convocó un parlamento que debía reunirse en Dublín, por orden de Leonard Grey, que en aquellos tiempos era Lord Lugarteniente. En esta asamblea, el Arzobispo Browne pronunció un discurso en el que estableció que los obispos de Roma solían, antiguamente, reconocer a emperadores, reyes y príncipes como supremos en sus propios dominios; y que por ello él reconocería al Rey Enrique VIII como supremo en todos los asuntos, tanto eclesiásticos como temporales. Concluyó diciendo que todo el que rehusara asentir a esta ley no era un leal súbdito del rey. Este discurso sobresaltó grandemente a los otros obispos y señores, pero al final se accedió, tras violentos debates, a la supremacía del rey.

Dos años después, el arzobispo escribió una segunda carta a Lord Cromwell, quejándose del clero, y dando indicaciones de las maquinaciones que el Papa estaba tramando contra los defensores del Evangelio. Esta carta está fechada en Dublín en abril de 1538; y el arzobispo dice, entre otros asuntos: «A un pájaro se le puede enseñar a hablar con tanto sentido como lo hacen muchos del clero en este país. Estos, aunque no son eruditos, son sin embargo astutos para engañar a la gente sencilla, disuadiéndoles de obedecer las órdenes de Su Majestad. Los campesinos de aquí odian mucho vuestra autoridad, y os llaman insultantemente, en su lengua irlandesa, el Hijo del Herrero. Como amigo, deseo que vuestra señoría tenga cuidado de su noble persona. Roma tiene en gran favor al duque de Norfolk, y grandes favores para esta nación, con el propósito de oponerse a Su Majestad.»

Poco tiempo después, el Papa envió a Irlanda (dirigida al arzobispo de Armagh y su clero) una bula de excomunión contra todos los que hubieran reconocido o llegaran a reconocer la supremacía del rey dentro de la nación irlandesa; denunciando una maldición sobre ellos y los suyos que en el plazo de cuarenta días no reconocieran a sus confesores que habían hecho mal al aceptarla.

El Arzobispo Browne dio conocimiento de esto en una carta fechada en Dublín en mayo de 1538. Parte del formulario de confesión, o voto, enviado a estos papistas irlandeses, decía así: «Declaro además maldito a aquel o aquella, padre o madre, hermano o hermana, hijo o hija, marido o mujer, tío o tía, sobrino o sobrina, pariente o parienta, patrón o patrona, y a todos los demás, las relaciones más cercanas o queridas, amigos o conocidos que sean, que mantengan o lleguen a mantener, en el tiempo venidero, que cualquier poder eclesiástico o civil esté por encima de la autoridad de la Madre Iglesia, o que obedezca o llegue a dar obediencia, en el tiempo venidero, a ninguno de los enemigos o contrarios de la Madre Iglesia, de lo que aquí doy juramento: Así me ayuden Dios, la Bendita Virgen, San Pedro, San Pablo y los Santos Evangelistas,» etc. Este formulario se corresponde de manera precisa con las doctrinas promulgadas por los Concilios Laterano y de Constanza, que declaran de manera expresa que no se debe mostrar favor alguno a los herejes, ni se les debe guardar la palabra dada; que deben ser excomulgados y condenados, y que sus posesiones deben ser confiscadas, y que los príncipes quedan obligados, bajo solemne juramento, a desarraigarlos de sus respectivos dominios.

¡Qué abominable ha de ser una iglesia que osa pisotear de esta manera toda autoridad! ¡Qué engañada la gente que acepta las instrucciones de tal iglesia!

En la carta acabada de mencionar del arzobispo fechada en mayo de 1538, dice él: «Su alteza el virrey de esta nación tiene poco o ningún poder sobre los antiguos nativos. Ahora tanto los ingleses como los irlandeses comienzan a oponerse a las órdenes de su señoría, y a poner a un lado sus pendencias nacionales, lo que me temo que hará (si algo puede llevar a ello) que un extranjero invada esta nación.»

No mucho después de esto, el Arzobispo Browne arrestó a un tal Thady O'Brian, un fraile franciscano, que tenía en su poder un documento enviado desde Roma, con fecha de mayo de 1538, y dirigido a O'Neal. En esta carta había las siguientes palabras: «Su Santidad, Pablo, ahora Papa, y el concilio de los padres, han descubierto recientemente, en Roma, una profecía de un San Laceriano, obispo irlandés de Cashel, en la que decía que la Madre Iglesia de ROma cae cuando sea vencida la fe católica en Irlanda. Por ello, por la gloria de la Madre Iglesia, por la honra de San Pedro, y por tu propia seguridad, suprime la herejía y a los enemigos de Su Santidad.»

Este Thady O'Brian, después de unos interrogatorios y registros adicionales, fue puesto en el cepo, y mantenido bajo estricta vigilancia hasta que llegan órdenes del rey acerca de qué suerte debía correr. Pero al llegar la orden de Inglaterra de que fuera colgado, se suicidó en el castillo de Dublín. Su cuerpo fue después llevado a Gallows-green, donde, tras ser colgado durante un tiempo, fue enterrado.

Después de la accesión de Eduardo VI al trono de Inglaterra, fue enviada una orden a Sir Anthony Leger, Lord Representante de Irlanda, mandando que se estableciera en Irlanda la liturgia en inglés, para que fuera observada dentro de los varios obispados, catedrales e iglesias parroquiales; y se leyó por vez primera en Christ Church, en Dublín, el día de Pascua de 1551, delante del mencionado Sir Anthony, del Arzobispo Browne y de otros. Parte de la orden real para este propósito era como sigue: «Por cuanto su Graciosa Majestad nuestro padre, el Rey Enrique VIII, tomando en consideración la esclavitud y el pesado yugo que sus leales y fieles súbditos soportaban bajo la jurisdicción del obispo de Roma; cómo diversas historias imaginarias y prodigios mentirosos desviaban a nuestros súbditos, quitando los pecados de nuestras naciones con sus indulgencias y perdones por dinero; proponiéndose abrigar todos los malvados vicios, como robos, rebeliones, hurtos, fornicaciones, blasfemia, idolatría, etc., su Graciosa Majestad nuestro padre disolvió por ello todas las priorías, todos los monasterios, abadías y otras pretendidas casas de religión, siendo como eran criaderos de vicios o lujos más que de sagrada erudición,» etc.

El día después que se empleó por primera vez la Oración Común en Christ Church, los papistas tramaron la siguiente perversa confabulación:

En la iglesia había quedado una imagen de mármol de Cristo, sosteniendo una caña en la mano, y con una corona de espinas en la cabeza. Mientras se estaba leyendo el servicio inglés (la Oración Común) delante del Lugarteniente, del arzobispo de Dublín, del consejo privado, del alcalde mayor y de una gran congregación, se vio cómo salía sangre de las grietas de la corona de espinas, y bajaba por la cabeza de la imagen. A esto, uno de los inventores de la impostura gritó en voz alta: «¡Ved como suda sangre la imagen de nuestro Salvador! Pero tiene que hacerlo, por cuanto ha entrado herejía en la iglesia!» De inmediato muchos de las clases más bajas del pueblo, ciertamente el *vulgo de todas clases*, se sintió aterrorizado ante un espectáculo *tan milagroso e innegable* de la evidencia del desagrado divino; se precipitaron fuera de la iglesia, convencidos de que las doctrinas del protestantismo emanaban de una fuente infernal, y de que la salvación sólo podía ser hallada en el seno de su propia *infalible* Iglesia.

Este incidente, por ridículo que parezca para el lector ilustrado, tuvo una gran influencia sobre las mentes de los irlandeses ignorantes, y sirvió a los fines de los desvergonzados impostores que lo inventaron, en cuanto a poder refrenar de manera muy tangible el progreso de la religión reformada en Irlanda; muchas personas no podían resistirse a la convicción de que había muchos errores y corrupciones en la Iglesia de Roma, pero se vieron acallados por medio por esta pretendida manifestación de la ira divina, que fue exagerada más allá de toda medida por los fanáticos e interesados sacerdotes.

Tenemos muy pocos detalles acerca del estado de la religión en Irlanda durante el resto del reinado de Eduardo VI y de la mayor parte del de María. Hacia el final del tiempo de dominio de aquella implacable fanática, intentó ella extender sus persecuciones a la isla; pero sus diabólicas intenciones fueron felizmente frustradas de la siguiente manera providencial, y los detalles de esto los narran historiadores de genuina autoridad.

María había designado al doctor Pole (un agente del sanguinario Bonner) como uno de los comisionados para llevar a cabo sus bárbaras intenciones. Llegado a Chester con su comisión, el alcalde de aquella ciudad, un papista, acudió a asistirle; entonces el doctor se sacó del bolsillo de su manto una cartera de piel, diciéndole: «Aquí tengo la comisión que barrerá Irlanda de herejes.» La mayordoma de la casa era protestante, y teniendo un hermano en Dublín, se quedó muy angustiada ante lo que había oído. Pero esperando su oportunidad, mientras el alcalde se despedía, y el doctor lo acompañaba cortesmente escaleras abajo, ella abrió la cartera, sacó la comisión, y en su lugar puso una hoja de papel, con una baraja de naipes, con la *sota de bastos* encima. El doctor, sin sospechar lo sucedido, se embolsilló la cartera, y llegó con ella a Dublín en septiembre de 1558.

Anhelante de cumplir las intenciones de su «*piadosa*» reina, de inmediato se dirigió a Lord Fitz-Walter, que entonces era virrey, y le presentó la cartera, que, al ser abierta, no mostró otra cosa que una baraja. Esto dejó sorprendidos a todos los presentes, y su señoría dijo: «Tenemos que conseguir otra comisión; y mientras tanto barajemos las cartas.»

El doctor Pole hubiera querido volver en el acto a Inglaterra para obtener otra comisión; pero mientras esperaba un viento favorable, llegó la noticia de la muerte de la Reina María, y gracias a ello los protestantes escaparon a una muy cruel persecución. El relato que hemos dado está confirmado por historiadores del mayor crédito, que añaden que la Reina Elisabet estableció una pensión de cuarenta libras a la mencionada Elizabeth Edmunds, por haber salvado de esta forma las vidas de sus súbditos protestantes.

Durante los reinados de Elisabet y de Jacobo I, Irlanda estuvo agitada casi constantemente por rebeliones e insurrecciones, que, aunque no siempre tenían como motivo la diferencia de opiniones religiosas entre ingleses e irlandeses, quedaban agravadas y hechas tanto más acerbas e irreconciliables por esta causa.

los sacerdotes papistas exageraban arteramente los fallos del gobierno inglés, y de continuo imbuían en sus ignorantes oyentes llenos de prejuicios la legitimidad de matar protestantes, asegurándoles que todos los católicos muertos en el cumplimiento de una empresa tan *piadosa* serían de inmediato recibidos a la dicha eterna. El carácter naturalmente atolondrado de los irlandeses, manipulado por estos hombres astutos, los impelía continuamente a acciones violentas bárbaras e injustificables, aunque se debe confesar que la naturaleza inestable y arbitraria de la autoridad ejercida por los gobernadores ingleses no era susceptible de ganarse sus afectos. También los españoles, desembarcando fuerzas en el sur, y alentado de todas las maneras a los descontentos nativos para que se uniesen bajo su bandera, mantuvieron la isla en un estado continuo de turbulencia y de guerra. En 1601 desembarcaron un cuerpo de cuatro mil hombres en Kinsale, y comenzaron lo que llamaron «*La Guerra Santa por la preservación de la fe en Irlanda*.» Fueron ayudados por grandes cantidades de irlandeses, pero finalmente fueron rotundamente derrotados por el representante de la reina, Lord Mountjoy, y sus oficiales.

Esto cerró las transacciones del reinado de Elisabet con respecto a Irlanda; siguió un período de aparente tranquilidad, pero el sacerdocio papista, siempre inquieto y agitador, intentó minar mediante maquinaciones secretas aquel gobierno y aquella fe que ya no osaban atacar abiertamente. El pacífico reino de Jacobo les dio la oportunidad de aumentar su fuerza y de madurar sus maquinaciones, y bajo su sucesor, Carlos I, aumentaron grandemente sus números por medio de arzobispos titulares católicos romanos, como también de obispos, deanes, vicarios generales, abades, sacerdotes y frailes. Por esta razón se prohibió, en 1629, el ejercicio público de los ritos y ceremonias papistas.

Pero a pesar de esto, poco después el clero romanista edificó una nueva universidad papista en la ciudad de Dublín. Comenzaron también a edificar monasterios y conventos en varias partes del reino, lugares en los que este mismo clero romanista y los jefes de los irlandeses celebraban numerosas reuniones; y de allí solían ir y volver a Francia, España, Flandes, Lorena y Roma, donde estaba siendo preparado el detestable complot de 1641 por la familia de los O'Neal y sus seguidores.

Poco después que comenzaran a ponerse en marcha los planes de la horrible conspiración que vamos a relatar a continuación, los papistas de Irlanda habían presentado una protesta ante los Lores de Justicia del reino, exigiendo el libre ejercicio de su religión y una derogación de las leyes contrarias, ante lo que ambas cámaras del Parlamento en Inglaterra respondieron solemnemente que jamás concederían tolerancia alguna a la religión papista en aquel reino.

Esto irritó tanto más a los papistas incitándoles a la ejecución del diabólico complot concertado para la destrucción de los protestantes; y no fracasó, sino que tuvo el éxito deseado por sus maliciosos y rencorosos promotores.

El designio de esta horrible conspiración era que tuviera lugar una insurrección general al mismo tiempo por todo el reino, y que se diera muerte a todos los protestantes, sin excepción alguna. El día fijado para esta horrorosa masacre fue el veintiuno de octubre de 1641, fiesta de Ignacio de Loyola, fundador de los Jesuitas; y los principales conspiradores en las partes principales del reino emprendieron los preparativos necesarios para la lucha que maquinaban.

A fin de que este aborrecible plan pudiera tener un éxito más seguro, los papistas practicaron los ardides más elaborados, y su conducta en sus visitas a los protestantes fue, en este tiempo, de una más aparente bondad que la que habían mostrado hasta entonces, lo que se hizo para poder consumar de manera más plena los designios inhumanos y pérfidos que contra ellos meditaban.

La ejecución de esta salvaje maquinación fue atrasada hasta inicios del invierno, para que el envío de tropas desde Inglaterra fuera cosa más difícil. El Cardenal Richelieu, el ministro francés, había prometido a los conspiradores un considerable suministro de hombres y dinero, y muchos oficiales irlandeses habían prometido de cierto asistir cordialmente a sus hermanos católicos, tan pronto como tuviera lugar la insurrección.

Llegó el día anterior al señalado para llevar a cabo este horrible designio, y felizmente para la metrópolis del reino, la conspiración fue revelada por un irlandés llamado Owen O'Connelly, por cuyo señalado servicio el Parlamento Inglés le votó 500 libras y una pensión vitalicia de doscientas.

Fue tan oportunamente que se descubrió este complot, tan sólo pocas horas antes de que la ciudad y el castillo de Dublín fueran a ser sorprendidos, que los Lores Justicias apenas si tuvieron tiempo de prepararse, junto con la ciudad, en una posición defensiva adecuada. Lord M'Guire, que era allí el principal cabecilla, fue, junto con sus cómplices, detenido aquella misma noche en la ciudad; en sus viviendas se encontraron espadas, azuelas, hachas, mazos, y otros instrumentos de destrucción preparados para la destrucción y el exterminio de los protestantes en aquella parte del reino.

De esta manera la capital fue felizmente preservada; pero la sanguinaria parte de la tragedia tramada ya no se podía impedir. Los conspiradores estaban ya sobre las armas temprano por la mañana del día señalado, y todos los protestantes que encontraron en su camino fueron asesinados de inmediato. No se perdonó ninguna edad, ni sexo ni condición. La mujer llorando por su marido destripado, y abrazando a sus indefensos hijos, era traspasada junto a ellos, muriendo todos a la vez. Los viejos y jóvenes, los vigorosos y los débiles, sufrieron la misma suerte y se confundieron en una misma ruina. En vano salvaba la huida de un primer asalto; la destrucción asolaba por doquier, y se enfrentaba con las perseguidas víctimas en cada recodo. En vano se quiso recurrir a parientes, a compañeros, a amigos; todas las relaciones estaban disueltas; y la muerte caía de la mano de aquellos a quienes se imploraba protección y de quienes se esperaba. Sin provocación, sin oposición, los atónitos ingleses, viviendo en la mayor paz, y, pensaban ellos, plena seguridad, fueron asesinados por sus más cercanos vecinos, con los que habían mantenido durante mucho tiempo una continuada relación de bondad y buenos oficios. Pero la muerte fue el más suave de los castigos infligidos por estos monstruos en forma humana; todas las torturas que pudiera inventar la más voluntariosa crueldad, todos los prolongados tormentos del cuerpo y angustias de la mente, las agonías de la desesperación, no podían saciar una venganza carente de motivos, y cruelmente salida de ninguna causa. La naturaleza depravada, incluso la religión pervertida, aunque alentadas por la licencia más desenfrenada, no pueden llegar a un mayor paroxismo de ferocidad que el que se manifestó en estos inmisericordes salvajes. Incluso las representantes del sexo débil, naturalmente tiernas ante sus propios sufrimientos y compasivas ante los de los demás, emularon a sus fuertes compañeros en la práctica de toda crueldad. Los mismos niños, enseñados por el ejemplo y la exhortación de sus padres, aplicaban sus débiles golpes a los cadáveres de los indefensos hijos de los ingleses.

Tampoco la avaricia de estos irlandeses fue suficiente para detenerlos en absoluto en su crueldad. Tal era su desenfreno que los ganados que robaron y que habían hecho suyos por saqueo, fueron degollados conscientemente porque llevaban el nombre de los ingleses; o, cubiertos de heridas, lanzados sueltos a los bosques, para que allí murieran lentamente en sus sufrimientos.

Las espaciosas viviendas de los granjeros fueron reducidas a cenizas o arrasadas hata el suelo. Y allí donde los desdichados propietarios se habían encerrado en sus casas y se estaban preparando para defenderse, fueron muertos en llamas junto con sus mujeres e hijos.

Ésta es la descripción general de esta matanza sin paralelo; ahora queda, por la naturaleza de esta obra, dar algunos detalles particulares.

Apenas si los fanáticos e inmisericordes papistas habían comenzado a ensuciarse las manos de sangre que repitieron esta horrible tragedia día tras día, y los protestantes, en todas partes del reino, cayeron víctimas de su furia con muertes de la crueldad más inaudita.

Los ignorantes irlandeses fueron tanto más intensamente instigados a ejecutar esta infernal operación por los Jesuitas, sacerdotes y frailes cuanto que ellos, cuando se decidió el día de la ejecución de su complot, recomendaron en sus oraciones que se diera diligencia en aquel gran designio, que dijeron ellos sería de gran ayuda para la prosperidad del reino y para promover la causa católica. En todo lugar dijeron al común de la gente que los protestantes eran herejes, y que no se debía permitirles más vivir entre ellos; añadiendo que no era más pecado matar a un inglés que matar a un perro; y que ayudarlos o protegerlos era un crimen de lo más imperdonable.

Habiendo asediado los papistas la ciudad y el castillo de Longford, se rindieron los ocupantes de este último, que eran protestantes, con la condición de que se les diera cuartel; los asediadores, en el instante en que aparecieron las gentes de la ciudad, los atacaron de la manera más implacable, destripando el sacerdote de ellos, a modo de señal, al ministro protestante inglés; después de esto, sus seguidores asesinaron a todo el resto, algunos de los cuales fueron colgados, otros apuñalados o muertos a tiros, mientras que a muchos se les destrozó la cabeza con hachas que habían sido suministradas para este fin.

La guarnición de Sligo fue tratada de manera semejante por O'Connor Slygah, el cual les prometio cuartel a los protestantes y llevarlos sanos y salvos al otro lado de los montes Curlew, a Roscommon. Estos abandonaron sus refugios, pero entonces los apresó y guardó en un encierro inmundo, alimentándolos sólo con granos como alimento. Después, estando bebidos y contentos algunos de los papistas que habían venido a felicitar a sus malvados hermanos, los frailes blancos sacaron a los protestantes supervivientes, y o bien los mataron a cuchillo, o bien los lanzaron por el puente a un río torrencial, donde pronto murieron. Se añade que luego un grupo de este malvado grupo de frailes blancos fue cierto tiempo después al río, en solemne procesión, con agua bendita en sus manos, para rociarlo; pretendiendo limpiarlo y purificarlo de las manchas y de la contaminación de la sangre y de los cadáveres de los herejes, como llamaban ellos a los desafortunados protestantes que fueron tan inhumanamente asesinados en esta misma ocasión.

En Kilmore, el doctor Bedell, obispo de esta sede, había asentado y sustentado caritativamente a gran número de protestantes angustiados, que habían huido de sus casas para escapar de las diabólicas crueldades cometidas por los papistas. Pero no gozaron mucho tiempo del consuelo de vivir juntos. El buen prelado fue sacado a la fuerza de su residencia episcopal, que fue de inmediato ocupada por el doctor Swiney, el obispo papista titular de Kilmore, que dijo Misa en la iglesia al domingo siguiente, y que luego confiscó todos los bienes y posesiones del perseguido obispo.

Poco después de esto, los papistas llevaron al doctor Bedell, a sus dos hijos y al resto de su familia, con algunos de los principales protestantes a los que había protegido, a un castillo en ruinas llamado Lochwater, situado en un lago cercano al mar. Aquí se quedó con sus compañeros varias semanas, esperando día a día ser muerto. La mayor parte de ellos habían sido dejados desnudos, por lo que sufrieron grandes penalidades, al hacer mucho frío (siendo el mes de diciembre), y carecer de tejado el edificio en el que se hallaban. Prosiguieron en esta situación hasta el siete de enero, cuando fueron todos liberados. El obispo fue cortesmente recibido en la casa de Dennis O'Sheridan, uno de su clero, a quien había convertido a la Iglesia de Inglaterra, pero no sobrevivió mucho tiempo a esta muestra de bondad. Durante su estancia allí, pasó todo su tiempo en ejercicios religiosos, para mejor disponerse y prepararse a sí mismo, y a sus entristecidos compañeros, para su gran tránsito, porque nada tenían delante de sus ojos sino una muerte cierta. Estaba entonces en el año setenta y uno de su vida, y, afligido por unas violentas fiebres que había adquirido por su estancia en aquel lugar inhóspito y desolado en el lago, pronto la fiebre se hizo de lo más violenta y peligrosa. Viendo que se acercaba su fallecimiento, lo recibió con gozo, como uno de los primitivos mártires que se apresuraba a su corona de gloria. Después de dirigirse a su pequeña grey, y de exhortarlos a la paciencia, y ello de la manera más patética por cuanto vio que se acercaba el último día de ellos, tras haber bendecido solemnemente a su gente, su familia y sus hijos, terminó juntamente el curso de su ministerio y de su vida el siete de febrero de 1642.

Sus amigos y parientes pidieron al intruso obispo que les permitiera enterrarlo, lo que obtuvieron tras gran dificultad; al principio les dijo que el patio de la iglesia era tierra sagrada, y que no debía ya ser contaminada más con herejes; sin embargo, se obtuvo permiso al final, y aunque no se empleó el servicio religioso funerario en la solemnidad (por miedo a los papistas irlandeses), sin embargo algunos de los mejores, que tuvieron la mayor veneración por él mientras vivía, asistieron al acto de depositar sus restos en el sepulcro. En su entierro lanzaron una salva de balas, gritando: *Requiescat in pace ultimus Anglorum*, esto es, «Descanse en paz el último inglés.» A esto añadieron que como él era uno de los mejores, también sería el último obispo inglés hallado entre ellos. La erudición de este obispo era muy grande, y hubiera dado al mundo tanto más prueba de ella si hubiera impreso todo lo que había escrito. Apenas si se salvaron algunos de sus escritos, habiendo destruido los papistas la mayoría de sus documentos y biblioteca. Había recogido una gran cantidad de exposiciones críticas de la Escritura, todo lo cual, con un gran baúl lleno de sus manuscritos, cayó en manos de los irlandeses. Felizmente, su gran manuscrito hebreo se conservó, y está ahora en la biblioteca de Emanuel College, Oxford.

En la baronía de Terawley, los papistas, por instigación de los frailes, obligaron a más de cuarenta protestantes ingleses, algunos de los cuales eran mujeres y niños, a la dura suerte de o bien morir por la espada, o ahogados en el mar. Escogiendo éstos lo último, fueron obligados, a punta de espada de sus inexorables perseguidores, a dirigirse a aguas profundas, donde, con sus pequeños en sus brazos, fueron primero vadeando hasta el cuello, y luego se hundieron y murieron juntos.

En el castillo de Lisgool fueron quemados vivos hasta ciento cincuenta hombres, mujeres y niños, todos juntos; y en el castillo de Moneah no menos de cien fueron pasados a cuchillo. Una gran cantidad fueron también asesinados en el castillo de Tullah, que fue entregado a M'Guire con la condición de que se les diera cuartel; pero apenas si este desalmado había ocupado el lugar que ordenó a sus hombres asesinar al pueblo, lo que fue ejecutado de inmediato, y con la mayor crueldad.

Muchos otros fueron muertos de la manera más horrenda, en formas que sólo hubieran podido ser inventadas por demonios, y no por hombres. Algunos de ellos fueron echados con el centro de sus espaldas sobre el eje de un carruaje, con las piernas apoyadas en el suelo en un lado, y sus brazos y cabezas en el otro. En esta posición, uno de aquellos salvajes azotaba a la pobre víctima en los muslos, piernas, etc., mientras otro lanzaba perros salvajes, que desgarraban los brazos y las partes superiores del cuerpo; así, de esta terrible manera, eran privados de su existencia. Muchos de ellos fueron atados a colas de caballos, y lanzados los animales a todo galope por sus jinetes, las desgraciadas víctimas eran arrastradas hasta que expiraban. Otros fueron colgados de altas horcas, y encendiéndose fuego debajo de ellos, terminaron sus vidas en parte por colgamiento, en parte por asfixia.

Tampoco escapó el sexo débil en lo más mínimo a la crueldad que podían proyectar sus inmisericordes y furiosos perseguidores. Muchas mujeres, de todas las edades, eran muertas de la más cruel naturaleza. Algunas, de manera particular, fueron atadas con la espalda contra fuertes postes, y, desnudadas hasta la cintura, aquellos inhumanos monstruos les cortaron los pechos derechos con tijeras de esquileo, lo que, naturalmente, les causó las agonías más terribles; y así fueron dejadas hasta que murieron desangradas.

Tal fue la salvaje ferocidad de estos bárbaros que incluso bebés no nacidos eran arrancados del vientre para ser víctimas de su furia. Muchas desdichadas madres fueron colgadas desnudas de ramas de árboles, descuartizadas, y su inocente descendencia arrancada de ellas y echada a los perros y a los cerdos. Y, para intensificar lo horrendo de la escena, obligaban al marido a verlo antes de sufrir él mismo.

En la ciudad de Issenskeath colgaron a más de cien protestantes escoceses, no mostrándoles más misericordia que la que habían mostrado a los ingleses. M'Guire, dirigiéndose al castillo de aquella ciudad, pidió hablar con el gobernador, y, al permitírsele la entrada, quemó en el acto los registros del condado, que guardaba allí. Luego le exigió 1000 libras al gobernador, y, habiéndolas recibido, le obligó de inmediato a oír Misa, y a jurar que seguiría haciéndolo. Y para consumar estas horribles barbaridades, ordenó que la mujer y los hijos del gobernador fueran colgados delante de él, además de asesinar al menos a cien de los habitantes. Más de mil hombres, mujeres y niños fueron llevados, en diferentes grupos, al puente Portadown, que estaba roto en medio, obligándolos allí a arrojarse al agua; los que trataban de alcanzar la ribera eran golpeados en la cabeza.

En la misma parte del país, al menos cuatro mil personas fueron ahogadas en diferentes lugares. Los inhumanos papistas los llevaron como animales, después de desnudarlos, al lugar determinado para su destrucción; y si alguno, por fatiga o debilidad natural, era lento en su andar, era aguijoneado con sus espadas y picas; para aterrorizar a la multitud, asesinaron a algunos por el camino. Muchos de estos desdichados fueron lanzados al agua, y trataron de salvarse alcanzando la ribera, pero sus inmisericordes perseguidores impedían que lo lograsen, disparando contra ellos mientras se encontraban en el agua.

En un lugar, ciento cuarenta ingleses fueron todos asesinados en el mismo lugar, tras haber sido empujados totalmente desnudos durante muchas millas, y con un clima de lo más duro; algunos fueron colgados, otros, quemados, algunos muertos a tiros, y muchos de ellos enterrados vivos. Tan crueles eran sus atormentadores que ni siquiera les permitían orar antes de arrebatarles su mísera existencia.

A otros grupos los llevaron con la pretensión de un salvoconducto, y que, por esto mismo, se dirigían felices en su viaje; pero cuando los pérfidos papistas los hubieron llevado a un lugar conveniente, los mataron allí de la forma más cruel.

Ciento quince hombres, mujeres y niños fueron llevados, por orden de Sir Phelim O'Neal, al puente Portadown, donde fueron todos forzados río adentro, y ahogados. Una mujer llamada Campbell, al no ver posibilidad alguna de huida, se abrazó repentinamente a uno de los principales papistas, y lo asió tan firmemente que ambos se ahogaron juntos.

En Killyman hicieron una matanza de cuarenta y ocho familias, de las que veintidós fueron quemadas juntas en una casa. El resto fueron colgados, muertos a tiros, o ahogados.

En Kilmore, todos los habitantes, alrededor de doscientas familias, cayeron víctimas de la furia de los perseguidores. Algunos de ellos fueron puestos en el cepo hasta que confesaron donde tenían su dinero. Y después de esto, los mataron. Todo el condado era una escena general de carnicería, y muchos miles perecieron, en poco tiempo, por la espada, el hambre, el fuego, el agua, y las muertes más crueles que pudiera inventar la furia y la maldad.

Estos sanguinarios desalmados mostraron tan gran favor para con algunos como para despacharlos rápidamente; pero no quisieron en absoluto permitirles que oraran. A otros los echaron en inmundas mazmorras, poniendo pesados herrajes en sus piernas y dejándolos allí hasta que murieron de hambre.

En Casel echaron a todos los protestantes en una inmunda mazmorra, donde los tuvieron juntos, durante varias semanas, en la mayor miseria. Al final fueron liberados, siendo algunos de ellos bárbaramente mutilados y dejados en los caminos para morir lentamente. Otros fueron colgados, y algunos fueron sepultados derechos en el suelo, con las cabezas por encima de la tierra, y, para intensificar su desdicha, los papistas los escarnecían durante sus padecimientos. En el condado de Antrim asesinaron a cincuenta y cuatro protestantes en una mañana; y después, en el mismo condado, a alrededor de unos mil doscientos más.

En una ciudad llamada Lisnegary, obligaron a veinticuatro protestantes a entrar en una casa, incendiándola después, quemándolos a todos, escarneciendo con imitaciones los clamores de ellos.

Entre otros actos de crueldad tomaron a dos niños de una mujer inglesa, y les abrieron la cabeza delante de ella; después, echaron a la madre en el río, ahogándola. Trataron a muchos otros niños de forma semejante, para gran aflicción de sus padres y vergüenza de la naturaleza humana.

En Kilkenny fueron muertos todos los protestantes sin excepción; y algunos de ellos de forma tan cruel como quizá jamás se había pensado.

Golpearon a una mujer inglesa con tal ferocidad que apenas le quedó un hueso entero; después de esto, la echaron a una acequia; pero no satisfechos con esto, tomaron a su niña, de unos seis años de edad, y destripándola la echaron a su madre, para languidecer allí hasta que muriera. Obligaron a un hombre a ir a Misa, tras lo que lo abrieron en canal, y lo dejaron así. Aserraron a otro, cortaron el cuello a su mujer, y después de haberle roto la cabeza a su hijo, un bebé, lo echaron a los cerdos, que lo devoraron ansiosos.

Después de cometer éstas y otras horrendas crueldades, tomaron las cabezas de siete protestantes, y entre ellas la de un piadoso ministro, fijándolas todas en la cruz del mercado. Pusieron una mordaza en la boca del ministro y le rajaron las mejillas hasta las orejas, entonces, poniéndole delante una hoja de la Biblia, le invitaban a leer, porque tenía la boca bien grande. Hicieron varias otras cosas para escarnio, expresando una gran satisfacción al haber asesinado y expuesto así a estos infelices protestantes.

Es imposible concebir el placer que estos monstruos experimentaban al ejercer su crueldad. Para intensificar la desdicha de los que caían en sus manos, les decían, mientras los degollaban: «Al diablo con tu alma.» Uno de estos desalmados entraba en una casa con las manos ensangrentadas, jactándose de que era sangre inglesa, y que su espada había pinchado las blancas pieles de los protestantes, hasta la empuñadura. Cuando cualquiera de ellos había dado muerte a un protestante, los otros venían y se satisfacían cortando y mutilando el cuerpo; después los dejaban expuestos para ser devorados por los perros;

cuando hubieron muerto un número de ellos, se jactaban de que el diablo les estaba en deuda, por haberle enviado tantas almas al infierno. No es de asombrarse que trataran así a aquellos inocentes cristianos, cuando no dudaban en blasfemar contra Dios y Su santísima Palabra.

En un lugar quemaron dos Biblias protestantes, y luego dijeron que habían quemado fuego del infierno. En la iglesia en Powerscourt quemaron el púlpito, los bancos, cofres y las Biblias que estaban allí. Tomaron otras Biblias, y después de mojarlas con aguas sucias, las lanzaron en los rostros de los protestantes, diciéndoles: «Sabemos que os gusta una buena lección; ésta es excelente; venid mañana, y tendréis un buen sermón como éste.»

Arrastraron a algunos de los protestantes por los cabellos hacia la iglesia, donde los desnudaron y azotaron de la forma más cruel, diciéndoles, al mismo tiempo, que si acudían al día siguiente oirían el mismo sermón.

En Munster dieron muerte a varios ministros de la manera más terrible. A uno, en particular, lo desnudaron totalmente, y lo fueron empujando delante de ellos, pinchándole con espadas y dardos, hasta que cayó y murió.

En algunos lugares sacaron los ojos y cortaron las manos de los protestantes, dejándolos luego sueltos por los campos, donde lentamente tuvo fin su mísera existencia. Forzaron a muchos jóvenes a llevar a sus padres ancianos a un río, donde eran ahogados; a mujeres a ayudar a colgar a sus maridos; y a madres a cortar el cuello a sus hijos.

En un lugar obligaron a un joven a dar muerte a su padre, y acto seguido lo colgaron a él. En otro lugar forzaron a una mujer a matar a su marido, luego forzaron al hijo a matarla a ella, y finalmente lo mataron a él de un tiro en la cabeza.

En un lugar llamado Glaslow, un sacerdote papista, con algunos otros, prevalecieron sobre cuarenta protestantes para que se reconciliaran con la Iglesia de Roma. Apenas si lo habían hecho que les dijeron que estaban en la buena fe, y que ellos impedirían que se apartaran de ella y que se volvieran herejes, echándolos de este mundo, lo que hicieron de inmediato cortándoles el cuello.

En el condado de Tipperary, más de treinta protestantes, hombres, mujeres y niños, cayeron en manos de los papistas, que, después de desnudarlos, los asesinaron a pedradas, con picas, espadas y otras armas.

En el condado de Mayo, unos sesenta protestantes, quince de ellos ministros, debían ser, bajo pacto, llevados sanos y salvos a Galway por un tal Edmund Burke y sus soldados; pero este inhumano monstruo sacó la espada por el camino, como indicación acerca de sus propósitos para el resto, y asesinaron a todos, algunos de los cuales fueron apuñalados, otros fueron traspasados con picas, y varios fueron ahogados.

En el Condado de Queen, gran número de protestantes fueron muertos de la manera más atroz. Cincuenta o sesenta fueron puestos juntos en una casa, que fue incendiada, y todos murieron en medio de las llamas. Muchos fueron desnudados y atados a caballos con cuerdas rodeándoles las cinturas, y fueron arrastrados por ciénagas hasta morir. Otros fueron atados al tronco de un árbol, con una rama encima. Sobre esta rama colgaba un brazo, que sustentaba principalmente el peso del cuerpo, mientras que una de las piernas era torcida arriba y atada al tronco, y la otra colgaba. Permanecían en esta postura terrible y difícil mientras estuvieran vivos, constituyendo un placentero espectáculo para sus sanguinarios perseguidores.

En Clownes, diecisiete hombres fueron enterrados vivos; y un inglés, su mujer, cinco niños y una criada fueron todos colgados juntos, y después echados a una acequia. Colgaron a muchos por los brazos de ramas de árboles, con un peso en sus pies; y otros por la cintura, postura en la que quedaron hasta morir. Varios fueron colgados de molinos de viento, y antes que estuvieran medio muertos, aquellos bárbaros los despedazaron con sus espadas. Otros, hombres, mujeres y niños, fueron cortados y despedazados en varias formas, y dejados bañados en su sangre para morir donde cayeran. A una pobre mujer la colgaron de una horca, con su hijo, un bebé de doce meses, que fue colgado del cuello con el cabello de su madre, y de esta manera acabó su breve pero trágica existencia.

En el condado de Tyrone, no menos de trescientos protestantes fueron ahogados en un día; y muchos otros fueron colgados, quemados y muertos de otras maneras. El doctor Maxwell, rector de Tyrone, vivía en aquel tiempo cerca de Armagh, y sufrió enormemente a causa de estos implacables salvajes. Esta persona, en su interrogatorio, dado bajo juramento ante los comisionados del rey, declaró que los papistas irlandeses habían reconocido delante de él que, en varias acciones, habían matado a 12.000 protestantes en un lugar, a los que degollaron inhumanamente en Glynwood, cuando huían del condado de Armagh.

Como el río Bann no podía ser vadeado, y el puente estaba roto, los irlandeses forzaron a ir allí a gran número de protestantes desarmados e indefensos, y con picas y espadas echaron violentamente a unos mil al río, donde perecieron sin remedio.

Tampoco escapó la catedral de Armagh de la furia de estos bárbaros, siendo incendiada maliciosamente por sus cabecillas, y quemada a ras del suelo. Y para extirpar, si fuera posible, la raza misma de aquellos infelices protestantes que vivían en o cerca de Armagh, los irlandeses quemaron todas sus casas, y luego reunieron a muchos cientos de aquella gente inocente, jóvenes y mayores, con el pretexto de darles una guardia y un salvoconducto hasta Colerain, pero lanzándose sobre ellos por el camino, y asesinándolos inhumanamente.

Horrendas barbaridades como las que acabamos de señalar fueron practicadas contra los pobres protestantes en casi todas partes del reino; cuando posteriormente se hizo una valoración del número de los que fueron sacrificados para dar satisfacción a las diabólicas almas de los papistas, se elevó a ciento cincuenta mil.

Estos miserables desalmados, enardecidos y arrogantes por el éxito (aunque mediante métodos acompañados de atrocidades enormes como quizá no hayan visto igual) pronto tomaron posesión del castillo de Newry, donde se guardaban las provisiones y municiones del rey; y con bien poca dificultad se adueñaron de Dundalk. Después tomaron la ciudad de Ardee, donde asesinaron a todos los protestantes, siguiendo luego a Drogheda. La guarnición de Drogheda no estaba en condiciones de soportar un sitio, a pesar de lo cual, cada vez que los irlandeses renovaban sus ataques, eran vigorosamente rechazados por un número muy desigual de las fuerzas reales, y unos pocos fieles ciudadanos protestantes bajo Sir Henry Tichborne, el gobernador, ayudado por Lord Vizconde Moore. El sitio de Drogheda comenzó el treinta de noviembre de 1641, y se mantuvo hasta el cuatro de marzo de 1642, cuando Sir Phelim O'Neal y los rebeldes irlandeses bajo su mando se vieron obligados a retirarse.

En aquel tiempo fueron enviados diez mil soldados desde Escocia a los protestantes que quedaban en Irlanda, y que apropiadamente distribuidos en las partes principales del reino, felizmente anularon el poder de los asesinos irlandeses; después de esto los protestantes vivieron tranquilos durante cierto tiempo.

En el reinado del Rey Jacobo II su tranquilidad se vio, empero, interrumpida otra vez, porque en un parlamento celebrado en Dublín en el año 1689, muchos de los nobles, del clero y de los gentileshombres de Irlanda fueron acusados de alta traición. El gobierno del reino estaba, en aquel tiempo, en manos del conde de Tyrconnel, un fanático papista, e implacable enemigo de los protestantes. Por orden de él, fueron de nuevo perseguidos en varias partes del reino. Se confiscaron las rentas de la ciudad de Dublín, y la mayoría de las iglesias fueron transformadas en cárceles. Si no hubiera sido por la decisión y valentía no común de las guarniciones en la ciudad de Londonderry y de la ciudad de Inniskillin, no habría quedado ni un lugar de refugio para los protestantes en todo el reino, sino que todo habría caído en manos del Rey Jacobo y del frenético partido papista que lo dominaba.

El célebre asedio de Londonderry comenzó el dieciocho de abril de 1689, impuesto por una tropa de veintidós mil papistas, la flor del ejército irlandés. La ciudad no estaba equipada de manera apropiada para aguantar un asedio, siendo sus defensores un cuerpo de protestantes sin instrucción militar que habían huído allí para refugiarse, y medio regimiento de los disciplinados soldados de Lord Mountjoy, con la principal parte de los habitantes, ascendiendo sólo a siete mil tres cientos sesenta y uno el número de hombres capaces de llevar armas.

Los asediados esperaban al principio que sus provisiones de trigo y otros víveres les serían suficientes, pero con la continuación del asedio aumentaron sus necesidades, y al final se hicieron tan intensas que por un tiempo considerable antes de levantarse el sitio la ración semanal de un soldado era medio litro de cebada basta, una pequeña cantidad de verduras, unas pocas cucharadas de fécula, y una porción muy moderada de carne de caballo. Y al final quedaron reducidos a tal extremidad que comieron perros, gatos y ratones.

Aumentando sus sufrimientos con el asedio, muchos desfallecían y desmayaban de hambre y necesidad, o caían muertos por las calles. Y es destacable que cuando sus socorros tan largamente esperados llegaron de Inglaterra, estaban ya a punto de quedar reducidos a esta alternativa: O bien preservar sus vidas comiéndose unos a otros, o tratar de abrirse paso luchando contra los irlandeses, lo que indefectiblemente habría significado su destrucción.

Sus socorros fueron transportados con buen suceso por el barco *Mountjoy* de Derry, y el *Phoenix* de Colerain, cuando sólo les quedaban nueve delgados caballos y algo menos de medio litro de harina para cada hombre. Debido al hambre y a las fatigas de la guerra, sus siete mil trescientos sesenta y un hombres sobre las armas quedaron erducidos a cuatro mil trescientos hombres, una cuarta parte de los cuales quedaron inutilizados.

Así como las calamidades de los asediados fueron grandes, también lo fueron los terrores y padecimientos de sus amigos y parientes protestantes, todos los cuales (incluso mujeres y niños) fueron empujados a la fuerza desde la región en un radio de treinta millas, e inhumanamente reducidos a la triste necesidad de estar varios días y noches sin alimento ni abrigo, delante de las murallas de la ciudad, viéndose así expuestos tanto al continuo fuego del ejército irlandés desde fuera como como a los disparos de sus amigos desde dentro.

Pero los socorros llegados desde Inglaterra pusieron feliz término a sus sufrimientos; y el sitio fue levantado el treinta y uno de julio, habiendo tenido una duración de tres meses.

El día antes de que se levantara el asedio de Londonderry, los Inniskillers entablaron batalla con un cuerpo de seis mil católicos romanos irlandeses, en Newton, Butler o Crown-Castle, muriendo cinco mil de ellos. Esto, junto con la derrota ante Londonderry, desalentó a los papistas, y abandonaron todo intento posterior de perseguir a los protestantes.

Al año siguiente, esto es, 1690, los irlandeses tomaron armas en favor del príncipe depuesto, Rey Jacobo II, pero fueron totalmente derrotados por su sucesor el Rey Guillermo III. Aquel monarca, antes de dejar el país, lo redujo a la sumisión, estado en el que han continuado desde entonces.

Pero, a pesar de todo esto, la causa protestante está ahora sobre una base mucho más fuerte que hace un siglo. Los irlandeses, que habían llevado anteriormente una vida inestable y vagabunda, en los bosques, las turberas y los montes, viviendo del bandidaje contra sus semejantes, aquellos que por la mañana se apoderaban del botín, y por la noche repartían los despojos, se han vuelto, ya desde hace muchos años, pacíficos y civilizados. Gustan de los bienes de la sociedad inglesa, y de las ventajas del gobierno civil. Comercian en nuestras ciudades, y están empleados en nuestras manufacturas. Son también recibidos en las familias inglesas, y tratados con gran humanidad por los protestantes.

CAPÍTULO XVIII

El surgimiento, progreso, persecuciones y sufrimientos de los Cuáqueros

AL tratar acerca de estas personas desde una perspectiva histórica, nos vemos obligados a hablar con mucha gentileza. No se puede negar que difieren de la generalidad de los protestantes en ciertos puntos capitales de religión, y sin embargo, como inconformistas protestantes, quedan incluidos bajo la descripción de la ley de tolerancia. No es aquí asunto nuestro indagar acerca de si hubo personas de creencias similares en los tiempos de la cristiandad primitiva; quizá no, en ciertos respectos, pero debemos escribir acerca de ellos no en cuanto a como eran, sino en cuanto a lo que son ahora. Cierto es que han sido tratados por varios escritores de manera muy menospreciativa; también es cierto que no merecían este tratamiento.

El apelativo de *Cuáqueros* les fue dado como término de vituperio, como consecuencia de las evidentes convulsiones que sufrían cuando daban sus discursos, porque se imaginaban que eran efecto de la inspiración divina.

No nos toca a nosotros ahora indagar si las creencias de estas gentes concuerdan con el Evangelio, pero lo que sí es cierto que el primero de sus líderes como grupo separado fue un hombre de oscura cuna que primero vivió en Leicestershire alrededor del 1624. Al referirnos a este hombre expresaremos nuestros propios sentimientos de una manera histórica, y uniendo a estos lo que ha sido dicho por los mismos Amigos, trataremos de dar una narración completa.

George Fox descendía de padres honrados y respetados, que lo criaron en la religión nacional; pero de niño parecía religioso, callado, firme y manifestando, más allá de sus años, un conocimiento no común de las cosas divinas. Fue educado para la agricultura y otras actividades del campo, y estaba inclinado de manera particular a la ocupación solitaria de pastor, empleo éste bien apropiado para su mente en varios respectos, tanto por su inocencia como por su afán de soledad; y fue un justo emblema de su ministerio y servicio posteriores. En el año 1646 dejó totalmente la Iglesia nacional, en cuyos principios había sido criado y hasta entonces observado; en 1647 se dirigió a Derbyshire y Nottinghamshire, sin ningún propósito determinado de visitar ningún lugar en particular, sino que anduvo solitario por varias ciudades y pueblos, allí donde le llevara la mente. «Ayunaba mucho,» dice Sewell, «y a menudo caminaba a lugares retirados, sin otra compañía que su Biblia.» «Visitó a la gente más retirada y religiosa de aquellos lugares,» dice Penn, «y algunos había, bien pocos, en esta nación, que esperaban la consolación de Israel día y noche; como Zacarías, Anna y Simeón la esperaban en tiempos antiguos. A estos fue enviado, y a estos buscó en los condados colindantes, y entre ellos se quedó hasta que le fue dado un más amplio ministerio. En este tiempo enseñó, y fue un ejemplo de silencio, tratando de sacarlos de una actuación artificiosa, testificándoles acerca de la luz de Cristo dentro de ellos, y volviéndolos a ella, y alentándolos a esperar pacientemente, y a sentir su poder agitándose en sus corazones, para que su conocimiento y culto a Dios pudiera consistir en el poder de una vida incorruptible que debía ser hallada en la luz, por cuanto era obedecida en la manifestación de la misma en el hombre: Porque en el Verbo estaba la vida, y la vida era la luz de los hombres. Vida en la palabra, luz en los hombres; y vida también en los hombres, así como la luz es obedecida; viviendo los hijos de la luz por la vía de la Palabra, por la cual la Palabra los engendra de nuevo para Dios, lo cual es la generación y el nuevo nacimiento, sin el que no hay entrada en el Reino de Dios, en el cual todo el que entra es mayor que Juan, esto es, que la dispensación de Juan, que no era la del Reino, sino que fue la consumación de la legal, y precursor de los tiempos del Evangelio, del tiempo del Reino. Por ello, comenzaron a hacerse varias reuniones en aquellas partes, y así dedicó su tiempo durante algunos años.»

En el año 1652 «tuvo una gran visitación de la gran obra de Dios en la tierra, y de la manera en que tenía que salir, para iniciar su ministerio público.» Emprendió rumbo al norte, «y en todos los lugares a los que llegaba, si no antes de llegar a ellos, se le mostraba de manera particular su ejercicio y servicio, de modo que el Señor era verdaderamente su conductor.» Convirtió a muchos a sus opiniones, y muchos hombres piadosos y buenos se unieron a su ministerio. Estos fueron escogidos especialmente para visitar las asambleas públicas para reprender, reformar y exhortar a los oyentes. A veces en mercados, ferias, por las calles y por los caminos, «llamando a los hombres al arrepentimiento, y a volverse al Señor, con todo el corazón así como con sus bocas; dirigiéndoles a la luz de Cristo dentro de ellos, para que vieran, examinaran y consideraran sus caminos, y a evitar el mal y a hacer la buena y agradable voluntad de Dios.»

No se encontraron sin oposición en la tarea a la que se habían imaginado llamados, siendo a menudo puestos en cepos, apedreados, apaleados, azotados y encarcelados, aunque fueran hombres honrados y de buena reputación que habían dejado mujeres, hijos, casas y tierras para visitarlos con un vivo llamamiento al arrepentimiento. Pero estos métodos coercitivos más bien encendieron que disminuyeron su celo, y en aquellas zonas les ganaron muchos prosélitos, y entre a ellos varios magistrados y otros de clases altas. Entendieron que el Señor les había prohibido descubrirse la cabeza ante nadie, alto o bajo, y que les demandaba que se dirigieran a todos, sin distinción, tuteándolos. Tenían escrúpulos acerca de desear buenos días o buenas noches a la gente, y no podían doblar la rodilla ante nadie, ni siquiera en la suprema autoridad. Tanto hombres como mujeres llevaban una vestimenta sencilla, diferente de la moda de los tiempos. Ni daban ni aceptaban títulos de respeto u honra, y a nadie en la tierra estaban dispuestos a llamar maestro. Citaban varios textos de la Escritura para defender estas peculiaridades, como «No juréis». «¿Cómo podéis creer, si recibís honra unos de otros, y no buscáis la honra que sólo de Dios viene?», etc., etc. Basaban la religión en una luz interior, y en un impulso extraordinario del Espíritu Santo.

En 1654 celebraron su primera reunión separada en Londres, en casa de Robert Dring, en Watling Street, porque para aquel entonces se habían extendido por todas partes del reino, y en muchos lugares habían establecido reuniones o asambleas, particularmente en Lancashire y regiones adyacentes, pero seguían expuestos a grandes persecuciones y pruebas de todo tipo. Uno de ellos, en una carta al protector, Oliverio Cromwell, le dice que aunque no hay leyes penales que obliguen a nadie a someterse a la religión establecida, sin embargo los Cuáqueros son denunciados por otras causas; se les multa y encarcela por rehusar tomar juramento; por no pagar sus diezmos; por perturbar las asambleas públicas y reunirse en las calles y lugares públicos; a algunos de ellos los habían azotado como vagabundos, y por hablar con llaneza a los magistrados.

Bajo el favor de la tolerancia entonces existente abrieron sus reuniones en Bull y Mouth, en Aldersgate Street, donde las mujeres, al igual que los hombres, eran movidas a hablar. Su celo los llevó a algunas extravagancias, lo que los expuso más al azote de sus enemigos, que actuaron duramente contra ellos en el siguiente reinado. Al ser suprimida la insensata insurrección de Venner, el gobierno publicó una proclamación prohibiendo a los anabaptistas, cuáqueros y Hombres de la Quinta Monarquía que celebraran asambleas o reuniones bajo pretexto de dar culto a Dios, excepto si lo hacían en alguna iglesia parroquial, o en casas privadas, con el consentimiento del dueño de la casa, declarándose ilegales y sediciosas todas las reuniones en cualesquiera otros lugares, etc., etc. Entonces los Cuáqueros consideraron conveniente enviar la siguiente carta al rey, con las siguientes palabras:

«¡Oh Rey Carlos!»

»Es nuestro deseo que vivas siempre en el temor de Dios, y también tu Consejo. Te rogamos a ti y a tu Consejo que leáis las siguientes líneas con piedad y compasión por nuestras almas, y por tu bien.

»Y considera esto, que estamos encarcelados unos cuatrocientos en y alrededor de esta ciudad, hombres y mujeres arrebatados a sus familias, y además alrededor de mil en las cárceles de los condados; deseamos que nuestras reuniones puedan no ser dispersadas, sino que todo venga a un limpio juicio, para que quede manifiesta nuestra inocencia.

»Londres, día 16, mes undécimo, 1660.»

El veintiocho de aquel mismo mes publicaron la declaración a que hacían referencia en su discurso, titulada: «Una declaración de la inocente gente de Dios llamada los Cuáqueros, contra toda sedición, maquinadores y luchadores del mundo, para eliminar las bases de celos y sospechas, tanto de los magistrados como del pueblo en el reino, acerca de guerras y luchas.» Fue presentada al rey el día veintiuno del mes undécimo de 1660, y les prometió, por su real palabra, que no sufrirían por sus opiniones siempre y cuando vivieran pacíficamente; pero sus promesas fueron después bien poco tenidas en cuenta.

En 1661 cobraron suficiente valor para pedir a la Cámara de los Lores que hubiera tolerancia para su religión, y para quedar exentos de dar juramento, que consideraban ilegítimos no por desafección alguna al gobierno, ni por creer que quedaran menos obligados bajo una aseveración, sino por estar persuadidos de que todos los juramentos eran ilegítimos; y que jurar estaba prohibido, hasta en las ocasiones más solemnes, en el Nuevo Testamento. Su petición fue rechazada, y en lugar de darles tolerancia, se promulgó una ley contra ellos, cuyo preámbulo decía: «Que por cuanto varias personas han adoptado la opinión de que un juramento es ilegítimo y contrario a la ley de Dios, incluso cuando se hace ante un magistrado; y por cuanto, bajo la pretensión de culto religioso, las dichas personas se reunen en grandes números en diversos lugares del reino, separándose del resto de los súbditos de su majestad y de las congregaciones públicas y lugares usuales de culto divino, se promulga por ello que si tales personas, después del cuatro de marzo de 1661-62, rehusan tomar juramento cuando sea administrado legalmente, o persuaden a otros a rehusarlo, o mantienen por escrito o de cualquier otra forma la ilegitimidad de tomar un juramento; o si se reunen para el culto religioso en número de cinco de una edad de quince años para arriba, pagarán por la primera ofensa cinco libras; por la segunda, diez libras; por la tercera serán desterrados del reino, o transportados a las plantaciones; los jueces de paz podrán oír y decidir las causas.» Esta ley tuvo el más terrible efecto sobre estos Cuáqueros, aunque bien se sabía que estas personas de buena conciencia estaban lejos de cualquier sedición o rebelión contra el gobierno. George Fox, en sus palabras al rey, le comunica que tres mil sesenta y ocho de sus amigos habían sido encarcelados desde la restauración de su majestad; que sus reuniones eran diariamente dispersadas por hombres con mazas y armas, y que sus amigos eran arrojados al agua y pisoteados hasta que manaba la sangre, lo que hacía que se reunieran en las calles. Se imprimió un documento, firmado por doce testigos, en el que se comunica que había más de cuatro mil doscientos cuáqueros encarcelados; de ellos quinientos por Londres y sus suburbios, y varios de ellos habían muerto en las cárceles.

Sin embargo, se gloriaban en sus padecimientos, que aumentaban cada día, de manera que en 1665 y en los años de interinidad fueron hostigados de manera inaudita. Como persistían resueltamente en reunirse abiertamente en Bull y Mouth, lugar ya mencionado, los soldados y otros oficiales los llevaron de allí a prisión, hasta que Newgate quedó llena de ellos, y multitudes murieron por el estrecho encierro, en aquella y otras cárceles.

Seiscientos de ellos, dice un relato publicado en aquel tiempo, estaban encarcelados, simplemente por causa de su religión, de los que varios fueron llevados a las plantaciones. En resumen, los cuáqueros dieron tanto trabajo a los informadores, que estos tuvieron menos tiempo para asistir a las reuniones de otros inconformistas.

Sin embargo, bajo todas estas calamidades se comportaban pacientemente y con gentileza ante el gobierno, y cuando tuvo lugar el complot de Ryehouse en 1682 consideraron conveniente proclamar su inocencia acerca de aquel falso complot, en un documento enviado al rey, en el que, «apelando al Escudriñador de todos los corazones,» dicen que «sus principios no les permiten tomar armas en defensa propia, y mucho menos vengarse por los daños recibidos de otros; que continuamente oran por la seguridad y preservación del rey; y que por ello aprovechan esta oportunidad para rogar humildemente a su majestad que tenga compasión de sus sufrientes amigos, que llenan tanto sus cárceles que tienen carencia de aire, con evidente peligro para sus vidas y para peligro de infección en diversos lugares. Además, muchas casas, talleres, graneros y campos son saqueados, y sus bienes, trigo y ganados arrebatados, con lo que se desalienta el trabajo y la agricultura, empobreciéndose a mucha cantidad de gente pacífica y trabajadora; y esto por ningún otro motivo que por el ejercicio de una conciencia sensible en el culto al Dios Todopoderoso, que es soberano Señor y Rey de las conciencias de los hombres.»

Al acceder Jacobo II al trono, se dirigieron a aquel monarca de manera honrada y llana, diciéndole: «Hemos venido para testimoniar nuestro dolor por la muerte de nuestro buen amigo Carlos, y nuestro gozo porque hayas sido hecho nuestro gobernante. Se nos dice que no perteneces a la persuasión de la Iglesia de Inglaterra, como tampoco nosotros lo somos; por ello, esperamos que nos concedas la misma libertad que tú te permites, haciendo lo cual que deseamos todo tipo de dichas.»

Cuando Jacobo, con el poder del que estaba investido, concedió libertad a los no conformistas, comenzaron ellos a gozar de algún descanso de sus angustias; y ciertamente ya era el momento para ello, porque habían crecido en gran número. El año anterior a éste, que para ellos fue de feliz liberación, expusieron, en una petición a Jacobo para que se pusiera fin a sus sufrimientos, establecieron «que en los últimos tiempos mil quinientos de sus amigos, tanto hombres como mujeres, de los que ahora quedan mil trescientos ochenta y tres; de los que doscientos son mujeres, muchas bajo sentencia de desacato a la autoridad regia; y más de cien cerca de ella, por rehusar el juramento de lealtad, porque no pueden jurar. Trescientos cincuenta han muerto en prisión desde el año 1680; en Londres, la cárcel de Newgate ha quedado llena a rebosar, habiendo durante estos dos últimos años casi veinte personas por celda, por lo que varias personas han muerto asfixiadas, y otros, que han salido enfermos, han muerto de fiebres malignas al cabo de pocos días. Grandes violencias, destrozos enormes terribles y perturbaciones y saqueos tremendos han sido aplicadas a los bienes y posesiones de la gente, por un grupo de informadores ociosos, insólitos e implacables, por persecuciones basadas en la ley de conventículos, y otras, también en escritos *qui tam*, y en otros procesos, por veinte libras al mes, y dos tercios de sus posesiones confiscadas para el rey. Algunos no tenían una cama en la que yacer, otros no tenían ganado para labrar el suelo, ni trigo para alimento o pan, ni herramientas de trabajo; los dichos informadores, y alguaciles penetraban violentamente en casas en algunos lugares, con el pretexto de servir al rey y a la Iglesia. Nuestras asambleas religiosas han sido acusadas ante la ley común de ser sediciosas y perturbadoras de la paz pública, por lo que grandes números han sido encerrados en prisión son consideración alguna a la edad, y muchos echados en agujeros y mazmorras. Los apresamientos por 20 libras mensuales ha llevado a miles de personas encarceladas, y varios que habían empleado a personas pobres en manufacturas no pueden ya hacerlo más, por su prolongado encarcelamiento. No perdonan ni a viudas ni a huérfanos, y tampoco tienen ni una cama donde dormir. Los informadores son a la vez testigos y fiscales, para ruina de gran número de familias frugales; y se ha amenazado a jueces de paz con multas de cien libras si no emiten órdenes de prisión en base de sus denuncias.» Con esta petición presentaron una lista de sus amigos encarcelados, en los varios condados, que ascendía a cuatrocientos sesenta.

Durante el reinado del Rey Jacobo II, esta gente fue, por la intercesión de su amigo señor Penn, tratada con mayor tolerancia que jamás lo había sido. Se habían hecho muy numerosos ahora en muchos lugares del país, y al tener lugar poco después el establecimiento de Pennsylvania, muchos se fueron a América. Allí gozaron de las bendiciones de un gobierno pacífico, y cultivaron las artes del trabajo honrado.

Como toda la colonia era propiedad del señor Penn, invitó a gentes de todas denominaciones a ir y asentarse con él allí. Tuvo lugar una libertad de conciencia universal; y en esta nueva colonia se establecieron por vez primera los derechos naturales de la humanidad.

Estos Amigos son, en el tiempo presente, un grupo bien inocente e inofensivo; pero ya hablaremos más de esto en una sección posterior. Por sus sabias leyes, no sólo se honran a sí mismos, sino que son de gran servicio a la comunidad.

Puede ser necesario observar aquí que por cuanto los Amigos, comúnmente llamados Cuáqueros, no toman juramento en un tribunal, se permite su afirmación en todas las cuestiones civiles; pero no pueden perseguir a un criminal, porque en los tribunales ingleses toda evidencia debe ser sobre juramento.

Relato de las persecuciones de los Amigos, comúnmente llamados Cuáqueros, en los Estados Unidos

Alrededor de mediados del siglo diecisiete se infligió mucha persecución y sufrimiento a una secta de inconformistas protestantes, comúnmente llamados Cuáqueros; gente que surgió en aquel tiempo en Inglaterra, y algunos de los cuales sellaron su testimonio con su sangre.

Para una historia de estas gentes, véase la historia de Sewell, o la de Gough, acerca de ellos.

Los principales motivos por los que su inconformismo de conciencia los hizo susceptibles a las penas de la ley fueron:

1. Su resolución cristiana de reunirse públicamente para el culto a Dios de la forma más conforme a su conciencia.

2. Su rechazo a pagar diezmos, que consideraban una ceremonia judía, abrogada por la venida de Cristo.

3. Su testimonio en contra de las guerras y de las luchas, cuya práctica consideraban inconsecuente con el mandamiento de Cristo: «Amad a vuestros enemigos,» Mt 5:44.

4. Su constante obediencia al mandamiento de Cristo: «No juréis de ninguna manera,» Mt 5:34.

5. Su rechazo a pagar tasas o valoraciones para edificar y reparar casas de culto con las que ellos no estuvieran de acuerdo.

6. Su uso del lenguaje apropiado y escriturario, «tú» y «ti», para una persona individual; y su dejación de la costumbre de descubrirse la cabeza como homenaje a un hombre.

7. La necesidad en que se encontraron muchos de publicar lo que creían ser la doctrina de la verdad; y ello a veces en los lugares designados para el culto nacional público.

Su consciente inconformidad en los anteriores puntos los expuso a mucha persecución y sufrimiento, consistiendo en procedimientos judiciales, multas, crueles apaleamientos, azotes y otros castigos corporales; encarcelamientos, destierros e incluso la muerte.

Dar un relato detallado de sus persecuciones y sufrimientos iría más allá de los límites de esta obra; por ello remitimos, para esta información, a las historias ya citadas, y más en particular a la Colección de Besse acerca de sus sufrimientos; y limitaremos nuestro relato aquí mayormente a los que sacrificaron sus vidas, y que evidenciaron, por su disposición de mente, constancia, paciencia y fiel perseverancia, que estaban influenciados por un sentimiento de deber religioso.

Numerosas y repetidas fueron las persecuciones contra ellos; y a veces por transgresiones u ofensas que la ley ni contemplaba ni abarcaba.

Muchas de las multas y penas que se les impusieron no eran sólo irrazonables y exorbitantes, de manera que no podían pagarlas y se veían aumentadas a varias veces el valor de la demanda; por ello muchas familias pobres quedaban enormemente angustiadas, y se veían obligadas a depender de la ayuda de sus amigos.

No sólo grandes números fueron cruelmente azotados a latigazos en público, como criminales, sino que algunos fueron marcados con hierros al rojo vivo, y a otros les cortaron las orejas.

Muchísimos fueron encerrados largo tiempo en inmundas mazmorras, en las que algunos terminaron sus vidas, como consecuencia del encierro.

Muchos fueron sentenciados a destierro, y muchos fueron deportados. Algunos fueron desterrados bajo pena de muerte, y cuatro fueron finalmente ejecutados por el verdugo, como veremos más adelante, tras insertar copias de algunas de las leyes del país donde sufrieron.

En una corte general celebrado en Boston, el catorce de octubre de 1656

«Por cuanto hay una maldita secta de herejes que ha surgido últimamente en el mundo, llamados comunmente Cuáqueros, que asumen ser enviados directamente de parte de Dios y ser asistidos de manera infalible por el Espíritu, hablando y escribiendo opiniones blasfemas, menospreciando el gobierno y el orden de Dios, en la Iglesia y en la comunidad, hablando mal de las dignidades, vituperando e injuriando a magistrados y ministros, tratando de apartar al pueblo de la fe, y conseguir prosélitos para sus perniciosos caminos: este tribunal, tomando en consideración las premisas, y para impedir males semejantes como los que por causa de ellos tienen lugar en nuestra tierra, ordenamos por tanto que, por la autoridad de este tribunal, que sea ordenado y cumplido, que cualquier patrón o comandante de cualquier nave, barca, chalupa o bote que traiga a cualquier puerto, arroyo o ensenada, dentro de esta jurisdicción, a cualquier cuáquero o cuáqueros, o cualesquiera otros herejes blasfemos, pagará, o hará pagar la multa de cien libras al tesorero del país, excepto si carecía de verdadero conocimiento o información de que lo fueran; en tal caso, tiene libertad de demostrar su inocencia declarando bajo juramento cuando no haya suficiente prueba de lo contrario; y en caso de impago o de falta de aval, será encarcelado, y continuará en esta condición hasta que quede satisfecha la suma al tesorero, como se ha indicado más arriba.

»Y el comandante de cualquier barca, barco o nave que quede legalmente convicto, dará suficiente seguridad al gobernador, o a cualquiera o más de los magistrados, que tengan poder para determinar la misma, para llevarlos otra vez al lugar del que salieron; y en caso de que rehuse hacerlo, el gobernador, o uno o más de los magistrados, recibe por este instrumento poderes para emitir su o sus órdenes para entregar al dicho patrón o comandante a prisión, para que quede en ella hasta que dé suficiente seguridad del contenido al gobernador, o a cualquiera de los magistrados, como ya se ha dicho.

»Y se ordena y establece además que cualquier Cuáquero que llegue a este país desde el extranjero, o que llegue a esta jurisdicción desde cualesquiera zonas vecinas, será inmediatamente llevado a la Casa de Corrección; al entrar en ella, será severamente azotado, y será mantenido constantemente ocupado en trabajos por el director, y no se permitirá que nadie converse ni hable con ellos durante el tiempo de su encarcelamiento, que no se prolongará más allá de lo que sea necesario.

»Y se ordena que si cualquier persona introduce a sabiendas en cualquier puerto de esta jurisdicción cualesquiera libros o escritos cuáqueros, acerca de sus diabólicas opiniones, pagará por tal libro o escrito que le sea legalmente demostrado contra él o ellos la suma de cinco libras; y todo el que disperse u oculte tal libro o escrito y le sea hallado encima, o en su casa, y no lo entregue de inmediato al magistrado, pagará una multa de cinco libras por dispersar o esconder tal libro o escrito.

»Y también se ordena, además, que si cualesquiera personas de dentro de esta colonia asumen la defensa de las opiniones heréticas de los Cuáqueros, o de ningunos de sus libros o artículos, serán multados por la primera vez con cuarenta chelines; si persisten en lo mismo, y las defienden por segunda vez, cuatro libras; si a pesar de ello vuelven a defender y a mantener las dichas opiniones heréticas de los Cuáqueros, serán llevados a la Casa de Corrección hasta que haya un pasaje conveniente para sacarlos de la tierra, sentenciados a destierro por el Tribunal.

»Finalmente, se ordena que toda persona o personas que injurie a las personas de los magistrados o de los ministros, como es usual con los Cuáqueros, tales personas serán severamente azotadas, o pagarán la multa de cinco libras.

»Ésta es una copia fiel de la orden del tribunal, como testifica
»EDWARD RAWSON, SEC.»

En una corte general celebrada en Boston el catorce de octubre de 1657

«En adición a la anterior orden, con referencia a la llegada o transporte de cualquiera de la maldita secta de los Cuáqueros a esta jurisdicción, se ordena que cualquiera que desde ahora traiga o haga traer, directa o indirectamente, a cualquier Cuáquero o Cuáqueros conocidos, u otros herejes blasfemos, a sabiendas, cada una de estas personas será multada con cuarenta chelines por cada hora de hospitalidad y ocultación de cualquier Cuáquero o Cuáqueros como se ha mencionado, y será encarcelada como se ha dicho antes, hasta que la multa sea satisfecha íntegramente.

»Y se ordena además que si cualquier Cuáquero o Cuáqueros tienen la presunción, después que hayan sufrido lo que la ley demanda, de volver a entrar en esta jurisdicción, será arrestada, sin necesidad de orden judicial cuando no haya magistrado disponible, por cualquier policía, comisario o alguacil, y llevados de policía a policía hasta el magistrado más cercano, que encarcelará a la dicha persona en prisión estricta, para quedarse allí (sin fianza) hasta la siguiente reunión del tribunal, donde será juzgado legalmente.

»Después de quedar convicto de pertenecer a la secta de los Cuáqueros, será sentenciado a destierro, bajo pena de muerte. Y todos aquellos habitantes de esta jurisdicción que sean convictos de pertenecer a la dicha secta, bien por asumir, publicar o defender las horrendas opiniones de los Cuáqueros, o agitando motines, sedición o rebelión contra el gobierno, o asumiendo sus insultantes y subversivas prácticas, como la de negar respeto cortés a sus iguales y superiores, y apartándose de las asambleas de la iglesia; y en lugar de ello frecuente reuniones propias, en oposición a nuestro orden eclesial; adhiriéndose o aprobando a cualquier Cuáquero conocido y los principios y las prácticas de los Cuáqueros que sean opuestas a las ortodoxas opiniones recibidas de los piadosos, y que trate llevar a otros a ser desafectos frente al gobierno civil y el orden de la Iglesia, o que condene la práctica y los procedimientos de este tribunal contra los Cuáqueros, manifestando por ello que está de acuerdo con ellos, cuyo designio es la subversión del orden establecido en la Iglesia y el estado; toda persona así, bajo convicción ante el dicho Tribunal, de la manera mencionada, será encerrada en prisión estricta durante un mes, y luego, a no ser que escoja voluntariamente irse de esta jurisdicción, si da fianza por su buena conducta, y comparece ante el tribunal en su siguiente convocatoria, persistiendo en su obstinación, rehusando retractarse y reformarse de las dichas opiniones, será sentenciada a destierro bajo pena de muerte. Y cualquier magistrado que al recibir denuncia de toda persona así, la hará prender y encerrar en prisión, a su discreción, hasta que comparezca a juicio como se ha especificado anteriormente.»

Parece que también se promulgaron leyes en las entonces colonias de New Plymouth y New Haven, y en el establecimiento holandés de New Amsterdam, ahora New York, prohibiendo a la gente llamada Cuáqueros que entraran en estos lugares, bajo severas penas; como consecuencia de ello, algunos sufrieron considerablemente.

Los dos primeros en ser ejecutados fueron William Robinson, mercader, de Londres, y Marmaduke Stevenson, campesino, de Yorkshire. Llegados a Boston, a comienzos de septiembre, fueron hechos comparecer ante el Tribunal, y allí sentenciados a destierro, bajo pena de muerte. Esta sentencia fue también pronunciada contra Mary Dyar, mencionada más adelante, y Nicholas Davis, que se encontraban en Boston. Pero William Robinson, considerado como maestro, fue también condenado a ser duramente azotado, y se ordenó al jefe de policía que consiguiera a un hombre fuerte para ello. Entonces Robinson fue llevado a la calle, y desnudado; poniéndose sus manos a través de los orificios del carruaje de un gran cañón, donde lo mantuvo el carcelero, el verdugo le aplicó veinte azotes con un látigo de tres cabos. Después él y los otros presos fueron liberados y desterrados, como se desprende de la siguiente orden:

«Se ordena por ésta que se ponga ahora en libertad a William Robinson, Marmaduke Stevenson, Mary Dyar y Nicholas Davis, que, por orden del tribunal y del consejo, habían sido encarcelados, porque se desprendió por propia confesión de ellos, sus palabras y acciones, que son Cuáqueros; por ello se pronunció sentencia contra ellos para que se fueran de esta jurisdicción, bajo pena de muerte; y que será a su propio riesgo si cualquiera de ellos es hallado dentro de esta jurisdicción o en cualquier parte de la misma después del catorce de este presente mes de septiembre.

»EDWARD RAWSON.

»Boston, 12 de Septiembre, 1659.»

Aunque Mary Dyar y Nicholas Davis dejó esta jurisdicción en aquel entonces, Robinson y Stevenson, sin embargo, aunque se fueron de la ciudad de Boston, no pudieron decidirse (no estando libres en su conciencia) a irse de aquella jurisdicción, aunque se jugaban la vida. Se dirigieron entonces a Salem, y a algunos lugares alrededor, para visitar y edificar a sus amigos en la fe. Pero no pasó mucho tiempo antes de volver a ser encarcelados en Boston, y encadenados en las piernas. Al mes siguiente también volvió Mary Dyar. Y mientras estaba frente a la cárcel, hablando con un tal Christopher Holden, que había llegado allí con el propósito de indagar acerca de algún barco que se dirigiera a Inglaterra, a donde quería ir, fue también arrestada.

Así, ahora tenían a tres personas que, según la ley de ellos, habían perdido el derecho a la vida. El veinte de octubre estos tres fueron hechos comparecer ante el tribunal, donde estaban John Endicot y otros reunidos. Llamados al tribunal, Endicot ordenó al guarda que les quitara los sombreros; luego les dijo que ellos habían promulgado varias leyes para mantener a los Cuáqueros fuera de su compañía, y que ni los latigazos ni la cárcel, ni el corte de las orejas ni el destierro bajo pena de muerte los podía mantener alejados. Dijo además que ni él ni los demás deseaban la muerte de ninguno de ellos. Sin embargo, sin más preámbulo, éstas fueron sus siguientes palabras: «Oíd y escuchad vuestra sentencia de muerte.» También se pronunció sentencia de muerte contra Marmaduke Stevenson, Mary Dyar y William Edrid. Varios otros fueron encarcelados, azotados y multados.

No tenemos deseo alguno de justificar a los Peregrinos por estos procedimientos, pero creemos que su conducta admite atenuación, considerando las circunstancias de la edad en que vivían.

Los padres de Nueva Inglaterra sufrieron increíbles dificultades para proveerse de un hogar en el desierto; y para protegerse en el goce imperturbado de unos derechos que habían adquirido a tan gran precio adoptaron a veces medidas que, si se juzgan por las perspectivas más ilustradas y liberales de nuestro tiempo presente, deben ser pronunciadas como totalmente injustificables. ¿Pero han de ser condenados sin misericordia por no haber actuado en base de unos principios que eran entonces no reconocidos y desconocidos en toda la Cristiandad? ¿Se les tendrá a ellos únicamente como responsables de unas opiniones y una conducta que se había consagrado desde la antigüedad y que era común a los cristianos de todas las otras denominaciones? Cada gobierno que existía entonces se arrogaba el derecho de legislar acerca de cuestiones de religión; y de reprimir la herejía mediante estatutos penales. Este derecho era reclamado por los gobernantes, admitido por los súbditos, y está sancionado por los nombres de Lord Bacon y de Montesquieu, y por muchos otros igualmente afamados por sus talentos y erudición. Así, es injusto «apremiar sobre una pobre secta perseguida los pecados de toda la Cristiandad.» La falta de estos padres fue la falta de su tiempo; y aunque no puede ser justificada, desde luego es un atenuante de su conducta. Igualmente podrían ser condenados por no comprender y actuar en base de los principios de la tolerancia religiosa. Al mismo tiempo es justo decir que por imperfectas que fueran sus perspectivas en cuanto a los derechos de la conciencia, estaban sin embargo muy por delante de la edad a la que pertenecían; y que es más con ellos que con ninguna clase de hombres sobre la tierra que está el mundo en deuda por las perspectivas más racionales que prevalecen hoy día acerca de la cuestión de la libertad civil y religiosa.

CAPÍTULO XIX

Historia de la vida y persecuciones de John Bunyan

ESTE gran puritano nació el mismo año que los Padres Peregrinos desembarcaron en Plymouth. Su hogar fue Elstow, cerca de Bedford, Inglaterra. Su padre era hojalatero, y él aprendió el mismo oficio. era un muchacho vivaz y agradable con un aspecto serio y casi morboso en su naturaleza. Todo a lo largo de su temprana edad adulta estuvo arrepintiéndose de los vicios de su juventud, y ello aunque no había sido nunca ni borracho ni inmoral. Las acciones particulares que angustiaban su conciencia fueron el baile, tocar las campanas de la iglesia, y jugar a *tip-cat*, un juego de jardín. Fue en una ocasión, mientras jugaba a esto, que «una voz acudió repentinamente del cielo a mi alma, que dijo: «¿Dejarás tus pecados e irás al cielo, o mantendrás tus pecados e irás al infierno?»» Fue alrededor de este tiempo que oyó hablar a tres o cuatro pobres mujeres en Bedford mientras tomaban el sol a la puerta. «Su conversación era acerca del nuevo nacimiento, de la obra de Dios en los corazones. Estaban mucho más allá de mi capacidad.»

En su juventud fue miembro del ejército parlamentario durante un año. La muerte de un camarada cerca de él profundizó su tendencia a los pensamientos serios, y hubo tiempos en los que parecía casi loco en su celo y penitencia. Durante un tiempo estuvo totalmente seguro de haber cometido el pecado imperdonable contra el Espíritu Santo. Mientras era joven se casó con una buena mujer que le compró varios libros piadosos que leyó con asiduidad, confirmando así su fervor y aumentando su inclinación a las controversias religiosas.

Su conciencia fue más despertada por la persecución del grupo religioso de bautistas a los que se había unido. Antes de la edad de treinta años se había convertido en un predicador bautista destacado.

Entonces le llegó el turno para ser perseguido. Fue arrestado por predicar sin licencia. «Antes de ir ante el juez, le rogué a Dios que se hiciera Su voluntad; porque no dejaba de tener esperanzas de que mi encarcelamiento pudiera resultar en un despertamiento de los santos en la región. Sólo en esto encomendé la cuestión a Dios. Y verdaderamente cuando volví me encontré dulcemente con mi Dios en la cárcel.»

Padeció verdaderas penalidades, debido al mísero estado de las cárceles de aquellos tiempos. A este encierro se añadió el dolor personal de estar apartado de su joven segunda esposa y de cuatro hijos pequeños, y particularmente de su hijita ciega. Mientras estaba en la cárcel se solazó con los dos libros que había llevado consigo: La Biblia y el «Libro de los Mártires» de Fox.[1]

Aunque escribió algunos de sus primeros libros durante este largo encarcelamiento, no fue sino durante su segundo encarcelamiento, más breve, tres años después del primero, que redactó su inmortal *Progreso del Peregrino*, que fue publicado tres años después. En un tratado anterior había pensado brevemente en la similaridad entre la vida humana y un peregrinaje, y ahora desarrolló este tema en fascinante detalle, empleando las escenas rurales de Inglaterra como fondo, la espléndida ciudad de Londres para la Feria de las Vanidades, y los santos y los villanos que conocía personalmente para describir los bien dibujados caracteres de su alegoría.

El «Progreso del Peregrino» es verdaderamente el relato de las propias experiencias espirituales de Bunyan. Él mismo había sido el «hombre vestido de harapos, con su rostro vuelto de su propia casa, con un Libro en su mano, y una gran carga sobre su espalda». Después de darse cuenta de que Cristo era su Justicia y de que esto no dependía «del buen estado de su corazón», o, como diríamos nosotros, de sus sentimientos, «ahora cayeron ciertamente las cadenas de mis piernas». Suyos habían sido el Castillo de la Duda y el Pantano de la Desesperación, con mucha parte del Valle de la Humillación y de la Sombra de Muerte. Pero, por encima de todo, es un libro de victoria. Una vez, saliendo de la puerta de la sala del tribunal donde había sido derrotado, escribió: «Mientras salía de la puerta, tuve gran gozo en decirles que llevaba conmigo la paz de Dios.» En su visión estaba siempre la Ciudad Celestial con todas las campanas tañendo. Había combatido constantemente contra Apolión, y a menudo herido, avergonzado y cayendo, pero al final «más que vencedor por medio de Aquel que nos amó.»

Su libro fue al principio recibido con muchas críticas por parte de sus amigos Puritanos, que vieron en él sólo una añadidura a la literatura mundana de sus tiempos; pero entonces los Puritanos no tenían demasiadas cosas para leer, y no pasó mucho tiempo antes que fuera devotamente puesto junto a sus Biblias

---

1. Se refiere a la antigua edición, que fue ampliada por William Byron Forbusch en el siglo pasado, incluyendo el material de este capítulo. Como ya sabe el lector, Fox escribió su libro en el siglo XVI.

y leído con gozo y provecho. Pasaron quizá dos siglos antes que los críticos literarios comenzaran a darse cuenta de que esta historia, tan llena de realidad humana y de interés, y tan maravillosamente modelada sobre el inglés de traducción autorizada de la Biblia, constituye una de las glorias de la literatura inglesa. En sus años tardíos escribió varias otras alegorías, de una de las cuales, «La Guerra Santa», se ha dicho que «Si el «Progreso del Peregrino» no hubiera sido escrito nunca, se la consideraría como la mejor alegoría de la lengua inglesa.»

Durante los últimos años de su vida, Bunyan se quedó en Bedford como el venerado pastor y predicador local. También era un orador favorito en los púlpitos inconformistas de Londres. Llegó a ser un líder y maestro tan a escala nacional, que frecuentemente era llamado el «Obispo Bunyan.»

En lo útil y desprendido de su vida personal, su carácter era apostólico. Su última enfermedad fue debida a los embates de una tempestad durante un viaje en el que intentaba reconciliar a un padre con su hijo. Su final llegó el tres de agosto de 1688. Fue sepultado en Bunhill Fields, el patio de una iglesia en Londres.

No hay dudas acerca de que el «Progreso del Peregrino» ha sido más útil que cualquier otro libro fuera de la Biblia. Fue oportuno, porque seguían quemando mártires en la Feria de la Vanidad mientras él estaba escribiendo. Es un libro duradero, porque mientras dice poco de vivir la vida cristiana en la familia y la comunidad, sí interpreta la vida hasta allí donde es una expresión del alma individual, en un lenguaje llano. Bunyan desde luego «mostró cómo construir un trono principesco sobre la humilde verdad.» Él ha sido para muchos su mismísimo Gran Corazón, el valiente guía de peregrinos.

CAPÍTULO XX

Historia de la vida de John Wesley

JOHN WESLEY nació el diecisiete de junio de 1703, en Epworth, Inglaterra, el decimoquinto de diecinueve hijos de Charles y Suzanna Wesley. El padre de Wesley era predicador, y la madre de Wesley era una mujer notable en cuanto a sabiduría e inteligencia. Era una mujer de profunda piedad y crió a sus pequeños en estrecho contacto con las historias de la Biblia, contándolas ya alrededor del hogar de la habitación de los niños. También solía vestir a los niños con sus mejores ropas los días en que tenían el privilegio de aprender su alfabeto como introducción a la lectura de las Sagradas Escrituras.

El joven Wesley era apuesto y varonil, y le encantaban los juegos y en particular el baile. En Oxford fue un líder, y durante la última parte de su estancia allí fue uno de los fundadores del «Santo Club», una organización de estudiantes serios. Su naturaleza religiosa se profundizó con el estudio y la experiencia, pero no fue hasta años después de dejar la universidad y entrar bajo la influencia de los escritos de Lutero que sintió haber entrado en las plenas riquezas del Evangelio.

Él y su hermano Charles fueron enviados a Georgia por la Sociedad para la Propagación del Evangelio, y allí los dos desarrollaron sus capacidades como predicadores.

Durante su navegación se encontraron en compañía de varios Hermanos Moravos, miembros de la asociación recientemente renovada por la actividad del Conde Zinzendorf. John Wesley observó en su diario que en una gran tempestad, cuando todos los ingleses a bordo perdieron enteramente la compostura, estos alemanes lo impresionaron con su calma y total resignación a Dios. También observó la humildad de ellos bajo tratos insultantes.

Fue al volver a Inglaterra que entró en aquellas más profundas experiencias y que desarrolló aquellos maravillosos poderes como predicador popular, que le hicieron un líder nacional. En aquel tiempo se asoció asimismo con George Whitefield, de fama imperecedera por su maravillosa elocuencia.

Lo que llevó a cabo bordea en lo increíble. Al entrar en su año octogésimo quinto, le dio las gracias a Dios por ser casi tan vigoroso como siempre. Lo adscribía, en la voluntad de Dios, al hecho de que siempre había dormido profundamente, a que se había levantado durante sesenta años a las cuatro de la mañana, y que por cincuenta años predicó cada mañana a las cinco. Apenas en su vida sintió algún dolor, resquemor o ansiedad. Predicaba dos veces al día, y a menudo tres y cuatro veces. Se ha estimado que cada año viajó cuatro mil quinientas millas inglesas, la mayoría a lomo de caballos.

Los éxitos logrados por la predicación Metodista tuvieron que ser alcanzados a través de una larga serie de años, y entre las más acerbas persecuciones. En casi todas las partes de Inglaterra se vio enfrentado al principio por el populacho que le apedreaba, y con intentos de herirle y matarle. Sólo en ocasiones hubo intervenciones de la autoridad civil. Los dos Wesleys se enfrentaron a todos estos peligros con un asombroso valor, y con una serenidad igualmente asombrosa. Lo más irritante era el amontonamiento de calumnias e insultos de parte de los escritores de aquella época. Estos libros están totalmente olvidados.

Wesley había sido, en su juventud, un eclesiástico de la iglesia alta, y siempre estuvo profundamente adherido a la Comunión Establecida. Cuando vio necesario ordenar predicadores, se hizo inevitable la separación de sus seguidores de la iglesia oficial. Pronto recibieron el nombre de «Metodistas» debido a la peculiar capacidad organizativa de su líder y a los ingeniosos métodos que aplicaba.

La comunión Wesleyana, que después de su muerte creció hasta constituir la gran Iglesia Metodista, se caracterizaba por una perfección organizativa casi militar.

Toda la dirección de su denominación siempre en crecimiento descansaba sobre el mismo Wesley. La conferencia anual, establecida en 1744, adquirió un poder de gobierno sólo a la muerte de Wesley. Charles Wesley hizo un servicio incalculable a la sociedad con sus himnos. Introdujeron una nueva era a la himnología de la Iglesia de Inglaterra. John Wesley dividió sus días entre su trabajo de dirigir a la Iglesia, su estudio (porque era un lector incansable), a viajar, y a predicar.

Wesley era incansable en sus esfuerzos por diseminar conocimientos útiles a través de su denominación. Planificó la cultura intelectual de sus predicadores itinerantes y maestros locales, y para escuelas de instrucción para los futuros maestros de la Iglesia. Él mismo preparó libros para su uso popular acerca de historia universal, historia de la Iglesia, e historia natural. En esto Wesley fue un apóstol de la unión de la cultura intelectual con la vida cristiana. Publicó también los más madurados de sus sermones y varias obras teológicas. Todo esto, tanto por su profundidad y penetración mental, como por su pureza y precisión de estilo, excitan nuestra admiración.

John Wesley era persona de estatura ordinaria, pero de noble presencia. Sus rasgos eran muy apuestos, incluso en su ancianidad. Tenía una frente ancha, nariz aquilina, ojos claros y una complexión lozana. Sus modales eran corteses, y cuando estaba en compañía de gentes cristianas se mostraba relajado. Los rasgos más destacados de su carácter eran su amor persistente y laborioso por las almas de los hombres, la firmeza, y la tranquilidad de espíritu. Incluso en controversias doctrinales exhibía la mayor calma. Era amable y muy generoso. Ya se ha mencionado su gran laboriosidad. Se calcula que en los últimos cincuenta y dos años de su vida predicó más de cuarenta mil sermones.

Wesley trajo a pecadores al arrepentimiento en tres reinos y dos hemisferios. Fue obispo de una diócesis sin comparación con ninguna de la Iglesia Oriental u Occidental. ¿Qué hay en el ámbito de los esfuerzos cristianos —misiones foráneas, misiones interiores, tratados y literatura cristiana, predicación de campo, predicación itinerante, estudios bíblicos y lo que sea— que no fuera intentado por John Wesley, que no fuera abarcado por su poderosa mente mediante la ayuda de su Divino Conductor?

A él le fue concedido avivar la Iglesia de Inglaterra cuando había perdido de vista a Cristo el Redentor, llevándola a una renovada vida cristiana. Al predicar la justificación y renovación del alma por medio de la fe en Cristo, levantó a muchos de las clases más humildes de la nación inglesa desde su enorme ignorancia y malos hábitos, transformándolos en cristianos fervorosos y fieles. Sus infatigables esfuerzos se hicieron sentir no sólo en Inglaterra, sino también en América y en la Europa continental. No sólo se deben al Metodismo casi todo el celo existente en Inglaterra por la verdad y vida cristiana, sino que la actividad agitada en otras partes de la Europa Protestante podemos remontarla, indirectamente al menos, a Wesley.

Murió cn 1791, después de una larga vida de incesantes labores y de desprendido servicio. Su ferviente espíritu y cordial hermandad sigue sobreviviendo en el cuerpo que mantiene afectuosamente su nombre.

CAPÍTULO XXI

Las persecuciones contra los protestantes franceses en el sur de Francia, durante los años 1814 y 1820

LA persecución en esta parte protestante de Francia prosiguió con pocas interrupciones desde la revocación del edicto de Nantes, por Luís XIV, hasta un período muy breve antes del comienzo de la Revolución Francesa. En el año 1785, M. Rebaut St. Etienne y el célebre M. de la Fayette fueron de las primeras personas en interesarse ante la corte de Luís XVI para eliminar el azote de la persecución contra esta sufriente gente, los habitantes del sur de Francia.

Tal era la oposición de parte de los católicos y de los cortesanos, que no fue hasta el final del año 1790 que los protestantes se vieron libres de sus alarmas. Antes de esto, los católicos, en particular en Nîmes, habían recurrido a las armas. Nîmes había presentado un terrible espectáculo: Hombres armados corriendo por todas partes de la ciudad, disparando desde las esquinas, y atacando a todos los que encontraban, con espadas y horcas.

Un hombre llamado Astuc fue herido y echado al acueducto. Baudon cayó bajo los repetidos golpes de bayonetas y sables, y su cuerpo fue echado también al agua; Boucher, un joven de sólo diecisiete años de edad, fue muerto de un disparo mientras miraba desde su ventana; tres electores fueron heridos, uno de ellos de consideración; otro elector fue herido, y otro escapó a la muerte declarando varias veces que era católico; un tercero recibió tres heridas de sable, y fue llevado a su casa terriblemente mutilado. Los ciudadanos que huían eran detenidos por los católicos en los caminos, y obligados a dar prueba de su religión antes de concedérseles la vida. M. y Madame Vogue estaban en su casa de campo que los fanáticos forzaron, y mataron a ambos, destruyendo su vivienda. Blacher, un protestante de setenta años, fue despedazado con una hoz; al joven Pyerre, que llevaba unos alimentos a su hermano, le preguntaron: «¿Católico o Protestante?» Al responder «Protestante», uno de aquellos monstruos disparó contra el chico, que cayó. Uno de los compañeros del asesino le dijo: «Igual podrías haber matado un cordero.» «He jurado,» repuso el otro, «matar a cuatro protestantes como mi parte, y éste contará como uno de ellos.» Sin embargo, como estas atrocidades llevaron a las tropas a unirse en defensa del pueblo, cayó una terrible venganza sobre el partido católico que había tomado armas, lo cual, junto con otras circunstancias, como la tolerancia ejercida por Napoleón Bonaparte, los refrenó totalmente hasta el año 1814, cuando el inesperado regreso del antiguo régimen volvió a unirlos bajo las antiguas banderas.

La llegada del Rey Luís XVIII a París

Esta llegada se supo en Nîmes el trece de abril de 1814. Al cabo de un cuarto de hora se veía por todas partes la escarapela blanca, ondeaba la bandera blanca en los edificios públicos, en los espléndidos monumentos de la antigüedad, e incluso en la torre de Mange, fuera de las murallas de la ciudad. Los protestantes, cuyo comercio había sufrido durante la guerra, estuvieron entre los primeros en unirse al regocijo general, y en enviar su adhesión al senado, y al cuerpo legislativo; y varios de los departamentos protestantes enviaron mensajes al trono, pero desafortunadamente M. Froment estaba de nuevo en Nîmes en aquel tiempo, con muchos fanáticos dispuestos a seguirle, y la ceguera y la furia del siglo dieciséis rápidamente tomaron el lugar de la filantropía del siglo diecinueve. En el acto se trazó una línea de distinción entre personas de diferentes persuasiones religiosas; el espíritu de la antigua Iglesia Católica era de nuevo regular la parte que cada uno hubiera de tener de estima y de seguridad.

La diferencia de religión iba ahora a gobernarlo todo; e incluso los criados católicos que habían servido a protestantes con celo y afecto comenzaron a descuidar sus deberes o a llevarlos a cabo con desgana y hostilidad. En los festejos y espectáculos dados a cuenta del erario público, se usó la ausencia de los protestantes para acusarlos de deslealtad; y en medio de clamores de *Vive le Roi!* se oyeron los clamores disonantes de *A bas le Maire*, abajo el alcalde. M. Castletan era protestante; apareció en público con el prefecto M. Ruland, que era católico, y le echaron patatas, y la gente dijo que debía dimitir de su cargo. Los fanáticos de Nîmes lograron incluso que se presentara un mensaje al rey, en el que decían que en Francia sólo debía haber un Dios, un rey y una fe. En esto fueron imitados por los católicos de varias ciudades.

La historia del niño de plata

Para este tiempo, M. Baron, consejero de la Cour Royale de Nîmes, adoptó el plan de dedicar a Dios un niño de plata, si la Duquesa de Angulema daba un príncipe a Francia. Este proyecto fue adoptado como un voto religioso público, que era tema de conversación en público y en privado, mientras que varias personas, con la imaginación encendida por este proyecto, corrían por las calles gritando *Vivent les Bourbons*, «Vivan los Borbones.» Como consecuencia de este desenfreno supersticioso, se dice que en Alais se aconsejó e instigó a las mujeres para que envenenaran a sus maridos protestantes, y al final se encontró conveniente acusarlos de crímenes políticos. Ya no podían aparecer en público sin ser insultados e injuriados. Cuando el populacho se encontraba con protestantes, los tomaban y bailaban alrededor de ellos con un bárbaro regocijo, y en medio de repetidos gritos de *Vive le Roi* cantaban versos cuyo sentido era: «Nos lavaremos las manos en sangre protestante, y haremos morcillas con la sangre de los hijos de Calvino.»

Los ciudadanos que salían a los paseos buscando aire y frescura fuera de las callejas cerradas y sucias eran ahuyentados con gritos de *Vive le Roi*, como si aquellos gritos pudieran justificar todos los excesos. Si los protestantes hacían referencia al estatuto, se les aseguraba sin ambages que de nada les serviría, y que sólo habían conseguido asegurar más su efectiva destrucción. Se oyó a personas de rango decir en público: «Se tiene que matar a todos los Hugonotes; esta vez se debe matar a sus hijos, para que no quede nadie de esta maldita raza.»

Es cierto, con todo, que no eran asesinados, sino tratados con crueldad; los niños protestantes no podían ya mezclarse en los juegos con los católicos, y ni siquiera se les permitía aparecer sin sus padres. Al oscurecer, las familias se encerraban en sus apartamentos, pero incluso entonces se lanzaban piedras contra sus ventanas. Cuando se levantaban por la mañana, no era inusual encontrar dibujos de horcas en sus puertas o paredes; y en las calles los católicos sostenían cuerdas ya enjabonadas delante de sus ojos, señalando a los instrumentos con los que esperaban y tramaban acabar con ellos. Se pasaban pequeñas horcas o modelos de las mismas, y un hombre que vivía delante de uno de estos pastores exhibió uno de estos modelos en su ventana, y hacía signos bien significativos cuando pasaba el ministro. También colgaron en un cruce de caminos públicos una figura representando a un predicador protestante, y cantaban los más atroces cánticos debajo de su ventana.

Hacia el final del carnaval se había incluso formado el plan de hacer una caricatura de cuatro ministros del lugar, y quemarlos en efigie; pero esto fue impedido por el alcalde de Nîmes, que era protestante. Una terrible canción fue presentada al prefecto, en la lengua de la región, con una traducción falsa, e impresa con su aprobación, y tuvo mucha aceptación antes que él se diera cuenta del error al que había sido llevado. El sexagésimo tercer regimiento de línea fue públicamente censurado e insultado por haber protegido a los protestantes, en cumplimiento de las órdenes recibidas. De hecho, los protestantes parecían ovejas destinadas al matadero.

Las armas católicas en Beaucaire

En mayo de 1815, muchas personas de Nîmes pidieron una asociación federativa similar a la de Lyon, Grenoble, París, Aviñón y Montpelier, pero esta federación acabó aquí tras una efímera e ilusoria existencia de catorce días. Mientras tanto, un gran partido de zelotes católicos se habían armado en Beaucaire, y pronto llevaron sus patrullas tan cerca de las murallas de Nîmes «que alarmaron a los habitantes.» Estos católicos pidieron ayuda a los ingleses que se encontraban fondeados frente a Marsella, y obtuvieron la donación de mil mosquetes, diez mil cartuchos, etc. Sin embargo, el General Gilly fue pronto enviado contra estos partisanos, impidiéndoles llegar a mayores concediéndoles un armisticio. Sin embargo, cuando Luís XVIII hubo vuelto a París, tras el final del reinado de Napoleón de cien días, y parecieron establecerse la paz y aminorarse los espíritus partidistas, incluso en Nîmes, bandas de Beaucaire se unieron a Trestaillon en esta ciudad, para cumplir la venganza premeditada durante tanto tiempo. El General Gilly había dejado el departamento hacia ya varios días; las tropas que dejó tras de sí habían asumido la escarapela blanca, y esperaban nuevas órdenes, mientras que los nuevos comisionados habían sólo de proclamar el cese de las hostilidades y el total establecimiento de la autoridad real. Fue en vano; no aparecieron comisionados, no llegaron despachos para calmar y regular la mente del público; pero hacia la tarde entró en la ciudad la vanguardia de los bandidos, que ascendían a varios cientos, indeseados pero sin que se les hiciera oposición.

Mientras marchaban sin orden ni disciplina, cubiertos con ropas o harapos multicolores, adornados con escarapelas, no *blancas*, sino *blancas* y *verdes*, armados con mosquetes, sables, horcas, pistolas y guadañas, borrachos y manchados de la sangre de los protestantes que habían encontrado por el camino, presentaban un aspecto de lo más repelente y pavoroso. En la plaza abierta delante de los cuarteles, se unieron a estos bandidos el populacho armado de la ciudad, encabezados por Jaques Dupont, comunmente llamado Trestaillon. Para ahorrar derramamientos de sangre, la guarnición de alrededor de quinientos hombres consintió capitular, y salió abatida e indefensa; pero cuando habían pasado alrededor de cincuenta, la canalla comenzó a disparar a discreción contra sus confiadas víctimas, totalmente carentes de protección; casi todos murieron o fueron heridos, pero una cantidad muy pequeña pudieron volver a entrar en el patio antes de que se cerraran de nuevo los portones de la guarnición. Estas fueron de nuevo forzadas en un instante, y fueron muertos todos los que no pudieron izarse sobre los tejados o saltar a los jardines adyacentes. En una palabra, se encontraron con la muerte a cada recodo y de todas las formas, y esta matanza ejecutada por los católicos rivalizó en crueldad y sobrepasó en perfidia a los crímenes de los septembristas de París y las degollinas jacobinas de Lyon y Aviñón. Tuvo la marca no sólo del fervor de la Revolución sino también de la sutileza de la liga, y quedará durante largo tiempo como mancha sobre la historia de la segunda restauración.

Matanza y pillaje en Nîmes

Nîmes exhibía ahora una escena de lo más terrible de ultraje y carnicería, aunque muchos de los protestantes habían huido al Convennes y al Gardonenque. Las casas de campo de los señores Rey, Guiret y otras habían sido saqueadas, y los habitantes tratados con una barbarie despiadada. Dos partidos habían saciado sus salvajes inclinaciones en la granja de Madame Frat; el primero, tras comer, beber y romper el mobiliario, anunció la llegada de sus camaradas, «en comparación con los cuales,» dijeron, «a ellos los considerarían misericordiosos.» Quedaron tres hombres y una anciana en el lugar; al ver llegar a la segunda compañía, dos de los hombres huyeron. «¿Eres católica?», le preguntaron dos de los bandidos a la anciana. «Sí.» «Entonces, repite tu *Pater* y tu *Ave*.» Aterrorizada como estaba, vaciló, y en el acto le dieron un culatazo con un mosquete. Al volver en sí, huyó de la casa, pero se encontró con Ladet, el viejo *valet de ferme*, que traía una ensalada que sus atacantes le habían ordenado preparar. En vano trato de persuadirle para que huyera. «¿Eres protestante?» le preguntaron. «Sí.» Descargándole un mosquete encima, cayó herido, pero no muerto. Para consumar su obra, aquellos monstruos encendieron un fuego con paja y tablones, echaron a su víctima aún viva en las llamas, y lo dejaron morir en las más atroces agonías. Luego se comieron la ensalada, la tortilla, etc. Al siguiente día, algunos trabajadores, viendo la casa abierta y abandonada, entraron, y descubrieron el cuerpo medio consumido de Ladet. El prefecto de Gard, M. Darbaud Jouques, tratando de paliar los crímenes de los católicos, tuvo la audacia de afirmar que Ladet era católico; pero esto fue contradicho públicamente por dos de los pastores de Nîmes.

Otra partida cometió un terrible asesinato en St. Cezaire, matando a Imbert la Plume, marido de Suzon Chivas. Lo encontraron al volver de trabajar en los campos. El cabecilla le prometió perdonarle la vida, pero insistió en que debía llevarlo a la cárcel de Nîmes. Viendo, sin embargo, que los de la partida estaban decididos a matarle, asumió su carácter natural, y siendo un hombre fuerte y valiente, se adelantó, y exclamó: «¡Vosotros sois unos bandidos! ¡Fuego!» Cuatro de ellos dispararon, y él cayó, pero no muerto; y mientras estaba aún con vida le mutilaron el cuerpo; y luego, pasando una cuerda a su alrededor, lo arrastraron, atado a un cañón del que se habían apoderado. No fue hasta después de ocho días que sus parientes supieron de su muerte. Cinco personas de la familia de Chivas, todos ellos casados y padres de familia, fueron muertos en el curso de pocos días.

El inmisericorde trato de las mujeres, en esta persecución en Nîmes, fue de tal naturaleza que habría ofendido a cualesquiera salvajes que hubieran sabido de ello. Las viudas Rivet y Bernard fueron obligadas a entregar enormes cantidades de dinero; la casa de la señora Lecointe fue devastada, y sus bienes destruidos. La señora F. Didier vio su vivienda saqueada y casi arrasada hasta rás de tierra. Una partida de estos fanáticos visitó a la viuda Perrin, que vivía en una pequeña granja en los molinos de viento; tras cometer todo tipo de devastaciones, atacaron incluso el camposanto, que contenía los muertos de la familia. Sacaron los ataúdes y desparramaron su contenido por campos colindantes. En vano recogió esta ultrajada viuda los huesos de sus antepasados para volverlos a poner en su lugar; de nuevo los exhumaron; finalmente, después de varios inútiles intentos, quedaron desparramados sobre la superficie de los campos.

Decreto regio en favor de los perseguidos

Por fin fue recibido en Nîmes el decreto de Luís XVIII que anulaba todos los poderes extraordinarios conferidos ya por el rey, por los príncipes, o agentes subordinados, y las leyes iban ahora a ser administradas por los órganos regulares, y llegó un nuevo prefecto para ponerlas en vigor. Pero a pesar de las proclamaciones, la obra de destrucción, detenida por un momento, no fue abandonada, sino que pronto fue reanudada con renovado vigor y efecto. El treinta de julio, Jacques Combe, padre de familia, fue muerto por algunos de la guardia nacional de Rusau, y el crimen fue tan público que el comandante de la partida devolvió a la familia el libro de notas de bolsillo, y los papeles del fallecido. Al día siguiente multitudes amotinadas llenaron la ciudad y sus suburbios, amenazando a los pobres aldeanos; y el primero de agosto los mataron sin oposición.

Por el mediodía de aquel mismo día, seis hombres armados, encabezados por Truphemy, el carnicero, rodearon la casa de Monot, un carpintero; dos de la partida, que eran herreros, habían estado trabajando en la casa el día antes, y habían visto a un protestante que se había refugiado allí, M. Bourillon, que había sido teniente del ejército, y que se había retirado con una pensión. Era hombre de excelente carácter, pacífico e inofensivo, y nunca había servido al emperador Napoleón. Se lo tuvieron que señalar a Truphemy, que no lo conocía, mientras compartía el frugal desayuno con la familia. Truphemy le ordenó que fuera con él, añadiendo: «Tu amigo Saussine ya está en el otro mundo.»

392

Truphemy lo puso en medio de su tropa, y arteramente le ordenó que gritara *Vive l'Empereur*, lo cual rehusó, añadiendo que nunca había servido al emperador. En vano las mujeres y los niños de la casa intercedieron por su vida, encomiando sus gentiles y virtuosas cualidades. Fue llevado a la Esplanada y tiroteado, primero por Truphemy, y luego por los demás. Varias personas se acercaron, atraídas por el ruído de los disparos, pero fueron amenazadas con una suerte similar.

Después de un cierto tiempo se fueron los bandidos, al grito de *Vive le Roi*. Algunas mujeres se encontraron con ellos, y al ver a una de ellas dolorida, le dijo Truphemy: «Hoy he matado a siete, y tú, si dices una palabra, serás la octava.» Pierre Courbet, un tejedor, fue arrancado de su telar por una banda armada, y muerto de un tiro en su propia puerta. Su hija mayor fue abatida con la culata de un mosquete; y a su mujer le tuvieron puesto un puñal junto al pecho mientras los bandidos saqueaban su vivienda. Paul Heraut, sedero, fue literalmente despedazado en presencia de una gran multitud y en medio de los impotentes clamores y lágrimas de su mujer y de sus cuatro pequeños hijos. Los asesinos sólo dejaron el cadáver para volver a la casa de Heraut y apoderarse de todo lo que fuera de valor. El número de asesinatos aquel día no puede determinarse. Una persona vio seis cadáveres en el *Cours Neuf*, y nueve fueron llevados al hospital.

Si algún tiempo después los asesinatos se hicieron menos frecuente por algunos días, el pillaje y las contribuciones obligatorias fueron impuestos activamente. M. Salle d'Hombro fue despojado, en varias visitas, de siete mil francos; en una ocasión, cuando aducó los grandes sacrificios que había hecho, el bandido le dijo, señalando a su pipa: «Mira, le pondré fuego a tu casa, y con eso,» dijo, blandiendo la espada, «acabaré contigo.» Ante estos argumentos no cabía discusión alguna. M. Feline, fabricante de sedas, fue despojado de treinta y dos mil francos oro, de tres mil francos plata, y de varias balas de seda.

Los pequeños tenderos estaban continuamente expustos a visitas y exigencias de provisiones, de tejidos, o de cualquier cosa que vendieran. Y las mismas casas que incendiaban las casas de los ricos y destrozaban las vides de los agricultores destrozaban los telares del tejedor, y robaban las herramientas del artesano. La desolación reinaba en el santuario y en la ciudad. Las bandas armadas, en lugar de reducirse, aumentaban; los fugitivos, en lugar de volver, recibían constantes sobresaltos, y los amigos que les daban refugio eran considerados rebeldes. Los protestantes que se quedaron fueron privados de todos sus derechos civiles y religiosos, e incluso los abogados y alguaciles tomaron la resolución de excluir a todos los de «la pretendida religión reformada» de sus cuerpos. Los que estaban empleados en la venta de tabaco perdieron sus licencias. Los diáconos protestantes encargados de los pobres fueron todos esparcidos. De cinco pastores sólo quedaron dos; uno de ellos se vio obligado a cambiar de residencia, y sólo podía aventurarse a administrar los consuelos de la religión o a llevar a cabo las funciones de su ministerio bajo el manto de la noche.

No satisfechos con estos tipos de tormento, publicaciones calumniosas y enardecedoras acusaron a los protestantes de levantar la proscrita bandera de las comunas y de invocar al caído Napoleón; y naturalmente como siendo indignos de la protección de las leyes y del favor del monarca.

Después de esto, cientos de ellos fueron arrastrados a la cárcel sin siquiera una sola *orden escrita*; y aunque un diario oficial, llevando el título de *Journal du Gard*, fue establecido por cinco meses, mientras estuvo influenciado por el prefecto, el alcalde y otros funcionarios, la palabra «estatuto» no fue mencionada una sola vez en él. Al contrario, uno de sus primeros números describió a los sufrientes protestantes como «cocodrilos, que sólo lloran de ira y lamentando que no tengan más víctimas que devorar; como personas que habían sobrepasado a Danton, a Marat y a Robespierre en hacer el mal; y que habían prostituido a sus hijas a la guarnición para ganársela para Napoleón.» Un extracto de este artículo, impreso con la corona y las armas de los Borbones, fue voceado por las calles, y su vendedor iba adornado con la medalla de la policía.

Petición de los refugiados protestantes

A estos reproches es oportuno oponer la petición que los refugiados protestantes en París presentaron a Luís XVIII en favor de sus hermanos en Nîmes.

«Ponemos a vuestros pies, sire, nuestros agudos sufrimientos. En vuestro nombre son degollados nuestros conciudadanos, y sus propiedades son devastadas. Aldeanos engañados, en pretendida obediencia a vuestras órdenes, se reunieron bajo las órdenes de un comisionado designado por vuestro augusto sobrino. Aunque estaban listos para atacarnos, fueron recibidos con seguridades de paz. El quince de julio de 1815 supimos de la llegada de vuestra majestad a París, y la bandera blanca ondeó de inmediato en nuestros edificios. La tranquilidad pública no había sido perturbada, cuando entraron campesinos armados. La guarnición capituló, pero fueron asaltados al retirarse, y fueron muertos casi todos. Nuestra guardia nacional fue desarmada, la ciudad quedó llena de extraños, y las casas de los principales habitantes, que profesan la religión reformada, fueron atacadas y saqueadas. Acompañamos la lista. El terror ha hecho huir de nuestra ciudad a los más respetables ciudadanos.

»Vuestra majestad ha sido engañado si no han puesto delante de vos la imagen de los horrores que transforman en desierto vuestra buena ciudad de

Nîmes. De continuo tienen lugar proscripciones y arrestos, y la verdadera y única causa es la diferencia de *opiniones religiosas*. Los calumniados protestantes son los defensores del trono. Vuestro sobrino ha visto a nuestros hijos bajo sus banderas; nuestras fortunas han sido puestas en sus manos. Atacados sin razón, los protestantes no han dado, ni siquiera por una justa resistencia, el fatal pretexto a la calumnia de parte de sus enemigos. ¡Salvadnos, sire! Extinguid la llama de la guerra civil; una sola acción de vuestra voluntad restaurará a la existencia política a una ciudad interesante por su población y por sus productos. Demandad cuenta de su conducta a los cabecillas que han traído tales desgracias sobre nosotros. Ponemos ante vuestros ojos todos los documentos que nos han llegado. El temor paraliza los corazones y apaga las quejas de nuestros conciudadanos. Puestos en una situación más segura, nos aventuramos a levantar nuestra voz en favor de ellos,» etc., etc.

Monstruosos ultrajes contra las mujeres

En Nîmes es cosa bien sabida que las mujeres lavan sus ropas bien en las fuentes, bien en las riberas de los ríos. Hay un gran lavadero cerca de la fuente, donde se puede ver a muchas mujeres cada día, arrodilladas al borde del agua, y golpeando sus ropas con pesadas palas de madera en forma de raquetas. Este lugar llegó a ser el escenario de las prácticas más vergonzosas e indecentes. La canalla católica volvía las enaguas de las mujeres por encima de sus cabezas, y las ataba de manera que continuaran expuestas y sometidas a una nueva clase de tormento; porque, poniendo clavos en la madera de las paletas de lavar en forma de flor de lis, las golpeaban hasta que manaba la sangre de sus cuerpos y sus gritos desgarraban el aire. A menudo se pedía la muerte como fin de este ignominioso castigo, que era rehusada con maligno regocijo. Para llevar este ultraje hasta su mayor grado posible, se empleó esta tortura contra algunas que estaban embarazadas. La escandalosa naturaleza de estos ultrajes impedía a muchas de las que lo habían sufrido hacerlo público, y especialmente relatar sus circunstancias más agravantes. «He visto,» dice M. Duran, «a un abogado católico acompañando a los asesinos de Bourgade, armar una batedora con aguzados clavos en forma de *fleur-de-lis*; les he visto levantar los vestidos a las mujeres, y aplicarles a sus cuerpos ensangrentados estas batedoras, con fuertes golpes, a la que dieron un nombre que mi pluma rehusa registrar. Nada podía detenerlos, ni los clamores de las atormentadas mujeres, la efusión de sangre, los murmullos de indignación suprimidos por el temor. Los cirujanos que atendieron a las mujeres que habían muerto pueden testificar, por las marcas de sus heridas, qué agonías deben haber soportado; esto, por terrible que parezca, es sin embargo estrictamente cierto.»

Sin embargo, durante el progreso de estos horrores y de estas obscenidades, tan deshonrosas para Francia y la religión católica, los agentes del gobierno tenían poderosas fuerzas a su mando, con las que, si las hubieran empleado rectamente, habrían podido restaurar la tranquilidad. Sin embargo, prosiguieron los asesinatos y los robos, que fueron tolerados por los magistrados católicos, con bien pocas excepciones; es cierto que las autoridades administrativas usaron palabras en sus proclamaciones, etc., pero nunca ejercieron acciones para detener las atrocidades de los perseguidores, que declararon desvergonzadamente que el día veinticuatro, el aniversario de San Bartolomé, tenían la intención de hacer una matanza general. Los miembros de la Iglesia Reformada se llenaron de terror, y en lugar de tomar parte en la elección de diputados, estuvieron ocupados tanto como pudieron para proveer a su seguridad personal.

Ultrajes cometidos en los pueblos, etc.

Dejamos Nîmes ahora para examinar la conducta de los perseguidores en la región alrededor. Después del restablecimiento del gobierno monárquico, las autoridades locales se distinguieron por su celo y diligencia en apoyar a sus patronos, y bajo los pretextos de rebelión, ocultación de armas, impago de contribuciones, etc., se permitió a las tropas, a la guardia nacional y al populacho armado saquear, arrestar y asesinar a pacíficos ciudadanos, no meramente con impunidad, sino con aliento y aprobación. En el pueblo de Milhaud, cerca de Nîmes, se obligó frecuentemente a los habitantes a pagar grandes sumas para evitar ser saqueados. Sin embargo, esto no valió para nada en casa de Madame Teulon. El domingo dieciséis de julio fueron devastadas su casa y propiedades. Se llevaron o destruyeron sus valiosos muebles, quemaron la paja y la madera, y exhumaron el cuerpo de un niño, enterrado en el jardín, y lo arrastraron alrededor de un fuego encendido por el populacho. Fue con gran dificultad que la señora Teulon escapó con su vida.

M. Picherol, otro protestante, había ocultado algunos de sus bienes en casa de un vecino católico. Atacaron su casa, y aunque respetaron todas las propiedades del último, las de su amigo fueron saqueadas y destruidas. En el mismo pueblo, uno de los de la partida, dudando de si el señor Hermet, un sastre, era el hombre al que buscaban, preguntaron: «¿Es un protestante?» Al reconocerlo, dijeron: «Muy bien.» Y lo asesinaron en el acto. En el cantón de Vauvert, donde había una iglesia consistorial, extorsionaron ochenta mil francos.

En las comunas de Beauvoisin y Generac un puñado de libertinos cometieron excesos similares, bajo la mirada del alcalde y a los gritos de *¡Vive le Roi!* St. Gilles fue escenario de las iniquidades más desalmadas. Los protestantes, los más ricos de los habitantes, fueron desarmados, mientras sus casas eran saqueadas. Apelaron al alcalde, pero éste se rió y se fue. Este oficial tenía a su disposición una guardia nacional de varios cientos de hombres, organizada bajo sus propias órdenes. Sería fatigoso leer la lista de los crímenes que tuvieron lugar durante muchos meses. En Clavisson, el alcalde prohibió a los protestantes la práctica de cantar los Salmos que se acostumbraba celebrar en el templo, para que, como dijo, no se ofendiera ni perturbara a los católicos.

En Sommieres, a unas diez millas de Nîmes, los católicos hicieron una espléndida procesión a través de la población, que continuó hasta el atardecer, y que fue seguida por el saqueo de los protestantes. Al llegar tropas forasteras a Sommieres, se reanudó la pretendida búsqueda de armas; se obligaba a los que no poseían mosquetes a comprarlos, con el propósito de que los rindieran, y se les acuartelaron soldados en sus casas a seis francos diarios hasta que entregaran los artículos pedidos. La iglesia protestante, que había sido cerrada, fue convertida en cuartel para los austríacos. Después de haber estado suspendido durante seis meses el servicio divino en Nîmes, la iglesia, llamada Templo por los protestantes, fue reabierta, y se celebró el culto público en la mañana del veinticuatro de diciembre. Al examinar el campanario, se descubrió que alguien se había llevado el badajo de la campana. Al aproximarse la hora del servicio, se reunieron varios hombres, mujeres y niños ante la casa de M. Ribot, el pastor, y amenazaron con impedir el culto. Cuando llegó la hora, dirigiéndose él hacia la iglesia, fue rodeado; se le lanzaron los mas terribles gritos; algunas de las mujeres le echaron manos al cuello de la camisa; pero nada pudo perturbar su firmeza ni excitar su impaciencia. Entró en la casa de oración y subió al púlpito. Echaron piedras dentro y cayeron entre los adoradores; sin embargo, la congregación permaneció tranquila y atenta, y el servicio continuó entre ruidos, amenazas e insultos.

Al salir, muchos habrían sido muertos si no hubiera sido por los cazadores de la guarnición, que los protegieron honrosa y celosamente. Poco después el señor Ribot recibió la siguiente carta del capitán de los cazadores.

2 Enero, 1816.

«Lamento profundamente los prejuicios de los católicos contra los *protestantes*, de los cuales dicen que no aman al rey. Seguid actuando como lo habéis hecho hasta ahora, y el tiempo y vuestra conducta contradecirán de lo contrario a los católicos; si tuviera lugar algún tumulto similar al del sábado, informadme. Conservo mis informes de estos hechos, y si los agitadores resultan incorregibles, y olvidan lo que deben al mejor de los reyes y al *estatuto*, cumpliré con mi deber e informaré al gobierno de sus actuaciones. Adios, querido señor; dad al consistorio seguridades de mi estima, y de los sentimientos que abrigo acerca de la moderación con que afrontaron las provocaciones de los malvados de Sommieres. Tengo el honor de saludaros con respeto.

SUVAL DE LAINE.»

Este pastor recibió otra carta del Marqués de Montlord, el seis de enero, para alentarlo a unirse con todos los buenos hombres que creen en Dios para obtener el castigo de los asesinos, bandidos y perturbadores de la paz pública, y a leer públicamente las instrucciones que había recibido del gobierno a este efecto. A pesar de esto, el veinte de enero de 1816, cuando se celebró el servicio en conmemoración de la muerte de Luís XVI, formándose una procesión, los guardias nacionales dispararon contra la bandera blanca colgada de las ventanas de los protestantes, y terminaron el día saqueándolos.

En la comuna de Angargues, las cosas estaban aún peores; y en el de Fontanes, desde la entrada del rey en 1815, los católicos quebrantaron todos los compromisos con los protestantes; de día los insultaban, y de noche forzaban sus puertas, o las marcaban con tiza para ser saqueadas o quemadas. St. Mamert fue repetidamente visitada por estos saqueos, y en Montmiral, en fecha tan tardía como el dieciséis de junio de 1816, los protestantes fueron atacados, apaleados y encarcelados, por osar celebrar el regreso de un rey que había jurado preservar la libertad de religión y mantener el estatuto.

Relato adicional de las acciones de los católicos en Nîmes

Los excesos perpetrados en el campo no parecen haber desviado en absoluto de Nîmes la atención de los perseguidores. Octubre de 1815 comenzó sin mejora alguna en los principios o medidas del gobierno, y esto fue seguido por una presunción correspondiente por parte del pueblo. Varias casas en el Barrio St. Charles fueron saqueadas, y sus ruinas quemadas en las calles entre cantos, danzas y gritos de ¡*Vive le Roi!* Apareció el alcalde, pero la multitud pretendió no conocerle, y cuando se atrevió a reprenderlos, le dijeron «que su presencia era innecesaria, y que se podía retirar.» Durante el dieciséis de octubre, todos los preparativos parecían anunciar una noche de carnicería; se circularon de manera regular y confiada órdenes para reunirse y contraseñas para el ataque; Trestaillon pasó revista a sus secuaces, y los apremió a perpetrar sus crímenes, teniendo con uno de estos malvados el siguiente diálogo:

Secuaz. «Si todos los protestantes, sin excepción, han de ser muertos, me uniré a ello contento; pero como me has engañado tantas veces, no me moveré a no ser que hayan de morir todos.»

Trestaillon. «Pues acompáñame, porque esta vez no escapará nadie.»

Este horrendo propósito habría sido llevado a cabo si no hubiera sido por el General La Garde, comandante del departamento. No fue sino hasta las diez de la noche que se dio cuenta del peligro. Ahora vio que no podía perder un momento. Las multitudes estaban avanzando por los suburbios, y las calles se llenaban de rufianes, lanzando las más terribles imprecaciones. La generala sonó a las once de la noche, lo que añadió a la confusión que se estaba extendiendo por la ciudad. Unas cuantas tropas se reunieron alrededor del Conde La Garde, que estaba agitado por la mayor angustia al ver que el mal había llegado a tal paroxismo. Acerca de esto da M. Durand, un abogado católico, el siguiente relato:

«Era cerca de medianoche, mi mujer acababa de quedar dormida; yo estaba al lado de ella, escribiendo, cuando fuimos perturbados por un ruido distante. ¡Qué podía ser aquello! Para apaciguar su alarma, le dije que probablemente se trataba de la llegada o salida de algunas tropas de la guarnición. Pero se podían ya oír disparos y gritos, y al abrir mi ventana distinguí horribles imprecaciones mezcladas con gritos de *¡Vive le Roi!* Desperté a un oficial que se alojaba en la casa, y a M. Chancel, director de Obras Públicas. Salimos juntos, y llegamos al Boulevard. La luna resplandecía brillantemente, y se veía todo casi tan claramente como de día; una enfurecida muchedumbre estaba dirigiéndose hacia la matanza jurada, y la mayor parte iban semidesnudos, armados con cuchillos, mosquetes, palos y sables. Como respuesta a mis indagaciones, me dijeron que la matanza era general, y que muchos habían sido ya muertos en los suburbios. M. Chancel se retiró para ponerse su uniforme como capitán de los *Pompiers*; los oficiales se retiraron a los cuarteles, y yo, intranquilo por mi mujer, me volví a casa. Por el ruido que oía, estaba convencido de que me seguían algunos. Me deslicé por la sombra de la pared, abrí la puerta de mi casa, entré y la cerré, dejando una pequeña abertura por la que podía vigilar los movimientos de la partida cuyas armas resplandecían bajo la luz de la luna. Poco tiempo después aparecieron algunos hombres armados llevando un prisionero junto al mismo lugar donde yo estaba oculto. Se detuvieron, y yo cerré suavemente mi puerta y subí sobre una chopera plantada junto a la pared del jardín. ¡Qué escena! Un hombre de rodillas implorando clemencia a unos desalmados que se burlaban de su angustia y que lo cargaban de insultos. «¡En nombre de mi mujer y de mis hijos,» decía él, «dejadme! ¿Qué he hecho? ¿Por qué me habéis de asesinar por nada?» Estaba en este momento a punto de gritar y de amenazar a los asesinos con la venganza. Pero no tuve tiempo para decidirme, porque la descarga de varios fusiles acabó con mi indecisión; el infeliz suplicante, tocado en sus lomos y cabeza, cayó para no volverse a levantar. Ahora los asesinos daban la espalda al árbol; se retiraron de inmediato, recargando sus armas. Yo descendí y me acerqué al moribundo, que estaba lanzando profundos y penosos suspiros. Llegaron algunos guardias nacionales en aquel momento, y de nuevo me retiré y cerré la puerta. «Veo un muerto,» dijo uno. «Todavía canta,» dijo el otro. «Mejor será,» dijo un tercero, «rematarlo y poner fin a sus sufrimientos.» De inmediato descargaron cinco o seis mosquetes, y los gemidos cesaron. Al día siguiente, las multitudes acudieron a inspeccionar e insultar al muerto. Los días después de una matanza se observaban siempre como una especie de fiesta, y se dejaban todas las ocupaciones para ir a contemplar las víctimas.» Éste era Louis Lichare, padre de cuatro niños; cuatro años después de este acontecimiento, M. Durand verificó este relato bajo juramento durante el juicio de uno de los asesinos.

Ataque sobre las iglesias protestantes

Un tiempo antes de la muerte del General La Garde, el duque de Angulema había visitado Nîmes, y otras ciudades al sur, y en aquella primera ciudad honró a los miembros del consistorio protestante con una entrevista, prometiéndoles protección, y alentándolos a reabrir su templo, tanto tiempo cerrado. Tienen dos iglesias en Nîmes, y se acordó que la mejor en esta ocasión sería la pequeña, y que se debería omitir el toque de campanas. El General La Garde manifestó que respondería con su cabeza de la seguridad de la congregación. Los protestantes se informaron en privado entre sí que volvería de nuevo a celebrarse el culto a las diez, y comenzaron a reunirse en silencio y con precaución. Se acordó que M. Juillerat Chasseur celebrara el servicio, aunque tal era su convicción de peligro que le rogó a su mujer, y a algunos de los de su grey, que se quedaran con sus familias. Siendo abierto el templo sólo como cuestión formal, y en obediencia a las órdenes del Duque de Angulema, este pastor deseaba ser la única víctima. Dirigiéndose al lugar, pasó junto a numerosos grupos que lo miraban ferozmente. «Ésta es la oportunidad,» dijo uno, «de darles el último golpe.» «Sí,» añadieron otros, «y no se deben perdonar ni a las mujeres ni a los niños.» Un malvado, levantando la voz por encima de los demás, exclamó: «Ah, voy a ir a buscar mi mosquete, y diez como mi parte.» A través de estos sones amenazadores, M. Juillerat prosiguió su camino, pero cuando llegó al templo, el sacristán no se atrevió a abrir las puertas, y se vio obligado a abrirlas él mismo. Al llegar los adoradores, encontraron personas extrañas ocupando las calles adyacentes, y también en las escalinatas de la iglesia, jurando que no iban a celebrar su culto, y gritando: «¡Abajo los protestantes! ¡Matadlos! ¡Matadlos!» A las diez, al iglesia ya casi llena, M. J. Chasseur comenzó las oraciones. De repente, el ministro fue interrumpido con un ruído violento, mezclado con gritos de *¡Vive le Roi!* pero los gendarmes consiguieron echar a estos fanáticos y cerrar las puertas. El ruído y los tumultos fuera se redoblaron, y los golpes del populacho que intentaba echar las puertas abajo hizo que la casa resonara con chillidos y gemidos. La voz de los pastores que trataban de consolar a su grey se hizo inaudible; en vano intentaron cantar el Salmo Cuarenta y dos.

Pasaron lentamente tres cuartos de hora. «Yo me puse,» dijo Madame Juillerat, «al pie del púlpito, con mi hija en mis brazos; finalmente, mi marido se unió a mí y me dio alimentos; recordé desde el principio que era el aniversario de mi casamiento. Después de seis años de felicidad, me dije, estoy a punto de morir con mi marido y mi hija; seremos muertos ante el altar de nuestro Dios, víctimas de un deber sagrado, y el cielo se abrirá para recibirnos a nosotros y a nuestros infelices hermanos. Bendije al Redentor, y sin maldecir a nuestros asesinos, esperé su llegada.»

M. Oliver, hijo de un pastor, oficial de las tropas reales de línea, intentó salir de la iglesia, pero los amistosos centinelas a la puerta le aconsejaron que permaneciera encerrado con el resto. Los guardias nacionales rehusaron actuar, y la fanática multitud aprovechaba todo lo que podía la ausencia del General La Garde y su creciente número. Al final se oyó música marcial, y voces desde fuera gritaron a los asediados, «¡Abrid, abrid y salvaos!» Su primera impresión fue temer una traición, pero pronto se les aseguró que un destacamento que volvía de Misa había sido dispuesto delante de la puerta para favorecer la salida de los protestantes. La puerta fue abierta, y muchos de ellos escaparon entre las filas de los soldados, que habían empujado a la multitud fuera de allí; pero esta calle, así como las otras por las que tenían que pasar los fugitivos, pronto volvió a quedar llena. El venerable pastor, Olivier Desmond, que estaba entre los setenta y ochenta años de edad, fue rodeado por asesinos; le pusieron puños sobre la cara, y gritaron: «Matad al jefe de los bandidos.» Fue preservado por la actitud firme de algunos oficiales, entre los que estaba su propio hijo; hicieron una barrera delante de él con sus propios cuerpos, y entre sus sables desenvainados lo llevaron a su casa. M. Juillerat, que había asistido al servicio divino con su mujer a su lado y con su hijo en sus brazos, fue perseguido y atacado con piedras, su madre recibió una pedrada en la cabeza, y su vida estuvo en ocasiones en peligro. Una mujer fue vergonzosamente azotada, y varias heridas y arrastradas por las calles; el número de protestantes más o menos maltratados en esta ocasión ascendieron entre unos setenta y ochenta.

Asesinato del General La Garde

Al final se aplicó represión a estos excesos por el suceso del asesinato del Conde La Garde, que, al recibir noticia de este tumulto, montó en su caballo, y entró en una de las calles, para dispersar una multitud. Un villano tomó sus riendas; otro le encañonó con una pistola, casi tocándole, y chilló: «¡Miserable! ¿Tú harás que me retire?» Y disparó inmediatamente. El asesino fue Louis

Boissin, un sargento de la guardia nacional; pero, aunque lo sabía todo el mundo, nadie trató de arrestarlo, y escapó. Cuando el general se vio herido, dio orden a la gendarmería para que protegiera a los protestantes, y se lanzó al galope hacia su alojamiento; pero se desmayó inmediatamente al llegar allí. Al recuperarse, impidió al cirujano que le examinara la herida hasta haber escrito una carta al gobierno, para que, en caso de muerte, se pudiera saber de dónde le había venido su herida, y que nadie osara acusar a los protestantes de este crimen.

La probable muerte de este general produjo un pequeño grado de relajación por parte de sus enemigos y alguna calma, pero la masa del pueblo se había entregado durante demasiado tiempo al libertinaje para sentirse refrenado siquiera por el asesinato del representante de su rey. Por la noche volvieron al templo, y con hachas abrieron la puerta. El amenazante son de sus golpes infundieron terror a los corazones de las familias protestantes refugiadas en sus casas, dados al llanto. El contenido de la caja de limosnas fue robado, y también las ropas preparadas para su distribución; los ropajes del ministro fueron destrozados; los libros fueron rotos o llevados; las estancias fueron saqueadas, pero las habitaciones que contenían los archivos de la iglesia, y los sínodos, fueron providencialmente pasadas por alto; y si no hubiera sido por las muchas patrullas a pie, todo hubiera sido pasto de las llamas, y el edificio mismo un montón de ruinas. Mientras tanto, los fanáticos adscribieron el crimen del general a su propia devoción, y dijeron que «era la voluntad de Dios.» Se ofrecieron tres mil francos por la captura de Boissin; pero se sabía bien que los protestantes no osarían capturarlo, y que los fanáticos no querrían. Durante estos acontecimientos, el sistema de conversiones forzadas al catolicismo estaba progresando de una manera regular y temible.

Interferencia del gobierno británico

Para crédito de Inglaterra, el conocimiento de estas crueles persecuciones llevadas a cabo contra nuestros hermanos protestantes en Francia produjeron tal sensación en el gobierno que les llevó a intervenir. Y ahora los perseguidores de los protestantes transformaron este acto espontáneo de humanidad y piedad en pretexto para acusar a los sufrientes de correspondencia traidora con Inglaterra; pero en este estado de acontecimientos, para gran desmayo de ellos, apareció una carta, enviada hacía algún tiempo a Inglaterra por el Duque de Wellington, diciendo que «existía mucha información acerca de los acontecimientos del sur.»

Los ministros de las tres denominaciones en Londres, anhelantes por no ser mal informados, pidieron a uno de sus hermanos que visitara las escenas de persecución, y que examinara con imparcialidad la naturaleza y extensión de los males que deseaban aliviar. El Rev. Clement Perot emprendió esta difícil tarea, y cumplió sus deseos con un celo, una prudencia y una devoción totalmente encomiables. A su regreso proveyó abundantes e irrefutables pruebas de una vergonzosa persecución, materiales para una apelación al Parlamento Británico, y un informe impreso que fue circulado por el continente, y que por primera vez dio una correcta información a los habitantes de Francia.

Se vio ahora que la intervención extranjera era de enorme importancia; y las declaraciones de tolerancia que suscitó en el gobierno de Francia, así como la actuación más cuidadosa de los perseguidores católicos, operó como reconocimientos decisivos e involuntarios de esta interferencia, que algunas personas al principio censuraron y menospreciaron, interferencia que manifestada en la dura voz de la opinión pública en Inglaterra y en otros lugares, produjo una correspondiente suspensión de la matanza y del pillaje; sin embargo, los asesinos y saqueadores quedaban aún sin castigar, e incluso eran aclamados y premiados por sus crímenes; y mientras que los protestantes en Francia sufrían las penas y castigos más crueles y degradantes por insignificantes faltas, los católicos, teñidos de sangre y culpables de numerosos y horrendos asesinatos, eran absueltos.

Quizá la virtuosa indignación expresada por algunos de los más ilustrados católicos contra estos abominables procedimientos tuvieron una parte no pequeña en refrenarlos. Muchos protestantes inocentes habían sido condenados a galeras, o habían sido castigados de otras maneras, por supuestos crímenes basados en declaraciones bajo juramento de desalmados sin principios ni temor de Dios. M. Madier de Montgau, juez de la *cour royale* de Nîmes y presidente del tribunal de Gard y Vaucluse, se sintió obligado en una ocasión a levantar la sesión antes de aceptar el testimonio de un monstruo sanguinario tan notorio como Truphemy. Dice este magistrado: «En una sala del Palacio de Justicia delante de aquella en la que yo me sentaba, varias desafortunadas personas perseguidas por la facción estaban siendo juzgadas, y cada testimonio tendiendo a su condena era aplaudida con gritos de *¡Vive le Roi!* Tres veces se hizo tan terrible la explosión de este terrible gozo que fue necesario llamar refuerzos de los cuarteles, y doscientos soldados eran a menudo insuficientes para refrenar a la multitud. De repente redoblaron los gritos y clamores de *¡Vive le Roi!*: Llegaba un hombre, vitoreado, aplaudido, llevado en triunfo ... era el terrible Truphemy. Se acercó al tribunal. Había venido a testificar contra los prisioneros. Fue admitido como testigo ... ¡Levantó la mano para que le tomaran juramento! Sobrecogido de horror ante aquel espectáculo, me precipité fuera de mi asiento, y entré en la sala de consejo. Me siguieron mis colegas; en vano me quisieron persuadir para que volviera a mi asiento. «¡No!», exclamé, «¡No voy a consentir que este miserable sea admitido para dar testimonio ante una corte de justicia en la ciudad a la que ha llenado de asesinatos; en el palacio, en cuyas escalinatas ha asesinado al desafortunado Burillon. No puedo admitir que mate a sus víctimas con sus testimonios como con su puñal. ¡Él un acusador! ¡Él, testigo! No, ¡jamás consentiré que este monstruo se levante en presencia de magistrados para dar un juramento sacrílego, con sus manos aún teñidas de sangre!» Estas palabras fueron repetidas fuera de la puerta; los testigos temblaron; los facciosos temblaron también; los facciosos que guiaban la lengua de Truphemy como habían guiado su brazo, que le dictaban calumnia tras haberle enseñado a asesinar. Estas palabras penetraron en los calabozos de los condenados, e inspiraron esperanza; dieron a otro valiente abogado la resolución de asumir la causa de los perseguidos; llevó las oraciones de inocencia y desgracia al pie del trono; allí preguntó si la evidencia de un Truphemy no era suficiente para anular una sentencia. El rey concedió un perdón pleno y libre.»

Resolución final de los protestantes en Nîmes

Con respecto a la conducta de los protestantes, estos ciudadanos tan perseguidos, llevados a un extremado sufrimiento por sus perseguidores, sintieron al final que sólo les quedaba escoger la manera de morir. Decidieron unánimemente que morirían luchando en defensa propia. Esta firme actitud hizo ver a sus perseguidores que ya no podrían asesinar impunemente. Todo cambió de inmediato. Aquellos que durante cuatro años habían llenado a otros con terror, ahora lo sintieron ellos. Temblaban ante la fuerza que hombres, tanto tiempo resignados, hallaban en la desesperación, y su alarma se intensificó cuando supieron que los habitantes de las Cevennes, convencidos del peligro en que se hallaban sus hermanos, estaban dirigiéndose allí en auxilio de ellos. Pero, sin esperar la llegada de estos refuerzos, los protestantes aparecieron de noche en el mismo orden y armados de la misma manera que sus enemigos. Los otros desfilaban por los Boulevards, con su usual ruido y furia, pero los protestantes se quedaron callados y firmes en los puestos que habían tomado. Tres días continuaron estos peligrosos y ominosos encuentros, pero se impidió el derramamiento de sangre por los esfuerzos de algunos dignos ciudadanos distinguidos por su rango y fortuna. Al compartir los peligros de la población protestante, obtuvieron el perdón para un enemigo que ahora temblaba mientras amenazaba.

CAPÍTULO XXII

El comienzo de las misiones americanas en el extranjero

SAMUEL J. MILLS, mientras era estudiante en Williams College, reunió a su alrededor a un grupo de compañeros estudiantes, sintiendo todos la carga del gran mundo pagano. Un día en 1806, cuatro de ellos, alcanzados por una tempestad, se refugiaron bajo la cubierta de un pajar. Pasaron la noche en oración por la salvación del mundo, y resolvieron, si había oportunidad para ello, ir ellos mismos como misioneros. Esta «reunión de oración del pajar» se hizo histórica.

Estos jóvenes fueron posteriormente al Seminario Teológico de Andover, donde se unió a ellos Adoniram Judson. Cuatro de ellos enviaron una petición a la Asociación Congregacional de Massachusetts en Bradford, del 29 de junio de 1810, ofreciéndose como misioneros y preguntando si podrían esperar el apoyo de una sociedad en este país, o si debían solicitarlo a una sociedad británica. Como respuesta a este llamamiento, se constituyó la Junta Americana de Comisionados para Misiones Extranjeras.

Cuando se solicitó un estatuto para la Junta, un alma incrédula objetó desde los bancos de los legisladores, alegando, en oposición a la petición, que el país tenía una cantidad tan pequeña de cristianos que no se podía prescindir de ninguno para exportación; pero otro, que estaba dotado de una constitución más optimista, le recordó que se trataba de un bien que cuanto más se exportara, tanto más aumentaría en la patria. Hubo mucha perplejidad acerca de la planificación y de los aspectos financieros, por lo que Judson fue enviado a Inglaterra para conferenciar con la Sociedad de Londres en cuanto a la factibilidad de la cooperación de las dos organizaciones para enviar y sostener a los candidatos, pero este plan quedó en nada. Al final se consiguió suficiente dinero, y en febrero de 1812 zarparon para oriente los primeros misioneros de la Junta Americana. El señor Judson iba acompañado de su mujer, habiéndose casado con Ann Hasseltine poco antes de emprender el viaje.

Durante la larga travesía, el señor y la señora Judson y el señor Rice fueron llevados de alguna manera a revisar sus convicciones acerca del modo apropiado del bautismo, llegando a la conclusión de que sólo era válida la inmersión, y fueron rebautizados por Carey poco después de llegar a Calcutta. Este paso necesariamente cortó su relación con el cuerpo que les había enviado, y los dejó sin apoyo. El señor Rice volvió a América para informar de esta circunstancia a los hermanos bautistas. Ellos contemplaron la situación como resultado de una acción de la Providencia, y planearon anhelantes aceptar la responsabilidad que les había sido echada encima. Así, se formó la Unión Misionera Bautista. De esta manera el señor Judson fue quien dio ocasión a la organización de dos grandes sociedades misioneras.

La persecución del doctor Judson

Después de trabajar por un tiempo en el Indostán, el doctor y la señora Judson se establecieron por fin en el Imperio Birmano en 1813. En 1824 estalló una guerra entre la Compañía de las Indias Orientales y el emperador de Birmania. El doctor y la señora Judson y el doctor Price, que estaban en Ava, la capital del Imperio Birmano, fueron, al comenzar la guerra, arrestados de inmediato y encerrados por varios meses. El relato de los sufrimientos de los misioneros fue escrito por la señora Judson, y aparece en sus propias palabras.

«*Rangún, 26 de mayo de 1826.*

«Mi querido hermano,

»Comienzo esta carta con la intención de darte los detalles de nuestro cautiverio y sufrimientos en Ava. La conclusión de esta carta determinará hasta cuando mi paciencia me permitirá recordar escenas desagradables y horrorosas. Había mantenido un diario con todo lo que había sucedido desde nuestra llegada a Ava, pero lo destruí al comenzar nuestras dificultades.

»El primer conocimiento seguro que tuvimos de la declaración de guerra por parte de los birmanos fue al llegar a Tsenpyu-kywon, a unas cien millas a este lado de Ava, donde habían acampado parte de las tropas, bajo el mando del célebre Bandula. Siguiendo nuestro viaje, nos encontramos con el mismo Bandula, con el resto de sus tropas, regiamente equipado, sentado en su barcaza dorada, y rodeado por una flota de barcos de guerra de oro, uno de los cuales fue mandado en el acto al otro lado del río para interpelarnos y hacernos todas las preguntas necesarias. Se nos permitió proseguir tranquilamente cuando el mensajero fue informado que éramos americanos, *no ingleses,* y que íbamos a Ava en obediencia al gobierno de su Majestad.

»Al llegar a la capital, encontramos que el doctor Price estaba fuera de favor ante la corte, y que allí había más sospechas contra los extranjeros que en Ava.

Tu hermano visitó dos o tres veces el palacio, pero encontró que el talante del rey para con él era muy diferente al que había sido anteriormente; y la reina, que antes había expresado deseos por mi pronta llegada, no preguntó ahora por mí, ni indicó deseo alguno de verme. Consiguientemente, no hice esfuerzo alguno por visitar el palacio, aunque era invitada casi a diario a visitar algunos de los parientes de la familia real, que vivían en sus propias casas, fuera del recinto de palacio. Bajo estas circunstancias, creímos que lo más prudente sería proseguir nuestra intención original de construir una casa y de iniciar las operaciones misioneras según hubiera oportunidad, tratando así de convencer al gobierno de que no teníamos nada que ver con la actual guerra.

»Dos o tres semanas después de nuestra llegada, el rey, la reina, todos los miembros de la familia real y la mayor parte de los oficiales del gobierno volvieron a Amarapora, a fin de acudir y tomar posesión del nuevo palacio en la forma acostumbrada.

»No me atreveré a describir este espléndido día, cuando su majestad entró, con toda la gloria que le acompañaba, por las puertas de la ciudad dorada y puedo decir que entre las aclamaciones de millones, tomó posesión del palacio. Los saupwars de las provincias fronterizas con China, todos los virreyes y altos oficiales del reino estaban reunidos para la ocasión, vestidos en sus ropajes de estado, y adornados con la insignia de su oficio. El elefante blanco, ricamente ornamentado con oro y joyas, era uno de los objetos más hermosos en la procesión. Sólo el rey y la reina estaban sin adornar, vestidos en la simple vestimenta del país; entraron, tomándose la mano, en el jardín en el que habíamos tomado asiento, y donde se preparó un banquete para su refrigerio. Todas las riquezas y la gloria del imperio fueron exhibidas aquel día. El número y el inmenso tamaño de los elefantes, los numerosos caballos, y la gran variedad de vehículos de toda descripción, sobrepasó con mucho a todo lo que había jamás visto o imaginado. Poco después que su majestad hubiera tomado posesión del nuevo palacio, se dio orden de que no se permitiera entrar a ningún extranjero, excepto a Lansago. Nos sentimos algo alarmados ante esto, pero concluimos que era por motivos políticos, y que quizá no nos afectaría de manera esencial.

»Durante varias semanas no sucedió nada alarmante para nosotros, y proseguimos con nuestra escuela. El señor Judson predicaba cada domingo, habíamos conseguido todos los materiales para construir una casa de ladrillos, y los albañiles habían hecho considerable avance en la construcción del edificio.

»El veintitrés de mayo de 1824, cuando acabábamos nuestro culto en casa del doctor, al otro lado del río, llegó un mensajero para decirnos que Rangún había sido tomada por los ingleses. El conocimiento de esto nos produjo un choque en el que había una mezcla de gozo y de temor. El señor Gouger, un joven comerciante residente en Ava, estaba entonces con nosotros, y tenía más razones para temer que el resto de nosotros. Sin embargo, todos volvimos de inmediato a nuestra casa y comenzamos a considerar qué debíamos hacer. El señor G. fue a ver al Príncipe Thar-yar-wadi, el hermano más influyente del rey, que le informó que no debía temer nada, pues él ya había tocado esta cuestión con su majestad, que había contestado que «los pocos extranjeros que había en Ava no tenían nada que ver con la guerra, y no debían ser molestados.»

»El gobierno estaba ahora en pleno movimiento. Un ejército de diez o doce mil hombres, bajo el mando de Kyi-wun-gyi, fue enviado al cabo de tres o cuatro días, a los que se debía unir Sakyer-wun-gyi, que había sido anteriormente designado virrey de Rangún y que estaba de camino hacia allí cuando le llegaron las noticias del ataque. No había dudas acerca de la derrota de los ingleses; el único temor del rey era que los extranjeros supieran el avance de las tropas birmanas, y que pudieran alarmarse tanto que huyeran a bordo de sus barcos y se fueran, antes que hubiera tiempo de tomarlos y someterlos a esclavitud. «Traedme», dijo un salvaje joven de palacio, «seis kala pyu (extranjeros blancos) para que remen mi barca»; «y para mí,» dijo la dama de Wun-gyi, «enviadme cuatro extranjeros blancos para que dirijan los negocios de mi casa, porque sé que son siervos de fiar.» Las barcas de guerra, con gran moral, pasaron delante de nuestra casa, cantando y danzando los soldados, y dando muestras del mayor regocijo. ¡Pobres chicos!, dijimos nosotros; probablemente nunca volveréis a danzar. Y así fue, porque pocos, o ninguno, volvieron a ver su casa natal.

»Al final el señor Judson y el doctor Price fueron llamados a un tribunal de interrogatorios, donde se les hizo una estricta indagación acerca de lo que sabían. La gran cuestión parecía ser si habían tenido el hábito de comunicarse con extranjeros acerca del estado del país, etc. Ellos respondieron que siempre habían tenido la costumbre de escribir a sus amigos en América, pero que no tenían correspondencia con oficiales ingleses ni con el gobierno de Bengala. Después de ser interrogados, no fueron encerrados, como lo habían sido los ingleses, sino que se les permitió volver a sus casas. Al examinar las cuentas del señor G., se encontró que el señor J. y el doctor Price habían recibido sumas considerables de dinero de su parte. Ignorando como ignoraban los birmanos la manera en que recibíamos el dinero, por órdenes desde Bengala, esta circunstancia fue suficiente evidencia para sus mentes desconfiadas de que los misioneros estaban a sueldo de los ingleses, y que muy probablemente eran espías. Así se presentó la cuestión ante el rey, que enfurecido ordenó el arresto inmediato de los «dos maestros».

»El ocho de junio, mientras nos preparábamos para la comida, entró precipitadamente un oficial, que tenía un libro negro, con una docena de birmanos, acompañados por *uno* al que, por su cara con manchas, supimos que era un verdugo e «hijo de la prisión». «¿Dónde está el maestro?» fue la primera pregunta. El señor Judson se presentó. «Eres llamado por el rey», le dijo el oficial; ésta es una frase que siempre se emplea cuando se va a arrestar a un criminal. El hombre con las manchas de inmediato se apoderó del señor Judson, lo echó al suelo, y sacó la cuerda pequeña, el instrumento de tortura. Lo tomé del brazo: «Deténgase», le dije, «le daré dinero». «Arréstala también a ella», dijo el oficial; «también es extranjera». El señor Judson, con una mirada implorante, rogó que me dejaran hasta que recibieran nuevas órdenes. La escena era ahora chocante más allá de toda descripción.

»Todo el vecindario se había reunido—los albañiles trabajando en la casa de ladrillos tiraron las herramientas y corrieron—los niñitos birmanos estaban chillando y llorando—los criados bengalíes se quedaron inmóviles al ver las indignidades cometidas contra su patrón—y el endurecido verdugo, con gozo infernal, apretó las cuerdas, atando firmemente al señor Judson, y lo arrastró, no sabía yo a dónde. En vano rogué y supliqué a aquella cara manchada que tomara la plata y que aflojara las cuerdas, sino que escarneció mis ofrecimientos, y se fue de inmediato. Sin embargo, di dinero a Moung Ing para que los siguiera, y volviera a intentar mitigar la tortura del señor Judson; pero en lugar de tener éxito, cuando se vieron a una distancia de la casa, aquellos insensibles hombres volvieron a echar al preso en tierra, y apretaron aún más las cuerdas, de manera que casi le impedían respirar.

«El oficial y su grupo se dirigieron a la corte de justicia, donde estaban reunidos el gobernador de la ciudad y los oficiales, uno de los cuales leyó la orden del rey que el señor Judson fuera echado en la prisión de muerte, a la que pronto fue echado, la puerta cerrada—y Moung Ing no vio ya más. ¡Qué noche fue aquella! Me retiré a mi habitación, y traté de lograr consuelo presentando mi causa a Dios, e implorando fortaleza y fuerzas para sufrir lo que me esperara. Pero no me fue concedido mucho tiempo el consuelo de la soledad, porque el magistrado del lugar había venido a la galería, y me estaba llamando para que saliera y me sometiera a su interrogatorio. Pero antes de salir destruí todas mis cartas, diarios y escritos de todo tipo, por si revelaban el hecho de que teníamos corresponsales en Inglaterra, y donde yo había registrado todos los acontecimientos desde nuestra llegada al país. Cuando hube terminado esta obra de destrucción, salí y me sometí al interrogatorio del magistrado, que indagó de manera muy detallada acerca de todo lo que yo sabía; luego ordenó que fueran cerrados los portones de las instalaciones, que no se permitiera entrar ni salir a nadie, puso una guardia de diez esbirros, a los que les dio orden estricta de guardarme con seguridad, y se fue.

»Era ya oscuro. Me retiré a una estancia interior con mis cuatro pequeñas niñas birmanas, y atranqué las puertas. El guarda me ordenó en el acto desatrancar las puertas y que saliera, o derribarían la casa. Me negué obstinadamente a obedecer, y conseguí intimidarlos amenazándolos con quejarme de su conducta ante más altas autoridades por la mañana. Al ver que estaba decidida a no hacer caso de sus órdenes, tomaron los dos criados bengalíes, y los pusieron en cepos en una posición muy dolorosa. No pude soportar esto; llamé al cabo desde la ventana, y les dije que les haría un presente por la mañana a todos ellos si soltaban a los criados. Después de muchas discusiones y de muchas severas amenazas consintieron, pero parecían decididos a irritarme tanto como fuera posible. Mi estado desprotegido y desolado, mi total incertidumbre acerca de la suerte del señor Judson, y las terribles juergas y el lenguaje casi diabólico de la guardia, todo ello se unió para hacer de aquella con mucho la noche más angustiosa que jamás haya pasado. Puedes bien imaginar, querido hermano mío, que el sueño huyó de mis ojos, y de mi mente la paz y la compostura.

»A la mañana siguiente, envié a Moung Ing para que supiera la situación de tu hermano, y que le diera alimentos, si todavía vivía. ¡Pronto volvió, con las noticias de que el señor Judson, y todos los extranjeros blancos, estaban encerrados en la *cárcel de muerte*, con tres pares de cadenas de hierro, y atado a una larga estaca, para impedir que se movieran! Mi motivo de angustia era ahora que yo misma era prisionera, y que no podía hacer nada por la liberación de los misioneros. Rogué y supliqué al magistrado que me permitiera ir a algún miembro del gobierno para defender mi causa; pero él me dijo que no osaba consentir, por temor de que yo huyera. Luego escribí a una de las hermanas del rey, con quien había tenido una estrecha amistad, pidiéndole que empleara su influencia para la liberación de los maestros. La nota fue devuelta con este mensaje: Ella «no lo comprendía», lo que era una cortés negativa a interferir; luego supe que había estado deseosa de ayudarnos, pero que no se atrevió por causa de la reina. El día fue pasando lentamente, y tenía ante mí otra terrible noche. Traté de suavizar los sentimientos de la guardia dándoles té y cigarros para la noche, de modo que me permitieron permanecer en mi estancia sin amenazarme como lo hicieron la noche anterior. Pero la idea de que tu hermano estuviera estirado en un duro suelo en hierros y encerrado perseguía mi mente como un espectro, y me impidió dormir con tranquilidad, aunque estaba casi agotada.

»Al tercer día envié un mensaje al gobernador de la ciudad, que tiene toda la dirección de las cuestiones carcelarias, para que me permitiera visitarlo con un presente. Esto tuvo el efecto deseado, y de inmediato envió orden a los guardias para que me permitieran ir a la ciudad. El gobernador me recibió agradablemente, y me preguntó qué deseaba. Le presenté la situación de los extranjeros, y en particular la de los americanos, que eran extranjeros y que nada tenían que ver con la guerra. Me dijo que no estaba en su mano liberarlos de la cárcel, pero que podría hacer más cómoda su situación; había su oficial jefe, a quien tenía que consultar acerca de los medios. El oficial, que resultó ser uno de los escritores de la ciudad, y cuyo rostro presentaba a simple vista el más perfecto conjunto de pasiones unidas a la naturaleza humana, me llevó aparte, y trató de convencerme de que tanto yo como los prisioneros estábamos totalmente a su merced, que nuestro futuro bienestar iba a depender de la generosidad de nuestros presentes, y que estos tenían que ser dados de manera secreta, sin que lo supiera funcionario alguno del gobierno. «¿Qué debo hacer para mitigar los sufrimientos actuales de los dos maestros?», le pregunté. «Págueme doscientos tickals (alrededor de cien dólares), dos piezas de tejido fino, y dos piezas de pañuelos». Yo había tomado dinero por la mañana, siendo que nuestra casa estaba a dos millas de la cárcel, y no podría volver fácilmente. Le ofrecí este dinero al escritor, y le rogué que no me apremiara con los otros artículos, por cuanto no disponía de ellos. Él dudó por cierto tiempo, pero temiendo perder de vista tanto dinero, decidió tomarlo, prometiendo aliviar a los maestros de su penosa situación.

»Luego conseguí una orden del gobernador para poder ser admitida en la prisión; pero las sensaciones producidas por mi encuentro con tu hermano en aquella situación *terrible, horrenda*, y la escena patética que siguió, no trataré de describirlas. El señor Judson se arrastró hacia la puerta de la celda —porque nunca se nos permitió entrar— y me dio algunas instrucciones acerca de su liberación; pero antes de poder hacer ningún arreglo, aquellos endurecidos carceleros, que no podían soportar vernos gozar del mísero consuelo de vernos en aquel tétrico lugar, me ordenaron salir. En vano alegué la orden del gobernador para ser admitida; de nuevo repitieron, con dureza, «Vete, o te echaremos fuera». Aquella misma noche, los misioneros, junto con los otros extranjeros, que habían pagado una suma igual, fueron sacados de la cárcel común, y encerrados en un cubierto abierto del recinto de la prisión. Aquí se me permitió mandarles alimentos y esteras sobre las que dormir; pero no se me permitió volver a entrar por varios días.

»Mi siguiente objeto fue lograr presentar una petición a la reina; pero al no admitirse en palacio a nadie que estuviera en desgracia con su majestad, intenté presentarla por medio de la mujer de su hermano. La había visitado en mejores tiempos, y había recibido particulares marcas de su favor. Pero los tiempos habían cambiado: el señor Judson estaba en prisión, y yo angustiada, lo que era suficiente razón para que me recibiera fríamente. Llevé un presente de valor considerable. Ella estaba recostada en su alfombra cuando yo entré, y tenía a sus damas junto a ella. No esperé la pregunta usual hecha a un suplicante, «¿Qué queréis?», sino que de manera abierta, con voz intensa pero respetuosa, le expuse nuestra angustia y los males que nos habían sido hechos, y le rogué su ayuda. Ella levantó la cabeza un poco, abrió el presente que le había traído, y contestó fríamente: «Tu caso no es cosa desusada; todos los extranjeros reciben el mismo trato.» «Pero sí es desusado,» le dije: «Los maestros son americanos, son ministros de religión, y nada tienen que ver ni con la guerra ni con política. Nunca han hecho nada que merezca tales tratos; ¿y es justo tratarlos así?» «El rey hace lo que le place», dijo ella; «yo no soy el rey, ¿qué puedo hacer yo?» «Podéis presentar su causa al rey, y conseguir su liberación», le contesté. «Poneos en mi situación; si vos estuvierais en América, y vuestro marido, inocente de cualquier crimen, fuera echado en la cárcel, en hierros, y vos una solitaria mujer sin protección, ¿qué haría?» «Con un ligero sentimiento en su voz, dijo: «presentaré su petición, vuelva mañana». Volví a casa con considerables esperanzas de que estaba a mano la pronta liberación de los misioneros. Pero al siguiente día fueron tomadas las propiedades del señor Gouger, con un valor de cincuenta mil dólares, y llevadas a palacio. Los oficiales, a su regreso, me informaron educadamente que deberían *visitar nuestra casa* al día siguiente. Me sentí agradecida por esta información, y por ello hice preparativos para recibirlos escondiendo tantos artículos pequeños como fuera posible, junto con una considerable cantidad de plata, porque sabía que si la guerra se prolongaba nos veríamos en serio peligro de morir de hambre sin ella. Pero mi mente estaba terriblemente agitada, por si esto se descubría me echarían a mí en la cárcel. Y si me hubiera sido posible conseguir dinero de algún otro lugar, no me habría arriesgado a tomar este paso.

»Por la mañana siguiente, el tesorero real, Príncipe Tharyawadis, el Jefe Wun, y Koung-tone Myu-tsa, que fue en el futuro nuestro firme amigo, acompañados por cuarenta o cincuenta seguidores, para tomar posesión de todo lo que teníamos. Los traté con cortesía, les di sillas para que se sentasen, y té y dulces para su refrigerio; y la justicia me obliga a decir que llevaron a cabo la actividad de la confiscación con más consideración hacia mis sentimientos que los que hubiera pensado que podían exhibir los funcionarios birmanos. Solo entraron los tres oficiales a la casa; sus acompañantes recibieron orden de esperar fuera. Vieron que estaba profundamente afectada, y pidieron excusas por lo que iban a hacer, diciendo que les sabía mal tomar posesión de una propiedad que no era de ellos, pero que estaban obligados a hacerlo por orden del rey.

»¿Dónde están su plata, su oro y sus joyas?» preguntó el tesorero real. «No tengo oro ni joyas; pero aquí tienen la llave de un baúl que contiene la plata— hagan lo que les parezca». Selló el baúl, y fue pesada la plata. «Este dinero», dije yo, «fue recogido en América por los discípulos de Cristo, y enviado aquí con el propósito de edificar un kyoung (el nombre de una casa de un sacerdote) y para nuestro sustento mientras enseñamos la religión de Cristo. ¿Es apropiado que se lo lleven?» (Los birmanos son adversos a tomar lo que está dedicado desde una voluntad religiosa, lo que me hizo preguntarles esto.) «Manifestaremos estas circunstancias al rey», dijo uno de ellos, «y quizá lo restaurará. Pero ¿ésta es toda la plata que tiene?» Yo no podía mentirles. «La casa está en manos de ustedes,» les contesté, «busquen por ustedes mismos». «¿No habéis depositado plata con alguna persona conocida?» «Mis conocidos están todos en la cárcel. ¿Con quién podría depositar plata?»

»Acto seguido, ordenaron examinar mi baúl y mis cajones. Sólo permitieron al secretario acompañarme en este registro. Todo lo bonito o curioso que atraía su atención era presentado a los oficiales, para su decisión acerca de si había de ser tomado o dejado. Rogué que no se llevaran nuestros vestidos, porque sería deshonroso tomar ropas ya usadas en posesión de su majestad, y que para nosotros eran de enorme valor. Asintieron a esto, y se llevaron sólo una lista, y lo mismo hicieron con los libros, medicinas, etc. Rescaté de sus manos mi pequeña mesa de trabajo y mecedora, en parte con artificios y en parte por su ignorancia. También dejaron muchos artículos que fueron de gran valor durante nuestro largo encierro.

»Tan pronto como hubieron terminado su registro y se hubieron ido, me apresuré a ver al hermano de la reina, para saber cuál había sido la suerte de mi petición, pero ¡ay!, todas mis esperanzas quedaron aplastadas por las frías palabras de su mujer, diciendo: «Presente su causa a la reina; pero su majestad contestó: *Los maestros no morirán; que se queden como están*. Mis expectativas habían estado tan elevadas que esta sentencia fue como el fragor de un trueno para mis sentimientos. Porque la verdad se me hizo evidente de que si la reina rehusaba ayudar, ¿quién osaría interceder por mí? Con el corazón oprimido, me fui, y de camino a casa traté de entrar a la prisión, para comunicar las tristes nuevas a tu hermano, pero me rehusaron ásperamente la entrada. Intentamos comunicarnos por escrito, y después de haberlo logrado por varios días, se descubrió; el pobre hombre que llevaba las comunicaciones fue azotado y puesto en el cepo; y esta circunstancia me costó unos diez dólares, además de dos o tres días de agonía, por temor a las consecuencias.

»Los oficiales que habían tomado posesión de nuestras propiedades se las presentaron a su majestad, diciendo: «Judson es un verdadero maestro; nada encontramos en su casa excepto lo que pertenece a los sacerdotes. Además de este dinero, había una gran cantidad de libros, medicinas, baúles con vestimentas, de lo que sólo hemos hecho una lista. ¿Lo tomaremos, o lo dejaremos?» «Que sea dejado», dijo el rey, «y poned estas propiedades aparte, porque le serán restauradas si es hallado inocente». Ésta era una alusión a la idea de que fuera un espía.

»Durante los dos o tres meses siguientes estuve sujeta a continuos hostigamientos, en parte debido a mi ignorancia de la manera de hacer de la policía, y en parte por el insaciable deseo de cada suboficial para enriquecerse por medio de nuestro infortunio.

»Tú, mi querido hermano, que sabes mi intensa adhesión hacia mis amigos, y cuánto placer he experimentado hasta aquí en los recuerdos, podrás juzgar por las circunstancias expuestas cuán intenso era mi sufrimiento. Pero el punto culminante de mi angustia residía en la terrible incertidumbre acerca de nuestra suerte final. Mi opinión dominante era que mi marido sufriría una muerte violenta, y que yo, naturalmente, vendría a ser una esclava y languidecer una miserable aunque breve existencia en manos de algún monstruo sin sentimientos. Pero los consuelos de la religión, en estas circunstancias tan duras, no fueron «pequeñas ni pocas». Me enseñó a mirar más allá de este mundo, a aquel reposo de paz y dicha, donde Jesús reina, y donde nunca entra la opresión.

»Algunos meses después del encarcelamiento de tu hermano, me permitieron hacer una pequeña habitación de bambú en los recintos de la prisión, y donde se me permitía pasar a veces dos o tres horas. Sucedió que los dos meses que pasó en este lugar fueron los más fríos del año, cuando hubiera sufrido mucho en el cubierto abierto que ocupaba antes. Después de nacer tu sobrinita, me fue imposible visitar la cárcel y al gobernador como antes, y descubrí que había perdido la considerable influencia conseguida antes; porque ya no estaba tan bien dispuesto a oírme cuando había alguna dificultad, como antes. Cuando María tenía casi dos meses, su padre me envió recado una mañana de que todos los presos blancos habían sido puestos en la cárcel más interior, con cinco pares de cadenas cada uno, que su pequeña habitación había sido destrozada, y que los carceleros se habían llevado su estera, cojín, etc. Esto fue para mí una sacudida terrible, porque pensé en el acto que era sólo un anuncio de peores males.

»La situación de los presos era ahora angustiosa más allá de toda descripción. Era el comienzo de la época estival. Había alrededor de cien presos encerrados en una estancia, sin aire excepto por unas grietas en los tablones. A veces me daban permiso para acudir a la puerta por cinco minutos, y mi corazón se encogía ante la miseria que contemplaba. Los presos blancos, debido a su sudoración incesante y a la pérdida de apetito, parecían más muertos que vivos. Hice ruegos diarios al gobernador, ofreciéndole dinero, pero lo rehusaba; todo lo que conseguí fue permiso para que los extranjeros comieran su alimento fuera, y esto prosiguió durante muy poco tiempo.

»Después de continuar en la prisión interior durante más de un mes, tu hermano cayó enfermo de fiebres. Sentía la certeza de que no viviría mucho tiempo, a no ser que fuera sacado de aquel lugar pestilente. Para lograrlo, y a fin de estar cerca de la cárcel, me marché de nuestra casa y puse una pequeña estancia de bambú en el recinto del gobernador, que estaba casi delante de la verja de la prisión. Desde aquí rogué incesantemente al gobernador que me diera una orden para sacar al señor Judson fuera de la prisión grande y ponerlo en situación más cómoda; el anciano, cansado al final de mis ruegos, me dio finalmente la orden en un documento oficial; también dio orden al carcelero jefe para permitirme entrar y salir, a todas las horas del día, para administrarle medicinas. Ahora me sentía dichosa, ciertamente, e hice que el señor Judson fuera en el acto llevado a una pequeña choza de bambú, tan baja que ninguno de los dos podía estar derecho dentro de ella—pero era un palacio en comparación con el lugar que había dejado.

Traslado de los presos a Oung-pen-la—La señora Judson los sigue

»A pesar de la orden que el gobernador había dado para mi admisión en la cárcel, fue con la mayor dificultad que pude persuadir al subcarcelero que abriera la verja. Solía llevar yo misma la comida para el señor Judson, para poder entrar, y luego me quedaba una o dos horas, a no ser que me echaran. Habíamos disfrutado de esta cómoda situación sólo dos o tres días cuando una mañana, habiendo entrado el desayuno del señor Judson, el cual, debido a la fiebre, no pudo tomar, me quedé más tiempo de lo usual; entonces el gobernador mandó llamarme con mucho apremio. Le prometí volver tan pronto como supiera cuáles eran los deseos del gobernador, siendo que él estaba muy alarmado ante este insólito mensaje. Me sentí por tanto agradablemente aliviada cuando el gobernador me dijo que sólo me quería preguntar acerca de su reloj de pulsera, y pareció inusitadamente placentero y conversador. Después descubrí que su única intención había sido retenerme hasta que terminara la terrible escena que estaba a punto de tener lugar en la cárcel. Porque cuando lo dejé para ir a mi estancia, uno de los criados vino corriendo, y con rostro empalidecido me dijo que todos los presos blancos estaban siendo trasladados.

»No quería creer la información, pero en el acto fui de vuelta al gobernador, que me dijo que acababa de saberlo, pero que no quería decírmelo. Salí precipitadamente a la calle, esperando poder tener un atisbo de ellos antes que desaparecieran de mi vista, pero en vano. Corrí primero a una calle, luego a otra, preguntando a todos los que veía, pero nadie me quería responder. Finalmente, una anciana me dijo que los presos blancos se habían dirigido al riachuelo; porque habían de ser llevados a Amarapora. Luego fui corriendo a la ribera del riachuelo, que estaba a una media milla, pero no los encontré. Luego volví a ver al gobernador, para preguntarle la causa de este traslado, y la probabilidad de su suerte futura. El anciano me aseguró que desconocía la intención del gobierno de trasladar a los presos hasta aquella mañana. Que desde que yo me había ido, él se había enterado que los presos habían sido enviados a Amarapora; pero no sabía con qué propósito. «Enviaré a un hombre de inmediato para ver qué es lo que debe hacerse con ellos. No puede hacer nada más por su marido», prosiguió él: *Tenga cuidado de usted misma.*

»Nunca antes había sentido tanto temor al atravesar las calles de Ava. Las últimas palabras del gobernador, «Tenga cuidado de usted misma», me hacían sospechar que había algún designio que yo desconocía. Vi también que tenía miedo de hacerme ir por las calles, y me aconsejó que esperara hasta que fuera oscuro, y me enviaría en un carro, y un hombre para abrir las puertas. Tomé dos o tres baúles con los artículos más valiosos, junto con el baúl de las medicinas, para depositarlo todo en casa del gobernador; y después de confiar la casa y las instalaciones a nuestro fiel Moung Ing y a un criado bengalí, que continuaba con nosotros (aunque no podíamos pagarle su sueldo), me despedí, como entonces pensaba probable, para siempre de nuestra casa en Ava.

»El día era terriblemente caluroso, pero obtuvimos un barco cubierto, en el que estabamos tolerablemente cómodos, y llegamos hasta unas dos millas de la casa de gobierno. Luego me procuré un carro; pero las violentas sacudidas, junto con el terrible calor y el polvo, casi me enajenaron. ¡Y cuál fue mi frustración cuando llegué al edificio de la corte de justicia, y descubrí que los presos habían sido ya enviados fuera hacía dos horas, y que tenía que ir de manera tan incómoda cuatro millas más con la pequeña María en mis brazos, a la que había sostenido todo el camino desde Ava! El carretero rehusó proseguir, y después de esperar una hora bajo el ardiente sol, conseguí otro, y me dirigí hacia aquel lugar que jamás podré olvidar, Oung-pen-la. Obtuve un guía de parte del gobernador, y me condujeron directamente al patio de la prisión.

»¡Pero qué escena de miseria vi delante de mis ojos! La cárcel era un viejo edificio en ruinas, sin tejado; la valla estaba totalmente destruida; ocho o diez birmanos estaban encima del edificio, tratando de hacer algo semejante a un refugio con las hojas, mientras que bajo una pequeña protección fuera de la cárcel se encontraban los extranjeros, encadenados juntos de dos en dos, casi muertos de sufrimiento y cansancio. Las primeras palabras de tu hermano fueron: «¿Por qué has venido? Esperaba que no me seguirías, porque no puedes vivir aquí».

»Había oscurecido ahora. No tenía refrigerio para los sufrientes presos ni para mí misma, por cuanto había esperado conseguir todo lo necesario en el mercado de Amarapora, y no tenía refugio para la noche. Le pedí a uno de los carceleros si podía levantar una pequeña casa de bambú cerca de los presos; «No, no es la costumbre», me respondió él. Entonces le rogué que me procurara un refugio para la noche, y por la mañana me buscaría un alojamiento. Me llevó a su casa, en la que sólo había dos estancias pequeñas; en una vivía él con su familia; la otra, que estaba entonces medio llena de grano, me la ofreció; y en aquella sucia habitacioncilla pasé los siguientes seis meses de miseria. Conseguí algo de agua medio hervida, en lugar de mi té, y vencida por la fatiga me eché sobre una estera extendida sobre el arroz, y traté de tener algo de descanso durmiendo. A la mañana siguiente tu hermano me contó lo que sigue acerca del brutal tratamiento que había recibido al ser sacado de la cárcel.

»Tan pronto como hube salido por la llamada del gobernador, uno de los carceleros se precipitó a la pequeña estancia del señor Judson, lo tomó violentamente del brazo, lo sacó afuera, lo desnudó de su ropa excepto por la camisa y los pantalones, tomó sus zapatos, y sombrero y toda su ropa de cama, le quitó las cadenas, le ató una cuerda alrededor de la cintura, lo arrastró a la casa del tribunal, adonde habían sido antes llevados los otros presos. Fueron luego atados de dos en dos y entregados en manos del Lamine Wun, que fue delante de ellos a caballo, mientras sus esclavos conducían a los presos, sosteniendo cada esclavo una cuerda que ataba a dos presos juntos. Esto sucedió en mayo, uno de los meses más calurosos del año, y a las once de la mañana, con lo que el sol era verdaderamente intolerable.

»Habían caminado sólo media milla cuando los pies de tu hermano quedaron llenos de ampollas, y tan grande era su agonía, incluso en una etapa tan temprana del viaje, que al pasar el riachuelo anhelaba echarse al agua para librarse de sus sufrimientos. Sólo se lo impidió la culpa unida a tal acción. Les quedaban ocho millas de camino. La arena y la grava eran como carbones encendidos para los pies de los presos, que pronto quedaron despellejados; en este mísero estado fueron azuzados por sus implacables conductores. El estado de debilidad del señor Judson, a causa de la fiebre, y al no haber tomado alimentos por la mañana, lo hacía menos capaz de soportar aquellas dificultades que los otros presos.

»A medio camino se detuvieron para beber, y tu hermano le rogó al Lamine Wun que le permitiera ir en su caballo por una o dos millas, porque no podía seguir en aquel terrible estado. Pero la única contestación que recibió fue una mirada maligna. Luego le pidió al Capitán Laird, que estaba atado con él, que le permitiera sostenerse en su hombro, porque se estaba derrumbando. Esto se lo concedió aquel gentil hombre por una o dos millas, pero luego encontró insportable aquella carga añadida. Justo entonces se acercó a ellos el criado bengalí del señor Gouger, y viendo la angustia de tu hermano, se sacó su turbante, que estaba hecho de tejido, lo partió en dos, dio la mitad a su amo, y la mitad al señor Judson, que en el acto lo usó para vendar sus pies heridos, porque no se les permitía descansar ni un momento. El siervo ofreció entonces su hombro al señor Judson, y asi le llevó el resto del camino.

»El Lamine Wun, al ver el estado lastimoso de los presos, y que uno de ellos había muerto, decidió que no proseguirían más aquella noche, pues si no hubieran seguido hasta llegar a Oung-pen-la aquel mismo día. Ocuparon un pequeño cubierto aquella noche para descansar, pero sin estera ni cojín, ni nada para cubrirse. La curiosidad de la mujer del Lamine Wun la indujo a visitar a los presos, cuyos sufrimientos suscitaron su compasión, y ordenó que se les diera algo de fruta, azúcar y tamarindos para alimentarlos. A la mañana siguiente se les preparó arroz, y pobre como era este alimento, fue para refrigerio de los presos, que el día anterior casi no habían tenido alimento alguno. También se prepararon carros para llevarlos, porque ninguno de ellos podía caminar. Durante todo este tiempo los extranjeros desconocían totalmente qué iba a suceder con ellos; cuando llegaron a Oung-pen-la y vieron el estado de ruina de la cárcel, todos, unánimes, llegaron a la conclusión de que iban a ser quemados, según un rumor que antes había circulado por Ava. Todos comenzaron a prepararse para el terrible fin que esperaban, y no fue hasta que vieron preparativos para reparar la cárcel que comenzaron a perder la terrible certidumbre de una muerte cruel y lenta. Mi llegada tuvo lugar una o dos horas después de esto.

»A la mañana siguiente me levanté y traté de encontrar algo de comida. Pero no había mercado, y no se podía conseguir nada. Sin embargo, uno de los amigos del doctor Price había traído algo de arroz frío y de curry desde Amarapora, lo que, junto con una taza de té del señor Lansago, sirvió de desayuno para los presos; para comer, hicimos un curry de pescado salado seco, que había traído un criado del señor Gouger. Todo el dinero que tenía en este mundo lo había traído conmigo, escondido por mis vestidos; así que podrás juzgar cuáles eran nuestras perspectivas en caso de que la guerra se prolongara mucho. Pero nuestro Padre celestial demostró ser mejor para nosotros que nuestros temores, porque, a pesar de las constantes extorsiones de los carceleros durante los seis meses que estuvimos en Oung-pen-la, y de las frecuentes carencias a las que estuvimos sometidos, nunca sufrimos realmente por falta de dinero, aunque sí frecuentemente por falta de provisiones, que no podíamos procurarnos.

· »Aquí en este lugar comenzaron mis sufrimientos físicos personales. Mientras tu hermano estaba encerrado en la prisión de la ciudad, me habían permitido quedarme en nuestra casa, donde me quedaban muchas comodidades, y donde mi salud había continuado buena más allá de todas las expectativas. Pero ahora no tenía yo ninguna comodidad; ni siquiera una silla ni asiento de tipo alguno, excepto el suelo de bambú. La misma mañana después de mi llegada, Mary Hasseltine cayó enferma de viruela, de manera normal. Ella, aunque era muy joven, era la única ayuda de que yo disponía para cuidar a la pequeña María. Pero ella demandaba ahora todo el tiempo que yo podía dedicarle al señor Judson, que seguía con fiebre en la cárcel, y cuyos pies estaban tan terriblemente estropeados que durante varios días fue incapaz de moverse.

»No sabía qué hacer, porque no podía conseguir asistencia de los vecinos, ni medicina para los enfermos, sino que estaba todo el día yendo de la casa a la cárcel con la pequeña María en brazos. A veces me sentía muy aliviada dejándola durmiendo durante una hora al lado de su padre, mientras volvía a casa para cuidarme de Mary, que tenía una fiebre tan alta que deliraba. Estaba tan cubierta de viruela que no se distinguía entre las pústulas. Como estaba en la misma habitación que yo, sabía que María se contagiaría. Por ello, se la inoculé de otro niño, antes que la de Mary llegara al estado de ser contagiosa. Al mismo tiempo inoculé a Abby y a los niños del carcelero, y todos la tuvieron tan leve que ni interrumpió sus juegos. Pero la inoculación en el brazo de mi pobre pequeña María no prendió; se contagió de Mary, y la sufrió de manera normal. Entonces sólo tenía tres meses y medio, y habría sido una niña muy saludable; pero tardó tres meses antes de recuperarse totalmente de los efectos de esta terrible enfermedad.

»Recordarás que yo nunca había tenido la viruela, sino que había sido vacunada antes de salir de América. Como consecuencia de estar expuesta tanto tiempo a ella, se me formaron casi cien pústulas, aunque sin síntomas previos de fiebre, etc. Al tener los niños del carcelero la enfermedad en forma tan leve, como consecuencia de la inoculación, mi fama se extendió por todo el pueblo, y me trajeron a todos los niños, pequeños y mayores, que aún no la habían tenido, para que los inoculara. Y aunque yo no sabía nada de la enfermedad, ni la forma de tratarla, los inoculé a todos con una aguja, y les mandé que tuvieran cuidado con sus comidas; éstas fueron todas las instrucciones que les pude dar. El señor Judson fue mejorando de salud, y se encontró mucho más cómodamente situado que cuando estaba en la prisión de la ciudad.

»Los presos fueron al principio encadenados de dos en dos; pero tan pronto como los carceleros pudieron conseguir suficientes cadenas, fueron separados, y cada preso tuvo sólo dos cadenas. La cárcel fue reparada, se hizo una nueva valla, y se erigió un gran y aireado cubierto delante de la cárcel, en donde se les permitía estar a los presos durante el día, aunque eran encerrados en la pequeña y atestada cárcel por la noche. Todos los niños se recuperaron de la viruela; pero mis velas y mi fatiga, junto con mi pobre comida, y más mísero alojamiento, trajo sobre mí una de las enfermedades del país, que casi siempre es fatal para los extranjeros.

»Mi constitución parecía destruida, y en pocos días quedé tan debilitada que apenas si podía caminar a la prisión del señor Judson. En este estado debilitado, me dirigí en carro a Ava para conseguir medicinas, y algún alimento apropiado, dejando al cocinero para que tomara mi lugar. Llegué sana y salva a casa, y durante dos o tres días la enfermedad parecía detenida; después de ello me volvió a atacar violentamente, de manera que no me quedaron esperanzas de recuperarme; mi ansiedad era ahora volver a Oung-pen-la para morir cerca de la prisión. Fue con gran dificultad que recuperé el baúl de medicinas de manos del gobernador, y entonces no tuve a nadie para administrar medicinas. Sin embargo, conseguí láudano, y tomando dos gotas cada vez durante varias horas, me detuvo la enfermedad hasta el punto de posibilitarme subir a bordo de un barco, aunque tan débil que no podía mantenerme en pie, y de nuevo me dirigí a Oung-pen-la. Las últimas cuatro horas del viaje fueron penosas, en carro, y en medio de la estación lluviosa, cuando el fango casi entierra a los bueyes. Para que te formes una idea de un carro birmano, te diré que sus ruedas no están construidas como las nuestras, sino que son simplemente tablones redondos gruesos con un agujero en medio, a través del que pasa una estaca que sostiene la plataforma.

»Apenas si llegué a Oung-pen-la cuando pareció como si se hubieran agotado todas mis fuerzas. El buen cocinero nativo salió a ayudarme a entrar a la casa, pero mi apariencia estaba tan alterada y demacrada que el pobre hombre prorrumpió en llanto al verme. Me arrastré sobre la estera en la pequeña estancia, en la que estuve encerrada durante más de dos meses, y nunca me recuperé perfectamente hasta que llegué al campamento inglés. En este período, cuando me vi incapaz de cuidarme a mí misma, o de cuidar al señor Judson, los dos hubiéramos muerto, si no hubiera sido por el fiel y afectuoso cuidado de nuestro cocinero bengalí. Un cocinero bengalí normal no está dispuesto a hacer nada más que la actividad simple de cocinar; pero pareció olvidar su casta, y casi sus propias necesidades, en sus esfuerzos por salvarnos. Procuraba, cocinaba y llevaba la comida de tu hermano, y luego volvía y se cuidaba de mí. He sabido que frecuentemente no tomaba comida hasta el anochecer, a causa de tener que ir tan lejos para conseguir leña y agua, y a fin de tener la comida del señor Judson lista a la hora acostumbrada. Nunca se quejó; nunca pidió su paga, y nunca lo dudó un instante por ir a donde fuera, ni por actuar de la manera que deseáramos. Tengo gran agrado en hablar de la fiel conducta de este criado, que sigue estando con nosotros, y confío en que ha sido bien recompensado por sus servicios.

»Nuestra pequeña María fue la que más sufrió en este tiempo, al privarla mi enfermedad de su alimento usual, y no pudimos conseguir ni una nodriza ni una gota de leche en el pueblo; haciendo presentes a los carceleros, conseguí permiso para que el señor Judson saliera de la cárcel y llevara a la demacrada pequeña por el pueblo, para rogar algo de aliento de aquellas madres que tuvieran pequeños. Sus lloros en medio de la noche eran para partir el corazón, pero era imposible suplir sus necesidades. Ahora comencé a pensar que habían caído sobre mí las aflicciones de Job. Cuando estaba con salud pude soportar las varias vicisitudes y pruebas que fui llamada a soportar. Pero estar encerrada enferma e incapaz de ayudar a mis seres queridos, cuando estaban angustiados, era casi más de lo que podía sobrellevar; y si no hubiera sido por los consuelos de la religión, y por una convicción total de que cada prueba adicional estaba ordenada por un amor y una misericordia infinitos, me hubiera hundido ante la acumulación de sufrimientos. A veces nuestros carceleros parecían algo suavizados ante nuestros sufrimientos, y durante varios días dejaron que el señor Judson viniera a casa, lo que era para mí un indecible consuelo. Luego volvían a mostrarse con un duro corazón en sus exigencias como si estuviéramos libres de sufrimientos, y en circunstancias de abundancia. La irritación, las extorsiones, y las opresiones a las que nos vimos sometidos durante nuestros seis meses de estancia en Oung-pen-la están más allá de toda enumeración o descripción.

»Finalmente llegó el tiempo de nuestra liberación de aquel odioso lugar, la cárcel de Oung-pen-la. Llegó un mensajero de nuestro amigo, el gobernador de la puerta norte de palacio, que era anteriormente Kung-tone, Myou-tsa, informándonos que se había dado una orden en palacio, la noche anterior, para la liberación del señor Judson. Aquella misma noche llegó una orden oficial; y con el corazón gozoso comencé a preparar nuestra partida para la siguiente mañana. Pero hubo un estorbo imprevisto, que nos hizo temer que yo debiera continuar siendo retenida como prisionera. Los avariciosos carceleros, mal dispuestos a perder su presa, insistieron en que mi nombre no estaba incluido en la orden, y que yo no debía partir. En vano insistí en que yo no había sido enviada allí como presa, y que ellos no tenían autoridad alguna sobre mí; siguieron decididos a que no me fuera, y prohibieron a los del pueblo que me dejaran un carro. El señor Judson fue entonces sacado de la cárcel, y llevado a la casa del carcelero, donde, con promesas y amenazas, consiguió finalmente su consentimiento, a condición que dejáramos la parte restante de nuestras provisiones que habíamos recibido recientemente de Ava.

Era mediodía cuando nos permitieron partir. Cuando llegamos a Amarapora, el señor Judson se vio obligado a seguir la conducción del carcelero, que lo llevó al gobernador de la ciudad. Tras haber hecho todas las indagaciones pertinentes, el gobernador designó otra guardia, que llevó al señor Judson al tribunal de Ava, lugar al que llegó en algún momento de la noche. Yo emprendí mi propio viaje, tomé un barco, y llegué a casa antes de hacerse oscuro.

»Mi primer objeto a la mañana siguiente fue ir a buscar a tu hermano, y tuve la mortificación de encontrarlo de nuevo en prisión, aunque no la prisión de muerte. Fui de inmediato a ver a mi antiguo amigo el gobernador de la ciudad, que ahora había ascendido al rango de Wun-gye. Éste me informó que el señor Judson debía ser enviado al campamento birmano, para actuar como traductor e intérprete, y que estaba confinado sólo durante un tiempo, mientras se solucionaran sus asuntos. Temprano a la mañana siguiente fui a ver de nuevo a este oficial, que me dijo que en aquellos momentos el señor Judson había recibido veinte tickals del gobierno, con órdenes de ir inmediatamente a un barco dirigido a Maloun, y que le había dado permiso para detenerse unos momentos en la casa, que le tomaba de camino. Me apresuré a ir de nuevo a la casa, adonde pronto llegó el señor Judson. Pero sólo se le permitió quedarse un breve tiempo, mientras yo le preparaba comida y ropa para uso futuro. Fue puesto en una barca pequeña, donde no tenía sitio ni para tumbarse, y donde su exposición a las frías y húmedas noches le causó una violenta fiebre, que casi puso fin a todos sus sufrimientos. Llegó a Maloun al tercer día, donde, enfermo como estaba, fue obligado a comenzar de inmediato el trabajo de traducir. Se quedó seis semanas en Maloun, sufriendo tanto como había sufrido durante el tiempo en que había estado encarcelado, aunque no estaba puesto en hierros, ni expuesto a los vejámenes de aquellos crueles carceleros.

»Durante la primera quincena después de su partida, mi ansiedad fue menor que la que había sufrido en el tiempo anterior, desde el comienzo de nuestras dificultades. Sabía que los oficiales birmanos en el campamento considerarían invaluables los servicios del señor Judson, de manera que no emplearían medidas que amenazasen su vida. Pensé también que su situación sería más cómoda de lo que realmente fue; por esto mi ansiedad fue menor. Pero mi salud, que nunca se había recuperado desde aquel violento ataque en Oung-pen-la, fue ahora disminuyendo a diario, hasta que caí en la fiebre con manchas, con todos sus horrores. Sabía la naturaleza de esta fiebre desde su comienzo, y a causa del pobre estado de mi constitución, junto con la ausencia de asistentes médicos, estaba convencida de que el desenlace sería fatal. El día que caí enferma, vino una nodriza birmana y ofreció sus servicios para María. Esta circunstancia me llenó de gratitud y confianza en Dios; porque aunque había hecho tantos esfuerzos durante tanto tiempo por conseguir una persona así, nunca había podido. Y en el mismo momento en que más necesitaba una, sin esfuerzo alguno se me hizo un ofrecimiento voluntario.

»Mi fiebre me atacó violentamente y sin ceder un momento. Comencé a pensar en arreglar mis asuntos terrenales, y en entregar mi pequeña María al cuidado de la mujer portuguesa, cuando perdí la razón y quedé insensible a todo lo que tenía a mi alrededor. Durante este terrible período, el doctor Price fue liberado de la cárcel, y al oír de mi enfermedad consiguió permiso para venir a verme. Desde entonces me ha contado que mi condición era de lo más terrible que jamás él viera, y que no pensó entoncecs que yo fuera a sobrevivir muchas horas. Tenía el cabello afeitado, la cabeza y los pies cubiertos de ampollas, y el doctor Price ordenó al criado bengalí que se cuidaba de mí que tratara de persuadirme a tomar algo de alimento, lo cual yo había rehusado obstinadamente durante varios días. Una de las primeras cosas que recuerdo es ver a este fiel criado de pie a mi lado, tratando de convencerme para que tomara algo de vino y agua. De hecho, estaba tan debilitada que los vecinos birmanos que habían venido a verme dijeron: «Está muerta; y si el rey de los ángeles entrara aquí, no podría recuperarla».

»La fiebre, supe después, estuvo dominándome durante diecisiete días desde la aparición de las ampollas. Ahora comencé a recuperarme lentamente; pero pasó más de un mes antes que tener fuerzas para ponerme en pie. Mientras estaba en este estado de debilidad, el criado que había seguido a tu hermano al campamento birmano llegó y me informó de que su amo había llegado, y que estaba siendo conducido a la corte de justicia en la ciudad. Envié a un birmano a que observara los movimientos del gobierno, y a enterarse, si podía, de qué iban a hacer con el señor Judson. Pronto volvió y me dijo que había visto al señor Judson salir del patio de palacio, acompañado por dos o tres birmanos, que le llevaban a una de las cárceles en la ciudad; y que se rumoreaba por la ciudad que iba a ser vuelto a enviar a la cárcel de Oung-pen-la. Estaba demasiado débil para oír malas noticias de ningún tipo; pero este golpe tan terrible casi me destrozó del todo. Durante un tiempo apenas si podía respirar; pero al final recobré suficiente compostura para enviar a nuestro amigo Moung Ing a nuestro amigo, el gobernador de la puerta norte, y le rogué que hiciera *otro esfuerzo* por obtener la liberación del señor Judson, y que impidiera que fuera enviado de nuevo a la cárcel del campo, donde sabía que sufriría mucho, porque yo no podría seguirlo allí. Moung Ing fue luego en busca del señor Judson, y era ya casi oscuro cuando lo encontró dentro de una oscura prisión. Yo había enviado alimentos a hora temprana en la tarde, pero al no poder encontrarlo, el que la había llevado volvió con ellos, lo que añadió más a mi angustia, porque temía que fuera a ser enviado a Oung-pen-la.

»Si jamás había sentido el valor y la eficacia de la oración, la sentí ahora. No podía levantarme de mi lecho; nada podía hacer para conseguir a mi marido; sólo podía rogarle a aquel grande y poderoso Ser que ha dicho: «Invócame en el día de la angustia: *Te libraré*, y tú me honrarás». Él me hizo sentir en esta ocasión esta promesa de manera tan poderosa que me puse muy serena, sintiendo la certeza de que mis oraciones serían contestadas.

»Cuando el señor Judson fue enviado de Maloun a Ava, fue con un plazo de cinco minutos y sin saber la causa. Mientras iba río arriba vio accidentalmente la comunicación que había enviado el gobierno acerca de él, y que sencillamente decía: «No tenemos más necesidad de Judson, y por ello lo devolvemos a la ciudad dorada». Al llegar al tribunal sucedió que no había nadie familiarizado con el señor Judson. El oficial presidente preguntó acerca de desde dónde había sido enviado a Maloun. Le respondieron que desde Oung-pen-la. «Entonces», dijo el oficial, «que lo devuelvan allí». Fue luego entregado a una guardia, para ser llevado al lugar mencionado, para quedarse allí hasta que pudiera ser conducido a Oung-pen-la. Mientras tanto, el gobernador de la puerta del norte presentó una petición al alto tribunal del imperio, ofreciéndose como garantía de la seguridad del señor Judson, obtuvo su liberación, y lo llevó a su casa, donde lo trató con todas las bondades posibles, y a donde fui yo llevada cuando mi salud mejorada lo permitió.

»Fue en un anochecer fresco y con claro de luna, en el mes de marzo, que con corazones llenos de gratitud a Dios, y sobreabundantes de gozo ante nuestras perspectivas, pasamos Irrawaddy río abajo, rodeados por seis u ocho barcas doradas, y acompañados de todas nuestras pertenencias terrenas.

»Ahora, por vez primera en un año y medio, sentimos que éramos libres, y ya no más sujetos al opresivo yugo de los birmanos. ¡Y con qué sensación de deleite vi, a la siguiente mañana, los mástiles de un barco de vapor, el seguro presagio de estar dentro del ámbito de la vida civilizada! Tan pronto como nuestra barca llegó a la orilla, el Brigadier A. y otro oficial subieron a bordo, nos felicitaron por nuestra llegada, y nos invitaron a bordo del vapor, donde pasé el resto del día. Mientras tanto, tu hermano iba a ver al general que, con un destacamento del ejército, había acampado en Yandabu, unas pocas millas más río abajo. El señor Judson volvió por la tarde, con una invitación de Sir Archibald, para que acudiera de inmediato a su residencia, donde me presentaron a la mañana siguiente, y recibida con la mayor gentileza por el general, que había levantado una tienda para nosotros cerca de la suya, y que nos invitó a su mesa, tratándonos con la bondad de un padre más que como extranjeros de otro país.

»Durante varios días esta sola idea ocupó mi mente de continuo: que estábamos fuera del poder del gobierno birmano, y una vez más bajo la protección de los ingleses. Nuestros sentimientos dictaban de continuo expresiones como ésta: *¿Qué pagaremos a Jehová por todos sus beneficios para con nosotros?*

»Pronto se concertó el tratado de paz, firmado por ambas partes, y se declaró públicamente el término de las hostilidades. Salimos de Yandabu, después de unas dos semanas de permanencia, y llevamos sanos y salvos a la casa de la misión en Rangún, después de una ausencia de dos años y tres meses.»

A lo largo de todo este sufrimiento se conservó el precioso manuscrito del Nuevo Testamento birmano. Fue puesto en una bolsa y transformado en un cojín duro para el encarcelamiento del doctor Judson. Pero se vio obligado a mostrarse aparentemente descuidado acerca de él, para que los birmanos no pensaran que contenía algo valioso y se lo quitaran. Pero con ayuda de un fiel converso birmano, el manuscrito, que representaba tantos largos días de trabajo, fue guardado a salvo.

Al término de esta larga y trágica narración, podemos dar de manera apropiada el siguiente tributo a la benevolencia y a los talentos de la señora Judson, dado por uno de los presos ingleses que estuvieron encerrados en Ava con el señor Judson. Fue publicado en un diario de Calcuta al término de la guerra:

«La señora Judson fue la autora de aquellos elocuentes e intensos alegatos al gobierno que los prepararon gradualmente para la sumisión a las condiciones de paz, que nadie hubiera esperado, conociendo la arrogancia e inflexible soberbia de la corte birmana.

»Y hablando de esto, el derramamiento de sentimientos de gratitud, en mi nombre y en el de mis compañeros, me llevan a añadir un tributo de gratitud pública a aquella amable y humanitaria mujer, que, aunque vivía a dos millas de distancia de nuestra cárcel, sin medios de transporte, y con muy precaria salud, olvidó su propia comodidad y debilidad, visitándonos casi cada día, buscándonos y ministrando a nuestras necesidades, y contribuyendo en todas las maneras a aliviar nuestra desgracia.

»Mientras fuimos dejados sin alimentos por el gobierno, ella, con una perseverancia infatigable, por unos u otros medios, nos consiguió un constante suministro.

»Cuando el estado haraposo de nuestras ropas evidenció la extremidad de nuestra angustia, ella se mostró dispuesta a sustituir nuestro escaso vestuario.

»Cuando la insensible avaricia de nuestros guardas nos mantenía en el interior o los llevaba a poner nuestros pies en cepos, ella, como ángel servidor, nunca cesó en sus solicitudes al gobierno, hasta que era autorizada a comunicarnos las gratas noticias de nuestra liberación, o de un respiro de nuestras amargas opresiones.

»Además de todo esto, fue desde luego debido, en primer término a la mencionada elocuencia y a las intensas peticiones de la señora Judson, que los mal instruidos birmanos fueron finalmente llevados a la buena disposición de asegurar el bienestar y la dicha de su país con una paz sincera.»

Comienzos Misioneros

1800. Bautismo del primer convertido de Carey. 1804. Organización de la Sociedad Bíblica Británica y Extranjera. 1805. Henry Martyn zarpa hacia la India. 1807. Robert Morrison zarpa para la China. 1808. La reunión del pajar celebrada cerca de Williams College. 1810. Organización de la Junta Americana. 1811. Los Wesleyanos fundan la Misión de Sierra Leona. 1812. Zarpan los primeros misioneros de la Junta Americana. 1816. Organización de la Sociedad Bíblica Americana. 1816. Robert Moffat zarpa hacia Africa del Sur. 1818. La Sociedad Misionera de Londres penetra en Madagascar. 1819. Organización de la Sociedad Misionera Metodista. 1819. La Junta Americana inaugura la Misión de las Islas Sandwich. 1819. Judson bautiza a su primer convertido birmano.

Epílogo a la Edición Original

Y concluímos ahora, buenos lectores cristianos, este tratado que nos ocupa, no por falta de materia, sino para más bien abreviar el tema debido a la inmensidad de que trata. Mientras tanto, que la gracia del Señor Jesucristo obre en ti, bondadoso lector, en todas tus diligentes lecturas. Y cuando tengas fe, dedícate de tal manera a leer que por la lectura puedas aprender diariamente a conocer aquello que pueda ser de provecho para tu alma, que te pueda enseñar experiencia, que te pueda armar de paciencia, e instruirte más y más en todo conocimiento espiritual, para tu perfecto consuelo y salvación en Cristo Jesús, nuestro Señor, a quien sea gloria *in secula seculorum*. Amén.